国家哲学社会科学基金项目成果（08BFX004）

革命后现代国家法律体系构建研究

GEMING HOUXIANDAI GUOJIA FALV TIXI GOUJIAN YANJIU

潘伟杰 著

復旦大學出版社

作者简介

潘伟杰，浙江桐庐人，1971年12月生。现为复旦大学法学院教授。1999年1月毕业于复旦大学国际政治系政治学理论专业，获法学博士学位。1999年3月起任职于复旦大学法学院，2006年12月起任复旦大学法学院副院长。个人著作有：《现代政治的宪法基础》(2001年)、《宪法的理念与制度》(2004年)、《制度、制度变迁与政府规制研究》(2006年)、《法治与现代国家的成长》(2009年)、《当代中国立法制度研究》(2013年)。

目　　录

引言　如果不能否定革命就改变革命观 …………………………… 1

第一章　革命后现代国家与法律体系构建：西方的模式 ……………… 14

第一节　不同革命境遇下现代西方国家成长的不同样式 ………… 15

第二节　革命后现代西方国家法律体系构建的模式 ……………… 28

第二章　革命后现代国家与法律体系构建：中国的逻辑 …………… 35

第一节　革命观的变迁与革命后中国社会的现代转型 …………… 36

第二节　革命后当代中国对现代法律体系核心价值的重构 ……… 53

第三节　走向法治国家：构建现代法律体系的必然趋向 ………… 66

第三章　革命后现代国家成长的制度架构与革命模式的形成 ……… 81

第一节　革命后现代国家的制度架构：从共同纲领到五四宪法 …… 82

第二节　现代法律体系构建的中止：从五四宪法到七五宪法 …… 96

第四章　国家治理转型与现代法律体系重构 …………………… 121

第一节　走出革命的法制逻辑与现代政治正当性的宪法重构 …… 122

第二节　改革开放初期法律体系重构的困境 …………………… 149

第五章　现代国家的成长与社会主义法律体系的形成 …………… 164

第一节　现代国家成长的法治逻辑与制度要求 ………………… 167

第二节　社会主义法律体系形成的权威基础与程序建构…………195
第三节　社会主义法律体系形成的规范表现与价值追求…………217
第四节　开放后当代中国法律体系发展的境遇与方向…………239

参考文献……………………………………………………………254

索引…………………………………………………………………268

后记…………………………………………………………………281

引言　如果不能否定革命就改变革命观

革命在人类社会由传统国家迈向现代国家的过程中扮演着重要的角色。不管人们怎样看待现代国家确立过程中所出现的革命,争辩这是否有利于公民自由和政治民主的演进在革命后现代国家成长中的演进与发展,都应充分承认,革命在整个进程中是重要的一环。① 无论是现代国家在西方的成长,还是包括中国在内的后发国家,正是通过革命后法律体系的构建最终确立不同于传统国家的现代国家成长的逻辑,由此在人类文明发展史上出现了一个革命后现代国家的成长如何通过法律体系构建以确立并延续其现代性的问题。当然,不同的革命路径对于革命后现代国家的成长带来的不同影响,法律体系构建承载着这种不同的影响并制约着革命后现代国家成长的不同路径。②

阿伦特说革命意味着“历史进程突然重新开始了,一个全新的故事,一个之前从不为人所知的故事将要展开”。③ 可见,革命承载着人类社会对新生活的期待、新秩序的探索,由此革命在人类诸文明共同体成长过程中扮演着特别的角色。革命既是社会结构变动的结果,又是社会结构变迁的力量;

① 参阅[美] 巴林顿·摩尔:《民主与专制的社会起源》,拓夫等译,北京:华夏出版社 1987 年版,第 346 页。

② 因此我们要面对不是回避或否定革命在现代国家取代传统国家进程中所扮演的角色,而是要反思不同革命以及所形成的不同的革命观对革命后现代国家成长的影响以及革命后以法律体系构建为核心的现代国家制度发展中的影响。美国思想史教授苏珊·邓恩引用法国 19 世纪著名思想家托克维尔所提出的被誉为“托克维尔之问”来阐述美国革命与法国革命之间的区别,进而提出了不同的现代革命模式对革命后现代国家建设所带来的影响。“托克维尔曾谈到,美国人的激情是用来追求民主理念的,而法国人的激情却是用来追求革命理念。能不能调和这两类激情,从而给现代革命运动提供第三种政治模式呢?革命的时代尚未结束,未来的革命运动也许会在一个综合性的模式中获益匪浅:这个模式既保留了法国革命的活力,又具有美国革命的稳定性;这个模式缓和了革命热情与容忍意识形态分歧的冲突。”[美] 邓恩:《姊妹革命:美国革命与法国革命启示录》,杨小刚译,上海文艺出版社 2003 年版,第 228—229 页。

③ [美] 阿伦特:《论革命》,陈周旺译,上海:译林出版社 2007 年版,第 17 页。

既是人类文明成长的动力，又是社会秩序构建的基础。无疑，在人类文明史中，社会成员对革命非同一般的热情背后是期待和理想：革命将创造新秩序。革命的真正目的是为了创造新秩序，消灭旧制度，从而增进社会成员的福祉、维护个体尊严和延续公共利益，这一目的及其通过法律体系构建的实现只有在现代才成为需要反思的问题。因此，我们不能否定革命在人类文明成长中的意义，但是我们必须反思基于革命目的在革命后制度构建中实现的理由及其价值，同时这种反思必须体现传统社会的革命与孕育现代社会的革命之间所承载的意义系统和交往规则之差异。早在 1929 年，胡适先生在《新月》杂志上发表《我们走那条路》，文中表达了对中国社会自鸦片战争以降，特别是辛亥革命以来弥漫着的暴力与混乱的忧思，指出中国最要紧医治的是贫穷、疾病、愚昧、贪污和扰乱这“五个大仇敌”，由此希望能建立“一个治安的，普遍繁荣的，文明的，现代的统一的国家。”这种希望可以成为我们对 20 世纪以来的中国革命所形成的革命观进行深切反思的参照。

一

革命话语曾长期统治现代中国并渗透到整个社会生活之中，而革命过程本身不断展示的诉求，可追溯到“革命”这一词源及传统的革命话语。[①] 早在《周易》中，已有“天地革而四时成，汤武革命顺乎天而应乎人，革之时大矣”的用法。易姓、天道、大动乱、改朝换代以及彻底改变构成了革命在中国传统文化中的意义结构。自此，在传统中国的文献中，革命一词就成为周期性王朝更替、改朝换代的代名词，或者说改朝换代(核心是破坏旧秩序以建立新秩序)型塑着传统中国的革命观。[②] 秦汉至清末历经二千余年，王朝更替成为传统中国革命观的核心表现。分析传统中国的革命观，我们可以发现，第一，革命的正当性是基于一种天命的彼岸原则，这种原则在革命后只能转化为一种专制秩序的恢复，革而不变成为传统中国革命观的基本诉求；第二，革命过程中的暴力与革命后的社会对立联系在一起，革命的周而复始就在于革命后的社会对立极端化后的结果，如此不断往复而已；第三，革命所要破坏的旧秩序与革命后所要建立的新秩序却没有因革命过程中的暴力

① 参阅陈建华：《“革命”的现代性：中国革命话语考论》，上海：上海古籍出版社 2000 年版，第 1 页。

② 参阅金观涛等：《观念史研究：中国现代重要政治术语的形成》，北京：法律出版社 2009 年版，第 366—367 页。

以及革命后的社会对立而有本质的区别。无论是在价值取向上对伦理道德的强调、制度安排上对专制统治的维护还是对社会成员间依附性关系的维护上，均表现为革命的极端冲突性以及革命后秩序构建的高度同质性。这也正是晚清以立宪为表征的制度革新的努力依然没有挽救其命运的缘由，因为《钦定宪法大纲》不仅无法说服革命力量对新制度的期待，同样是对立宪派对制度革新的期待之欺骗，从而使立宪派同情革命力量，进而导致辛亥革命的爆发。从这个意义上说，政治关系的革命所支撑着的王朝更替与革命后传统国家治理机制的复原与社会秩序发展的迟滞演绎了革命在中国传统文化中的意义结构。这种革命观所表达的意义结构随着鸦片战争以降晚清应对西方现代文明的冲击和内部社会危机的困扰的双重失败而重新被激活的同时开启了现代转型。正是由于西方现代文明的冲击以及革命后西方国家的现代制度构建的影响与王朝体制应对社会危机的能力的致命性的衰败，主导了20世纪以来中国社会革命话语本土性和现代性之间相斥相成的进程。民族国家的制度建构对王朝国家的制度建构的取代，以及社会平等的制度价值对等级关系的制度价值的否定成为革命后迈入现代国家行列的基本诉求。这一诉求的实现能力由此成为20世纪里不同政治力量在革命话语的解释权并寻求革命后现代法律体系构建的主导权的核心内容。

正因为1900年前后，革命在中国社会变革进程中被赋予了不同于王朝国家时代的新意义，中国有志之士明确提出必须将革命的现代意义与传统意义区分开来。如1901年有这样的论述：

> 是故有易姓而非革命者，如汉灭秦、魏灭汉、晋灭魏，驯至乎元灭宋、明灭元、清灭明皆是也。有革命而不必易姓者，如日本自神武天皇以来二千余年皆一姓相传，专制为治；而明治维新之后，由专制政体而立宪政体是也。欧洲诸国……当其在百余年前，故多专制为治，而未有所谓立宪政体，君民、皆治于法律之下者也。自拿破仑第一崛起之后，诸国之民，骚然变动。遂逼其平日之专制政体，改而为立宪政体。①

从这段论述中，我们可以发现革命的传统意义与现代意义之不同表现，以及革命后现代国家成长中的制度革新的方向。但是由于王朝国家专制统

① 树立山人："尊革命"，《清议报》，第九十四册(1901年10月12日)，第17页。

治所造成的中国社会对立之严重,支持现代国家成长的社会基础之脆弱,已经完成革命后现代国家法律体系构建的西方国家对中国社会的侵略和分化,导致了革命浪漫主义以及与这种情绪相连接的制度建构的激进主义始终弥漫于20世纪以来中国社会的上空。革命后的不断革命,不仅是旧民主主义革命后的常态,而且成为新民主主义革命后社会主义建设过程中的选择,这无疑为现代国家的成长设置了太多的误区或曲折。从现代国家成长的历程来看,革命后法律体系的构建水平和价值选择对于现代国家的成长及其现代性的体现是至关重要的,这种重要性不仅使现代国家与传统国家相区别,更重要的是通过法律体系的构建使现代国家的成长能够弥合因革命所带来的社会对立和价值冲突。所以说我们承认任何社会走向现代国家的序幕都是或深或浅地依赖革命来启动这一历史事实,但是现代国家的成长不至于倒退都是强烈地仰赖于法律体系的构建水平。因此,我们不能否定革命,但要改变的是革命观。法律体系的构建水平、价值选择和发展方向无疑体现着革命观的改变之努力的程度。

辛亥革命不同于中国传统王朝体制下的革命,凭藉暴力推翻了帝国体系和王朝国家的正当性,以民主共和为诉求确立了主权体系和民族国家的正当性,这成为现代国家成长的逻辑起点。1912年3月颁布的《中华民国临时约法》规定:“中华民国之主权,属于国民全体”,“中华民国人民,一律平等”。辛亥革命后中华民国的出现,表明了革命从传统意义向现代意义的转换,标志着中国国家建设开始全面由传统革命逻辑向现代的革命历史逻辑转换,走向现代国家建设。① 但是由于现代国家成长的社会基础薄弱,法律体系构建的破碎化,特别是对现代国家制度构建的反现代性的存在,中国社会始终没能真正推进现代国家的有效成长,革命后法律体系构建的反现代性所表现出来的立宪独裁统治直接诱发了新民主主义革命。

中华人民共和国的成立,彻底实现了近代以来革命对民族国家的独立、人民民主的确立和社会平等的追求。但是1956年以来,由于中国共产党对中国社会发展矛盾的判断、来自其他社会主义国家的影响和西方资本主义国家的威胁的感受,革命再次以无产阶级专政下的继续革命的形式出现,与此相随的是法律体系构建陷入困境。这种局面直到改革开放才被改变。改革开放以来的历程说明:革命后现代国家的成长不是通过不断的革命来实

① 参阅林尚立:《中国共产党与国家建设》,天津:天津人民出版社2009年版,第21页。

现,而主要是通过法律体系的构建来维护社会成员对现代国家的认同以巩固现代国家的价值共识,激励社会成员对个体利益的追求以展示现代国家的现代性,延续社会成员对公共利益的尊重以表明现代国家的成长对社会主义制度属性的捍卫。从而表明,法律体系的构建不仅要消解以专制主义为诉求的前现代性对革命后现代国家在中国社会成长的制约,而且要消解以民粹主义为表现的后现代性对革命后现代国家在中国社会成长的困扰。放弃前者,对于中国社会而言,就是不断革命或者说是社会冲突;放弃后者,对于中国社会来说,同样是社会对立或者说是民粹盛行。当然我们不能把革命后现代国家成长的所有希望都寄托在法律体系构建上,但无疑法律体系的构建对于现代国家在中国社会的成长具有特殊的意义。革命后社会主义法律体系的构建对于现代国家在中国社会的成长而言,不仅能维系着现代国家的现代性在中国社会的实现水平,而且维系着社会主义国家的制度属性在当代中国社会的发展能力。因此,本书以革命模式在当代中国的形成——革命模式的终结——国家治理的持续转型这一历史过程为基础,研究当代中国国家成长与法律体系构建的动态关系和发展趋势,总结当代中国社会主义法律体系在国家成长进程中的发展规律和制度表现。走出革命模式对现代国家成长过程中法律体系构建的困扰,彻底告别革命后前现代性对法律体系构建的困扰,厘清改革后后现代性对法律体系发展的干扰,从而追求一种对中国社会现代性成长和法律体系必须恪守的新的革命观。这一新的革命观坚守现代法律体系对公民自由与社会责任、主权权威与政府有效、个体正义与社会正义之间关系的共同底线的规范选择与价值认同。基于当代中国通过现代革命建立现代国家的社会基础与制度选择,意味着两种全新规范和价值在法律体系中涌现:一是法治秩序成为国家权威正当性和社会行动正当性的最终依据;二是法律体系通过捍卫社会正义以体现社会主义制度规定性的同时必须承认个人权利以落实现代性在现代国家成长中的意义。①

二

无论是西方社会,还是中国社会都面临一个革命后现代国家成长与法律体系构建的问题:法律如何形成,以及如何通过法律体系的构建以维系

① 参阅金观涛等:《探索现代社会的起源》,北京:社会科学文献出版社 2010 年版,第 6 页。

社会成员对现代国家的认同、对规则之治的接受。现代国家的成长不仅依靠并体现在经济增长、社会发展和生活秩序,还需要依靠并构建有效的法律体系。对于现代国家的成长而言,有效的法律体系体现在:它能提供保证社会成员之间利益关系的广泛性,这是法律体系的吸引力之所在;它能提供社会成员对未来美好生活预期的稳定性,预期稳定性使得社会成员愿意持续维持既定秩序;它是一种尽量趋近社会公平原则的制度,从而有效面对现代国家成长进程中所持续出现并普遍存在的利益多元性与社会共识的必要性。①

西方学者秉持一种自由主义的学术路线,对现代国家成长与法律体系构建之间的关系从破坏性解构到建设性重构(哈贝马斯,1990),以平衡个体正义与社会正义之间的张力为价值诉求,把现代国家的民主诉求与自由主义宪政的法律体系结合起来,对现代国家成长与法律体系构建的关系予以梳理(罗尔斯,1971)。同时,也有西方学者基于自由主义以及现代资本主义法律体系在当代社会所面临的危机,提出了旨在批判自由主义理论基础和资本主义价值体系对国家成长与法律体系之间关系定位的所谓的“反奥狄浦斯”的后现代命题(德勒兹,1972)。沃勒斯坦在对资本主义进行全面的历史清算的基础上,提出了“自由主义之后”的问题以及绝对的规范体系日趋瓦解的问题。西方学者的反思和革命后当代中国国家成长与法律体系构建的发展进程为我们思考这一具有历史意义的命题提供了理论激励和现实基础。到2011年,中国社会按照发展社会主义民主和建设社会主义法治国家的战略建立起有中国特色的社会主义法律体系。这就表明中国社会彻底放弃了革命后相当长的时期里把现代法的假想现实中的最极端的那部分进行真实再现的努力(季卫东,2002)。刘海年等(2000)对中国特色社会主义法律体系与依法治国的关系予以研究。信春鹰(1999)对中国法律制度的改革进程予以整体性再现。蔡定剑(1999)则对新中国法制变革历程及其理论基础进行了解析。问题的相关性和相续性使国内外学者对现代法律体系的构建倾注了极大的学术热情并积累了丰富的学术资源。国外学术界对当代中国社会主义法律体系研究的实际把握能力还比较有限,主要表现为无法有效地把握当代中国法律运行的制度基础和真正领会社会主义法律体系的价

① 参阅赵汀阳:《坏世界研究:作为第一哲学的政治哲学》,北京:中国人民大学出版社2009年版,第136页。

值选择。国内学术界更多地是从具象性的法律部门来研究中国法律体系,忽视了现代社会主义法律体系在国家转型过程中所发生的整体性变化。国内外相关学术成果存在的问题主要表现在:第一,虽然强调了要从中国社会、政治和文化来把握当代中国法律体系,但从国家成长与法律体系构建之间的整体关系去理解革命后社会主义法律体系的发展问题较为薄弱;第二,虽然强调了要从整体上研究中国法律体系,而不是把中国法律体系简单局限于中国法律制度,但对当代中国法律体系生成之理论基础的研究还是比较孤立和零散的;第三,虽然从认识到国家转型对中国法律体系的发展具有至关重要的影响,但是对从当代中国国家成长的角度研究社会主义法律体系的构建要么过于简单,要么过于教条,要么过于鄙视,从而对革命后当代中国国家成长过程中对社会主义法律体系发展所包含的精神、价值和理想缺乏有说服力的分析;第四,虽然淡化了静态模式化的研究,力求从当代中国国家成长的现实状况出发去研究和解释社会主义法律体系,但是,国内外学术界在研究中依然深受先入为主的价值观念影响,从应然取向而不是从实然取向研究当代中国法律体系,从假想化的现实出发去研究问题。

国内外学术界的相关研究成果明显地透露出这样一个事实:即当代中国法律体系研究可以从革命后国家成长的内部进行整体性研究。为此,本书试图用国家成长和法律体系这两个核心概念来总结、分析和把握革命后当代中国法律体系构建的历史经验、模式选择和发展方向。其意义在于揭示当代中国法律体系的形成、发展与革新的内在逻辑,进而从革命后中国社会对社会主义与现代制度文明的探索进程来把握当代中国法律体系的内在特征和发展趋势,确立一种不同于西方自由主义叙述方式和革命后激进主义话语逻辑来揭示当代中国国家成长与法律体系构建之间的关系。

作为一个通过政治革命建立起现代国家的当代中国社会而言,法律体系的建构与发展承载着一个后发国家实现国家独立、民族生存和社会稳定的强烈期待。自晚清法制改革以来,以制定法为中心的法律体系构建路径来确立现代国家法律秩序的努力从未停止。1949 年 10 月 1 日中华人民共和国的成立,一方面要延续制定法的法律体系构建模式来推进现代法律体系的建构问题,另一方面必须寻找一条不同于资本主义法律体系的社会主义法律体系的建构问题。归纳起来说,当代中国法律体系的构建就是要在革命后走一条通过成文法立法模式来建构社会主义法律体系,因此,现代国家成长与法律体系的构建之间所存在的关系只有在这一努力过程之中来发现和归纳。

首先，法律体系要为革命后现代国家捍卫现代性必须考虑规则体系的自主性与开放性之间的张力。由于近代以来现代国家成长历程在中国社会展开的断裂性提升了对制定法在法律体系构建中的主导地位。这种主导地位由于传统文明的制度资源与现代文明的制度要求在中国的紧张关系以及西方现代文明体系的持续性扩张所带来的压力而强化。当代中国法律体系的构建在革命后依然在相当长的一段时间里以革命或暴力的方式来否定革命之前的法律遗产并以运动的方式试图建立起调整人们生活所有领域的法律规则体系。以国家法为中心的立法制度以法律政治性排除法律社会性和国家全能性排除政治有限性成为革命后改革前当代中国立法制度的基本特点之表现，从而造成规则体系的周期性中断。法律体系的价值取向不仅是确立现代国家调整社会成员行为的规则体系，同时试图承担纯洁社会成员思想的意义结构重任。同时，当代中国法律体系的构建承受着中国作为后发国家迈入现代国家的特殊性。这种特殊性表现在两方面：一是法律体系的构建始终与维护国家权威的诉求联系在一起，在国内法的建构上把维护国家权威正当性作为法律体系构建的核心内容，因为我们必须承认“西方国家现代化是以现代经济与社会的自然发育为现代化的历史起点；而后发现代化国家则是以建构现代化权威为历史起点的；西方社会的现代国家是现代社会发展的结果，而后发现代化国家现代社会则是现代国家发展的结果。所以，对后发国家来说，建构一个有权威的现代国家体系是其现代化的重要前提。”①另一方面，革命后法律体系的构建始终有一种被害者的意识而试图寻求不同于现代西方国家法律体系的现代性的表述方式，这就使任何对现代西方国家的立法制度的学习始终笼罩着阴影。革命后现代国家追求人的尊严的普遍希求的努力与后发国家的被害者意识的阴影构成了当代中国法律体系的发展约束。被害者意识总是自觉或不自觉地体现为与资本主义的对立，进而困扰着现代性在革命后最初三十年里现代法律体系构建中的实现。因此，革命后法律体系的现代性尚未体现，前现代性的因素倒经常忽隐忽现影响着法律体系的构建方向、规则选择和价值取舍。改革开放以来，当代中国法律体系构建回归到现代国家成长的基

① 林尚立等：《政治建设与国家成长》，北京：中国大百科全书出版社 2008 年版，第 34 页。

本诉求上，放弃政治性干扰现代性进而抛弃被害者意识对法律体系构建的教条主义、民粹主义的困扰，回到法律体系的自主性与开放性之间的张力中寻找对现代法治追求的具体方向之中。

其次，法律体系要为革命后现代国家成长提供制度保障无疑要考虑中国社会发展的特殊性与现代文明发展的共识性之间的矛盾。由于中国向现代国家转型的特殊性与复杂性，中国面临的迫切问题是现代化推动的国家治理问题。由于没有强大的法律传统，也没有提供成熟的法治构成要素，所谓法律及其法制改革简单变成了国家治理的工具，法律体系的构建也就简单地指构建和维护以强制性为诉求的公共秩序的工具。而20世纪70年代末以来法治建设的方向，则在全能主义国家向民主法治国家转型过程中将法律逐步从单纯国家治理工具中解放出来，将法律作为一种独立的自主性的力量，进而将法律体系的构建与社会正义的维护、个体自主性的尊重以及国家权力有限性的强调联系在一起。我们必须提及毛泽东同志在20世纪20年代对中国国情所作的一个判断，中国是一个大国，各地区政治经济文化发展不平衡。[①] 这一判断伴随着现代国家在中国的建立过程而验证其意义。必须指出的是，这对于我们今天研究法律体系的构建依然具有不可忽视的价值。同样是“现代国家”，对于在概念层面思考的人来说，往往掩盖或忽视同样分析单位背后所具有的差异，而正是这种差异对于永远不能停留在抽象语境中的当代中国法律体系的构建与完善而言恰恰是至关重要的。一个大国和一个相对来说的小国在法律体系的有效确立与有机协调的难度上存在差异是可想而知的。大国意味着更为繁复的小型社会的秩序体系，意味着形成统一的规则的艰难，也意味着更漫长的时间，意味着立法者必须更多考虑的既成的地方性秩序的利益，意味着维护社会共识和界定公共利益的难度。因此，一个社会的地域空间并不仅仅是一个空间问题，它还意味着形成统一规则体系所面临的难度和所需要的时间。[②] 另外革命后法律体系的构建必须承载中国在漫长的传统文明过程中所积淀下来的文化和制度遗产的约束。传统中国治理是建立在宗法一体化的社会结构之上的，因此伦理所确立的规则主导了社会生活的经营和公共秩序的提供，从而构成了

① 参阅《中国革命战争的战略问题》，载《毛泽东选集》，第1卷，人民出版社1991年版，第三章第二节。

② 参阅苏力：《道路通向城市：转型中国的法治》，北京：法律出版社2004年版，第36页。

传统中国的民族精神的一部分。附着在中国古代文明上的法律传统,也得以在现代社会延续和演变,不时地从中国大地上冒出来左右着人们的行为。[①] 全盘否定伦理秩序的意义,反而会使伦理规则不断以各种形式修复或影响立法过程或立法效果。[②] 因此,“在不违反政体原则的限度内,遵从民族的精神是立法者的首要职责。”[③]现代国家的成长在空间上所具有的特点都是在尊重历史这一时间维度基础上才能形成和呈现,更何况像中国这样一个具有悠久历史文化传统的国家,尊重历史不是要迁就传统社会所主张的伦理秩序而反对现代社会立法所建构的法治创新的努力,而是要求任何现代制度的创新不能建立在简单而粗暴地反对传统的遗产的基础之上。

再次,法律体系要为革命后现代国家维护社会主义制度的属性必须有效平衡社会正义与个体正义之间的关系。革命后中国社会对如何建成并如何维护社会主义制度曾经有教条化和机械化的理解,把法律简单化地理解为阶级统治的工具后,法律在当代中国社会发展和国家建设中的意义就没有政治运动或者说执政党和国家政策来得重要了。革命后围绕社会主义制度建设所形成的政治浪漫主义和政治全能主义给予法律体系的构建添加了过多的道德理想和政治情感因素而忘却了法律体系的构建本身作为一种确立现代国家公共权力运行规则和制度原理来体现社会主义制度的现代性的朴素本质,使得革命后当代中国通过法律体系的有效构建以展现国家统治正当性和国家治理合理性的努力被放弃。[④] 即使革命后三十年中国社会所制定的少量法律也往往在解决具体的现实利益冲突、维护社会成员的平等和保障个体自由等方面显得苍白无力。因此革命后通过否定以财产权为表征的个体利益来教条地强调公有制为唯一基础的公共利益、否定以市场制度正当性为基础的社会活力来机械地维护以计划经济为基础的社会秩序来体现自身的特点的同时,让法律体系的构建本身失去了社会基础和维护社会主义制度的能力。1978 年中国社会启动改革开放,中国共产党重新认识社会主义制度的本质诉求,明确当代中国社会正处于并将长期处于社会主义初级阶段。在这一认识的前提下,当代中国法律体系的构建必须在社会

① 参阅梁治平:《在边缘处思考》,北京:法律出版社 2003 年版,第 126—131 页。

② 参阅金观涛等:《兴盛与危机:论中国社会超稳定结构》,北京:法律出版社 2011 年版,第 208 页。

③ [法] 孟德斯鸠:《论法的精神》,上册,张雁深译,北京:商务印书馆 1961 年版,第 305 页。

④ 参阅夏勇:《中国民权哲学》,北京:三联书店 2004 年版,第 42 页。

主义初级阶段的社会结构、制度安排和意识形态中体现。2011年中国特色社会主义法律体系的形成表明，改革后当代中国法律体系从构建一个以社会主义市场经济为基础的新的政治关系、经济关系和社会秩序的要求出发建构中国社会发展的规则体系。必须指出的是，现代国家在承认市场制度的前提下，在以私有产权为基础的现代西方国家，法律体系的构建及其变迁所秉持的价值选择是从个体利益的维护出发平衡个体利益与公共利益之间的关系；而在当代社会主义中国，法律体系构建所秉持的价值选择是从公共利益的维护出发平衡个体利益与公共利益的关系。所以，现代国家成长不能没有立法及其现代法律体系，通过立法及其所建构起来的法律体系来平衡个体利益与公共利益之间的关系以及社会自主性与国家治理正当性之间的关系，只不过立法及其法律体系所坚持的价值选择不同而已。这种差异是与现代国家不同的意识形态承认和制度属性选择联系在一起的。对于当代中国立法制度来说，其特点不是通过否定个体利益和社会自主性来体现，而是在承认个体利益和社会自主性后捍卫公共利益和国家治理正当性的能力中来体现。①

三

一门学科提出的每一种新见解，都包含着这门学科术语的革命。故本书以法律体系构建为核心术语，以革命后现代国家成长与法律体系构建之间的整体性联系为线索，展开对当代中国社会主义法律体系的生成背景与发展模式、制度框架与价值选择的研究，揭示出中国走向现代国家的过程中建设与发展社会主义法律体系的路径选择和价值取向，深入研究个体正义与社会正义的平衡能力对社会主义法律体系发展所具有的意义。秉持这一基本思路，本书主要包括五个部分：

第一部分从政治革命的四种代表性模式中归纳出现代西方国家的生成样式，进而分析四种模式支撑起的革命后法律体系构建的两大模式。因为西方国家率先在政治革命后完成现代国家的确立以及推进革命后法律体系的构造，并对其后通过政治革命走上现代国家成长之路的诸人类文明共同体具有深远的积极或消极影响，所以我们的研究不得不从现代西方国家生成的革命路径入手研究现代国家的生成样式以及革命后法律体系构建

① 参阅潘伟杰：《当代中国立法制度研究》，上海：上海人民出版社2012年版，第16—19页。

模式。

第二部分从政治革命出发研究当代中国法律体系的社会主义规定性的生成逻辑。作为一种不同于西方资本主义法律体系的中国法律体系,我们必须考察产生这一法律体系的政治革命过程,从而深刻地把握中国法律体系背后的历史-社会-政治的规定性。由此,我们可以得出这样一个基本结论,即当代中国法律体系的社会主义规定性的生成,不是一种意识形态的神话,也不是一种西方模式的简单搬用,从根本上说,它是近代以来中国人民实现民族独立、国家统一和人民解放这一持续性的政治革命过程的结果。

第三部分从政治革命后国家政权建设和计划经济的政治资源配置出发研究当代中国国家成长的制度架构及其革命模式的形成。以政治运动为表征,直接诉求群众运动的国家治理方式对现代法的假想现实中最极端的部分在国家成长中进行了真实的再现。研究这一过程就是要揭示革命后(1949—1978 年)所形成的革命模式对现代法律体系构建的影响。研究国家成长的病变所带来的合法性危机以及论证在社会贫困化的条件下法律体系构建的困境,从而揭示政治动员与法律体系构建之间的紧张关系,以及集权化中当代中国国家治理所依托的制度架构的畸变。

第四部分从国家治理转型出发研究革命模式的终结和法制在当代中国的兴起和再造。深入研究革命模式的终结和加强社会主义法制建设的价值诉求成为社会主义法律体系构建的逻辑起点之成因。同时全面分析革命模式终结后到 1993 年间当代中国法律体系构建的特点、品格以及路径,总结 1978—1993 年当代中国法律体系对于国家成长而言所具有的意义、存在的问题以及应有的发展取向。

第五部分从以政治民主化和法治国家为内容的现代国家成长的基本逻辑出发研究当代中国法律体系的发展。着重厘清 1993 年之后当代中国法律体系的发展历程和价值选择,研究当代中国法律体系不同于西方国家法律体系的本质区别,深入分析当代中国法律体系构建的基本逻辑——这维系着中国法律体系向何处去的问题;研究在现代国家成长对法律体系的核心要求和制度表现——这维系着中国法律体系如何把握现代制度文明发展方向的问题以及为中国社会走向一个体面社会提供制度基础和价值追求的问题。

当代中国法律体系的构建对现代国家的成长和社会主义制度而言,不仅是一个告别传统法律形态的过程,而且是一个超越西方资本主义法律体系的过程。在这一过程中要反思任何基于政治革命后社会制度选择的差异、意识形态的分歧而来的任何关于法律体系构建的模式化思考的弊端。因此，本书试图论证以下核心观点：其一，市场制度的合法化和法治国家的承诺，标志着以个体正义的正当性和国家成长的民主化在当代中国法律体系发展中得到了承认，这一承认的过程是当代中国法律体系对社会主义本质属性和现代法制价值选择的体认，是社会主义自我革新与中国社会不断开放联系在一起的过程在法律体系构建中的体现。其二，当代中国法律体系对社会正义的合法化能力，不仅是社会主义这一制度属性的要求，而且是现代国家制度竞争力的表现。其三，当代中国法律体系的发展逻辑体现在中国社会对人类制度文明发展规律的准确判断之中，对社会主义法治秩序与资本主义法治秩序之间关系的深刻理解之中，对现代国家成长正当性机制的深刻体认中。通过解读革命后现代国家成长与法律体系构建之间的关系来解释当代中国法律体系的生成与发展，揭示出这样一个命题：没有现代国家的成长，就没有法律体系构建的稳定方向。没有法律体系的构建，就没有革命后现代国家真正结束革命的可能(革命后的革命可以政治运动、阶级斗争和社会抗争等形式表现出来)。当然对于中国社会来说，现代国家成长中的法律体系建构与完善不仅要恪守现代性，同时也要体现社会主义制度属性，而社会主义法律体系的发展能力体现在对个体正义与社会正义的平衡能力上，其制度属性体现在对社会正义的合法化能力之中。

第一章　革命后现代国家与法律体系构建：西方的模式

谁也不能否定这样一个事实，人类文明史由传统国家迈入现代国家均伴随着政治革命以及由此而来的法律体系的重构。如果说政治革命是现代国家的接生婆，那么革命后法律体系的重构则是把现代国家的正当性、成长方向的事实性关系转变为法律性关系，从而改变人类社会自有国家这个共同体以来公共权力合法化机制、个体权利普遍化规范的表述方式，也正是在这种改变过程中形塑现代国家法律体系构建的模式。为此，我们从政治革命的角度切入研究现代国家的生成样式以及革命后法律体系构建模式。回望现代国家的生成样式，无非也可以从政治革命的四种代表性模式中归纳出其中的规律，进而分析四种模式支撑起的革命后法律体系构建的两大模式。因为西方国家率先在政治革命后完成现代国家的确立以及推进革命后法律体系的构造，这种构造主要在两个方面展开：一是社会或私人领域的契约；另一是国家或公法领域的程序。① 革命后现代西方国家通过法律体系的构建，通过这两方面的努力确立了现代国家不同于传统国家的正当性基础，也确立了革命后资本主义制度在法律体系中的特质要求。无疑从革命后现代西方国家的法律体系构建对其后通过政治革命走上现代国家成长之路的诸人类文明共同体具有深远的影响，所以我们的研究不得不从现代西方国家生成的革命路径入手研究现代国家的生成样式以及革命后法律体系构建模式。革命这个现代国家的接生婆角色是一时的，革命后确保现代国家得以有效成长的法律体系构建却是一个没有终点的开始。因此分析革命后法律体系构建模式只是对动态过程的静态概括而已。

① 参阅季卫东：《法治构图》，北京：法律出版社 2012 年版，第 131 页。

第一节　不同革命境遇下现代西方国家成长的不同样式

对于人类文明发展史上的革命以及现代意义，马克思曾做过一个总结性的概括："1648 年的革命是 16 世纪对 17 世纪的革命；1789 年的革命是 18 世纪对 17 世纪的胜利。这两次革命不仅反映了它们本身发生的地区即英法两国的要求，而且在更大得多的程度上反映了当时整个世界的要求。"这一论断蕴涵着两层含义：一是，1648 年的英国革命和 1789 年的法国革命所开启的人类文明发展的新时代，不仅是英国或法国的新时代，而且是整个世界迈入现代国家的新时代；二是，1789 年的革命与 1648 年的革命有内在的历史关系，但不是简单的历史递进关系，因为它们共同完成了"新社会制度"的诞生，这种"新社会制度"不仅包括"新社会的政治制度"，而且包括新社会的经济和社会生活制度。① 根据这两层含义，我们基本上可以说英法两国的革命揭开了现代国家在人类文明体系中成长的序幕。黑格尔就此指出：法国大革命"这件大事依照它的内容，是'世界历史'性的，……讲到它的外界分布，它的原则差不多灌输到了一切现代国家，或者以军事战争的方式，或者明白地推行到了各该国的政治生活中。"②在特定的时空关系中，这个"现代国家"无疑是资本主义国家，但是，在人类文明发展的逻辑中，"现代国家"却是人类社会文明体系发展所达到的新境界。诸人类文明共同体只是以不同方式在不同时间里按照不同路径走向现代国家的行列。所以，从人类文明发展的历史规律和价值追求来论，我们要承认资本主义国家对现代国家成长进而为人类文明发展所作出的贡献，更要充分强调现代国家取代传统国家是人类文明发展的普遍性进程。③ 正是在这一普遍性进程中，革

---

① 马克思是这样来总结这两次革命所带来的制度上的胜利的："1648 年的革命和 1789 年的革命，并不是英国的革命和法国的革命；这是欧洲范围的革命。它们不是社会中某一阶级对旧政治制度的胜利；它们宣告了欧洲新社会的政治制度。资产阶级在这两次革命中获得了胜利；然而，当时资产阶级的胜利意味着新社会制度的胜利，资产阶级所有制对封建所有制的胜利，民族对地方主义的胜利，竞争对行会制度的胜利，财产分配制对长子继承制的胜利，土地所有者支配土地制对土地所有者隶属于土地制的胜利，教育对迷信的胜利，家庭对宗族的胜利，进取精神对游侠怠惰的胜利，资产阶级法权对中世纪特权的胜利。"《马克思恩格斯选集》，第一卷，北京：人民出版社 1999 年版，第 464 页。

② ［德］黑格尔：《历史哲学》，王照时译，上海：上海书店出版社 1999 年版，第 464 页。

③ 参阅林尚立等：《制度创新与国家成长：中国的探索》，天津：天津人民出版社 2005 年版，第 2—4 页。

命后法律体系的构建基于对现代国家现代性成长的诉求而来的新模式，进而演绎着现代国家成长与法律秩序的关系。同时，我们深入到革命得以展开具体情境中思考就会发现不同的革命路径和所承载的革命诉求对革命后现代法律体系构建的不同影响。

一、光荣革命后英国现代国家成长的样式

整理17世纪以来为建立现代国家，欧洲社会所发生的各式各样的革命，从革命展开方式和革命目的实现的最终结果来看，它们主要有四种革命样式：①

以君主为核心的传统力量与以市民为核心的现代力量平衡的革命样式，这被称为现代国家的光荣革命。在这种革命样式中传统力量自觉地或不自觉地承认、接受并运用现代力量的生产方式、价值追求和秩序安排改造自身，由此现代力量就没有理由或没有动力推进彻底的革命，传统力量通过自我革命获得了革命后现代法律体系构建中的话语权与正当性。这种革命样式是现代国家体系在英国的生成中表现得最为典型。这种样式得以展开在相当程度上取决于传统力量在传统国家时期里的多元性存在以及传统国家时期以君主为核心公共权力的非绝对性，只有这样，才能保证传统国家本身为现代国家成长提供制度空间。所以革命虽无法避免，却是以最少的社会对立支撑起现代国家成长的空间并为法律体系的现代性追求提供了最为广泛的社会基础。从这个意义上，我们可以理解英国思想家伯克关于以宪法为核心的现代法律体系构建在英国所具有的独特性。“从《大宪章》到《权利宣言》，我们的宪法一以贯之的做法是，在要求及主张我们的自由时，将其作为我们得自于我们的祖先，我们又将其传之我们的后代的不可剥夺的遗产……在我看来，这种做法乃是深思熟虑的结果，或许毋宁说是依循自然的幸运的效果，而自然是一种不需要反思，而高于反思的智慧。”②

在传统国家时期，英国的贵族始终就是王权的离心力，等级性的土地所有制为贵族抗衡王权提供了物质基础和现实要求。等级会议为载体的多元化的权力中心的存在使得英国传统国家的封建性具有独特的价值追求和意

① 熊培云非常形象地概括了生成现代国家的三种革命模式，对本书的写作有非常显著的启发。参阅熊培云：《理想国》，北京：新星出版社2012年版，第10—11页。

② ［英］伯克：《法国革命论》，何兆武译，北京：商务印书馆1998年版，第43—44页。

义表现。普通法所具有的社会造法的特质通过法律体系的社会性获得了表述空间。虽然我们不能扩大英国传统国家时期权力中心多元化存在对于以普通法为特质的法律体系构建模式在革命后形成的作用，但是我们肯定英国光荣革命后以普通法为表征的现代法律体系构建模式是得益于这种封建制对规则体系构建的国家垄断性的瓦解。传统国家的制度框架体系内，贵族与王权的抗衡的积极意义就是，王权必须要限制，君主与臣民的权利与义务关系要明确界定。① 这就与东方传统社会中的君臣关系存在巨大差别。当西方传统社会中政治主体的关系已经开始世俗化理解的时候，东方传统社会中的政治主体关系依然以伦理规范来处理。这也就可以理解即使东方传统社会中臣民也有反抗君主的时候却始终没有形成君主与臣民之间关系的限制与被限制，权利与义务关系的界定与被界定。1215 年的大宪章以及等级会议就是在封建化时期英国传统政治力量之间博弈的重大成果。蔷薇战争(1455—1485 年)给土地贵族带来了一场人为的而非自然的浩劫。残酷的流血斗争严重地削弱了他们的力量，从而使得在战争中应运而生的都铎王朝成功地建立起了以王权为中心的绝对主义国家。但毫无疑问的是，君主权力的有限性及其相关制度却以精神的形式保留在了英国政治生活中。19 世纪英国历史学家麦考莱在回顾英国立宪历程后，总结道："在古老的英国政体属于有限君主制类型……(国王的)权力虽很充分，却受三大宪政原则的限制；这些原则如此古老，没有人能说出它们起自何时；这些原则又如此有效，其顺乎自然的发展已持续了这许多代，产生出我们生活于其中

① 恩格斯在 1884 年研究关于英国状况的过程中，也涉及英国宪法。恩格斯把英国的情况与欧洲大陆的情况作了这样的比较："……世界上没有一个国家能在势力和财富上同英国匹敌；这种势力和财富并不像罗马时代那样仅仅集中于专制君主一个人手里，而是属于民族中有教养的那一部分人。英国不为专制而恐惧，不用进行反对王权的斗争已经有一百年了。英国无疑是地球上(北美也不除外)最自由的，即不自由国家最少的国家。因此有教养的英国人就具有在某种程度上说来是天生的独立自主权利，在这一点上法国人是夸不了口的，德国人就更不用说了。英国的政治活动、出版自由、海上霸权以及规模宏大的工业几乎在每一个人身上都充分发展了民族特性所固有的毅力、果敢的求实精神、还有冷静无比的理智，这样一来，大陆上的各民族在这方面也远远地落在英国人后面了。……如果有人问，贡献最多的是哪一个民族，那谁也不会否认是英国。"参阅《马克思恩格斯全集》，第 1 卷，第 678—679 页。我们比较完整地引用恩格斯的分析，因为它从总体上勾画了英国之所以然，有助于我们理解英国立宪道路是在怎样的历史条件下展开的。在这里，我们必须插上一段法国启蒙运动时代的先行者伏尔泰是怎样理解英国经验的。当时，英、法两国都是君主制国家，但是伏尔泰游历英国后得出："英国是世界上抵抗君主权力的唯一的国家；他们由于不断地努力，终于建立了这样开明的政府；在这个政府里，君主有无限的权力去做好事，倘使想做坏事，那就双手被束缚了；在这个政府里，老爷们高贵而不骄横，且无家臣；在这个政府里，人民心安理得地参与国事。"参阅[法] 伏尔泰：《哲学通信》，高达观等译，上海：上海人民出版社 1961 年版，第 29 页。伏尔泰到英国呼吸了新鲜空气，或许有溢美之词，却与 19 世纪恩格斯的分析可以互相佐证。

的事物秩序。”[①]等级会议即使在英国绝对主义国家时期也没有被抛弃，等级会议的存在为新生的社会力量提供了政治博弈的场所。实际上，麦考莱的“三大原则”可以形象地归结为“国王在议会中”，“王在法下”。英国绝对主义国家始终生活在一个有限专制政体中，因此，若与法国等国家相比，“英国的专制制度具有未完成的性质。其表现在于：英国依然保留国会这种形式的等级代表机关和地方自治制度。英国既没有常备军队，也没有分支系统繁多的官僚机构。”[②]这种有限专制的制度安排的存在本身证明着封建化时代社会经济结构所支持着的国家与社会之间的分离。正是这种分离在英国传统国家时期里君主权力的有限性进而表现为国家权力的非绝对性，需要一种崭新的制度安排。以普通法为表现形式的制度安排就在传统国家体系内部慢慢成长起来，进而通过限制国家权力而具有了一定的现代性精神。“普通法是当今世界的一支主要的法律体系，而且在政治方面意义重大。在17世纪的紧要关头，普通法作为反对不可一世的国王的专制同意和保障民众个体自由的‘堡垒’，在由普通法律家坚定团体组成的议会手中成为最强有力的斗争工具。”[③]

传统力量在英国走向现代国家的过程中扮演重要角色而因此影响了英国现代法律体系构建的关键环节是，土地贵族的商品化趋势。恩格斯曾经对此指出：“从亨利七世以来，英国的‘贵族’不但不反对工业发展，反而力图间接地从中取得利益；而且经常有这样一部分大地主，由于经济的或政治的原因，愿意同金融资产阶级和工业资产阶级的首脑人物合作。”[④]可见，土地贵族的商品化趋势早在催生现代国家的政治革命之前就已经发生。而正是“由于英国的土地贵族很早就适应了商品化趋向的世界，并且在迈向新时代的进程中居领导地位，因此并没有在伴随大变革而出现的震动中垮掉。”[⑤]土地贵族的商品化趋势，一方面使传统力量自觉完成向现代生产方式和生活方式的变迁过程，同时使法律体系在革命后现代英国的构建和发展走上

① 钱乘旦等：《在传统与变革之间——英国文化模式溯源》，杭州：浙江人民出版社1991年版，第45页。

② ［苏］费多罗夫：《外国国家和法律制度史》，叶长良等译，北京：中国人民大学1985年版，第112页。

③ ［英］卡内冈：《英国普通法的诞生》，李红海译，北京：中国政法大学出版社2003年版，第113页。

④ 《马克思恩格斯选集》，第3卷，北京：人民出版社1972年版，第392页。

⑤ ［美］B·摩尔：《民主与专制的社会起源》，拓夫等译，北京：华夏出版社1987年版，第16页。

了一个从暴力革命到渐进主义的变迁过程；另一方面当旧有的农业结构和领主制经济最终崩溃和瓦解的时候，传统力量在现代社会中找到了生存的基础或理由，同时平衡了现代与传统之间的张力，最终提供了以普通法为表征的法律体系构建模式的展开在现代英国的历史-社会的基础。现在，资产阶级和资产阶级化的贵族在保留君主的同时，提出了一个至为根本的要求：承认议会的权力，核心是"王在法下"以及"王在议会中"。这就宣示了一种新的法律制度框架的产生。在这一法律框架中，国王只有服从议会的法律才能享有王位，国王的权威只有通过议会才能体现出来。"光荣革命"后通过的权利法案第一条就明确规定："凡未经国会同意，以国王权威停止法律或停止法律实施之僭越权力，为非法权力。"在此之后，没有一位英国君主作过真正的努力试图重新建立君主专制进行统治。然而在现代英国要想废除君主就象要恢复君主专制一样，只不过是一种绝望的挣扎，是一种想把打碎了的东西重新拼凑起来的、不可能成功的努力。英国就以这样一个事实开启了现代国家成长的序幕，革命后法律体系构建不需要对革命前普通法的否定，相反是延续普通法的自主性和开放性。革命后法律体系的构建"有如一幢房屋，不断地增扩、修缮和部分地重建，使它在时代相传中不断更新，却从未被夷为平地，在新的地基上去重建。"①

二、和平革命后美国现代国家成长的样式

没有以君主为核心传统力量存在且只有以市民为核心现代力量的革命样式，这被称为现代国家的和平革命。所以，"他们不必费心去杜绝封建残余，不用与世袭的社会秩序作斗争，不必苦口婆心地劝说享有特权的贵族休闲阶层接受民主以将之整合进社会来，他们没有传统的宗教冲突之忧，没有消除赤贫之虑，更不必东奔西走去平定国内大大小小的叛乱。"②这种革命样式因没有传统力量的存在，革命只需要解决现代国家成长的外部制约，进而确认已经存在的先有人后有国家、先有社会自治后有政府治理、先有地方后有中央事实性关系并转换为法律秩序。这种革命样式是现代国家体系在美国的生成中表现得最为典型。由于在人类文明史上现代国家的生成一般

① ［英］詹宁斯：《法与宪法》，龚祥瑞等译，北京：三联书店1997年版，第6页。

② ［美］邓恩：《姊妹革命：美国革命与法国革命启示录》，杨小刚译，上海：上海文艺出版社2003年版，第9页。

都要通过革命取代传统国家来实现，而美国现代国家的生成不需要通过革命取代传统国家来实现，因此在美国的革命样式具有鲜明的独特性。“美国革命是在所有大革命中是唯一一个创造了新的共同体、新的政治意识形态、新政治体制，以及新的国家（‘第一个新国家’）的革命。……（其集体）认同并不是基于像在欧洲以及后来在‘第三世界’出现的那样的原初要素——诸如领土、历史、想象的亲属关系、语言以及诸如此类的东西。这个集体性认同的形成围绕着一个植根于清教徒的宗教观以及启蒙运动带来的英国传统的合法性观念的政治意识形态。正是这种新的集体认同、政治意识形态、‘公民宗教’以及新的宪法秩序的构建成为了美国革命的关键环节和关键要素。”①这表明，美国革命只不过是对革命前就已经出现的新秩序的确认，同时在革命过程中最大限度地与英国传统的合法性观念相连接。英国传统的合法性观念在制度安排上承认以普通法为表征的社会造法的正当性，这说明美国革命后法律体系构建与英国革命后法律体系之间所存在的独特性以及相通性。这集中表现在社会造法在革命后现代法律体系构建中的表现程度强弱上和社会基础深浅上，无疑由于美国革命的特殊性，以普通法为表征的社会造法在美国革命后现代法律体系构建中表现程度更强烈、社会基础更扎实。“普通法从英国殖民者传入美洲，美国开国者中的大部分正是普通法律师。因此，美国《独立宣言》其实更像一份普通法法庭的起诉状，而美国宪法中的《权利法案》，即宪法前十条修正案，基本上就是普通法院用于保障人民自由的程序之系统化而已。因此，这一权利法案与大约同时颁布的法国《人权宣言》在精神实质上差别不可以道里计，尽管这一点通常为人们所忽视。”②

美国，“是一个名副其实的人工产物，是过去三百五十年间在莽莽荒野上形成的国家。”③在美国革命前，封建的社会制度并不存在，因而也就无须集权。④ 无须集权制度这一革命前的制度遗产以及背后的社会事实就更易

① ［以］艾森斯塔特：《大革命与现代文明》，刘圣中译，上海：上海世纪出版集团2012年版，第173页。

② 参阅《中国法律人》，2004年10月，第4期。

③ ［英］维尔：《美国政治》，王合等译，北京：商务印书馆1981年版，第3页。

④ 法国思想家托克维尔实地考察了美国社会后指出，美国是唯一可以使人们看清它是自然而顺利成长的国家。参阅［法］托克维尔：《论美国的民主》，上卷，董果良译，北京：商务印书馆1988年版，第31页。当代美国政治学家亨廷顿也认为，美国社会天生就是现代化的。参阅［美］亨廷顿：《变化社会中的政治秩序》，王冠华等译，北京：三联书店1989年版，第123页。

为革命后现代国家法律体系构建提供了开放性的制度创造空间。美国法学家路易斯·亨金就此指出："美国是一个新国家，如白纸一张。这正好可按照美国人自己的政治蓝图，即那个时代的某种契约，在个人自治和人民主权之上建立政治社会。它可以试验一些全新的制度——联邦制、行政总统制、司法至上——一种权力的全新组合。"[①]1620 年，在即将踏上普利茅斯时，清教徒就已经签定了《五月花公约》。其他殖民地也有类似的文件。对法治秩序的追求在独立革命之前就已经存在，并指导人们的行为。正如查尔斯·比尔德在概括美国立宪政治时所指出的那样，美国的立宪政治体制包含着人民的合理行为：它是建立在人民同意基础上的政府；它对一切官方机关进行根本控制；它用合理的方法解决各种社会冲突。[②] 这样一种极为特殊的社会背景给美国革命后现代法律体系的构建以及现代性的实现带来诸多有利的社会基础和制度经验。没有传统力量与现代力量的平衡的需要，美国的现代化进程一直是在现代力量领导下进行的，而且可以直接与启蒙运动之后的欧洲制度文明进行对话。由于英国的传统力量在现代革命过程中的改造，英国法通常过分热爱和袒护自己的传统，而美国的法律发展的社会基础与英国不同，在许多方面已经把英国的模式抛在一边。[③] 当然这其实是对英格兰普通法精神最大程度地在革命后现代法律体系构建中予以实现。

《独立宣言》宣布美洲各殖民地为"自由和独立的国家"开始，社会造法的普通法精神就主导了革命后美国现代法律体系的构建过程。《独立宣言》确立了人民主权的原则。这一原则在革命后现代法律体系构建中就表现为对政府权力的有限性制度安排和个体权利正当性的维护成为中心内容。革命后制定的美国宪法最重要的贡献在于它以成文宪制的形式把欧洲文艺复兴时期以来人类对于理性政治、契约自由、产权正当的追求变成了体现法律体系现代性的基本内容。美国宪法的另一个重要而独特的贡献就在于它提

① ［美］路易斯·亨金等：《宪政与权利——美国宪法的域外影响》，郑戈等译，北京：三联书店 1996 年版，第 6 页。当时的美洲殖民地不过是西方文明边缘的小小前哨，美国革命者面临的问题远比欧洲的单纯。除英国重商政策施加的外来压力，美洲的新世纪仍年轻，而且不像古老的欧洲备受旧制度之苦，这使美国在脱离英国这个初始难题解决之后，能够朝较为和平的路线发展。参阅［美］弗里德里希·沃特金斯：《西方政治传统》，黄辉等译，长春：吉林人民出版社 2001 年版，第 98—99 页。

② 参阅［美］C·比尔德：《美国政府与政治》，朱曾汶译，北京：商务印书馆 1987 年版，第 7—9 页。

③ 参阅［德］茨威格特等：《比较法总论》，潘汉典等译，北京：法律出版社 2003 年版，第 352 页。

供了一套崭新的制度安排并予以实践，诸如人民主权、有限政府、分权与制衡、共和政体等，使共和政治成为一种可以实践的制度安排。这种制度安排构成了具有美国特色的宪法体系的内容，不仅为美国在过去两百余年中由小变大、由弱变强奠定了制度上的基础，①而且也广泛影响着现代世界各国宪法的发展。

在肯定革命后美国宪法开创性的同时，一方面我们需要理解革命后美国法律体系构建中落实现代性的基本内容所具有的意义及其能力，我们还必须认识到革命后美国法律体系构建对现代性的追求不是一劳永逸的。一方面，革命后美国法律体系构建本身是一个利益在制度内进行协商和妥协的过程，由此赋予了美国法律体系构建在其社会发展过程的包容性和开放性，进而使革命后美国法律体系构建在实现和完善现代性的基本内容方面只需不断平衡现代社会中各种利益；另一方面说明了美国法律体系从来就是在充满妥协中变迁着的。同时，我们也应该承认现代法律体系构建在美国的确立过程中对其他人类制度文明成果的吸收和整合，这其中一是借鉴了英国的法律原则；二是参照了一百多年来殖民地的基本法规；三是总结了《独立宣言》发布后 11 年的实践经验。② 革命不是对任何历史负担的清除，而是对欧洲启蒙运动精神的接受与制度转化，因此现代性的追求在革命后现代美国法律体系构建中既有现代性原则的坚定约束，表现为政府有限性、契约自由化、产权正当性，又是顺应社会生活变迁而来的对利益关系妥协空间的灵活坚守，表现为政府责任、社会保障与公共利益在法律体

---

① 这将给我们认识现代国家与宪法的关系提供了一个新的视角。我们不应该忘记提及美国宪法制定者们对一个强有力国家的关注。美国宪法制定时的主要考虑是建立一个强有力的政府，以克服邦联的软弱无能。阐释美国宪法原则的经典著作《联邦党人文集》的第一篇开宗明义地指出指定宪法的目的："对目前邦联政府的无能有了无可置疑的经验以后，要请你们为美利坚合众国慎重考虑一部新宪法。这个问题本身就能说明它的重要性；因为它的后果涉及联邦的生存、联邦各组成部分的安全与福利，以及一个在许多方面可以说是世界上最引人注目的帝国的命运。"参阅［美］汉密尔顿等：《联邦党人文集》，程逢如等译，北京：商务印书馆 1980 年版，第 3 页。美国的宪法制定者们并不怀疑自由与强大的国家之间的兼容性。他们以一种相当乐观的语调写道："专制政治的拥护者，从玷污那些共和国历史的动乱中提出论据，不仅反对共和政体的各种形式，而且反对公民自由的原则。他们污蔑一切自由政府都是与社会秩序不协调的，并且对自由政府的赞助和拥护者表示幸灾乐祸。对于人类来说，幸运的是，在自由的基础上建立起来、多年来欣欣向荣的巨大组织，用少数光荣的事例就驳倒了他们的悲观论辩。我相信，美国将是另外一些同样大厦的广泛而巩固的基础，这些大厦将是他们的错误的同样永久的纪念物。"转引自李强："宪政自由主义与国家构建"，载贺卫方等：《宪政主义与现代国家》，北京：三联书店 2003 年版，第 28 页。但我们必须清醒地认识，美国制宪者们对于宪法平衡强大国家与自由社会之间的能力，在制度早期是建立在无产者的剥夺基础之上的，20 世纪以后则是建立在对非西方国家的掠夺基础之上的。

② 参阅李昌道：《美国宪法纵横论》，上海：复旦大学出版社 1994 年版，第 1 页。

系中的价值体认与规范落实。前者成为20世纪以前美国法律体系构建的主导思想，后者在20世纪则成为美国法律体系转型的主要表现。1906年《肉品检疫法》的颁布承认了政府对社会生活的责任，法律体系构建和完善不再教条强调现代性关于政府权力有限性的规范约束。1913年宪法第十六条修正案的通过强调社会平等对契约自由和产权正当的约束，法律体系的发展与变迁不再抽象捍卫现代性关于个体自由与权力有限的底线。1921年的《预算法》的制定，则进一步表现法律体系的构建的发展不是一个非此即彼的过程，无论是在法律规范安排上，还是在价值选择追求中。

三、激进革命后法国现代国家成长的样式

以君主为核心的传统力量与以市民为核心的现代力量抗衡的革命样式，这被称为现代国家的激进革命。在这种革命样式中传统力量凭借旧制度下的国家暴力压制现代力量的成长，由此正在成长中的现代力量不得不也依赖革命暴力推翻传统力量，“同时因为仇恨和急功近利等原因将革命推向了自己的反面，最终结果是血流成河——从逻辑上说，当已经束手就擒的国王可以被当作敌人杀掉，任何反对革命的人也都可能被杀掉。其历史典型是法国大革命。”①革命所带来的敌人情结不会随着革命的结束而消失，反而成为革命后法律体系构建的对立面。“美国人凭直觉得知，一个充满生机的、包容性的共同体，是建立在冲突、利益之争、承诺和自治制度基础上的。法国革命对统一、博爱及和谐的热望，只会自相矛盾地通过摒弃自由的表达、私利和异议而窒息充满活力的共同体。”②因此，现代国家的现代性始终无法成为法律体系构建的依据、内容和方向。在第二次世界大战结束之前，法律体系构建对现代性的追求更多停留在政治口号、抽象规范层面上。革命的反复动荡(不断革命)导致法国无法顺利完成从革命时的非常政治向革命后日常政治的转换，于是一个真正的国家强大、人民自由而幸福的新国家和新公民，始终没能通过法律体系的构建塑造出来。③ 大革命后的法国

① 熊培云：《理想国》，北京：新星出版社2012年版，第11页。

② [美]邓恩：《姊妹革命：美国革命与法国革命启示录》，杨小刚译，上海：上海文艺出版社2003年版，第109页。

③ 参阅高全喜：《从日常政治到非常政治：论现时代的政法及其他》，北京：中国法制出版社2009年版，第39页。

一直由一群嗜血的革命斗士和一具生硬的骨骼构架主导了法律体系的构建,无法在革命后为一个活生生的现代国家和现代公民的出现提供制度框架。但是法国毕竟是受到欧洲启蒙运动的影响,关于现代国家的理论主张和法律体系现代性的追求不是一个截然陌生的事物,所以它与后发国家革命后非常政治向日常政治转换的困境以及法律体系构建对现代性追求的难度还是不同的。拿破仑民法典在大革命后帝国时期的出现可以从一个侧面解释这种差异。

恩格斯多次说英国革命的特点是它的"社会性",而法国革命的特点是它的"政治性"。又说,英国和法国都重视经验主义,但英国的倾向是"个人利益",法国则具有"民族倾向",从来都是民族的活动;这正是英国的"社会经验主义"和法国的"政治经验主义"的区别所在。① 日本宪法学家佐藤功从大革命法国立宪的角度也同样认为:"法兰西宪法史的特色,是以政治的变革成为国家组织变革的典范。……法兰西的宪法,从大革命以来已经有了十余次的变迁,但每一次的宪法都可说是革命的清算表。"②因此,在大革命后法律体系构建史上,"法国是近代时期宪法制定最为频繁的国家。"③法国自1791年制定出第一部完整的宪法以来,至今已先后颁布了11部宪法(不包括4部宪法修正案)。④ 法国1789年革命后冒出一个第一帝国,1848年革命后又冒出一个第二帝国的"笑剧"。⑤ "法国在中世纪是封建制度的中心,从文艺复兴时代起统一的等级君主制的典型国家,它在大革命时期粉碎了封建制度,建立了纯粹资产阶级统治,统治所具有的典型性是欧洲任何其他国家所没有的。"⑥封建化晚期,法国建立了强大的中央集权体制,欧洲其他国家的专制制度皆不及法国。与英国相比,法国有了常备军队,取消了过于独立的军职。路易十四强化了官僚制度,恢复一度中断的向各省派出巡安吏的做法,架空原来由大贵族担任的省总督,并通过建立国务委员会、财务委员会等机构限制和打击各级三级会议。强大的集权体制使王权渗透

① 参阅《马克思恩格斯全集》,第1卷,第661页。

② [日]佐藤功:《比较政治制度》,许介麟译,台北:正中书局1985年版,第38页。

③ 沈汉:《西方国家形态史》,兰州:甘肃人民出版社1993年版,第198页。

④ 参阅赵宝云:《西方五国宪法通论》,北京:中国人民公安大学出版社1994年版,第109页。

⑤ 马克思在《路易·波拿巴的雾月十八日》开头说:"黑格尔在某个地方说过一切伟大的世界历史事变和人物,可以说都出现两次。他忘记补充一点:第一次是作为悲剧出现,第二次是作为笑剧出现。……侄儿代替伯父,在雾月十八日事变再版的那些情况中,也可以看出一幅同样的漫画!"参阅《马克思恩格斯选集》,第1卷,北京:人民出版社1972年版,第603页。

⑥ 《马克思恩格斯选集》,第1卷,北京:人民出版社1972年版,第601—602页。

到法国社会各个角落的同时，使社会丧失了相对独立的空间。没有这种国家与社会之间必要的空间，一方面使人们对极权政治体制特别憎恶的同时把集权政治体制与传统相等同，在革命过程中破碎集权政治体制的同时人们把集权政治体制与传统一起扫进垃圾堆，这就是建构理性主义思维中所潜藏着的巨大的非理性主义，从而使社会发展和法律发展呈现剧烈的断裂性和反复性。另一方面国家与社会的断裂，使法律不发展与社会不发展同时并存。如果把法律体系的构建建立在社会不发展的基础社会上，那么法律发展就会不断出现倒退、断裂和孤立的状态。

贵族的衰弱与王权巩固扩展其权威是同一个过程的不同方面。贵族的衰弱体现在：政治上依附于王权，贵族成为特权体制维护者，丧失了贵族与王权之间仅有的张力，从而使贵族失去了在政治发展过程的积极意义。经济上的贫困化，与 18 世纪英国的贵族相比，法国贵族主要从农民那里征收税金而生存，没有完成商品化的经历。① “在英国，农村和城市融合的主要目的是对抗王权，这种情况不仅在国内战争以前，而且在随后的很长时间里都是如此。而在法国，这种融合的发生主要是通过王权促成的，因此造成了根本不同政治和社会后果。”②贵族的贫困化，不仅使王权、贵族与市民三角之间政治博弈出现了零和关系，而且使法国社会缺乏利益整合机制和观念，农村与城市的激烈对抗、国家与社会的顽强对抗导致法国立宪过程的跌荡起伏。更重要的是，在英国虽然确立起的是不成文宪制，但是丝毫不影响其对个体自由、法治秩序和民主政治的承认与实践。在法国即使不断地立宪，却始终没有为政治宽容和个体权利提供制度保障。传统力量与现代力量的抗衡，不仅使传统力量借助于立宪以维护其专制统治的合法性，而且现代力量也不断走向反面以借助于国家权力来推进现代制度革新。宪法在民族国家确立是表明国家对社会的承认，并通过宪法限制国家权力提供处理民族国家与市民社会之间关系的制度体系以及价值追求。但是托克维尔把欧洲的历史和现状与美国相对照，欧洲——主要是法国——一直有两种“革命”同时进行，但却走向相反的方向：一种“革命”是在不断地削弱权力，而另一种“革命”却在不断地

① 托克维尔对法国贵族的贫困化有详细的分析，参阅[法] 托克维尔：《旧制度与大革命》，冯棠译，北京：商务印书馆 1992 年版，第 118 页。

② [美] B·摩尔：《民主与专制的社会起源》，拓夫等译，北京：华夏出版社 1987 年版，第43 页。

培植和强化权力。革命如洪水般汹涌澎湃冲击着旧制度,接着是混乱的无政府状态,然后物极必反,因此在革命之后总是出现新的权力集中。①法国革命时期传统力量与现代力量抗衡的格局注定了革命后法律体系构建的艰难以及对法的现代性的追求过程之漫长。正如托克维尔所说:“在法国大革命期间,有两个不应混淆的、方向完全相反的趋势:一是倾向于自由,一个倾向于专制……法国大革命同时宣布,它既反对君主政体,又反对地方分权制度。它不分青红皂白,仇恨以前存在的一切,既仇恨专制权力,又仇恨可以遏制这种暴政的措施。这场革命本身既是共和主义,又是中央集权化的。”②革命后任何一方都是借助权力并通过权力主导法律体系的构建来证明和维护自身的正当性,对现代性原则的坚定性追求只是一种为革命成功而提出的口号而已,革命后则被无情地践踏或抛弃。我们可以理解,大革命之后直至二战结束之前,在法国,“法律越来越类似于立法结构中获胜的多数强加于少数的某种绝对命令,其结果通常是颠覆个人长期建立起来的预期,使其不得不建立全新的预期。在这之后,失败的少数会调整自己适应这种败绩,因为他们希望自己早晚变成多数,从而也可以以同样的办法对付如今偶然属于多数派的人。”③立法过程中的少数与多数最终决定于革命来界定,因此法律体系构建的政治化色彩具有特别的意义,非此即彼的法律思维主导革命后法律体系构建过程,进而不断强化建构主义(对国家权力普遍性的依赖)而弱化演进主义(对个体权利具体化的尊重)在法律体系构建中的存在。

四、保守革命后德国现代国家成长的样式

以君主为核心的传统力量引导以市民为核心的现代力量的革命样式,这被称为现代国家的保守革命。在这种革命样式中传统力量凭借旧制度下的国家权力引导现代力量的成长,主导现代国家的制度构建的话语权,由此正在成长中的现代力量只能依赖传统力量所主导的现代国家体系寻求正当性。这种革命样式是现代国家体系在德国的生成中表现得最为典型。由此,现代国家的现代性只能通过法律体系构建的形式层面来表现,法律总是

① 参阅陈乐民等:《欧洲文明的进程》,北京:三联书店2003年版,第228页。
② [法]托克维尔:《论美国的民主》,上卷,董果良译,北京:商务印书馆1988年版,第108页。
③ [英]莱奥尼:《自由与法律》,秋风译,长春:吉林人民出版社2004年版,第17—18页。

同国家权力相联系，革命后法律体系正当性只能由国家权力来表述，而不是相反。① 革命前以容克为主体的统治阶级的特性深刻影响着革命后德国现代国家形成与法律体系构建。与英国、美国相对照，社会力量在革命前的德国始终是不成熟的，因此革命后法律体系现代性无法得到真正实现。与法国相比，传统力量在德国现代国家形成过程中扮演着积极推进者的角色，因此，革命后至第二次世界大战前德国法律体系的现代性与法国法律体系现代性均受到国家主义的抑制，表现为对国家造法和建构理性的强调。所不同的是德国现代力量一直处于生活在依赖国家权力的传统力量的怀抱之中，国家主义在法律体系构建中的地位始终没有遭到过有力的反抗，对现代性的追求只能停留在形式规范层面构建。魏玛宪法的结局和桂冠法学家施密特的困惑从中可以获得有说服力的解释。

19 世纪之前，德意志存在 314 个邦国和 1 475 个庄园，共有 1 789 个独立的拥有主权的政权。因此构建统一的民族国家成为德意志推动现代化进程的首要任务和国家建设的核心目标。问题的关键在于，法国拿破仑的入侵打断了德意志形成统一的民族国家的自然过程，从而严重地阻碍了民族国家向民主国家的转换进程。美国史学家平森曾这样说道："由于法国对德意志的占领，德意志浪漫主义就成为反对法国人、反对法国革命和反对革命精神的思想武器。"②因此，德意志民族国家的建设就与反对法国人与法国革命精神结合在一起了。由于法国的启蒙思想代表了西方社会迈向现代化的思想标志，因此这种抗拒就自然演变成为对德意志传统的维护，对现代化的抗拒，割裂了民族主义与民主主义的内在联系。在民族主义的旗帜下，在强调民族特殊性的口号下，现代法观念在德意志一直未能占据主导地位。另一方面，民族国家独立的危难与民族国家发展的迟滞使现代法精神的制度化水平不能在德意志正常成长。从而当民族主义发展到一定程度时，由于缺乏现代法理念的引导，法律体系对现代性的追求不可能成为其中心内容，至多停留在形式主义的层面。

诚如巴林顿·摩尔所言："我们不可能在英国历史上发现和德国类似的那种保守势力；德国国会中这些保守势力的代表们当听到宣布'普鲁士王和

① 参阅［美］波斯纳：《道德和法律理论的疑问》，苏力译，北京：中国政法大学出版社 2003 年版，第 1 章。

② ［美］科佩尔·S·平森：《德国近现代史》，上册，范德一译，北京：商务印书馆 1987 年版，第 63 页。

德国皇帝在任何时候都有权指挥军队进行镇压’的时候,禁不住起身欢呼。”①固然由于统一的德意志民族国家形成过程的迟滞和法国对其入侵客观上提供了民族主义与民主主义的紧张关系,但是以容克地主为代表的德意志保守势力却在主观上造成了传统力量对民主政治的反动。容克在几百年中统治着普鲁士,是德国东部最传统的农业势力的代表。德意志民族国家的形成过程恰恰是在这样一个最传统、最保守的力量领导下完成的。这就陷入了一个历史性的悖论之中:一方面是传统力量领导现代国家成长的整个过程;另一方面传统力量却是现代国家成长的反动力量。当现代国家成长的进程无可避免地冲破以容克地主为代表的传统力量的时候,容克地主就出来阻止德国社会的进步了。要么在民族主义的旗帜下发动对外侵略,要么镇压国内的法律发展趋势,目的只有一个,那就是保存传统势力的利益。因此,仅仅有现代法的形式,没有现代法的实质,这一事实一直影响着德国现代法律体系构建自 19 世纪晚期至第二次世界大战结束的整个过程。②

第二节 革命后现代西方国家法律体系构建的模式

“随着不同现代性秩序和多样现代性的制度化,革命的意象仍然是这些秩序和新政治体制合法化的固有成分。革命象征主义构成了新的制度结构和这些新秩序的象征集合体的一个基本要件,而且现代性的不同制度方案的现实化势必也会造成这种象征主义与活动的交融。”③从欧洲开始的四种革命样式更多地关注了革命后现代国家成长的初始条件和现代性在现代法律体系构建中的实现所面临的约束性条件所进行的分析。英国和美国虽然初始条件不同,但是革命前强大的、成熟的现代力量在革命后英国和美国现代国家成长中通过法律体系对现代性的追求得到了承认和落实,以社会造

① [美] B·摩尔:《民主与专制的社会起源》,拓夫等译,北京:华夏出版社 1987 年版,第 26 页。

② 我们可以从马克思对普鲁士的书报检查制度的抨击中理解这一点。马克思尖锐地指出:“出版法就是出版自由在立法上的认可。它是法的表现,因为它就是自由肯定的存在。所以,甚至当它完全没有被采用的时候,例如在北美,它也应当存在,而书报检查制度正如奴隶制一样,即使它千百次地具有法律形式,也永远不能成为合法。”参阅《马克思恩格斯全集》,第 1 卷,第 71—72 页。

③ [以] 艾森斯塔特:《大革命与现代文明》,刘圣中译,上海:上海世纪出版集团 2012 年版,第 163 页。

法为表征的普通法模式就成为革命后英国和美国法律体系构建的基本特质。而法国和德国基于革命前现代力量的不成熟，在法国更是要遭到传统力量的压制，在德国则是具有进取心的传统力量再加上民族独立的强烈诉求，以国家造法为表征的法典法模式就成为革命后法国和德国法律体系构建的基本逻辑。[①] 但是，20 世纪初由美国启动并在新政中全面推进的普通法模式的改革提供了第二次世界大战后西方国家法律体系整体转型、相互融合的契机。

一、以社会造法为表征的普通法模式

"就我们所熟悉的这种社会而言，在人们所实际遵循的规则中，只有一部分是刻意设计的产物，如一部分法律规则（但是即便是法律规则，它们也不都是刻意设计的产物，而大多数道德规则和习俗却是自生自发的产物。"[②]哈耶克道出了英美为代表的普通法立法模式的基本表现。众所周知，英美两国是现代革命后最早确立现代法律秩序的国家。在英国确立现代法律秩序的过程中，公共权力体系中的司法权行使过程中所累积的判例和以社会自身成长中逐步形成的惯例成为法律渊源。正如有学者所说："普通法的形成在很大程度上是一个司法管辖权向新的中央机构转移的过程。"[③]法院借助于陪审团的力量在行使司法权的过程中所累积的判例形成了适用于整个英格兰的法律体系，随后普通法从英国殖民者传入美洲。美国独立革命后鉴于普通法所蕴含着的立法理性与现代美国立国之道的契合性而得以保留下来。英格兰最杰出的法律家马修·黑尔爵士曾专门解释过"普通法"是何以得名的：

> 它之所以被称为普通法，是因为，它是本王国通行之国内法（common municipal law）或司法规则……因为，尽管存在着种种个别法律，有些依据习惯适用于个别场合，有些适用于个别案件；但是，这一种法律则对于所有的人、事和案件是普遍适用的，它优先于那些在个别

① 参阅潘伟杰：《当代中国立法制度研究》，上海：上海人民出版社 2012 年版，第 11—15 页。

② ［英］哈耶克：《法律、立法与自由》，第一卷，邓正来等译，北京：中国大百科全书出版社 2000 年版，第 67 页。

③ ［英］密尔松：《普通法的历史基础》，李显东等译，北京：中国大百科全书出版社 1999 年版，第 8 页。

场合和事务中被承认之个别性法律(particular laws),它是英格兰的普通法(Lex Communis Angliae),就像其他国家的国内法可以、有时也确实被称为该国之普通法。①

当然司法过程在法律体系构建过程中的意义并非意味着司法独断,而是司法吸收社会生活中所沉淀下来的有益于面向现代生活的惯例、习俗等。正如伯尔曼所说:"王室制定法为王室法院实施取源于习俗和惯例的规则、原则、准则以及概念确定了程序。所实施的规则、原则、准则和概念(如重罪概念和占有与侵占概念)取源于非正式、不成文和非制定法的行为规范和范式,这些行为规范和范式存在于人们的头脑中,即存在于社会共同体的意识中。"②因此虽说是司法造法,本质上依然不能改变社会造法在现代法律体系构建中的地位。同时司法化路径发展现代法律体系在深层次改变了以王权为中心的国家造法的传统国家时期法律体系构建的模式,所以司法化路径发展现代法律体系意味着传统社会国家垄断立法权的历史结束,社会通过司法权把法律规则的制定权争取到自己的手中之努力的表现和理想。概括起来说,以英美法系为代表的普通法模式的基本特点表现为:一是承认判例法的法律渊源地位,判例法是社会造法的正当性的承认,因此普通法模式的形成是与以社会成熟推进现代国家建设的现代文明的成长路径密切联系在一起的,否则司法发现和确认的习俗和惯例就无法面向现代国家的社会生活。二是普通法模式强调建立在有限理性基础上的渐进主义的立法取向,社会成员充分认识到任何法律规则不可能是完美和一劳永逸的。毫无缺点的立法是不能想象的,因此普通法模式下明确地节制对立法者的期望和信赖。③ 三是普通法模式是建立在以市场机制成熟为支撑的社会力量重新界定社会与国家间的关系这样一种社会主导的现代社会结构和以个人权利为导向的、以个体自主性弘扬为核心的自由主义意识形态为基础之上的,也就是没有这一现代社会结构和自由主义意识形态的支持,不可能有普通

① Sir Mather Hale, The History of the Common Law of England and An Analysis of the Civil Part of the Law, the sixth edition, 1820, p. 54. 转引自姚中秋:《现代中国的立国之道》,北京:法律出版社 2010 年版,第 30 页。

② [美] 伯尔曼:《法律与革命——西方法律传统的形成》,贺卫方等译,北京:中国大百科全书出版社 1993 年版,第 580 页。

③ 参阅[美] 汉密尔顿等:《联邦党人文集》,程逢如等译,北京:商务印书馆 1989 年版,第 181—182 页。

法模式的正当性。正是由于现实的社会生活和具体的个体权利的发展催生了普通法立法模式“热衷于精细而现实地探究生活问题，并倾向于在具体的历史关系中处理这些问题，而不是系统或抽象地思考它们。”①四是普通法模式强调公共权力要素之间、个体权利要素之间以及公共权力与个体权利之间关系的底线规范的建构是现代法律体系的发展基础，以有效提供社会生活和国家成长恪守的规则体系为法律体系发展的核心功能。

二、以国家造法为表征的法典法模式

“法律以其自认为合理的制度形式存在着，但法律本身却不是目的。法律程序和法律规范，只不过是社会的工具。”②移居美国后的沃森精辟地指出了以法国和德国为代表的以国家造法为表征的大陆法模式的基本表现。法国、德国在现代国家的形成中，由于以国家权威为生存基础的传统力量的强大或者说以个体权利为诉求的现代力量的弱小，导致在现代法律体系构建过程中形成了以专门立法机关掌握立法权代表国家为共同体立法的法典化模式。法、德两国在现代国家立国过程中始终有两种革命同时进行：一种革命是在不断削弱权力以重新界定国家与社会间的关系，而另一种革命却在不断地培植和强化权力，革命如洪水般汹涌地冲击旧制度，接着是混乱的无政府状态，然后物极必反，因此在革命之后总是出现新的权力集中。③革命后权力集中对于法典法模式的形成及其特点具有相当重要的影响。革命后权力集中于国家，国家自然以制定法的途径垄断了为社会共同体确立刚性规范的立法权，制定法成为法律唯一渊源，对法律稳定性的要求取代了法律规则适合不断变化生活条件的需要。同时依赖国家权力的建构理性挤占和强调个体权利的演进理性在革命后现代法律体系构建过程中的意义。法律与国家权力密切联系在一起，立法往往着眼于构建一种强制性或和制裁性的法律秩序，因为“法是一种强制秩序”，④因此，唯一有效的法律就是国家法。这种法典法模式最大限度地限制了社会造法的正当性张扬和积极

① ［德］茨威格特等：《比较法总论》，潘汉典等译，北京：法律出版社 2003 年版，第 272 页。

② ［美］艾伦·沃森：《民法法系的演变与形成》，李静冰等译，北京：中国法制出版社 2005 年版，第 32 页。

③ 参阅陈乐民：《欧洲文明的进程》，北京：三联书店 2003 年版，第 228 页。

④ ［奥］凯尔森：《法与国家的一般理论》，沈宗灵译，北京：中国大百科全书出版社 1996 年版，第 19 页。

性保护，生活中的具体争议只能通过国家制定出来的抽象法律规则加以解决。

德国著名比较法学者K·茨威科特和H·克茨在比较普通法和大陆法系发现和运用法律之间的区别时引证了罗科斯·庞德对普通法特质的分析来衬托大陆法法律发现和适用的特殊性。

> 在普通法法律家富有特性的学说、思想和技术的背后，有一种重要的心态。这种心态是：习惯于具体地而不是抽象地观察事物，相信的是经验而不是抽象概念；宁可在经验的基础上按照每个案件中合乎正义所要求的从一个案件到下一个案件谨慎地行进，而不是时时回头求助假设的一般概念。不指望从被一般公式化了的命题中演绎出目前案件的裁决。……大陆法法律家的本能是从事系统化，普通法法律家的运作规则是在活动中解决。①

法典化法律体系建构模式通过强调制定法而忽视乃至拒绝社会对立法过程中的参与，同时往往把文明成长过程中所沉淀下来的习俗或惯例和在现代革命中要否定的旧法统一道予以废除，不能再作为法律在现代国家内部享有效力。② 以国家制定法为中心的法典法模式往往随着革命后社会关系紧张和国家权力危机而发生经常性的断裂式发展，从而难以通过一点一滴地、持续努力来推进现代法律体系的构建以致成熟。归纳起来看，以国家造法为表征法典法模式的基本特点表现为：一是以国家制定法为法律渊源，制定法的实质是国家对立法权的垄断和对社会造法的正当性的否定，因此法典法模式的形成是与以社会发展迟滞或不成熟而以公共权力主导和推进现代国家建设的现代文明的成长路径密切联系在一起的。社会生活没有成熟和个体权利没有充分多样性，自然只能和可以依靠国家权威的普遍性和排他性来为社会生活立法；二是法典法模式强调建立在绝对理性基础上的整体主义的立法取向，社会成员总是依赖某种完美和一劳永逸的立法来为公共生活提供规则。对国家所扮演的立法者的期望和信赖成为法典法模

① ［德］K·茨威格特等：《比较法总论》，潘汉典等译，北京：法律出版社2003年版，第376—377页。

② 参阅［美］约翰·梅利曼：《大陆法系》，顾培东等译，北京：法律出版社2004年版，第21—22页。

式下法律体系构建的动力。① 三是法典法立法模式建立在市场社会不成熟而国家自上而下推动形成的现代社会结构和以国家权威为导向的国家理性弘扬为核心的意识形态为基础之上的，法典法模式热衷于笼统而抽象地探究生活问题，并倾向于在抽象的现实关系中处理社会生活对规则的期待问题，法律渊源的单一性自然就成为其正当选择。四是法典法模式强调法律体系构建的顶层规范设计，对人民主权的整体强调而非具体的个体权利的关注、对个体积极权利的承认而非个体消极权利的尊重成为革命后法律体系构建的基本内容。形象地说，普通法模式下法律体系着眼于公共生活和个体权利的底线思维，而法典法模式下法律体系则更热衷于公共生活和个体权利的宏大表述。

我们可以发现，革命后法律体系构建的形成是与现代国家的形成路径联系在一起的。自下而上的现代国家的形成路径往往决定着立法的社会性特质，而自上而下的现代国家的形成路径则决定着立法的国家性特质。立法的社会性特质恪守立法与具体的社会生活之间的联系，立法的国家性特质则强调立法与普遍的国家生活之间的关系。当然我们也不能扩大两种立法模式之间的差异。现代西方国家自进入 20 世纪以来，特别是第二次世界大战以来由于社会危机的出现，国家权力在普通法国家得到重视，而对于大陆法国家来说则是要尊重社会权利的要求，由此引发英国和美国重视国家权力通过制定法提供社会秩序和解决社会问题中的重要性，而法国与德国则要关注社会权利通过司法判例提供社会秩序和解决社会问题中的重要性。因此，我们一方面可以说现代革命过程中传统力量与现代力量之间对比关系不同支持了革命后现代西方国家成长不同路径，进而形成了革命后现代法律体系构建在价值选择和规范选择上的不同样式。但是基于安顿革命的需要，革命后现代西方国家非常注重法律体系在革命后社会关系调整、社会结构维系以及政治正当性和权力合理性制度安排中的意义。更为重要的是，20 世纪 20 年代以来面对现代法律体系形成以来社会生活所面临的

① 哈耶克在讨论理性主义时提出了一个至关重要的概念，就是所谓“渐进理性主义”与“建构理性主义”的区分，或者说是英国式的理性主义与法国式的理性主义的区分与对立。前者是经验主义的、非系统化的；后者是思辩性的、理性主义的。前者相信渐进的改良，相信社会的自发秩序，注重法治下的自由；后者则以建构理性为基础，视所有社会与文化现象为人为设计之产物，强调人们可能而且应该根据某一被接受的原则或计划重新组织社会结构。参阅［英］哈耶克：《自由秩序原理》，上卷，邓正来译，北京：三联书店 1997 年版，第 10—16 页。李强：《自由主义》，北京：中国社会科学出版社 1998 年版，第 114—115 页。

危机和社会秩序所存在的冲突,西方国家善于通过法律体系的革新来塑造社会共识的形成机制和延续国家成长的正当性。对于承载普通法模式的英、美两国来说,通过政府体制有效性的成文法推进和社会性立法的加强来缓解国家权力有限性下的社会相对性贫困所带来的阶级间的对立和自由主义价值观下的个体正义所带来的公共利益的缺失。[①] 对于承载法典法模式的法、德国两国来说,通过国家权力有限性的成文法规范和经济性立法的加强来缓解政府体制有效性下的社会整体性贫困所带来的社会发展的迟滞和民粹主义价值下的社会正义所带来的社会活力的丧失。从这个意义上说,法律体系的构建对于现代国家成长而言从来不是一个封闭的、僵化的过程,无论是对革命前传统国家传承下来丰富的历史遗产,还是对革命后现代国家成长中具体的社会生活,法律体系的构建意义就在于安顿革命中的政治对立和革命后的利益冲突。西方国家,特别是法德两国政治革命的经验已经表明,不留余地的革命是非常危险的,政治革命不应该颠覆所有传统,而必须留出某种余地,必须使社会能够包容不同利益关系和多种思想主张,而不能使社会变成由单一利益关系(无论是个体利益还是公共利益)和单一价值观念(无论是个体正义还是社会正义)控制的现代国家。任何一种革命观,无论所高扬的理想多么美好,都会造成社会单调而失去修复错误的余地。[②] 对于革命后现代国家成长所面临这些问题,虽然法律体系不是万能的,但无疑对于缓解革命后政治对立的重演具有不可忽视的价值。革命后西方国家成长进程中关于法律体系的构建模式不是革命后当代中国需要照搬的,当然也不可能照搬的,而是需要在一个现代社会所必然面临的开放空间中任何现代国家必须予以认真品位的。在法律体系构建的道路上,另辟蹊径的努力是可贵的,但不能因此而滋生固步自封的自大观念或任何其他毕其功于一役的危险选择。

---

① “这种应对机制既顽强地坚持了现代法治的自主性和内部的一致性,同时又包含了自由裁量权中的决断因素,使得现代法治具有更强的社会适应性”。参阅泮伟江:《当代中国法治的分析与建构》,北京,中国法制出版社 2012 年版,第 155 页。

② 参阅赵汀阳:《坏世界研究:作为第一哲学的政治哲学》,北京:中国人民大学出版社 2009 年版,第 273 页。

第二章　革命后现代国家与法律体系构建：中国的逻辑

现代国家的成长与法律体系的构建，都必须通过革命得以获得新的空间而确立并发展。这是已经被从西方社会开启的无数社会发展和现代法律体系构建所证明了的一条基本规律。马克思早在《黑格尔法哲学批判》中就说明了这个道理："在许许多多国家里，制度改变的方式总是新的要求逐渐产生，旧的东西瓦解等等，但是要建立新的国家制度，总要经过真正的革命。"[①]与革命后西方国家成长与法律体系构建模式相比，中国革命境遇与革命诉求的特殊性使革命后现代国家成长与法律体系构建存在一种属于中国的逻辑。当然，由于通过革命建立现代国家同样影响着现代国家在中国社会生成样式，更重要的是研究革命后现代国家在中国社会生成样式以及革命后法律体系的构建模式必须考虑国际因素，这个国际因素既包括17世纪以来革命后现代资本主义国家法律体系构建的因素，也包括20世纪以来革命后现代社会主义国家法律体系重构的因素。"晚近革命与早期革命更大程度上受到国际政治、经济和意识形态力量的影响——事实上是现代资本主义和国家体系的帝国主义与殖民地模式不断扩张的影响。"[②]我们不能否定革命对于现代国家在中国社会中生成的意义，而是要分析国际因素影响下的革命后法律体系构建的生成逻辑。当然国际因素最终要通过国内因素来发挥影响的，且对国际因素的思考要放在中国现代国家生成的革命模式以及法律体系建构的特殊诉求中进行。因为，"中国面临的时代任务是在激进的革命后留下的制度空白之处从事现代法治制秩序的建构，这一现实需求有目共睹"，所以，"只有以开放的心态迎向他者，寻求共同语言和共同

① 《马克思恩格斯全集》，第1卷，北京：人民出版社1956年版，第315页。

② [以]艾森斯塔特：《大革命与现代文明》，刘圣中译，上海：上海人民出版社2012年版，第114页。

关心,并在此基础上通过对话或沟通来克服‘多元性造成的不知’和失语症或自闭症,找到互补互利的机遇,才能充分享受那种远远超越了自我经验、本土经验的丰腴资源,才能探索出一条为中国建设既符合国情,又接轨国际的法治秩序的新路径。”①所以,中国的逻辑对于革命后现代国家成长与法律体系构建而言意味着:一是必须基于现代革命与传统革命的差异,现代革命后法律体系不能拒绝对法的现代性追求,这是革命后法律体系构建对革命的现代意义的落实与恪守;二是必须基于现代革命的价值诉求和制度属性的差异,现代革命后法律体系不能否定社会主义规定性的意义,这是革命后法律体系构建对革命的制度追求的接受与坚守。放弃前者,革命后法律体系建构将脱离中国现代革命对人类制度文明发展趋势的恪守;否定后者,革命后法律体系将脱离中国现代革命对社会主义制度文明内在规定性的追求。

第一节　革命观的变迁与革命后中国社会的现代转型

革命观念在中国传统国家时期就已存在。如许慎《说文解字》:“兽皮治去毛曰革”,其中含有脱离、剧变和死亡之义;“命”意谓生命、命运、天命等含义。两字合成“革命”,是解释秦以后传统国家王朝兴替的主流话语。所谓革命观念的传统意义就是改朝换代,以武力推翻前朝,但是制度体系的基本规范和价值偏好依然不会得到本质改变。所以革命观在中国传统国家时期的意义在于:一方面提供王朝更替的理由,演绎着自秦到清的 11 个朝代的传统国家历史;另一方面维护帝制统治的正当性,维护着自秦到秦的不变的帝制国家体系。这是西方 Revolution 的意义里所没有的。② 革命观念的传统意义随着西方现代国家的成长以及法律体系的成熟而受到致命的挑战。革命观念的变迁正是在清朝帝制的特殊性以及对现代西方文明应对的失措中慢慢展开,所以革命观念在中国的变迁是从种族革命和民族革命开始的,革命后中国社会的现代转型历程显然就不同于西方国家的现代转型样式,由此也成为革命后法律体系构建必须面对的约束性条件。

① 季卫东:《法治构图》,北京:法律出版社 2012 年版,第 13、14 页。
② 参阅陈建华:《“革命”的现代性:中国革命话语考论》,上海:上海古籍出版社 2000 年版,第 5 页。

一、革命观变迁的历程：走向中国当代革命观的三个阶段①

革命观贯穿中国社会从传统国家向现代国家转型的整个历程，因而成为自鸦片战争以来现代国家观念以及制度革新的重要组成部分，在中国社会的现代转型以及法律体系对法的现代性追求中一直扮演着不可忽视的角色。革命观念负荷着中国人关于国家建设和制度革新的巨大的集体记忆，成为一种构筑现代中国和世界文明图像的途径。所以说革命观念不可能因其在现代国家成长中所出现的某些阴暗记忆，就排斥它、无视它而消失。我们恰恰需要通过诠释近代以来的实践以发现革命观念的变迁，最终探明走向中国当代革命观念的理由以及对中国现代国家关于法律体系定位、功能以及价值选择背后的缘由。归纳起来，中国传统革命观念在已经完成现代国家制度构造的西方文明的冲击下转化为中国当代革命观念经历了三个阶段：

第一个阶段是传统革命观念对西方革命观念的选择性吸收阶段。所谓选择性吸收，是指不改变帝国体系的正当性或者说放弃传统政治正当性思考的前提下，从王朝统治延续的意义上来想象并接受西方现代革命观念，并用西方革命观念所支撑着的某些制度安排以延续王朝统治的正当性。这一阶段的革命观念支持了中国社会从戊戌变法到晚清法制变革的整个过程，最终以《钦定宪法大纲》的颁布所遭到的中国社会士大夫阶层的整体反对和随后辛亥革命的爆发而结束。

面对鸦片战争以来所产生的二千年来未有之变局，特别是甲午战争的失败，中国人开始思考西方现代革命观念对帝国体系命运的真正意义，由此出现在中国社会关于传统帝国体系命运的两类选择和主张。一类是延续1898年戊戌变法以来的在不改变帝国体系正当性的前提下制度革新的主张，这种主张对西方革命观念的选择性吸收表现得最为淋漓尽致，到1905年清王朝的立宪布局和推进法制革新达到高潮。另一类是自戊戌变法失败之后在中国社会所出现的以排满救国和种族革命为诉求的革命观念，这类革命观念同样是西方革命观念的选择性吸收，试图通过暴力革命以毕其功于一役的信念在中国建立现代国家制度体系。第一类主张在1908年《钦定宪法大纲》颁布之前一直是主流，因为对西方革命观念的选择性吸收，既能

① 三个阶段的划分受启发于金观涛等：《观念史研究：中国现代重要政治术语的形成》，北京：法律出版社2009页，第398页。

满足晚清帝国统治集团推进制度革新以延续统治正当性的现实需要，也能满足帝国体系长期培养出来的士大夫阶层对制度革新的强烈愿望。因此在《钦定宪法大纲》颁布之前主张第二类革命观念的生存空间受到帝国体系的统治集团的打压和主流知识界的挤压。实际情况正是这样，当第一类革命观念对西方革命观念选择性吸收受到自身体制的限制而无法突破时，第二类革命观念就有了成长的空间并转化为现实行动的正当性，其表现就是辛亥革命的爆发以及随后在亚洲建立了第一个现代共和国。

但是我们简单否定了第一类革命观念在辛亥革命之前对帝国体系革新的努力。1905 年清政府废除了 1 300 多年来支撑帝国体系的科举制，现代知识谱系的教育在帝国体系的晚期由此开始，为接受现代学术文化提供了可能性。1907 年设立了筹划推进以立宪为诉求的国家制度改革的宪政编查馆，开始对西方现代革命后确立的宪政制度进行系统研究。推进晚清法制改革，毅然制定《新刑律》、《新民律》和《民事诉讼法》。选择大陆法系构造中华法系，推行司法体制改革。基于英国与美国革命后通过地方自治的制度构建来落实现代国家治理秩序的努力的认识，清政府根据沈家本等人的设想，于 1909 年、1910 年接连颁布《城镇乡地方自治章程》、《府厅州县地方自治章程》、《府厅州县议事会议员选举章程》。辛亥革命前，根据这些章程，地方自治机构和地方自治实践开始在帝国体系中获得了合法性。在不改变帝国体系正当性的前提下，立宪派发动了立宪请愿的社会运动，使帝国体系下的臣民观念由此发生悄然改变。然而正是因为这种选择性的吸收，一方面不能改变帝国体系的正当性，另一方面又要选择性接受现代西方国家革命后制度安排，这两者之间的平衡需要顺势而为的智慧和敏锐地体察社会发展和制度革新趋势的机遇。然而这种智慧和机遇就丧失在《钦定宪法大纲》的制定之中。《钦定宪法大纲》不仅没有英国光荣革命后所颁布的《权利法案》所显示出来的制度智慧，更是对日本明治维新后所颁布的《明治宪法》关于专制权力的强化。显然，《钦定宪法大纲》是第一类对西方革命观念选择性吸收的努力的无情嘲弄，且加速了帝国体系正当性的瓦解。“大局土崩，事机瞬变。因不充分之立宪，至不得已之罪己，亦不能取信。”①第二类通过暴力革命实现西方革命后国家制度重建的主张获得了广泛的响应。辛亥革命就是在这个背景下爆发，革命观念的变迁进入第二个阶段。

① 《张謇全集》，第 1 卷，南京：江苏古籍出版社 1994 年版，第 178 页。

第二个阶段是对西方现代思想的学习和逆反价值注入传统观念的结构并对西方现代制度体系进行本土改造。所谓对西方现代法律思想和政治观念的学习，既是彻底放弃与否定对帝国体系内部制度革新的努力和期待，又是试图通过全面或部分引进西方现代政治观念和制度安排建立革命后现代国家的价值基础和制度体系。由于第二阶段是在第一阶段帝国体系下选择性吸收西方革命观念失败基础上的，所以这个阶段的革命观念带有基于对帝国体系强烈的不信任而体现出来的暴力革命色彩，以及对现代西方法律思想和政治观念简单化、民粹化理解的偏向。这一阶段的革命观念无疑支撑了中国在亚洲社会率先开启现代国家建设的尝试，但是最终以军阀独裁为表现的立宪独裁体制和以党国体系为基础的官僚资本主义葬送了革命后现代国家建设在中国社会的展开。

辛亥革命在中国社会结束了传统帝国体系以及宗法专制统治的正当性，改变了中国国家建设的历史逻辑。中华民国的出现，标志着中国国家建设开始全面从传统朝代国家的历史逻辑向现代民族国家的历史逻辑转化，即告别传统帝国体系，走向现代民族国家建设。第二阶段的革命观念相较第一阶段主流的革命观念下对西方现代政治观念和法律体系选择性吸收而言，明确从国家体制的层面提出重构新的国家的必要性，这个新国家的合法性与第一阶段革命观念对国家合法性的定位是截然有别的。这种区别在1912年3月颁布的《临时约法》中得到了明确表达，国家主权属于全体国民的国家正当性依据成为辛亥革命后中国国家建设进入现代国家历程的法律标志。以议会民主、选举制度和政党政治为核心内容的现代国家制度通过立宪形式确立下来，传统帝国体系下的宗法专制、等级制度和王朝政治彻底被终结。现代西方国家在革命后所承认并在法律体系上予以确立的言论自由和结社自由在辛亥革命后民国法律体系中也予以学习和接受。因此自此以后任何公开践踏和否定民主共和观念的言论和行动都视为非法。[①] 然而一个不争的事实是，如果说晚清王朝颁布的《钦定宪法大纲》表明第一阶段革命观念的反现代性的话，那么辛亥革命后颁布的作为中国建设现代国家的制度化努力之表现的《临时约法》则带有明显的非现代性色彩。这种非现代性色彩表明这一阶段革命观念依然没有真正理解现代国家正当性的制度实现的核心在于对活生生、具体的个体权利的尊重并通过为个人权利实现

① 参阅《建国以来毛泽东文稿》，第4册，北京：中央文选出版社1992年版，第546页。

进行规范化、程序化制度安排之中，而非对国民权利的抽象强调和国家权力的模糊规范，导致国民权利行使非程序化和国家权力非制度化成为《临时约法》之后的国家建设的现实状况，从而使中华民国时代的现代国家建设严重变形。这种变形体现在三个方面，即宪法虚文化、议会边缘化、国家全能化。① 最终以军阀独裁为表现的立宪独裁统治在袁世凯称帝失败后轮番上演。革命后西方现代政治观念和法律素养的好处未得，传统政治专制性和现代民主政治民粹化的弊端却成为辛亥革命后中国现代国家建设和法律体系重构所承受的遗产，从而使革命观念和革命行动依然弥漫在中国社会，而且以更频繁、更暴力的形式表达出来。因此，这个阶段的革命观念并没有真正确立现代国家观念和对革命后现代法律体系的价值转型和内容重构的扎实努力。民主与自由没有成为辛亥革命后中国的社会共识，而往往沦为在野者的呐喊和提供其不断革命的理由。

由于帝国体系下的专制统治对中国社会的长期压制，以及现代西方国家制度义明相遇的这种独特境遇，让中国人革命观念以更强烈进而以某种极端形式表现出来。基于传统帝国体系瓦解的独特性，辛亥革命后现代国家建设的社会基础的脆弱性，辛亥革命后现代国家制度内在缺陷以及实施过程中的变异，都会滋生更激烈的革命观念和遭到更极端的革命行动。伴随着对辛亥革命后民主共和宪政的失望和再起的革命往往以极端对立的形式表现出来，西方民主政治和个体自由的现代革命观念的主张和制度安排的好处未得，社会生活失序和社会成员对立却成为辛亥革命后现代国家建设所面临的窘境。正如《大公报》社论所称："试问半个世纪以来，中国所谓共和者，果于其义有合否耶？是共和者，不特无毫末之益，而害之于国与民者，且百十倍于清之季世。假共和不如真专制，已成为国民之一般信念。"② 这足以说明中华民国时期现代国家建设和法律体系现代性重构的失败。这一阶段的革命观念在新文化运动后期随着俄国十月革命的胜利以及马克思列宁主义传入中国，开始被注入新的观念主张和制度诉求，由此开始走向中国当代革命观念的第三个阶段。

第三个阶段是基于民国政治逻辑的检讨与西方资本主义危机的反思形

① 参阅姜义华："论近代国家与社会非同步发展的政治整合"，载复旦大学历史系编：《近代中国的国家形象与国家认同》，上海：上海古籍出版社 2003 年版，第 8—11 页。

② 《不可测》(社评)，天津《大公报》，1927 年 6 月 10 日。

成以阶级解放和社会平等为诉求的新意识形态革命观念的出现。辛亥革命是中国人学习西方现代政治观念和法律思想并以建立现代国家努力的高潮，彻底改变了中国革命观念的传统意义和国家建设的历史逻辑。但是革命后的国家建设以及制度安排并没有在新的历史逻辑上真正建立起现代国家和现代法律体系。特别是由于军阀独裁以立宪形式实施专制统治的实践所导致的社会对立与社会贫困，以及革命后主权独立和国家统一问题一直没有得到解决，再加上向西方学习现代国家制度安排却无法摆脱西方国家通过各种方式对中国现代国家主权独立和国家统一的干预，中国人对向西方学习现代社会组织方式(资本主义、市场经济、契约自由等)发生了动摇。马克思主义与中国国情(传统历史上对社会平等的追求)、现实处境(现实政治中军阀割据与主权不彰)相结合所形成的当代中国革命观成为中国革命观念变迁的最终选择，并在中国社会建立起不同于现代西方国家以资本主义制度为社会组织和生产方式的社会主义制度为基础的中华人民共和国这一现代国家的新形态和新选择。在当代中国革命观对现代国家以及法律体系的构想中包含着三个必不可少的内容定位与价值选择：通过主权独立和国家富强实现民族独立和人民幸福的人民共和国；通过建立和完善社会主义制度超越西方资本主义制度以实现社会平等和产权公有为诉求的现代法律体系；通过阶级划分为基础的阶级对立和运用武装斗争为途径的政治革命以维护现代国家的国家本质和社会治理的国家建设逻辑。当代中国革命观念无疑为现代国家在中国社会的转型提供了思想力量，为当代中国革命后构建和完善社会主义法律体系提供了方向，但是我们也不能忽视在一个经济文化相对落后的国家落实当代中国革命观所必须注意的步骤、方式和路径。这在后面的分析中再展开。

“后五四”时期(1923—1926 年)，“革命”一词在中国人的社会生活和话语体系中的出现频度急剧蹿升，成为压倒一切的中心词。新文化运动所倡导的“民主”和“科学”却开始沦为边缘，为“革命”让路。在这期间，《新青年》杂志共发表各类文章 128 篇，平均每篇出现“革命”一词多达 25 次以上。这无疑是 1920 年代革命观念在中国社会再起的一个重要表征。① 革命观念在辛亥革命建立民国之后再起的理由或根源主要有：一是中国人对辛亥革命虽推翻了帝国体系下专制统治却要面对民国体系下军阀独裁这一残酷局

① 参阅王奇生：《革命与反革命：社会文化视野下的民国政治》，北京：社会科学文献出版社 2010 年版，第 73 页。

面的反思，民主政治的规则体系不是没有人遵守，就是残缺不全，社会发展虽有一定的自由成长的空间，但缺乏稳定的制度保障，从这个意义上看，建立现代国家的革命当然尚未成功；二是中国人自鸦片战争以来学习西方社会组织方式和现代国家制度建设的努力却换来现代西方国家通过各种方式对中国维护主权独立和推进国家统一的干预，从这个角度看，中国人对通过革命进而在革命后把学习西方国家建设和制度安排的经验转化为中国国家建设和制度革新可行性的信心发生了动摇，进而寻找革命观念的转变和革命后现代国家建设的新方向；三是革命后现代西方国家以契约自由、产权私有和市场经济为内核的资本主义制度在19世纪中叶以来直至20世纪初所无法拒绝的阶级对立、经济危机和社会贫困让中国人对资本主义制度体系发生了怀疑，而马克思主义革命观所构想的通过无产阶级革命推翻以资本雇佣劳动为核心的资本主义制度，建立以公有制和按劳分配为表征的社会主义制度为取向的现代国家符合当时中国人关于美好生活和美好制度的文化大传统，俄国十月革命的成功让这一愿望变得更强烈。也就是资本主义制度的当代危机、中国人关于美好生活的文化大传统以及马克思主义和社会主义制度在20世纪初的影响，重塑着中国人的革命观念。

中国共产党的成立(1921年)和中国国民党的改组(1924年)无疑为重燃中国人的革命观念提供了从未有过的强大的组织基础。两党间的分歧不在"要不要革命"，而在"如何革命"以及革命后现代国家的制度选择和价值追求。中国共产党自成立之日起，明确其革命的性质是社会主义的，革命的任务是在中国实现没有私有制、没有剥削的以社会平等为诉求的无产阶级专政的真正的民主共和国。在中国共产党所构建的革命观念中，中国革命既不同于辛亥革命，也不同于西方为建立现代国家所进行的革命。认为辛亥革命模糊了中国社会的阶级关系，本质是资产阶级的革命，而西方国家的现代革命则完全是资产阶级的革命，因此革命后所建立的现代国家和法律体系在国内必然维护资本雇佣劳动为基础的资产阶级统治正当性，在国外必然维护资本对外扩张为基础的殖民统治正当性。所以中国共产党的国民革命观从阶级分析的立场出发，对中国社会进行阶级分析，最终构建起一个阶级革命观。在这个阶级革命观中，城市中的各类资产阶级和农村中的地主阶级是革命的合作者，也是革命的对象。在国民革命阶段要联合与合作，但是阶级革命的诉求最终是要强调阶级对立和暴力革命。而中国国民党的改组同样是在对辛亥革命后现代国家建设的失败中开展的，因此对西方国家资本主义制度以及西方国家对中国社会的殖民野心的反思、对苏联建立的社会主义制度的学习，对建立武装力量通过暴力革命最终完成辛亥革命建立现代国家的使命的承担，既让国共之间有合作的可能，同时基于革命使命和革命目标的不同又演绎了20世纪上半叶争夺革命话语权的冲突并最终演化为内战。

中国共产党所演绎的以阶级对立和社会革命为基础的当代中国革命观最终能够在中国社会建立中华人民共和国这一现代国家形态，以及确立当代中国法律体系的社会主义规定性主要满足了以下三个条件：

一是对社会平等这一价值的追求既符合中国的文化大传统，又符合当代世界社会发展和制度革新的潮流。对于前者而言，平等和均富一直是革命的传统意义中的一部分，虽然在革命后均遭抛弃。对于后者而言，现代西方国家从法律体系的革新入手承认公共利益和社会保障正当性启动资本主义制度的革新。

二是把民族独立、国家富强与人民民主相统一的革命逻辑的定位符合了鸦片战争以来中国人对民族尊严和当家作主的强烈渴望。鸦片战争以来中国人身负西方国家的殖民统治所带来的悲情主义，学习西方现代制度与西方国家对中国的殖民统治以及通过各种方式攫取其国家利益的现实处境，这为在中国社会建立社会主义制度赢得了最广泛的社会基础和累积了最扎实的道义力量。

三是中国国民党改组后对中国社会治理的失败，依然没有改变立宪独裁的事实和无法掩盖以官僚资本为表现的国家治理腐败的现状，国家权力一元化和法律规范多元化并存的这种奇特现象，为中国共产党以社会革命为手段并建立人民共和国的现代国家制度的使命实现提供了现实动力。黄仁宇在《万历十五年》一书中，将中国传统社会晚期的结构，比喻为“潜水艇夹肉面包”，上面是一块长面包，大而无当，此乃文官集团；下面也是一块长面包，缺乏有效的组织和规范，此乃成千上万的农民。[①] 辛亥革命后虽然建立了中华民国，颁布了《临时约法》，但是这种社会结构却没有改变，这为军阀割据提供了空间，出现了专制统治没有改变、国家统一也未完成的局面。国民革命后国民党执政虽然创造了一个新的上层机构，但却未能建立一个健全的法律体系以规范社会生活，因此执政者维护国家权力与资本勾结为基础的国家权力一元化极其敏感，而下层社会秩序不是为土豪劣绅、地痞流

① 黄仁宇：《万历十五年》，北京：中华书局1982年版，第264页。

氓所把持，就是面对以农民为主体的社会成员处于社会边缘的局面却无动于衷，[①]中国共产党对革命观的当代转型注入新的内容，完成了革命观念的第三步转化，最终在中国社会推进现代转型，这一现代转型在制度形态和价值追求上不仅是完成了革命的现代意义之使命，同时打破了西方国家关于现代制度形态和价值追求上的垄断。

为了更好地分析当代中国革命观对革命后中国社会的现代转型的制度选择和价值定位以及在革命后现代国家建设和法律体系重构中所出现的挫折，我们必须从整体上研究贯穿传统国家向现代国家转型的革命观变迁过程中所面临的困境。当代中国革命观在革命后国家建设和法律体系重构中同样或多或少面临这些困境。

二、革命观变迁的困境：走向中国当代革命观的三个误区

"历史不是由任何一个单独原因所决定的。但尽管历史长河无限丰富多彩，它仍有其不断重现的情境和可能的选择，正是这些造成了同一时代中各个事件之内在特征的广泛相似性。如果我们能够在一定程度上说明在典型条件下支配潮流和逆流的规则，那么我们就无须被边缘性的湍流所困扰。"[②]革命观的传统意义向现代意义的变迁以及由此而产生的现代国家取代传统国家的过程，期间有着不断重现的情境，在革命观念变迁中，围绕建设现代国家这一共同的主题，基于对现代国家以及制度安排和价值选择的不同定位也产生了分歧。分歧反过来加剧了革命观念之间的冲突与现代国家建设的断裂，也引发现代法律体系构建逻辑在当代中国社会的断裂式展开。对于任何一个走向现代国家的社会来说，革命观念的意义分歧是普遍且持续的存在的，关键是对于中国社会来说，革命后现代国家的成长与现代法律体系的构建有效地尊重分歧并营造共识的水平。无疑，现代西方国家的制度文明与现代西方国家的帝国主义伤害、中国社会内部的社会合作与阶级关系之间的冲突等，使革命观念中的毕其功于一役的取向或者另辟蹊径的诉求往往成为其走向当代中国革命观念的障碍，同时在这种障碍中发展出来的当代中国革命观念依然带有之前的阴影，继而对当代中国革命观

① 参阅王奇生：《革命与反革命：社会文化视野下的民国政治》，北京：社会科学文献出版社 2010 年版，第 386 页。

② ［英］波兰尼：《大转型：我们时代的政治与经济起源》，冯钢等译，杭州：浙江人民出版社 2007 年版，第 186 页。

念形成后现代国家建设与现代法律体系构建带来严重的制约。“在任何一次革命中，就像其他任何时期一样，难免会做出许多蠢事；当人们最后平静下来，以致能够重新进行批评的时候，他们必然会得出这样的结论：我们做了许多最不好做的事，而没有做许多应该做的事，因此把事情搞糟了。”①也这正是从这个意义上来分析中国社会自与西方国家相遇以来传统帝国体系解体向现代国家迈进和革命观的现代意义变迁所处的困境，革命观念变迁的困境，同样是革命观念走向当代中国革命观念所面对的误区。这些误区不仅对于分析革命观念变迁以及当代中国革命观的形成背后的缘由，更重要的是分析这些误区为革命后现代国家的成长以及法律体系构建所带来的消极影响。在外有殖民和内有革命的压力下晚清法制改革的失败最终是帝国体系在中国社会的瓦解从而提供革命观念的现代意义以及现代国家建设的正当性。辛亥革命及其后的立宪努力最终是军阀独裁统治和现代国家认同的破碎化从而提供了当代革命观念兴起以及重构现代国家建设的正当性。当代革命观念成功地在中国社会建立了中华人民共和国，革命后开始探索一种超越西方现代法律体系的社会主义法律体系的努力，然而同样与之前历次革命观的变迁一样，革命后国家建设和法律体系构建走过弯路。我们抱着对革命观念的现代意义转型历史的尊重，既是对过去的反思，更重要的是为当代革命观念改变了中国社会现代国家建设的逻辑之后法律体系构建所走过的弯路提供一个历史性的解释方向。

革命观念变迁的困境之一体现在革命观的浪漫主义情怀之中，革命观的浪漫主义所带来的消极影响集中表现在：革命浪漫主义不是试图超越人类文明发展的规律以另辟蹊径，就是革命过程中所造成的社会成员对立无法在革命后转换成社会合作。革命浪漫主义不是把革命的悲情意识与革命后制度间学习相对立，就是把革命时的暴力取向与革命后共同体集体记忆所保有的历史资源相决裂。革命观的浪漫主义所持有的非此即彼的思维无法把在革命时的中国现代国家的建立与西方现代国家的扩张的对立、中国现代国家的历史逻辑与中国传统国家的历史逻辑的对立在革命后转化成现代制度文明间的学习、中国社会制度文明的历史联系的承认。具体地说：

一是无法理性地区分现代国家成长路径与革命后法律体系构建的普遍规律和特殊规律的关系。把人类社会看成是一个从低级向高级发展的过

① 李泽厚：《中国近代思想史》，北京：人民出版社 1979 年版，第 309 页。

程，坚信全世界不同民族注定要沿着单一轨道前进，浪漫主义的革命观给革命观的变迁特别是革命后现代国家的建设与法律体系构建倾注了太多的命定论色彩，其实质是把局部历史发展道路普遍化、个别因素扩大化、特殊环境抽象化，即把至多只是适合西方社会发展某些方面的特征整理成严格的图式，或是简单的照搬，或是情绪化的反对，去套本国社会的发展道路。使用普遍历史哲学理论的万能钥匙，以过度抽象化的简单方法，无法达到对本民族发展进程的丰富性和可行性作出准确说明和科学把握。浪漫主义的革命观一旦遇到挫折随之就走向另外一个悲观主义的极端，即强调民族发展的历史具体性而强烈主张另辟蹊径的革命路径以及革命后法律体系构建的特殊性。革命观的浪漫主义倾向在革命过程中尚能唤起社会成员对美好生活的追求，却无法在革命后通过法律体系的构建为这种美好生活提供制度预期和制度保障，这不仅会造成后革命后国家治理的混乱，也会带来革命后法律体系构建的失效。由此造成革命后现代国家建设往往通过法律体系的反现代性构建来实现，不是法律体系与社会预期相脱离造成现代国家认同的制度缺失，就是不断强化法律体系的惩罚功能来解决革命后国家治理的失效。这样一来，现代国家不仅无法通过法律体系现代性构建维护和延续革命后现代国家的成长，而且常常脱离人类制度文明成长的历史逻辑而提升法律体系构建的社会成本和时间成本。

二是无法历史地对待传统与现代的关系。传统作为一个民族的历史积淀，始终要以这样或那样的方式与其文化载体处于相容状态中，因此，革命后现代法律体系的生成和发展无疑是不能完全抛弃传统法律文化的，必须具体地分析对待，既要克服封建专制政治下的法律文化传统对达致一种崭新法律制度安排的阻力，主要表现为传统国家时期以礼入法或者说是礼法文化下关系规则的反现代性对现代法治秩序形成的障碍必须通过革命来剔除，但又要善于利用传统法律文化中的积极因素，为革命后现代法律体系提供赖以发育、成长的基础，从而维持社会发展的可行性与连续性，为现代法律体系的构建提供社会信任基础。况且，革命后现代国家的成长所接触的“传统情境”本身就是广泛的变迁过程的产物。在所有的传统中都有着现代的历史因素。反之，即使是最现代的社会也不是没有传统主义的存在。

因此，不能无视社会发展的历史过程和现实图景，仅凭热情、理想、愿望来虚谈传统与现代的关系。只要法律无法离开社会、人以及文化这三个关键性的整体性构成要素而存在的，那么革命后现代法律体系的构建不能不考虑法律构成的多样性、多层次性以及多种可能性的存在形态。① 只要考虑这些因素，革命观的浪漫主义必须在现代国家取代传统国家的革命过程中要有所节制，在革命后法律体系构建中必须警惕其负面影响。否则就会出现革命后现代法治秩序的好处未得，却让传统国家时期关系规则的随意性、特殊化通过现代法律规范的包装存活下来。革命观的浪漫主义情怀以贴标签的态度对待东西间、新旧间关系终究无法完成革命的现代意义的实现，且革命后现代国家建设的历史逻辑展开以及革命后法律体系对法治秩序的构建带来消极影响。“应该承认，对中国秩序原理以及法制的现代化不能继续采取过去那种简单的贴标签的态度，以为只要意识形态和政治体制一变就可以万事大吉。由于社会的状况设定迥异，加上路径依存的因果连锁作用，中国制度变迁的轨道不可能与西欧的完全重合，不少地方都需要修正甚至独辟蹊径。但在另外，我们也不能掉到‘凡是现实的就是合理的’这口枯井里去一个劲地仰天鸣叫，或者因为移植的淮橘变成枳之类的实例太多而对在中国构建一种带有普遍性的现代法治秩序彻底悲观失望。”②

革命观念变迁的困境之二体现在革命观的工具主义取向之中，革命观的工具主义所带来的消极影响集中表现在：革命观的现代意义仅局限于确立一个现代国家及其制度框架，忽视现代国家的价值追求和制度价值理性，革命后现代国家的形式确立，并通过法律体系的构建法律规范也越来越多，但是秩序却越来越少，现代国家的形式终究难以掩盖革命后现代国家与革命前传统国家在治理方式、社会信任、交往规则上的某种同质性。西方国家的入侵、社会发育的迟滞、反帝救亡成了革命的现代意义结构的压倒一切的首要主题，并在革命后维护国家主权和民族独立成为法律体系构建的中心使命。革命观的工具主义取向往往仅把现代规律体系看成是改变民族命运的有效工具。③ 民族主义的情怀在现代社会的发展过程中发挥了神魔般的

① 赵旭东：《法律与文化》，北京：北京大学出版社 2011 年版，第 270 页。

② 季卫东：《法治构图》，北京：法律出版社 2012 年版，第 30 页。

③ 立宪所具有的工具性意义在中国传统社会解体过程中就已经被认识到。“日俄战争”中专制的沙俄失败、君主立宪的日本胜利后，中国朝野就认识到“专制必败、立宪必胜”这一政制与国家强弱的关系的道理。清末政治考察大臣的多份奏折都反复论及了这一点。例如，一份奏章在谈到法国时写道：“且法自大败于德以还，凋丧之余，不 30 年复臻强盛，其作民气以培国力，实根于政治之原理。”另一份奏章在推介日本时指出：“盖自伊藤博文等考察宪政归朝以来，相距不到 7 年耳。于是一战而胜，再战而胜，名誉隆于全球，位次跻于头等，非小国特战胜于大国，实立宪能战胜于专制也。”参阅《清末筹备立宪档案史料》，上册，北京：中华书局 1979 年版，第 15、29 页。认识到这一点固然重要，但同样重要的是人类社会立宪是包涵着价值追求的，没有价值追求，就不可能为实现强国提供制度基础。

社会动员作用,但是从民族主义的角度来认识现代法律体系,就不可避免地把法律体系的构建当作功利性的手段,而忽略了现代法律体系的价值理性的内涵。同时,功利性的法律观使得法律体系的构建总是扭曲变形,常常是削法律体系的现代性之足,适现实之需,缺乏推动制度变迁和制度重建过程的价值符号,这种价值符号不仅要为社会所接受,而且要为社会发展提供支持。革命的工具主义取向导致革命后法律体系的构建没有张扬适合本民族的现代价值符号,因而在革命后现代国家的成长过程中就不可能建立持久、真实的现代法律体系。从辛亥革命后的立宪独裁到国民革命后的党国体制充分证明革命后现代国家法律体系的重构若没有完成法的现代新价值的确认,就不可能维持社会对法律体系进而对法律规范的信任和认同,最终无法真正实现传统国家的历史逻辑向现代国家的历史逻辑的转换。由于对民族独立的极度关注,在中国革命观念变迁的道路上充满着强烈的实用主义色彩。这样就加剧了革命后法律体系构建的过程中的价值贫困。设议院、立宪法固然是革命后现代国家制度建设的不可缺少的因素,但是它仅仅是现代国家的制度形式。如果没有一个为社会所接受且符合现代制度文明成长趋势的价值理性支撑,制定现代法律不仅不能为实现强国提供制度基础,反而会成为专制政治的欺世盗名的装饰品。革命观的工具主义所导致的法律体系重构中国价值贫困表现为目的与手段的分离、名与实的分离。所谓目的与手段的分离,就是革命后中国构建法律体系仅视为救国之良药,社会发展的工具,而不是被视为中国社会自身发展的需要和人性发展的需要。所谓名与实的分离,即以民主之名行专制之实。

在革命观念变迁过程中缺乏对法律体系与法治秩序的价值理念之关怀,使革命后中国构筑了现代国家的制度形式,却无法获得基于社会信任和接受的法治秩序。价值问题虽然是一个困难的问题,但它是革命后中国建设现代国家和构建法律体系所不能回避的,也是法律科学所不能回避的。即使是最粗糙、最草率或最反复无常的关系调整和行为安排,在其背后总是有对各种互相冲突和互相重叠的利益进行评价的某种价值准则。革命观的现代意义结构中革命不仅包含着建立主权独立与民族解放的现代国家之诉求,也应该包含着增进国民的尊严和个体自由的现代社会之追求,在于从此告别革命而非不断革命,否则革命从一旦发动就走入歧途。革命观在中国社会的变迁进而最终走向当代中国革命观念,一方面我们要考到革命工具主义取向对革命后现代国家建设与法律体系的构建所带来的意义,另一方面也要看到这种意义的局限性。“解放与自由并非一回事；解放也许是自由的条件，但绝不会自动带来自由；包含在解放中的自由观念只能是消极的，因此，即便是解放的动机也不能与对自由观念的渴望等而视之。”①所以说，我们不仅要理性检讨革命观变迁中的工具主义误区，也要看到改革开放以来法律体系构建对价值理性的追求与捍卫为现代国家在中国社会的成长所提供的活力以及对法治秩序形成与发展的价值坚持之努力。

三、革命后中国社会现代转型的历史逻辑

鸦片战争爆发后，中国社会面临两大危机：一是现代西方国家的主权体制挑战传统中国帝制体系的天下观念所带来的主权危机；二是现代西方国家以民主政治为合法性基础的政权体制挑战传统中国帝国以天命为合法性基础的政权体制所带来的政权危机。这两大危机通过中国传统帝国体系的内部治理失效所引发的危机而不断加剧。正是在这个背景下，革命的现代意义结构在中国社会取代革命的传统意义结构，同时，中国人把革命的现代意义转化为推动中国社会现代转型的实践以及探索中国社会现代转型的历史逻辑。革命观的变迁正体现了中国人民对于鸦片战争以降中国社会所面临这两大危机的应对，中华民国的建立体现的是从第一阶段革命观向第二阶段革命观的变迁，中华人民共和国的成立则反映了中国社会走向当代中国革命观念的努力。

革命观的现代意义随着辛亥革命的爆发以及随后中华民国的建立而完成了第一阶段向第二阶段的变迁。1912 年 3 月颁布的《中华民国临时约法》规定了：“中华民国之主权属于国民全体”，“中华民国人民，一律平等”。并对言论自由和结社自由等现代社会公民所应享有的基本权利也予以确认。按照辛亥革命的诉求和中华民国《临时约法》的规定，中华民国的出现，标志着中国国家建设开始从传统的历史逻辑向现代的历史逻辑转换，即告别传统帝国以天命为基础的国家权力合法性的逻辑，传统帝国以专制集权为依托的国家政权体制的逻辑，确立以民主政治为现代国家合法性基础和以分权体制为国家政权体制的逻辑。所以说，辛亥革命开启了中国社会的现代转型，以《临时约法》为依据来看，中华民国作为中国社会的第一次现代转型的努力，在主权国家和分权制度的建构以及国民权利的承认上的贡献

① ［美］阿伦特：《论革命》，陈周旺译，上海：译林出版社 2007 年版，第 18 页。

值得肯定。但是由于《临时约法》对主权国家的规定没有与公民权利的程序性和规范化的制度安排有效地连接，带来了自由与混乱并存的社会局面。更重要的是，《临时约法》在制定过程的相对封闭性与在分权制度的建构上对议会制和总统制的摇摆，导致随后二次革命的爆发和袁世凯称帝的发生，之后就是军阀独裁和宪法虚文化。军阀独裁改变了《临时约法》所确立的现代国家合法性基础，以对武力拥有者的个人认同或效忠取代了国家认同，外力的不断介入再次加剧了中国社会的主权危机。军阀统治虽为社会发展提供了一定的自由空间，但是社会整体性贫困依然无法改变，政权体制的危机因社会整体性贫困的存在和国家统一的破坏再次爆发。

1924 年，随着国民党改组后以及北伐战争的结束，虽然国家统一的希望和主权独立的努力变得具有可行性，以中华民国完成中国社会的现代性转型出现了希望，党国体制的确立改变了辛亥革命后军阀立宪独裁度对现代国家建设逻辑的破坏，但是以党训政的国家建设逻辑却再次因革命后中国社会的现代转型无法和平展开，革命观念的现代意义的实现只能通过不断的革命来演绎。1928 年国民党拟定的《训政纲领》的说明中称："夫以党建国，本党为民众夺取政权，创立美国一切规模之谓也。以党治国者，本党以此规模策划训政之效能，使人民自身能缺失运用政权之谓也。"①在一党训政的国家建设逻辑中，不仅制宪对于现代国家的意义不断受到国民党的忽视和否定，而且一党训政背后的个人独裁严重破坏了辛亥革命后《临时约法》所确立的国家合法性基础。因此，现代国家建设在民国时代的失败表明辛亥革命后中国社会的现代转型依然没有解决主权危机，军阀独裁、一党训政均以武力来维系社会成员的个体效忠和人身依附，也没有解决政权危机，民国的分权体制不是法律体系规定得模糊而增加了随意性，就是转化为国家治理机制和法治秩序形成的失败。中华民国宪法制定过程的拖沓、封闭不仅无法维护现代国家合法性基础，反而造成了社会更多的对立。主权认同与民主实现的法律体系再造的漏洞、拖延乃至失败、国家统一与社会发展的法治秩序形成失效足以说明革命观的现代意义第一次变迁的挫折和中国社会的现代转型的重创。

虽然中国社会的现代转型在民国时代失败了，但中国人并没有放弃对推进中国社会现代转型的追求。中国共产党基于对中国社会状态的深入

① 参阅李时友："中国国民党训政之经过与检讨"，载《东方杂志》，第 44 卷第 2 号，1948 年 2 月。

分析，对西方资本主义的内部危机以及对中国追求主权独立的现代国家的掣肘的体认，把马克思主义与中国具体国情相结合提出了现代国家建设的新逻辑。这一新的逻辑，一方面是要延续辛亥革命后所确立以民主共和为基础的现代国家建设的历史逻辑，另一方面赋予现代国家建设的新内容和新的价值选择。但是现代国家建设的新逻辑的展开深深受到中国社会内部以阶级利益为取向的政党间关于现代国家建设的价值取向上对立和国际社会以意识形态为表征的国家间关于现代社会制度的路径选择上对立的影响，这种影响一直支配中国社会各种社会力量，特别是中国共产党和中国国民党对于现代国家建设逻辑的定位和法律体系构建的价值取向的差异。国共第一次合作的失败，中国共产党领导中国劳苦大众探索建立现代国家的新路径。从 1931 年 11 月通过的《中华苏维埃共和国宪法大纲》、《中华苏维埃共和国土地法》，到 1946 年 4 月通过的《陕甘宁边区宪法原则》、1947 年 9 月颁布的《中国土地法大纲》，表明中国共产党对通过立宪建构现代国家建设逻辑的尊重和通过土地问题的立法转变现代国家政权体制与法律体系的价值选择。这种逻辑显然与西方国家和国民党关于现代国家建设的逻辑选择与价值定位是不同的，当然也不同于与中国帝国体系下的农民革命的诉求。

因此当代中国革命观关于现代国家的建设逻辑和价值选择的差别所带来的挑战必然使中国共产党不断要平衡对革命的依赖和制度现代性的追求之间所无法回避的冲突。“正是革命的需要迫使中国共产党把历史视作由农民的利益和行动推动的历史。从这个角度来考虑，中国革命在其过程中形成的一套认识方法和历史观是十分革命性的，也是现代性的。”①说其革命性，主要表现在建立现代国家法律体系的路径，也就绝不可能像西方普通法模式那样将在社会逐步成熟过程中沉淀下来的规则体系转换为现代国家的制度体系，中国社会结构的不成熟以及立国道路之艰难，利益结构的失衡以及社会冲突之激烈，再加上外来的侵略如枷锁般制约着中国社会走上现代国家以及建立现代法律体系的步履。我们可以发现，革命时期中国共产党在局部地区对构建当代中国法律体系的努力带有强烈的革命性诉求和暴力色彩，既要通过革命与传统中国法律制度、

① 黄宗智：《经验与理论：中国社会、经济与法律的实践历史研究》，北京：中国人民大学出版社 2007 年版，第 441 页。

当时中国国民政府法律制度告别,又要与强加在中国社会头上的西方国家法律制度决裂。① 说其现代性,主要表现为中国共产党在革命时期立法的价值取向,革命时期局部地区的立法在价值选择上就是要实现以劳苦大众利益为代表的最广泛社会成员的利益和权利。对社会正义的追求成为革命时期立法的价值诉求,无疑这一价值就不同于传统中国社会法律制度只是以维护专制皇权为核心的地主阶级的利益和权利的立法之价值观,也不同于当时国民政府法律制度和现代西方国家法律制度只是以维护资本利益为核心的资产阶级利益和权利之立法价值观。革命时期中国共产党领导的局部地区基于在中国社会建立真正代表最广大劳苦大众的利益的共和国之主张,在立法上从苏区立法制度到边区的立法制度虽然其出于重构现代国家历史逻辑的需要而承认少数以剥削劳动力为生的地主和中小资产阶级的利益和权利,但始终强调对工农利益的维护并把实现工农利益为现代共和国的合法性基础。就这一点来说,革命时期的立法具有不可否认的现代性。当然,其中关键的问题是要实现这种现代性不能脱离中国社会发展阶段的特殊性。特别是在革命后现代国家建设和法律体系不仅要落实革命对现代国家建设的美好想象,同时也要平衡现代国家建设中在不同社会发展阶段社会成员间利益关系转化为法律关系的价值冲突。这一问题的处理能力不仅表现在 1949 年中华人民共和国的成立和 1954 年中华人民共和国宪法的颁布之中,同样也体现在 1956 年之后中华人民共和国法律体系构建被革命模式拖入困境之中。改革开放以来伴随着中国社会内部改革和对外开放,中国社会的现代转型在法律体系对现代性的追求和社会主义制度属性的探索中推进。

若对自辛亥革命以来中国社会的现代转型历程阶段做一对比,可以发现,1911 年辛亥革命后中华民国建立后的第一次现代国家建设,主要是基于国家危机而展开,其立宪取向在于确认民主共和以改变传统帝国体系下国家权力合法性的逻辑;1949 年中华人民共和国成立后第二次现代国家建设,则主要是基于阶级关系的解放而展开,其立宪取向在于确认社会主义以改变民国体系下国家权力合理性的逻辑;但是这种基于阶级解放而来的对社会主义制度的确认在立法上简单地表现为计划经济、全能政府和阶级认同却导致了第二次现代国家建设和法律体系构建的误区。1978 年以来进

① 参阅[美] 布莱克等:《比较现代化》,杨豫等译,上海:上海译文出版社 1996 年版,第 209 页。

行的第三次现代国家建设，则是基于现代社会的发育和对现代法治秩序的追求而形成的，以 1982 年宪法重建宪法共识为起点探索平衡社会正义与个体正义的社会主义法律体系构建。通过赋予市场经济、产权正当和契约自由的合法性，从而实现法律体系对中国社会的现代转型与人类社会的现代转型的制度诉求相连接的回应，同时通过规范政府责任、公共利益和社会保障的正当性，从而延续法律体系对中国社会的现代转型恪守社会主义制度属性的维护能力，最终探索符合现代国家成长一般规律和特殊情势的现代法律体系的法律渊源和价值取向的建构与选择。

第二节 革命后当代中国对现代法律体系核心价值的重构

"秩序，一如我们所见，所侧重的乃是社会制度和法律的形式结构，而正义所关注的却是法律规范和制度安排的内容、它们对人类的影响以及它们在增进幸福和与文化建设上的价值。"[①]革命后每一个国家现代法律体系的构建，同时是一个核心价值重构的过程，不论是否明示。每一次革命后中国社会对新的制度安排和社会秩序有新的期待，革命后法律体系核心价值的重构是这种新期待的表现，要综合革命后人类制度文明发展的经验、中国革命的现代意义、中国社会具体的发展状况和新的趋势。更重要的，是要在革命后通过对革命目的理解，对法律现代性的评判来重构现代法律体系的核心价值。现代法律体系核心价值的重构是革命的现代意义在革命后现代国家法治秩序形成中的重要内容，不仅彰显着革命后现代法律体系的构建内容与发展逻辑，而且体现革命后现代国家法治秩序的价值选择与规范取向。革命后西方国家对现代法律体系核心价值的重构改变了公共权力的合法性逻辑，形成了现代法治秩序的不同面相。

从英国发端、美国跟进所形成普通法模式所体现出来对现代法律体系核心价值的重构表现在个人主义和演进理性主义的接纳和强化上，因此强调以议会主义为媒介的立法过程，尊重社会造法作为法律体系构建中的法律渊源。从法国开启、德国强化所形成的法典法模式所体现出来的对现代

① [美]博登海默：《法理学：法哲学与法律方法》，邓正来译，北京：中国政法大学出版社 1999 年版，第 264 页。

法律体系核心价值的重构，表现在对整体主义和建构理性主义的追求和捍卫上，因此强调成文法体系在法律体系构建中的地位，侧重于国家行为在形式上的合法性。① 当然革命后西方国家对现代法律体系核心价值的重构不是一劳永逸的，特别是20世纪20年代以来基于社会结构性矛盾的反思和法律体系现代性的检讨，普通法模式和法典法模式都对自身在革命后现代法律体系核心价值进行了修正。在中国社会革命观的现代意义取代传统意义的伊始，中国社会在构建不同于传统帝国法律体系的同时探索现代法律体系的价值追求。特别是中华人民共和国成立以来，基于主权独立、政权维护和社会发展的现实要求，开启了对现代法律体系核心价值重构的努力。切记的教训是，革命后任何一种核心价值要通过法律体系来体现和维护，不能走向极端与教条。否则不是核心价值失去社会接受，就是法律体系本身遭遇绝境，进而给革命后现代国家成长和社会秩序带来了严重伤害。

1954年宪法确认了革命后中国社会的现代转型有了新的核心价值：人民民主和社会主义。这两大核心价值超越了辛亥革命后中国社会的现代转型的价值选择，也超越了革命后西方现代国家法律体系的价值选择。人民民主原则意味着革命后现代法律体系在国家政权合法性和政权体制正当性上必须基于对社会成员最广泛的利益关系的承认与捍卫。社会主义原则意味着革命后现代法律体系在社会资源配置方式和财产关系上必须基于对社会成员最根本的阶级关系的厘清与坚守。当然这一核心价值重构不是一个孤立、静止的事业，现代法律体系构建要社会发展和国家成长，并捍卫法律体系内在的价值自洽性。改革开放以来，1982年宪法的

---

① 参阅季卫东：《法治构图》，北京：法律出版社2012年版，第480页。哈耶克在讨论理性主义时提出了一个至关重要的概念，就是所谓“渐进理性主义”与“建构理性主义”的区分，或者说是英国式的理性主义与法国式的理性主义的区分与对立。前者是经验主义的、非系统化的；后者是思辩性的、理性主义的。前者相信渐进的改良，相信社会的自发秩序，注重法治下的自由；后者则以建构理性为基础，视所有社会与文化现象为人为设计之产物，强调人们可能而且应该根据某一被接受的原则或计划重新组织社会结构。参阅[英]哈耶克：《自由秩序原理》，上卷，邓正来译，北京：三联书店1997年版，第10—16页。李强：《自由主义》，北京：中国社会科学出版社1998年版，第114—115页。我们可以从哈耶克对理性主义的分析中得出这样的启发：第一，理性主义的内涵在西方国家的表现是不同的，而这种差异会给现代西方法律体系的发展路径带来深刻的影响。第二，哈耶克对建构理性的批评并不代表他是反对理性的，“我们所努力为之的乃是对理性的捍卫。”参阅[英]哈耶克：《自由秩序原理》，上卷，邓正来译，北京：三联书店1997年版，第80页。第三，理性主义的差异与对立表明理性并非万能，而且那种认为理性能够成为自身主宰并能控制自身发展的信念有可能摧毁理性。同时理性是有限的，我们必须维护那个理性不及的领域。这是一个不可或缺的领域，因为正是这个领域保持着制度迁演中的连续性，所以，以宪法为核心的现代法律体系创新从这个意义上说是有限的。

颁布和迄今为止的四次修正，以及中国特色社会主义法律体系的形成，意味着革命后当代中国对现代法律体系核心价值的坚守与重构主要从以下方面展开：

一、社会平等的制度逻辑

革命后现代西方国家法律体系是对摆脱人身依附关系获得契约自由这一政治解放成果的制度化肯定，这种肯定无疑是人类解放的一大进步，但是政治解放本身还不是人类解放，因为，政治解放虽然以政治方式否定了身份关系，实现人们在政治领域内的民主，改变人与人之间的身份关系为契约关系，从而提出了从个人权利出发限制公共权力、从财产权出发维护公共认同的现代法律体系构建逻辑。但正如马克思形象地指出："正如基督教徒在天国一律平等，而在人世不平等一样，人民的单个成员在他们的政治世界的天国是平等的，而在人世的存在中，在他们的社会生活中却不平等"。[①] 因此，革命所宣扬的政治解放在革命后把个人权利与财产权相连接的现代法律体系不得不从强调普遍的权利出发却以不断强调财产权而告终，当代西方法律体系核心价值的重新阐释就是要在不违背资本的要求下协调资本与劳动之间的冲突，也就是说政治解放向社会解放的迈进，这一进程始终受制于资本力量的限制。马克思举例说，法国大革命后，一方面"无限制的出版自由"（1793 年宪法第 123 条）作为人权和个人自由的后果而得到保证，一方面出版自由被完全取缔，因为"出版自由一旦危及公共自由，就应取缔"。马克思认为，这也就是说，"自由这一人权一旦和政治生活发生冲突，就不再是权利，而在理论上，政治生活只是人权、个人权利的保证，因此，它一旦和自己的目的即这些人权发生矛盾，就必须被抛弃。但是实践只是另外，理论才是通则"。[②] 恩格斯在考察英国宪法和制度实践中，也发现了革命后西方国家法律体系所存在的价值追求和制度实践之间的矛盾。他说："英国不是正式的民主制，……对于我们来说，重要的只是这样一种触目皆是的情况：理论和实践处于惊人的矛盾中"。实际上，国会和英国人的一切所谓的天生的权利都是徒具虚名，"如果可以说英国人一般是自由的话，那末他们的自由就

① 《马克思恩格斯全集》，第 1 卷，第 344 页。
② 《马克思恩格斯全集》，第 1 卷，第 440 页。

不是法律的赐予,而是反对法律的结果"。[①] 恩格斯分析英国民主制的出路时说得十分明确:"英国的最近将来是民主制。然而是哪一种民主制呢?不是过去那种同君主制和封建制度对立的法国大革命的民主制,而是现在这种同资产阶级和财产对立的民主制。以往的全部发展证明了这一点。资产阶级的财产统治着一切;穷人是无权的,他们备受压迫和凌辱,宪法不承认他们,法律压制他们;在英国,民主制反对贵族制的斗争就是穷人反对富人的斗争。英国所趋向的民主制是社会的民主制"。[②] 19 世纪英国围绕《谷物法》所展开的争论以及 19 世纪中叶以来的社会危机正是反映了革命后现代西方国家法律体系对个体自由这一价值取向的片面坚持所带来的后果。20 世纪 20 年代以来,以美国新政为突破口,当代西方国家对社会保障制度的立法、税收的立法等的推进说明了当代西方国家对个体自由的制度逻辑的限制。

作为中国历史上第一个向大众敞开的制度形态毫无疑问强调社会平等对于制度建构所必须遵循的逻辑,这是对现代西方法律体系所遵循的个体自由逻辑的否定。从此以后,历史的主角被置换,社会的结构被重组,在这一制度框架中,所有的一切被同构到一种平等的起点上。社会平等作为当代中国革命的目的在革命后法律体系核心价值的重构中,其关注和强调的是社会成员平等权利的保障和公民积极权利的实现。公有制和按劳分配在宪法中的地位,政治权利对财产限制、性别限制、教育程度、种族限制的否定等都深刻体现了对社会平等这一核心价值的遵循。应该说,革命后中国社会法律体系从劳动出发以权力否定权力的制度建构逻辑,这是现代人类社会制度文明的重大探索。但 1954 年宪法到 1978 年宪法变迁历程以及革命后中国国家治理和法律体系构建所出现的问题来看,机械、片面地强调社会平等这一核心价值,具体的、活生生的个体权利、社会成员的消极权利和实现个人权利的程序化机制在法律体系的构建就会被忽视或否定,从而导致社会秩序的好处未得,社会发展丧失活力。如果说,当代西方国家法律体系在 20 世纪 20 年代以来开始在不违背资本要求的前提下调整资本与劳动的关系的趋向标志着西方国家法律体系的核心价值开始关注接纳社会平等的话,那么当代中国法律体系在 20 世纪 90 年代的发展同样开启了一个在不

① 《马克思恩格斯全集》,第 1 卷,第 704 页。
② 《马克思恩格斯全集》,第 1 卷,第 705 页。

抛弃遵循社会平等逻辑的前提下开始关注劳动与资本的关系。这是中国共产党人对一个落后国家发展社会主义宪政制度所处于的社会、历史、文化思考后作出的重大抉择。1993年宪法修正案对市场经济体制的合法化，1999年宪法修正案对法治的承认以及所有制和分配方式的调整深刻体现了中国社会对现代法律体系核心价值重构的变迁。当然，任何人都不得不承认，在新的宪法修正案通过后，中国的社会经济结构与国家权力结构的矛盾和冲突实际更加表面化了。在这种形势下，既然倒退没有出路，那么法律体系核心价值的革新就无从回避。①

二、人民民主的制度精神

人民民主，表达了一种与传统国家格格不入的信念，宣示了现代民族国家公共权力的合法性基础。马克思指出："人民是否有权来为自己建立新的国家制度呢？对这个问题的回答应该是绝对肯定的，因为国家制度如果不再真正表现人民的意志，那它就变成有名无实的东西"。②革命后西方国家第一次把人民主权作为现代国家合法性基础在宪法中予以了确认，实现了革命前文艺复兴和启蒙运动对人性的理解。法国1791年《人权宣言》第2条："一切政治社会的目的都是为了维护自然的和不可剥夺的人权"。1793年《人权宣言》第1条："政府的设立是为了使人能够行使自然的和不可剥夺的权利"。马克思引述了法国大革命的《人权宣言》这两条内容后说："可见，政治生活就在自己朝气蓬勃的时候，并且由于事件所迫而使这种朝气发展到顶峰的时候，它也宣布自己只是一种手段，而这种手段的目的是市民社会生活。"③因此，马克思认为建立在人对物依赖基础之上的民主诉求还没有把人的世界和人的关系完全还给人自己。因此革命后现代西方国家法律体系在相当长的一段时期里对民主的制度精神的贯彻主要表现在公共权力转移的程序机制构建以及对公民选举权进行财产资格、教育程度等限制。革命后英国和法国法律体系经过一个半世纪之久才赋予普选制合法性，而在美国则更为缓慢。1787年通过联邦宪法后，直到1870年才通过第15条修正案规定，合众国或其任何一州，不得因种族、肤色或此前曾为奴隶之关系，

① 参阅季卫东：《宪政新论——全球化时代的法与社会变迁》，北京：北京大学出版社2002年版，第194页。

② 《马克思恩格斯全集》，第1卷，第316页。

③ 《马克思恩格斯全集》，第1卷，第440页。

拒绝或限制合众国公民之投票权，黑人的选举权在宪法中获得承认。1960年第19条修正案才规定合众国或各州不得因性别而拒绝或限制合众国公民之投票权，妇女因此才获得了普选权。1961年第23条修正案生效后，哥伦比亚特区才有选举总统的权利。1964年第24条修正案生效后，才禁止以交纳人头税为选举资格。1971年第26条修正案生效后，选举年龄才降低到18岁。①

自"五四"运动起，民主寄托着中国人建立新的政治合法化范式的努力，宣示了中国人建立中国文明与人类文明对话的渴望，也洋溢着建立不同于西方民主制度的勇气。国民革命后国民党坚持训政和党国体制无疑是对人民民主的制度精神的拒绝。当代中国革命观自形成之日起就追求人民民主的现代精神，因此，革命后中华人民共和国在1954年颁布的宪法明确强调人民民主的建国原则，一方面吸收了民主共和国这一现存的制度形式，②另一方面把这一民主共和国建立在更为广泛的社会基础之上。现代西方国家在革命后法律体系构建对人民民主的追求是通过个人权利来实现，并赋予这一权利以各种社会限制。中华人民共和国所建立的人民民主是建立在最广泛的阶级联合基础之上的。1949年6月30日为纪念中国共产党成立28周年而写的《论人民民主专政》一文中，毛泽东说："总结我们的经验，集中到一点，就是工人阶级（经过共产党）领导的以工农联盟为基础的人民民主专政"。③ 那么什么是"人民民主专政"？毛泽东指出："对人民内部的民主方面和对反动派的专政方面，互相结合起来，就是人民民主专政"。④ 以毛泽东为代表的中国共产党人在新中国成立阶段考虑中国如何跳出历史上的治乱循环周期律的问题时，就已经意识到民主的必要性。1954年宪法具有强烈的现代意识和民主意识。然而"人民"这一概念在中国社会发展的进程中并不具有十分清晰的边界，它总是随着形势的变化而或扩大或缩小。但是，有一点是毋庸置疑的，"人民"是一个包含着大多数人的概念，确切地说是大多数受苦人的同义语。它把那些阻挡在中国传统历史上和西方现代历史上之外的大多数人纳入一个

① 参阅曹沛霖等：《比较政府体制》，上海：复旦大学出版社1993年版，第6页。陆镜生：《美国人权政治》，北京：当代世界出版社1997年版。

② 《马克思恩格斯全集》，第22卷，第274页。

③ 《毛泽东选集》，第4卷，北京：人民出版社1991年版，第1417页。

④ 《毛泽东选集》，第4卷，北京：人民出版社1991年版，第1475页。

被承认的现代宪政制度体系中。然而，由于革命浪漫主义的影响，传统政治文化的绵延在相当长的岁月里制约着革命后人民民主的制度精神的制度实现形式，使现代中国国家成长和社会发展无法在价值层面、制度层面彻底走出传统专制精神的阴影，实现操作层面的现代化，结果使现代的政治形态在落后的操作中，即在人治中，走向畸形，陷入困境。①

人民民主的制度精神若无法通过法律体系的构建把民主与法治相连接，现代国家公共权力的滥用和政权体制的混乱，公共生活的大民主泛滥与社会成员的自由破坏必将成为事实，进而会摧毁法律体系本身的正当性和有效性。邓小平在1978年总结建国以来我国政治生活的经验与教训时就指出："为了保障人民民主，必须加强法制。必须使民主制度化、法律化，使这种制度和法律不因领导人的改变而改变，不因领导人的看法和注意力的改变而改变"。② 1980年8月18日，邓小平在《党和国家领导体制的改革》一文中提出了反对权力过分集中、个人专断以及官僚主义的问题，强调了社会主义民主建设的需要。③ 中国共产党第十五次全国代表大会提出的依法治国、建设社会主义法治国家这个政治发展和法律发展任务的具体内容，并载入1999宪法修正案中。1982年宪法再一次彰显了1954年宪法蕴涵着的现代意识和民主意识，1999年宪法修正案把民主与法治精神相结合，把法治精神作为民主的前提，反映了中国人对人类制度文明体系成果的吸收、借鉴与交流的努力。其实只有"安定的民主"才是真正的民主，而安定的民主体制不能不以法治为前提，中国人对此已经达成了基本共识。④

三、民本主义的制度关怀

由于东西方制度变革的社会-历史-文化背景的差异，所以在革命前东

① 参阅季卫东：《宪政新论——全球化时代的法与社会变迁》，北京：北京大学出版社2002年版，第143页。参阅林尚立：《当代中国政治形态研究》，天津：天津人民出版社2000年版，第171—173页。

② 《邓小平文选》，第2卷，北京：人民出版社1994年版，第146页。

③ 1981年通过的《关于建国以来党的若干历史问题的决议》在分析"文化大革命"发生原因时强调了这一点："长期封建专制主义在思想政治方面的遗毒仍然不是很容易肃清的，种种历史原因又使我们没有能把党内民主和国家政治社会生活的民主加以制度化，法律化，或者虽然制定了法律，却没有应有的权威。这就提供了一种条件，使党的权力过分集中于个人，党内个人专断和个人崇拜现象滋长起来，也就使党和国家难于防止和制止'文化大革命'的发动和发展"。参阅《关于建国以来若干历史问题的决议》，北京：人民出版社1981年版，第33页。

④ 参阅季卫东：《宪政新论——全球化时代的法与社会变迁》，北京：北京大学出版社2002年版，第148页。

西方在文明传承和制度建构中形成了两种传统。在西方是人本主义基础上的民主理念和法治主张,在中国则是民本主义基础上的专制理念和人治主张。[①] "中国传统政治哲学的主流是以民为本,历来并无异辞。"[②]传统中国社会的民本思想的一个典型特征是君主把人民看成是国家的"私产",而不是一个对等的政治主体。所以君主与臣民的关系便演化为一种伦理关系,由此把政治奠基于伦理之上,并将其看作是人伦关系的一个环节。以民本主义为基础传统中国社会人际关系全面伦理化,从而最大限度地阻滞着法律在社会生活中的独立发展和在社会生活中的独立价值。[③] 民本主义催生法律伦理化,使法律沦为一种俗世的工具,其品质与现代法治的信仰相抵牾,以致在精神关怀上制约着现代革命后法律体系的现代性接受和现代法治秩序的建立。就是说,"在这样的概念里,权利是很难被看做一种规则道德或程序法则。"[④]当然民本主义在中国传统社会里所发生的结果是与宗法经济和社会结构存在密切关系的。

在中国现代革命观的变迁进程中,中国人反思传统社会所遗留下来的精神资源,民主理念的发展就是对古代民本思想的扬弃,这一过程肇始于改良派,最后由孙中山进行了较为全面的总结,李大钊作了进一步升华。[⑤] 最

① 参阅张中秋:《比较视野中的法律文化》,北京:法律出版社 2003 年版,第 168—224 页。"民本思想在中国传统政治的主流中是与专制思想相互依存的,圣君贤相以身作则,教化庶民,上行下效,最后达到一种无为而治的理想,这是中国传统思想中根深蒂固的死结"。民本思想推进了传统中国社会的伦理化,同时否定了法律的独立发展,最终达致人治的生成。参阅刘世军:《近代中国政治文明转型研究》,上海:复旦大学出版社 2000 年版,第 149 页。

② 刘述先:《儒家思想与现代化》,北京:中国广播出版社 1992 年版,第 17 页。

③ "在传统中国的法律体系里,成文法乃是道德规范的必要补充。因为反对以成文法的至高无上为基础的绝对的机械法律论,存在着一个强大的道德意识,即认为成文法体系是第二位的,充其量是调整和控制人们行为的工具,这可以称之为中国法中的道德决定论。司马迁这样评价法律说:'可以行一时之计,而不可长用也。'法律被认为是人们在社会中实现道德理想的工具"。参阅[美] 金勇义:《中国与西方的法律观念》,陈国平等译,沈阳:辽宁人民出版社 1989 年版,第 29—30 页。传统中国以法律作为实现伦理道德的工具,可用"出礼入刑"和"明刑弼教"两语概括之。参阅陈顾远:《中国法制史》,台北:台湾三民书局 1997 年版,第 53—54 页。杨鸿烈先生有见于此,也认为:"中国向来是道德与法律的界限没有十分清楚的。……中国的法典范围尽管甚广,而凡道德思想之著于经义而未被法典包括,或法典之所定而未能符于经义者,则经义之效力往往等于法律,或且高于法律。这种情形在去古未远的汉代,有董仲舒辈据春秋经义以决狱等事可为佐证;汉代以降,形式上虽不曾似汉代明人认经义折狱,实际情形固亦如此"。参阅杨鸿烈:《中国法律发达史》,上册,上海:上海商务印书馆 1930 年版,第 4 页。这种局面至清末在中西文化碰撞后才得到中国人的关注。所以,清末变革传统法律所受到的指责,不是基于法律本身,而是基于伦理。详见《清末筹备立宪档案史料》,下册,北京:中华书局 1979 年版,第 821—915 页。

④ 夏勇:《中国民权哲学》,北京:三联书店 2004 年版,第 49 页。

⑤ 参阅刘世军:《近代中国政治文明转型研究》,上海:复旦大学出版社 2000 年版,第 151 页。

终，中国共产党在马克思主义的指导下改造了民本主义思想，赋予了民本主义以崭新的含义。首先把传统社会中民本主义掩盖着的权力执掌者与人民之间的颠倒关系加以扭转，承认历史是人民创造的，人民群众才是历史的主人，正如马克思和恩格斯所说："历史活动是群众的事业"。[①] 1949 年后现代中国宪法制度对于这一点予以确认，它表明制度建立和制度变革都要通过人民群众的广泛参与实现。而现代法治观念的基本要素的深层理念就是强调法与社会多数主体的行为能力的某种内在联系以及法的可接受性。因此，中国共产党人对民本主义的现代阐释应该是与现代法治观念相契合的，在现代法治观念中，法治的成功在很大程度上端赖于社会多数权利主体的自觉遵守，而不是少数权力主体以制裁威吓为手段的外在强制。[②]

中国共产党在现代革命过程中所秉持的历史观转为现代制度选择和建设过程中的价值关怀，这在规范意义上正好与现代法治所蕴涵的价值要求相一致。现代国家法律体系及其对法治的追求，作为现代人类社会诸文明体的一项事业，从最终意义而言，是社会整体民众的参与事业，由此，现代中国宪政制度的真正生命在于尊重多数民众意愿的政治进程。[③] 这应该是民本主义的制度关怀在现代社会时空纬度中的深刻体现。当代中国法律体系的构建目的与发展动力正在于此，对它的背离，就会使中国国家成长与社会发展陷入困境。

其次，既然当代中国革命观坚持历史活动是人民的事业，革命后当代中国法律体系的构建在内容选择和目的追求上就应当以人民的最大利益为出发点和最终归宿。毛泽东指出："我们共产党人区别于其他任何政党的又一个显著标志，就是和最广大的人民群众取得最密切的联系。全心全意为人民服务，一刻也不脱离群众；一切从人民的利益出发，而不是从个人或小集团的利益出发；向人民负责和向党的领导机关负责的一致性；这些就是我们的出发点"。[④] 对人民利益的尊重和捍卫，是革命后当代中国法律体系重构所必须秉持的制度关怀。这一制度关怀是社会平等和人民民主的延伸，是社会平等的制度逻辑和人民民主的制度精神的具体化。没有对人民利益的

① 《马克思恩格斯全集》，第 2 卷，第 104 页。

② See, Dennis Lloyd, The Idea of Law, New York: Viking Penguin Inc., 1981, p. 37.

③ 参阅刘星：《语境中的法学与法律——民主的一个叙事立场》，北京：法律出版社 2001 年版，第 52 页。

④ 《毛泽东选集》，第 3 卷，北京：人民出版社 1991 年版，第 1094—1095 页。

强调,社会平等和人民民主就无法在制度中得以体现。当然社会平等的制度逻辑和人民民主的制度价值确立了现代民本主义与古代民本主义的边界。古代民本主义是宗法等级体系和专制统治体制所维系着的,从而阻滞了法治和民主的生成。现代民本主义是社会平等和人民民主所支撑的,从而最大限度地把人民的利益作判断制度得失成败的标准和坚决地相信人民自己解放自己作为制度发展方向。① 因此,建立在人民民主基础上的现代民本主义与现代法治是相容的。1954 年宪法第 17 条和第 18 条表述了这一价值关怀:"一切国家机关必须依靠人民群众,经常保持同群众的密切联系,倾听群众的意见,接受群众的监督"。1982 年宪法第 27 条对这一关怀阐述得更加明确:"一切国家机关和国家工作人员依靠人民的支持,经常保持同人民的密切联系,倾听人民的意见和建议,接受人民的监督,努力为人民服务"。1982 年宪法及其修正案深刻体现了对现代民本主义的制度关怀的深刻解读。在现代民本主义的价值向度的开启中,让我们看到更为有益的适宜现代法治观念和现代法律体系的民本主义。

再次,正如法是人类社会的法律实践本身一样,民本主义也是历史语境化的产物。毕竟,我们只能在特定的历史社会语境中认识特定历史语境中的价值主张。在这个意义上,中国的民本主义有其历史的语境遗迹以及可以理解的历史合理性。然而,当代中国终究已经选择了现代法治观念的基本取向,作为现代法律体系价值关怀的民本主义,在法律体系的实践中,自然需要与之较为相互协调的话语概念。相互协调的目的,不仅在于尽可能地疏通意识形态观念理论之间的逻辑脉络,而且在于尽可能地避免互不协调的观念可能带来的互不协调的实践运作。② 其中最为重要的是,中国共产党人为传统的民本主义注入了新的因素,推动了民权诉求通过政治革命和社会革命、借助法定权利概念进入了宪法,并制约着当代中国法律体系的发展方向。

因此,民之所本,在现代话语体系中,就是民之尊严、自由之所系。在现代法律体系构建与社会秩序维护中,民之所本者,乃是民权。但我们必须记

① 参阅《列宁选集》,第 1 卷,北京:人民出版社 1960 年版,第 729 页。参阅《邓小平文选》,第 3 卷,北京:人民出版社 1993 年版,第 213 页。另参阅《毛泽东邓小平江泽民论世界观人生观价值观》,北京:人民出版社,第 541 页。

② 参阅刘星:《语境中的法学与法律——民主的一个叙事立场》,北京:法律出版社 2001 年版,第 59—60 页。

住的是，“近代中国的民权问题之最弱处，不在以人为本的价值法则，也不在人民主权的政治法则，而在关于制度理性的程序法则。”①革命后当代中国法律体系对民本主义的价值追求通过制度理性的程序法则的落实水平必须得到真正的重视。

四、集体主义的制度归宿

集体主义成为当代中国法律体系重构的价值取向，不是单纯的主观选择，而是现代国家的成长逻辑以及革命后法律体系所赖以确立的历史-社会-文化图景发展的必然结果，是社会主义的本质规定和作为后发国家法律体系构建的本质要求。在当今中国，集体主义既是一种道德原则，也是一种法律原则。不论是作为道德原则的集体主义，还是作为法律原则的集体主义，均为革命后当代中国法律体系构建所恪守的价值取向。因此，人们把集体主义视为社会主义社会的主导价值观。② 集体主义作为当代中国法律体系构建的价值基础，是一个具有悠久历史的中国对传统法律文化的改造，是一个走上社会主义道路的中国对马克思主义关于现代人类自由内涵的遵循，是一个后发现代化的中国对主权独立与国家统一的诉求的体现。从制度的渊源看，五四新文化运动后期全面反思文化本原对中西文明所带来的影响的基础上，中国共产党人选择以集体主义改造传统文化中的家族本位主义，从而使现代国家制度建构能够最大限度地获得社会的支持。正如陈独秀所言：“五方风土不同，而思想遂以各异。……东西洋民族不同，而根本思想亦各成一系。……西洋民族以个人为本位，东洋民族以家族为本位。……西洋民族以法制为本位，以实利为本位；东洋民族以感情为本位，以虚文为本位”。③ 的确，以个人主义为价值取向的西方法律文化在革命后现代法律体系的生成与发展过程中具有无法忽视的积极意义，这正如中国的家族主义对中国社会发展和制度变迁所具有的负面意义一样。④ 但是，集体主义不是对家族主义的延续，家族主义是与利己主义同构的概念，而与集体主义存在价值上的根本差异，但是集体主义又最能获得中国社会的理

① 夏勇：《中国民权哲学》，北京：三联书店2004年版，第40—41页。

② 参阅林尚立：《当代中国政治形态研究》，天津：天津人民出版社2000年版，第238页。另参阅宋惠昌：《当代意识形态研究》，北京：中共中央党校出版社1993年版，第231页。

③ 陈独秀：《独秀文存》，合肥：安徽人民出版社1987年版，第27—29页。

④ 参阅张中秋：《中西法律文化比较研究》，南京：南京大学出版社1999年版，第56—57页。

解和接受。

更为重要的是，现代法律制度的发展表明，任何单一的价值，不论是个人主义，还是集体主义，如果被看作是绝对的和压倒一切的，并且被严格运用的话，就能导致极端。① 从制度的属性看，中国要建立和发展的是社会主义法律体系，而这一制度强调是"只有在集体中，个人才能获得全面发展其才能的手段，也就是说，只有在集体中才能有个人自由"。② 马克思主义深刻揭示了资本主义制度发展到 19 世纪中叶所面临的困境以及对包括中国在内的后发国家的殖民统治的反抗，这一点正好满足了深受民族压迫的中国人对寻求国家建设和制度选择新路径的渴望。中国要实现对西方制度的超越，不仅从制度选择，而且制度所秉持的价值也要实现超越。从制度的路径看，革命后当代中国对现代法律体系的价值选择受到一个国家现代化的路径的制约。由于历史的不可重复性，我们今天已经无法判定，中国社会内部是否可能自发地演进式地实现现代化，形成新的适应现代国家成长的社会秩序和法律体系。但是在这种历史际遇中，我们无法想象，无须一个统一的、独立的权力结构的支撑，一个社会可以通过"自由放任"就可以自动地实现政府权力的限制和公民权利的扩展从而推进现代化展开。这一独特的路径使革命后当代中国法律体系建构所面临的首先不是限制政府的问题，而是如何提升政府能力的问题。以英美两国主导的西方社会可以古典自由主义诠释现代法律体系必须秉持的个人主义价值取向，而作为一个后发国家，集体主义的价值选择在一定程度上与政府在现代化进程中所具有的作用是分不开的。如果说"法律与语言一样，存在于民族意识之中"③，那么作为后发国家，以解决主权独立和国家统一为首要使命构建符合现代国家建设的特殊历史逻辑的中国社会来说，革命后当代中国法律体系对集体主义的价值确认在最大程度上符合了现代国家建设的历史逻辑。

集体主义和个人主义，两者都有其悠久的历史，并对革命后中国和西方法律体系的建构和发展有着重要的意义。④ 如果我们真诚地面对现代法律

① 参阅[美] 丹尼尔·贝尔：《资本主义文化矛盾》，赵一凡等译，北京：三联书店 1989 年版，第 321 页。

② 《马克思恩格斯全集》，第 3 卷，第 84 页。

③ [德] 萨维尼：《论立法与法学的当代使命》，许章润译，北京：中国法制出版社 2001 年版，第 7 页。

④ 参阅韦森：《文化与制序》，上海：上海人民出版社 2003 年版，第 118—123 页。另参阅何兆武：《苇草集》，北京：三联书店 1999 年版，第 462—471 页。

体系构建背后的价值取向，我们不能简单地说是个人主义成就了西方法律体系的辉煌，而集体主义带来了革命后当代中国法律体系的缺陷。西方法律体系和自由主义在20世纪的转型和流变深刻体现了个人主义所存在的危机，正如当代中国法律体系在20世纪90年代以来对集体主义的反思，其实映证的道理是一样的，人类社会不能把任何一种价值推向极端，人类已经为这种行为付出了沉重的代价。[①] 对于今天的中国人而言，我们不仅需要打开心灵接受一切有益于当代中国法律体系成长的价值主张，而且需要认真反思集体主义在法律体系核心价值重构的位置与内涵 。“每个社会的法律在实质上都面临同样的问题，但各种不同的法律制度以极不相同的方法解决这些问题，虽然最终的结果是相同的”。[②] 这提示我们既不能忽视特定法律制度的价值取向之间所业已存在的差异及其自身的内在联系，也不能无视不同法律文化基于人类共性的相通及其互补性。因此，合理的态度是，我们不应割断制度价值的历史联系，而是应该努力在人类文化的异同中寻求各种可能的联系。[③]

这正如亨廷顿所说：“身处正在实现现代化之中的当今世界，谁能组织政治，谁就能掌握未来”。[④] 而要成功组织政治进而推进革命后现代国家的成长，必须有成功的制度价值，从而最大限度获得社会共识和社会信心。但是我们必须记住，“任何时候，若能找出民众心目中怀有一种确定不移、颇堪褒扬的倾向，则此倾向或可经由立法善于保存与肯认，但却决然不可能经由立法凭空制造出来。凡并不存在此一倾向，却欲如何行事之处，一切或可建立一个详尽无遗的立法制度的企图，必当强化现实的不确定性，增加了处理此一问题的难度”。[⑤] 美国自新政以来基于对自由秩序反思而来法律体系

① 集体主义的乌托邦与个人主义的乌托邦一样值得现代社会关注。西方近代革命以来确立了以个人主义为价值归宿的宪政制度安排，确认了一种新的政治文明体系，但并不意味着资本主义社会已经解决了人类的所有问题，成为不可替代的制度设计，相反，由于这种合法性是建立在市民社会高度同质化的基础上的，从而具有了一种脆弱性，对市民社会任何一个组成部分的否定，都可以引发西方国家的合法性危机。参阅陈周旺：《正义之善——论乌托邦的政治意义》，天津：天津人民出版社2003年版，第247—250页。

② ［德］K·茨威格特等：《比较法总论》，潘汉典等译，贵阳：贵州人民出版社1992年版，第56页。

③ 参阅张中秋：《比较视野中的法律文化》，北京：法律出版社2003年版，第11页。

④ ［美］塞缪尔·P·亨廷顿：《变化社会中的政治秩序》，王冠华等译，北京：三联书店1989年版，第427页。

⑤ ［德］萨维尼：《论立法与法学的当代使命》，许章润译，北京：中国法制出版社2001年版，第36页。

的当代转型、德国战后自魏玛宪法的反思而来的法律体系对社会市场经济秩序的承认,还是当代中国自革命模式反思而来对社会主义法制建设的强调的努力都表明,革命后现代国家要度过革命所出现的社会生活的失范风险和社会发展中的利益冲突,需要的不仅是法律的制定与完善,更是价值的创新与重构,是新的社会秩序的法律体系和价值语法的转变。而且两者之间的转变从来都是紧密联系在一起的。无论是对社会平等的制度逻辑的坚守,还是对人民民主的制度精神的捍卫,革命后中国现代法律体系对社会主义规定性的理解和承受既不是革命后西方现代法律体系对资本主义规定性的简单拒绝或简单搬用,也不是革命后社会主义制度文明发展趋势的简单抽象或教条定位。革命后中国现代法律体系的构建所显示的民本主义的制度关怀必须体现在法权关系对来自活生生的社会事实关系的统摄能力和规范水平之中,而对集体主义的制度价值的追求,丝毫不能放弃对具体的个体权利的承认以及为个体权利的实现提供规范化、程序性机制的追求。当代中国革命观在延续了革命的现代意义的同时,对社会主义社会以及制度规定性的理解与追求,成为革命后中国现代国家成长逻辑中法律体系构建的历史与现实的起点,由于法治国家形态揭示着现代国家成长逻辑与传统国家成长逻辑的本质区别,法治国家及其法治秩序的生成与维护成为革命后中国构建现代法律体系的历史诉求与现实要求。

第三节　走向法治国家:构建现代法律体系的必然趋向

现代国家作为一种革命的现代意义实现的产物,是从西方现代革命后所建立起来与传统国家合法性基础截然有别的民主共和国形式开始成长的;作为一种人类制度文明发展的产物,是以国家的制度形态和社会生活的秩序安排的转换为前提,以规范国家公共权力和尊重社会个体权利为基础的现代法治国家。马克思基于对现代国家成长在革命后之 19 世纪中叶西方资本主义制度下的现状分析,一方面提出现代国家对民主共和的追求和法治秩序的构建在资本主义形态下有限性,这种局限性在于产权正当与社会正义的冲突、契约自由与社会平等的矛盾、立宪政府与公共利益的背离,也正是从这个意义上,马克思论证了社会主义制度取代资本主义制度的正当性;但是另外一方面马克思始终强调社会主义制度的形成与发展并没有超越现代国家的范畴。建设和发展社会主义的现代国家，应该是革命后当代中国法律体系构建的基本使命。这一基本使命包含着两方面的诉求：一是体现社会主义制度要求的对社会平等、公共利益和社会正义在现代国家法律体系构建中的实现；另一是恪守现代国家要求的对个体自由、个人利益和个体正义在社会主义法律体系构建中的尊重。前者的实现体现着革命后中国现代国家法律体系的构建逻辑是一个不同于并超越西方资本主义法律体系构建逻辑的过程，后者的尊重则显示了革命后中国社会主义法律体系的构建逻辑是一恪守虽由西方在现代革命后开启却属于革命的现代意义转换所带来的人类社会制度文明成长一般规律的过程。20 世纪以来当代中国革命观的形成以及革命后，特别是改革开放以来的社会主义实践，以及当代西方法律体系的革新均表明，走向法治国家是构建现代法律体系的必然趋向，只不过西方国家法律体系对法治国家的构造是在不放弃个体权利、契约自由与权力有限的前提下承认公共利益、社会责任与政府义务以体现对资本主义制度的捍卫，而当代中国法律体系对法治国家的构造是在不放弃公共利益、社会正义与政府责任的前提下承认个体权利、产权正当与个体正义。从中我们可以发现革命后现代法律体系构建走向现代法治国家的共同努力以及对不同制度形态承诺的不同选择。同时我们可以体悟到，共同努力和不同选择在 20 世纪以来的现代国家法律体系构建中从来不是一帆风顺的。西方国家是在重重的社会危机中不断反思的抉择，中国同样是在内部危机中逐步成长的选择。

一、国家转型的法治逻辑

对于法治有两种根本的不同的理解。一种把法治理解为实现国家秩序或社会治安的手段，另一种理解为法治的核心内涵是基于保障公民权利的需要而对国家权力本身也施加必要的限制。[①] 要阐述法治原则的提出以及所蕴涵的价值，我们必须厘清这两种对法治原则的不同理解所存在的问题，这种不同的理解直接维系着现代国家各自不同的法律制度安排。

前一种法治观是在中国历史上占主导地位的主张，因此在革命的现代

① 参阅季卫东：《宪政新论——全球化时代的法与社会变迁》，北京：北京大学出版社 2002 年版，第 57 页。

意义结构中是革命的对象和革命后法律体系构建要摒除的主张。从上古时代起，明天道、察民意、“制而用之谓之法”①的统治工具论观念就已经为社会所普遍性认同。之后王朝国家中的思想家则表述的更为明显，所谓“设法度以齐民”②，“威不两错，政不二门，以法治国，则举措而已”③；主张比较含蓄的，则谓“法者，治之端也；君子者，法之原也”④，“以德为法”⑤，“务以善化民”⑥。总而言之，法律只是君主用来进行社会控制的工具。虽然到了近世后，我们也可以发现一些弥足珍贵的把法律与民权结合在一起阐述的思想萌芽。例如明朝大儒方孝儒就曾经就守法求治当中的利民与利君、良法与恶法、公共性与私益性之间的关系写下如此一段精彩的话语：

> 夫法之立，岂为利其国？岂以保其子孙之不亡乎？其意将以利民尔。故法苟足以利民，虽成于异代，出于他人，守之可也。诚反先王之道而不足以利民，虽作于吾心，勿守之可也。知其善而守之，能守法者也；知其不善而更之，亦能守法也。……举天下之好恶之公皆弃而不用，而一准其私意之法，甚则时任其喜怒而乱予夺之平，由是法不可行也。⑦

黄宗羲则更为直接地表述了对专制君主的统治之下法的本质：“其所谓法，有一家之法，而非天下之法也。”⑧这种判断从“天下”之归属于“公”和“私”的高度评论传统中国建立在“吏治”基础上的“法治”，从中深刻地蕴涵着法治与民主之间所存在的关系。⑨ 这一方面可以说明中国王政时代有法而无法治的主流意识形态以及制度安排的原由，梁启超对此一语道破：“我

① 《易传·系辞上》。

② 《韩非子·八经篇》。《尚书·吕刑》中甚至有“制百姓于刑之中”的表述。

③ 《管子·明法》。

④ 《荀子·君道》。虽然其本意在贤人德政，但这种法原论很容易导致所谓“生法者君，守法者臣”式的恶性法律实证主义。参阅季卫东：《宪政新论》，北京：北京大学出版社2002年版，第57页。如此一来，我们就可以真实把握中国传统文化中所主张的“天人合一”的思想。很多人认为这种思想所蕴涵的是自然与人类的和谐，其实这里的“人”并不是指普通人，而是指君。天人合一，实质是天君合一，表明君主权力的合法性。

⑤ 《孔子家语·刑政》。

⑥ 《汉书·董仲书传》。

⑦ 方孝儒：《逊志斋集·深虑论》。

⑧ 黄宗羲：《明夷待访录·原法》。

⑨ 参阅李贵连：《法治是什么：从贵族法治到民主法治》，桂林：广西师范大学出版社2013年版，第95页。

国成文法之起源不可确指，然以数千年之思想往往视法律与命令为一物。”①另一方面同样也可以解释西方虽早在古希腊时期就提出了激动人心的法治话语却直到近代才有法治的实践及其制度安排。②

不言而喻，后一种法治观以权利限制权力的法治观来自社会的现代性及其制度设计。③ 这种观念的成熟首先是与西方社会的现代性及其制度设计结合在一起的。④ 西方社会早在古希腊时代由亚里士多德完整陈述了对法治的理解，⑤这种理解一直影响着西方对法治的话语阐述，但只要这种理解与那个时代的生产方式发生冲突，那么就意味着法治话语被抛弃或搁置。古罗马从共和国到帝国的变迁，有关对法律分类和法律价值的理解也只能被作为西方文明的遗产来对待了。因此，后一种意义上的法治原则是现代文明体系确立后所完成的事业。

在中世纪后期，特别是在绝对主义国家时期，法治体现了反对专制权力的立场，法治与无限权力相对立要求一切行动尤其是政府的行动要遵循法律。为了保证法律符合社会正义，法治之法必须由选举产生的代议机构来制定，而且法律必须合乎自然法的普遍原则，即合乎天赋人权的基本内容。

---

① 梁启超：“论中国成文法编制之沿革得失”，载《饮冰室合集·文集》，第6册，上海：中华书局1936年版，第6页。

② 苏力在考察中国法治问题时指出：“中西许多学者在讨论法治时往往追溯到古希腊的制度或古希腊罗马学者的论述，似乎法治是一脉相承的。在我看来，这是一个错误，一种单线进化论。这里有两个方面必须分清，一个社会的法治或法制如果能够建立或形成，最根本的是这种法治或法制大致满足了社会的需要，而不是因为它承续了先前的制度；但是，法治的形或制度安排以及对其正当性的表述可以借鉴甚至套用前代的(因此，马克思称法学没有自己的历史)，先前的法治成果是作为知识的资源而被制度创建者运用。尽管如此，历史的承续并不构成自然科学意义上因果关系，否则的话，这种话语就无法容纳人的能动性。”参阅苏力：“现代化视野中的中国法治”，载苏力等：《20世纪的中国：学术与社会·法学卷》，济南：山东人民出版社2002年版，第5页。

③ 参阅李步云：《走向法治》，长沙：湖南人民出版社1998年。郭道晖：《法的时代呼唤》，北京：中国法制出版社1998年版。夏勇：“法治是什么？——渊源、规戒与价值”、郑永流：“德国‘法治国’思想和制度的起源与变迁”，均载《公法》，第2卷，北京：商务印书馆2000年版。

④ 随着现代宪政制度在西方的着陆，法律实证主义对法的理解也开始出现。实证主义分析法学派的鼻祖奥斯汀就把法理解为主权者的命令，坚持“恶法亦法”的立场。See J. Austin , The Province of Jurisprudence Determined (ed. By H. l. A. Hart) , London: Weidenfeld and Nicolson , 1954, pp. 24, 32 , 184ff. , 253f. , 346。更晚近一些还有布莱克的定义：“法是政府实施的社会控制”，意味着“国家及其公民的规范性生活。”参阅[美] 布莱克：《法律的运作行为》，唐越等译，北京：中国政法大学出版社1994年版，第2页。但是这些主张由于忽视了对法进行合法化、正当化的处理或者“超越性控制”而始终受到广泛的质疑和批判。更重要的是，我们认为西方法律实证主义对法的理解是看到了西方宪政制度所蕴涵的法治原则对既得利益集团的冲击，这与中国王政时期的理解是完全不同的。

⑤ “法治应包括两重含义：已成立的法律获得普遍的服从，而大家所服从的法律，又应该本身是制订得良好的法律。”参阅[古希腊] 亚里士多德：《政治学》，吴寿彭译，北京：商务印书馆1965年版，第199页。

在法治原则的确立过程中,重要的是1215年英格兰约翰王签署的大宪章。这是西方世界最重要的法律文件之一,通过等级会议这一阶级分权的结构以最高法律的形式为国王的权力提供了活动的界限。而在这之前,国家权力是无限的,且国王就是法律。虽然在那个时期大宪章本身没有多少民主的内容,但是它确立了为国家权力界定范围的工作只能通过最高法律来完成。正因为如此,西方学者提出尽管大宪章所带来的改革十分有限,但它却标志着法律对专制权力的胜利。①

随着现代市场制度的发展,在经济生活领域形成的平等、自治的观念必然要对绝对主义国家专制权力发生挑战,从而推进现代国家的世俗化过程。现代法治在传统国家向现代国家的转型过程中提出:“克服了两个障碍,击败了两个敌人。一方面,法律必须肯定自身的独创性,肯定自己在精神上是独立于神学教条的,同时还须摆脱神学的危险的插手。另一方面,应该清楚地确定纯属法律的领域,并把这一领域与国家领域分开来,同时还应该保持法律的独特的性质及其特殊的价值,使之免遭专制主义的侵害。”②西方学者在论证现代国家正当性的同时,相当清醒地认识到国家正当性的维护以及民主政治的危险性问题,意识到国家权力的自主性和扩张性的问题。英国的哈灵顿在资产阶级革命过程中明确提出了以自由为最高价值准则,以法律为绝对统治的法治共和国的模式。他还把法治的实现与权力制衡联系在一起。③ 洛克则鲜明地指出:“谁认为绝对权力能够纯洁人们的气质和纠正人性的劣根性,只要读一下当代或其他任何时代的历史,就会相信适得其反。”④因此,无论国家采取什么形式,统治者应该以正式公布的和被接受的法律,而不是以临时的命令和未定的决议来进行统治。⑤ 法治观念在孟德斯鸠的思想中得到了充分反映。他论述了法律与政治自由的关系、法律与国家权力的关系,把法治的实现过程和现代国家分权与制衡完整地结合起来。这种理论上的清醒与理智为现代西方国家的法治建设奠定了良好的理论基础,那就是以法律来限制其公共权力,以明确界定政治社会中的个人与

① 参阅[美]伯尔曼:《法律与革命》,贺卫方等译,北京:中国大百科全书出版社1993年版,第357页。

② [德]卡西勒:《启蒙哲学》,顾伟铭等译,济南:山东人民出版社1988年版,第231页。

③ 参阅[英]哈灵顿:《大洋国》,何新译,北京:商务印书馆1963年版,第37页。

④ [英]洛克:《政府论》,下篇,叶启芳等译,北京:商务印书馆1964年版,第56页。

⑤ [英]洛克:《政府论》,下篇,叶启芳等译,北京:商务印书馆1964年版,第84页。

个人、公民与政府的关系，划分私人领域与公共领域的界限。可以说，现代法治的精神和所规制的法律原则是现代政府架构及其运作的最高规范。“一国的宪法不是其政府的决议，而是建立其政府的人民的决议。这是法规的主要部分，可以参照或逐条引用；它包括政府的据以建立的原则、政府组织的方式、政府具有的权力、选举的方式、议会——或随便叫别的什么名称的这类团体——的任期、政府行政部门所具有的权力，总之，凡与文官政府全部组织有关的一切以及它据以行使职权和所约束的种种原则都包括在内。”①宪法的至上性确立了法律对政府的关系，这种关系集中体现为：法治是对政府的法律限制。法治还意味着政府权威与权力同国民权利与自由之间的制衡。所以，现代法治一方面要巩固现代国家的合法性基础，另一方面要实现对国家权力的制约。法治在现代国家的重要性和可能性正是从中得到理解的，无论是形式法治，还是实质法治，均应恪守对国家权力正当性与有限性的制度共识，这应该是现代法治对国家转型的贡献。形式法治和实质法治，既不能否定政府对社会所应承担责任的同时必须恪守的界限与条件，也不能否定社会自主性的同时必须履行的义务与成本。对于现代中国来说，最为要紧处，仍然是限制和约束民主政府的权力。

国家转型的历程已经表明，无限的政府权力只能看似强大，实质上是无能与虚弱的，不仅破坏了社会自主性从而增加了国家治理的成本，而且侵蚀了国家民主化从而增加了国家合法性维护的难度。当然，从建设社会主义法治国家的层面上说，实质法治在中国法治建设中不仅仅具有现实意义，同样具有制度意义。现代西方法治的提出和发展经历了一个从形式法治到实质法治而后再到程序法治的发展过程，在这个过程中从来都没有放弃对民主政府权力有限性的共识。从逻辑上，现代西方法治的逻辑表现为从形式法治(个人权利的尊重和法律形式理性为中心)出发平衡形式法治与实质法治(社会正义的维护和法律实质理性为中心)之间的张力，但不能伤害形式法治的有效性。现代中国法治的逻辑表现为从实质法治(社会主义制度的内在规定性)出发平衡实质法治与形式法治(市场制度的外在要求)之间的张力，但不能伤害实质法治的正当性。从这个意义上说，现代西方法治的提出是与对个人权利的强调和社会繁荣的尊重联系在一起的，而现代中国法治的提出是与对社会正义的强调与国家富强的追求联系在一起的。所以，

① 《潘恩选集》，马清槐等译，北京：商务印书馆1981年版，第146页。

对于现代中国法治进程而言，则更需要为个人以及保护个人权利为目的而组成的群体的活动提供更大的制度空间，由此才能将全能国家的单一秩序形态逐渐转化为现代法治所必须追求的价值主张，在个人权利与政府权力之间建立良性的互动关系。① 当然在这种互动关系中，实质法治的诉求不能被忽视，更不能被否定。这在现代中国法治的逻辑中具有特殊意义，从中我们才可以全面理解诸如中国制定物权法与劳动合同法背后所承载的使命。

可见，根据现代法治主义的各种主张，我们可以发现这样一种法治共识，即国家权力的行使必须遵循通过某种民主程序订立的法律（无论是成文的还是不成文的），并且要求所有的社会活动在形式和实质这两个方面都符合法治精神，不仅对于公民的违法行为、而且对于任何违宪的政府行为都可以通过司法救济和司法审查等途径予以纠正，以保障每一公民的尊严、社会的正义以及制度的稳定。② 虽然法治不是万能的，但是如果人类社会尚未发现除了法治以外还存在更好的方法以维护政治民主、保障经济秩序以及捍卫个人权利，那么我们只有相信法治。至于哪一种具体的法律制度更能有效地实现现代法治，要视不同民族国家的文化传统和现实条件而定，不可一刀切。因为一刀切本身就是对一个民族国家尊严的无视，因此也就不可能尊重其成员的尊严，而法治及其制度安排要寻求的就是对民族国家的成员尊严的承认和维护。事实上，丧失民族性的现代法治既没有出现，更不要说影响人类文明的发展。③ 全球化并不意味着世界各国都生活在同一种法治模式秩序中，法律的技术化趋势也不可能消灭法治模式的差异性和丰富性。当然这并不否定法治模式之间基于对话、交流与互动而来的借鉴与学习。制度学习是现代文明体系发展的基本动力，因为一个现代国家不可能在封闭的空间中谋求文明成长与法治建设。

清末以来革命的现代意义结构被中国社会接受的过程，就是一个现代法治观念被接受的过程。虽然现代国家成长的历程及其曲折，但对于法学界来说，革命后中国制度变革和法律体系构建的目标依然是有基本的共识

① 任强：《法度与理念》，北京：法律出版社 2006 年版，第 89 页。

② 参阅季卫东：《宪政新论——全球化时代的法与社会变迁》，北京：北京大学出版社 2002 年版，第 59 页。

③ 参阅［德］萨维尼：《论立法与法学的当代使命》，许章润译，北京：中国法制出版社 2001 年版，第 9 页。

的，就是从传统的法治观向现代法治观转换，探索在限制国家权力的同时提高国家能力的适当途径。① 由于革命的现代意义结构在中国社会的形成太多地受到现代西方国家的影响，这种影响往往使中国社会对提高国家能力的渴望超过对国家权力限制的努力。因而，国际因素对于一个后发国家的法治逻辑的转换往往因对主权独立和民族解放的强烈渴望而表现出消极作用，这种消极作用通过国家权力的失范和国家能力的畸形表现出来。当代中国革命观的形成以及革命后中国社会对社会主义道路的选择，则使这一影响表现得更为复杂、尖锐。对于中国社会而言，构建社会主义法律体系的意义必须置于革命的现代意义结构以及现代国家的制度文明范畴中理解并体现其特殊性。这种特殊性的实现过程不可能像革命那样毕其功于一役，更多受到社会文明成长的程度、国家建设水平的提升和公民文化发育的支持等因素的影响，同时受到不断深化的全球结构的约束，当然构建社会主义法律体系以追求法治国家的建设也不可能置于现代国家制度文明和法治秩序发展的一般规律之外，既要摆脱长久以来笼罩在当代中国革命观以及革命后中国社会对主权统一和民族独立维护诉求中的悲情主义而来的对西方现代法律体系构建与完善的经验的简单排斥，也要摆脱对革命后西方国家法律体系构建与法治秩序完善的抽象理解而急功近利的简单照搬。现代国家通过法律体系的构建以追求法治国家的建设和法治秩序的形成，既包含着对社会成员权利的尊重和国家权力的规范而来的共识，又包含着对法律体系构建路径的多样性尊重。为此社会主义法律体系的构建才能真正消解前现代性因素在革命后现代国家成长中的存在，才能有力避免后现代性因素对革命后现代国家建设中的干扰。改革开放以来对社会主义法制与社会主义民主之间的关系在当代中国国家成长中的强调标志着社会主义法律体系对现代性追求的努力，这是当代中国社会在反思当代中国革命观对革命后国家建设的消极影响以及社会主义制度本质的追问的基础上开始的。在中国社会改革开放进程不断深化的进程中，走向法治国家则引领着改革后社会主义法律体系构建所恪守的核心价值的丰富方向和规范选择的深化内容。

二、构建现代法律体系的中国逻辑

从传统专制国家走向现代民主国家，是革命的现代意义结构中的主题，

① 参阅季卫东：《法治构图》，北京：法律出版社 2012 年版，第 7 页。

是近代以来中国革命观念变迁的动力。在当代中国革命观创新阐释革命的现代意义的过程中，基于内部条件和国际因素的分析，中国社会走上了社会主义的发展道路。从 1954 年宪法到 1982 年宪法均坚持了社会主义制度在国家建设和政权体制中的正当性。但是中国社会是在一个经济文化发展相对落后的基础上建立社会主义国家政权，革命只是解决了中国从传统国家走向现代国家的制度形式和价值取向选择问题，因此革命后中国社会依然面临着现代国家制度建设和深化价值取向成为制度共识的历史任务。1993 年宪法修正案提出中国社会处于社会主义初级阶段，1999 年宪法修正案进一步明确提出中国社会将长期处于社会主义初级阶段，这意味着革命后长期处于社会主义初级阶段的中国社会构建现代法律体系以提供现代国家建设和现代社会发展的制度基础的基本使命。因此，构建改革后现代法律体系的中国逻辑必须在三个方面体现出来：

一是构建现代法律体系必须追求、恪守和落实法的现代性，以提供革命后现代国家建设在中国社会的展开所需要的制度基础。对于革命后现代国家而言，"实现向现代性的重大突进，不仅在于大大改变这个中心象征的内容并使其世俗化，而且在于对人类尊严和社会平等的价值观日益重视，以及广大群众参与其主要象征与制度的可能性日渐增长，即使这种参与是以某种间断的或局部的方式进行的。"艾森斯塔德认为，这是"所有一切现代社会的基本特征。"基于这样的特征，现代化的发展必然表现为两个方面的内在统一：一是形成持续变化和发展的开放的社会结构；二是形成能够容纳持续变迁的问题与要求的制度结构。① 因此，形成能够容纳持续变迁的问题与要求的制度结构成为革命后现代法律体系对现代性追求的重要表现，法的现代性就在这种制度结构的提供中表现出来，进而完成现代国家的正当性转换和现代社会秩序形成机制的变革。

具体地说，在构建现代法律体系中追求、恪守与落实法的现代性主要通过对现代国家建设和现代社会秩序形成中所出现的三个问题与要求的处理能力和规则提供中表现，核心是对现代国家公开赋予社会成员追求利益正当性有效转换为法律体系普遍承认个体权利合法性规范。第一个问题是革命后现代法律体系的构建要有效平衡现代国家对法的阶级性坚持与对法的

① ［以］艾森斯塔德：《现代化：抗拒与变迁》，张旅平等译，北京：中国人民大学出版社 1988 年版，第 46—49 页。

社会性追求之间的关系。忽视或掩盖法的阶级性，就无法理解法律体系所提供的规则秩序与人类社会所积淀的规范体系之间的区别，同时掩盖了现代国家存在的本质和利益关系的不平衡性。但是否定或放弃法的社会性，就无法揭示现代国家的规则秩序与传统国家规则秩序之间所存在的差异，同时掩盖了现代国家发展的方向与利益关系的普遍性。从人类社会制度文明发展历程和革命后中国对现代法律体系构建的探索过程看，偏执于法的阶级性在法律体系构建中的实现最终反而削弱和伤害法律规范本身对社会生活的意义。当然对法的社会性关注不是一个简单地把个体权利纳入现代法律体系构建过程，因为法的社会性不能背离人的社会性。在现代国家成长过程中，人与人之间的依赖关系不断深化要求现代法律体系对个体权利的强调不能否定公共利益的规制建构。

第二个问题是革命后现代法律体系的构建要有效平衡公共权力的有限性约束规范与公共权力的有效性维护规范之间的关系。公共权力的有限性约束规范不仅表明现代国家合法性基础不同于传统国家合法性基础，而且通过实体法规范和程序法规范的构建以从制度上最大限度地抑制现代国家公共权力的滥用和尊重社会成员自主性的追求。但是公共权力的有效性维护规范的提供同样是现代法律体系构建要面对的诉求，不仅是现代国家在中国社会成长特殊性的要求，也是现代社会在人类社会成长普遍性的趋势。否定前者在革命后现代法律体系构建中的意义，现代社会中个体自由的好处未得，现代国家中社会秩序则必然受到随意挑战，社会危机与丛林法则就有了发生和成长的空间。否定后者在革命后现代法律体系构建中的价值，现代国家中公共利益的好处未现，现代社会中利益关系必然遭到恣意破坏。对于一个经历了漫长的传统专制统治且在国际因素影响下走上现代国家建设道路的中国来说，无疑增加了革命后法律体系构建要追求和落实法的现代性的长期性。对于一个经济发展水平相对落后、资源相对稀缺的社会基础上走上现代国家建设道路的中国来说，当然加剧了革命后现代法律体系构建要恪守和落实法的现代性的复杂性。所以说革命后现代法律体系的构建不可能是毕其功于一役的，也不可能是非此即彼的规范选择过程。

第三个问题是革命后现代法律体系的构建要有效平衡现代国家对公共利益的关注和现代社会对个体权利的强调之间的关系。现代社会对具体的、活生生的个体权利的强调应该成为革命后现代法律体系追求法的现代性的动力，从而为现代社会发展所需要的活力与个体自我实现所需要的动力提供合法性规范，但是个体权利实现的外部性和公共利益依赖的客观性决定了革命后现代法律体系的构建必须把公共利益的维护机制作为与个体权利规范机制放到同等重要的议程中，杜绝公共利益的维护机制上的民粹化取向和个体权利规范机制上的极端化追求，这些都将导致法律体系内部危机和助长现代社会的风险系数。

二是构建现代法律体系必须捍卫、发展和完善社会主义制度的价值，以实现革命后社会主义国家制度形态在中国社会的展开所需要的制度共识。革命后中国社会对如何建成并如何维护社会主义制度曾经持有教条化和机械化的理解，对革命后现代法律体系的构建具有不可忽视的破坏性影响。把法律简单化地理解为阶级统治的工具后，法律在当代中国社会发展和国家建设中的意义就没有政治运动或者说执政党和国家政策来得重要了。革命后围绕社会主义制度建设所形成的政治浪漫主义和政治全能主义给予法律本身添加了过多的道德理想和政治情感因素而忘却了通过法律体系的构建以确立现代国家公共权力运行规则和制度原理来体现社会主义制度的现代性的朴素本质，使得革命后当代中国通过法律体系的构建来提供现代国家统治正当性和国家治理合理性的努力被放弃。① 即使革命后 30 年中国社会所制定的少量法律也往往在解决具体的现实利益冲突、维护社会成员的平等和保障个体自由等方面显得苍白无力。因此革命后 30 年中通过否定以财产权为表征的个体利益来教条地强调公有制为唯一基础的公共利益、否定以市场制度正当性为基础的社会活力来机械地维护以计划经济为基础的社会秩序来体现自身的特点的同时让法律体系构建失去了社会基础和维护社会主义制度的能力。1978 年中国社会启动改革开放，中国共产党重新认识社会主义制度的本质诉求，明确当代中国社会正处于并将长期处于社会主义初级阶段。在这一认识的前提下，当代中国法律体系的构建在规范选择、价值取向和立法内容上必须反映社会主义初级阶段的社会结构、制度安排和意识形态的特殊性。2011 年中国特色社会主义法律体系的形成表明，改革后当代中国立法制度从构建一个以社会主义市场经济为基础的新的政治关系、经济关系和社会秩序的要求出发建构中国社会发展的规则体系。

必须指出的是，现代西方国家在承认市场制度的前提下，在以私有产权

① 参阅夏勇：《中国民权哲学》，北京：三联书店 2004 年版，第 42 页。

为基础的现代资本主义国家，法律体系的构建及其变迁所秉持的价值选择是从个体利益的维护出发平衡个体利益与公共利益之间的关系。而在当代社会主义中国，法律体系所秉持的价值选择是从公共利益的维护出发平衡个体利益与公共利益的关系。所以，现代国家成长不能没有立法及其现代法律体系，通过立法及其所建构起来的法律体系来平衡个体利益与公共利益之间的关系以及社会自主性与国家治理正当性之间的关系，只不过立法及其法律体系所坚持的价值选择的逻辑起点不同而已。这种差异是与现代国家不同的意识形态承诺和制度属性选择联系在一起的。对于当代中国法律体系的构建及其变迁来说，其特点不是通过否定个体利益和社会自主性来体现，而是在承认个体利益和社会自主性后捍卫公共利益和国家治理正当性的能力中来体现。可见革命后现代法律体系的构建对社会主义制度形态的捍卫必须与现代国家建设的基本要求联系在一起。20 世纪 20 年代以来，西方国家从美国新政开始把以行政自由裁量权为核心的政府责任有效性、以劳工权益保障为中心的公共利益合法化与以社会保障制度所承载的社会正义规范化作为法律体系革新的新内容，从法律体系的革新来解决 19 世纪中叶以来所出现的契约自由的外部性所带来的社会冲突、市场机会主义所滋生的经济危机以及产权正当所伴随的贫富差距。无论对照西方国家法律体系对资本主义制度形态的变迁历程，还是反思社会主义制度形态的发展过程，构建现代法律体系的中国逻辑必须考虑到社会主义制度形态的发展阶段、现代国家法律体系的发展趋势以及中国社会生产力的发展水平。也就是说，捍卫社会主义制度形态，对于当代中国法律体系的构建来说既不能静止地理解社会主义制度形态与资本主义制度形态的法律诉求，也不能放弃社会主义制度形态的本质对于法律体系的底线规范的要求。因此，对于革命后当代中国法律体系来说，不是要不要承认市场经济、契约自由与产权正当的问题，而是在承认市场经济、契约自由与财产正当的过程中必须坚守政府责任的有效性规范维护、提升公共利益和代际正义的立法转换水平以及社会保障的国家责任与社会分担的法律实现能力。

三是构建现代法律体系必须符合、理解和尊重中国社会结构与文化取向的张力，以丰富革命后现代法治秩序在中国社会展开所需要的制度内涵。由于中国向现代国家转型的特殊性与复杂性，中国面临的迫切问题是推动现代国家成长所需要的国家治理能力和治理体系现代化问题。由于没有强大的法律传统，也没有提供成熟的法治构成要素，所谓法律及其法制改革简单变成了国家治理的工具，立法也就简单地指构建和维护以强制性为诉求的公共秩序的工具。而20世纪70年代末以来法治建设的方向，则在全能主义国家向民主法治国家转型过程中将法律逐步从单纯国家治理工具中解放出来，将法律作为一种独立的自主性的力量，进而将法律体系的构建与社会正义的维护、个体自主性的尊重以及国家权力有限性的强调联系在一起。我们必须提及毛泽东同志在20世纪20年代对中国国情所作的一个判断，即中国是一个大国，各地区政治经济文化发展不平衡。① 这一判断伴随着现代国家在中国的建立过程而验证其意义。必须指出的是，这对于我们今天思考中国立法制度的特点时依然具有不可忽视的价值。同样是"现代国家"，对于在概念层面思考的人来说，往往掩盖或忽视同样分析单位背后所具有的差异，而正是这种差异对于永远不能停留在抽象语境中的当代中国立法制度而言恰恰是至关重要的。一个大国和一个相对来说的小国在立法制度及其所提供的法律体系的有效确立与有机协调的难度上存在差异是可想而知的。大国意味着更为繁复的小型社会的秩序体系，意味着形成统一规则的艰难，也意味着更漫长的时间，意味着立法者必须更多考虑既成的地方性秩序的利益，意味着维护社会共识和界定公共利益的难度。因此，一个社会的地域空间并不仅仅是一个空间问题，它还意味着形成统一法治所面临的难度和所需要的时间。②

另外当代中国法律体系的构建必须清醒地面对在漫长的传统文明过程中所积淀下来的文化和制度遗产以及对法律体系革新所带来的约束。传统中国治理是建立在宗法一体化的社会结构之上的，因此伦理所确立的规则主导了社会生活的经营和公共秩序的提供，从而构成了中国社会成员交往活动中的特殊遗产。附着在中国古代文明上的法律传统，也得以在现代社会延续和演变，不时地从中国大地上冒出来左右着人们的行为。③ 全盘否定伦理秩序的意义，反而会使伦理规则不断以各种形式修复或影响立法过程或立法效果。④ 因此，"在不违反政体原则的限度内，遵从民族的精神是

① 参阅《中国革命战争的战略问题》，载《毛泽东选集》，第1卷，北京：人民出版社1991年版，第三章第二节。

② 参阅苏力：《道路通向城市：转型中国的法治》，北京：法律出版社2004年版，第36页。

③ 参阅梁治平：《在边缘处思考》，北京：法律出版社2003年版，第126—131页。

④ 参阅金观涛等：《兴盛与危机：论中国社会超稳定结构》，北京：法律出版社2011年版，第208页。

立法者的首要职责。”①现代国家法律体系在空间上所具有的特点都是在尊重历史这一时间维度中才能形成和呈现，更何况对于中国这样一个具有悠久历史文化传统的国家来说，尊重历史不是要迁就传统社会所主张的伦理秩序而反对现代社会立法所建构的法治创新的努力，而是要求任何现代制度的创新不能建立在简单粗暴地反对传统遗产的基础上。作为一个有悠久历史传统的社会来说，一方面必须突出强调法律体系对规则体系的刚性构建，以改变传统伦理秩序中的关系规则对现代国家公共治理和社会发展的负面约束，②另一方面当代中国法律体系应该发掘传统制度文明中对人之为人的伦理法则之意义，进而创造性地转换为现代法律体系的制度内涵。否则，法律体系的构建只是提供了一个远离人伦的冷冰冰的规则世界，或者说中国社会可能面对规则越来越多而秩序却越来越少的境地。

革命对于现代国家的形成和发展具有决定性的意义，因为革命“一方面把人变成市民社会的成员，变成利己的、独立的个人，另一方面把人变成公民，变成法人。”③革命后法律体系的构建就是要确认和维护这一革命的现代意义结构中的核心内容，进而真正确立现代国家不同于传统国家的公共权力合法性基础和个体权利合理性逻辑。马克思说：“在古代国家中，政治国家就是国家的内容，其他的领域都不包含在内，而现代的国家则是政治国家和非政治国家的相互适应。”④革命后法律体系的构建在规范选择和价值取向上就是要为政治国家（公共权力）和非政治国家（个体权利）的相互适应提供制度依据。在马克思看来，尽管在现代国家形成历史中，英国和法国的革命都扮演了极为重要的角色，但是“现代国家最完善的例子”不是英国，也不是法国，而是北美，这与构成北美现代社会的独立自由的个人，以及与此

① ［法］孟德斯鸠：《论法的精神》，上册，张雁深译，北京：商务印书馆1961年版，第305页。

② 中国在传统国家时期，不是没有法律，而是法律只是或服务于“关系秩序”而体现其存在意义的。“关系秩序”不是在国家主导之外的生活世界的一部分，而是其核心。为此，传统中国被认为是“关系本位”的，是一种“关系主义”社会的典型。另外，“关系秩序”也不是区别于“法律秩序”而与之并立的非正式的民间秩序，而是被编织到“法律秩序”当中成为正式国家制度的一个组成部分。在这样的格局里，关系网络无所不在，个人甚至可以借助“关系学”的技术来为自己或者为他人作出角色定义，改变自己与社会的边际，从而部分地塑造和修改社会的结构。这破坏了现代社会的发育，而且在现代社会成长中极端利己利益诉求相连接。参阅梁漱溟：《中国文化要义》，香港：香港三联书店有限公司1987年版，第93页；金耀基：“儒家学说中的个体与群体”，载《中国社会与文化》，香港：牛津大学出版社1992年版，第1—16页；季卫东：《法治构图》，北京：法律出版社2012年版，第17—18页。

③ 《马克思恩格斯全集》，第1卷，北京：人民出版社1956年版，第448页。

④ 《马克思恩格斯全集》，第1卷，北京：人民出版社1956年版，第283页。

形成的交往关系因没有历史和旧制度的牵累而得到比较全面的发展直接相关。[①] 马克思的这一判断告诉我们：革命后现代国家法律体系的构建一定会受到历史和旧制度的约束而呈现不同的成长路径，但是对个体权利成长机制的合法化能力和公共权力行使机制的规范化水平却始终是现代国家法律体系构建所不可回避的主题。中国革命道路的特殊性和社会主义制度形态的特殊性以及革命后现代国家形成的普遍诉求意味着革命后现代法律体系的构建无法回避这种特殊性和普遍诉求之间所存在的张力、矛盾和冲突。现代国家成长对法律体系的依赖正是因为张力、矛盾和冲突的存在，因为法律体系的构建就是要为张力、矛盾和冲突提供形成共识和预期的规范基础和价值取向。无疑这个过程在革命后现代国家成长进程中都不是一帆风顺的，只是中国更为艰难和复杂。平衡革命后现代国家国家制度重建的目标与现代社会个人自由维护的目标之间的关系就成为革命后现代国家成长过程中法律体系构建的主题，也影响着现代法律体系本身的发展水平。因此，走向法治国家作为构建社会主义法律体系的必然趋向在革命后中国社会的展开要面对革命的法制逻辑所带来的挫折以及改革开放后社会主义法制建设探索所累积的规范体系的影响。革命标志着该次革命所取代或根本改变的旧法律制度的失败，同时革命后现代国家所确立的法律制度从来都不是一劳永逸的，更何况社会发展进程和法律制度自身变革的需要，必然在坚守革命所确立的法律制度基本价值的同时走向改革。因为，“及时变革是所有面临不可抗拒变革压力的法律制度获得生命力的关键。”[②]

① 参阅《马克思恩格斯选集》，第1卷，北京：人民出版社1972年版，第69、80页。

② ［美］哈罗德·伯尔曼：《法律与革命——西方法律传统的形成》，贺卫方等译，北京：中国大百科全书出版社1993年版，第25页。

第三章　革命后现代国家成长的制度架构与革命模式的形成

现代国家的成长是与现代化发展进程联系在一起的，也是现代化发展进程中的重要内容。作为现代化发展进程的一个部分，现代国家的成长必须具备三个要素：一是独立的国家主权，二是有效的政权体制，三是现代的法律秩序。从人类制度文明的发展逻辑来看，现代国家成长的过程是国家权力不断理性化的过程，通过现代法律体系的构建提供现代国家成长所需要的法律秩序和价值取向在其中起到决定性作用。因此革命后法律体系的构建对于现代国家成长所必须具备的三个要素的获得至关重要。这不仅是为安顿革命而弥合社会对立，不仅是为法律体系而提供规则秩序，更重要的是为了现代国家成长提供所需要的制度构架、制度共识和制度预期。1949年9月29日中国人民政治协商会议第一届全体会议通过的《共同纲领》明确宣告一个崭新的现代国家的来临，革命的胜利已使帝国主义、封建主义和官僚资本主义在中国的统治时代彻底结束。中国人民由被压迫的奴隶变成为新社会新国家的主人，以人民民主为新的现代国家的合法性基础，这不仅是对传统专制国家的取代，也是对辛亥革命后军阀独裁统治和官僚资本威权统治的取代。以此为法理依据成立的中华人民共和国，确立了革命后现代国家在中国社会成长的新逻辑。1954年宪法把这种新的逻辑从宪法上加以确认，并采纳和延续了革命根据地时期制度建设经验和《共同纲领》对现代国家的合法性逻辑的主张，更为系统地对现代国家的政权体制与现代社会的产权制度进行制度构建。

不过，中华人民共和国成立之初，巩固革命所获得的政权是一切问题的出发点，对独立的国家主权和有效的政权体制在革命后现代国家建设中的意义自然被领导中国现代革命成功的中国共产党及其领袖看得更重要。毛泽东读《甲申三百年祭》中所获得的体会以及同民主人士黄炎培关于国家兴亡周期律的讨论，充分表明革命后中国共产党对政权得而复失的深深忧虑。① 这种忧虑随着朝鲜战争的爆发而日益加深，转而在革命后依然采取革命的方式巩固政权成为化解这种忧虑的选择。虽然在革命时期中国共产党领导革命根据地人民有过制定宪法的实践、土地法和婚姻法等现代法律秩序的实践，但是革命的惯性和巩固革命后政权的强烈忧虑，使得革命后中国共产党依然借助朝鲜战争的特殊环境以及它所激发的中国社会对现代西方资本主义国家的悲情和社会主义国家之间的冲突，断然废除旧法统，然而新法统的建立却在武力镇压反革命和群众运动推进所有制改造的过程中被虚置了。1954 年宪法对革命后中国现代国家成长的制度构架自然在这种革命模式中不是被摧毁，就是形同虚设。对现代国家的成长所需要的现代法律秩序认识变得模糊和随意。法律体系的构建在法的阶级性的主导下不仅无法推进革命后现代法律秩序的形成，而且法律体系在现代国家治理中的意义被政治运动和阶级斗争所取代。革命模式的形成是法律体系构建的中国逻辑展开所遭遇的重大挫折，但从积极意义上说无疑为法律体系的中国逻辑在革命后现代国家成长进程中的展开提供制度框架的依托和价值追求的起点，从消极意义上说为法律体系的中国逻辑在改革开放后的展开提供了必须反思的现代性意义实现的制度演进要求与价值追求张力问题。

第一节 革命后现代国家的制度架构：从共同纲领到五四宪法

面对现代政治革命的发展趋势和现代国家的成长规律，中国迈向现代国家是历史的必然，符合人类政制文明发展的诉求。辛亥革命之后，中国就开始了建设现代国家的努力，《中华民国临时约法》就确立了民主共和为合法性基础的现代国家在中国社会成长的制度依据。但是在此后的近半世纪里，独立的国家主权、有效的政权体制和现代的法律秩序始终没有在全国范围内得到确立或实践。革命可以创立现代国家政权，但是现代国家政权若无法在宪法上得以落实，就不能构建起真正意义上的现代国家。从 1949 年 9 月 29 日颁布《中国人民政治协商会议共同纲领》到 1954 年 9 月 20 日颁布

① 参阅沈志华：《处在十字路口的选择：1956—1957 年的中国》，广州：广东人民出版社 2013 年版，第 3 页。

《中华人民共和国宪法》，虽然其中缘由复杂，但中国社会开启了革命后通过立宪打造现代国家的努力是不争的事实。与这种努力同时进行的还包括旧法统的废除，以立法权为中心的国家权力重新配置、以土地制度为重点的社会关系的结构改造的新法统的构建。

一、废除旧法统以向新法统过渡：革命建国的正当性

由于现代国家与传统国家的合法性基础的本质性差异，现代法律制度在现代社会的确立都必须通过革命而得以确立，这是已为人类制度文明发展的事实所证明了的一条基本规律。马克思早在《黑格尔法哲学批判》中就说明了这一原理："在许许多多国家里，制度改变的方式总是新的要求逐渐产生，旧的东西瓦解等等，但是要建立新的国家制度，总要经过真正的革命。"①无论是英国的光荣革命和美国的独立革命，还是法国的大革命等，西方国家都是在革命后确立了现代法律制度。当然在革命前不同国家因社会基础、政治基础不同而导致革命的激烈程度不同，比如英国在革命前的旧法统中已有现代法律制度的孕育，所以革命后英国就不需要进行彻底推翻旧法统以确立新法统，英国就走上了一条革命后渐进主义的普通法立法制度生成之路。② 而法国就不一样了，革命的激烈程度与旧制度的滞后程度是联系在一起的。中国共产党领导的革命所要建立现代国家的制度体系与传统中国的制度体系和现代西方国家的制度体系是截然有别的。革命后中华人民共和国的诞生，既标志着中国两千多年维护专制统治的传统法律制度之解体因而必须确立一种以民主政治为基本诉求的现代法律制度，同时也标志着鸦片战争以来支撑西方国家殖民统治的资本主义法律制度之终结，因而必须确立以一种以社会平等为核心诉求的社会主义法律制度。也就是说，因革命前中国社会的特殊境遇，革命后中国社会所要确立的法律制度有着特殊的历史逻辑，这种特殊的历史逻辑意味着革命后中国社会必须废除一切维护传统专制统治和官僚资本统治的旧法统以维护现代民主政治和劳动者领导的新法统。

中华人民共和国成立前夕，中共中央就决定废除国民党的"六法全书"，因为"反动的法律与人民的法律没有什么'蝉联交代'可言……人民法律的

① 《马克思恩格斯全集》，第1卷，北京：人民出版社1956年版，第315页。
② 参阅[法]托克维尔：《旧制度与大革命》，冯棠译，北京：商务印书馆1992年版，第59—60页。

内容,比任何旧时代统治者的法律要文明与丰富,只须加以整理,即可臻于完备。”[①]伴随着国家转型的到来,毛泽东在《关于时局的声明》中,明确提出要废除“伪宪法”、“伪法统”。1949年2月中共中央在《关于废除国民党的六法全书与确定解放区的司法原则的指示》中又宣布:“在无产阶级领导的工农联盟为主体的人民民主专政政权下,国民党的六法全书应该废除。人民的司法工作,不能再以国民党的六法全书为依据。而应以人民的新的法律作依据。”这一指示被1949年9月21—30日召开的中国人民政治协商会议所通过的由中国共产党负责起草的具有临时宪法之意义的《共同纲领》作为一项建国的立法原则规定下来,其第十七条明确规定:“废除国民党反对派政府一切压迫人民的法律、法令和司法制度,制定保护人民的法律、法令,建立人民司法制度。”根据这一原则,中华人民共和国建立后,迅速在全国范围内发动了废除国民党政府的法律和司法制度的运动,当然在废除国民政府的旧法统的同时一并拒绝所有以确认和维护镇压与剥削劳苦大众为特征的西方法律制度,满怀期待地开始确立以维护和确认劳苦大众统治正当性的新法统。

1949年3月,董必武在华北人民政府发布的一道训令中,对废除旧法统的原因作了相当明确的阐释:

> 国民党的法律,是为了保护封建地主、买办、官僚资产阶级的统治与镇压广大人民的反抗;人民要的法律,则是为了保护人民大众的统治与镇压封建地主、买办、官僚资产阶级的反抗。阶级利益既相反,因而在法律的本质上就不会相同。不要以为国民党法律,也有些似乎保护人民的条文,因而也就值得留恋,要知道这是老虎的笑脸,其笑脸是为吃人。不要以为新法律尚不完全,旧法律不妨暂时应用。要知道这是阶级革命,国民党反动统治阶级的法律是广大劳动人民的枷锁。现在我们已经把这枷锁打碎了,难道我们又要从地上拾起已毁的枷锁,来套在自己的颈上吗?反动的法律和人民的法律,没有什么蝉脱交代可言,而是要彻底地全部废除国民党反动的法律。旧的必须彻底粉碎,新的才能顺利成长。

① 《董必武政治法律文集》,北京:法律出版社1986年版,第46页。

毫无疑问,革命是为了推翻传统国家以及维护传统专制统治的法律体系。革命后为了表明革命的正当性以及所要建立的现代国家的合法性,必须对这种旧法统需要审慎地检讨。然而在对旧法统的革命情结和新法统的热切期待下,革命后以对立的姿态和革命的情怀反对旧法统的革命行动,意味着当代中国法律体系的构建面临着这样一种理论背景和发展逻辑:第一,任何形形色色以专制主义或资本主义为理论基础的立法体系必须被清除,当代中国法律体系的理论基础必须是以社会平等为核心诉求;第二,旧法统被彻底废除,当代中国推进现代国家成长的法律基础必须一切以最广泛的劳苦大众利益的维护为基础;第三,旧法统既指传统中国维护专制统治的法律体系,也包括维护国民党反动统治和西方国家维护资本统治的法律体系,而革命后当代中国法律体系目的是建立起维护人民民主和劳动人民统治的意义系统和规则体系。《共同纲领》明确宣告中国人民由被压迫的奴隶成为新社会新国家的主人。依据《共同纲领》,中华人民共和国的国家政权属于人民,帝国主义在中国的一切特权必须取消以表明对独立的国家主权之维护,在向社会主义制度的过渡时期,取缔官僚资本但承认私有财产。所以中华人民共和国成立后,新政权对旧的国家机器和官僚资本采取了完全不同的处理逻辑:"对于国民党反动统治的政治机构,如国民党的军队、警察、法庭及其各级政府机构,是应该彻底加以破坏的,而不能加以利用,我们必须重新建立新的政治机构来进行统治"。"但是对于旧的统治阶级所组织的企业机构、生产机构,在打倒旧的主人换成新的主人之后,则不应加以破坏,而应加以保持,然后依照革命阶级科学准备的水准逐渐地加以改良即可。"①总而言之,《共同纲领》宣告了革命建国的正当性,并宣示了革命后现代国家的新法统。在这种新法统中,社会平等和人民民主成为革命后现代国家法律体系所必须秉持的价值追求,并以此展开对社会关系和政权体制的规范选择。另外因对革命建国的正当性强调和对旧法统的废除,也预示着革命后法律体系对法的阶级性捍卫以及这种捍卫往往因社会情势的变化、包括西方国家和社会主义国家等国际因素的影响而得到强化,相反对法的社会性进而对法的现代性实现在革命后现代法律体系构建中的意义被边缘化甚至被否定。"从这一革命政治逻辑出发,进而设计出这一革命所必然要求的集权政治模式,自此成为人民共和国的法统开端,为此后人民共和国

① 《中共中央文件选集》(18),北京:中共中央党校出版社 1989 年版,第 33 页。

的政制发展打上了深深的烙印。”①

二、人民民主与社会主义：现代国家的合法性与制度选择

《共同纲领》宣告了革命建国的正当性的同时，明确了革命后现代国家建设所必须经历的新民主主义和社会主义两个阶段，明确提出新民主主义是革命后法律体系构建的依据，比如对阶级联合在革命后现代国家政权体制中的合法性以及所有制形式的多样性的维护等。中华人民共和国的成立后，农村土地制度的立法和城市产权制度的规范总体符合《共同纲领》所宣示的革命后现代国家建设第一阶段的制度逻辑要求。但是朝鲜战争的爆发和镇压反革命运动的展开对社会制度的选择与社会结构、阶级关系的改造，当然还有苏联对新中国成立后立宪必要性的判断，②《共同纲领》所确立的新民主主义宪政体制仅仅过了三年，中国共产党对人民民主的阶级联合的内涵和新民主主义建设的长期性估计就发生了重大变化，实现革命建国向制宪建国的逻辑转化。1954 年宪法的制定就提上了议事日程。这反映了执政党对制宪建国这一现代国家合法性基础的承认，因为现代国家对传统国家的取代这一过程必须在宪法上得到确认，这是革命后现代国家不同于传统国家成长逻辑的根本，中国共产党通过革命实现国家统一和民族独立之后，需要通过制宪来正式确认现代国家成长的制度逻辑和价值诉求，同时也是对西方国家利用宪法攻击包括中国在内的社会主义政权的回应。③ 但是后者的诉求一旦超过前者的追求时，宪法以及宪法秩序对于现代国家的意义就得不到全面的落实。

当然制宪建国的必要性和紧迫性是客观存在的，对于革命后中国建设现代国家的法律体系和法律秩序无疑是执政党必须审慎考虑的问题。通过

① 高全喜等：《现代中国的法治之路》，北京：社会科学文献出版社 2012 年版，第 163 页。

② 1952 年 10 月，时任苏联领导人的斯大林对率团访苏的刘少奇关于召开人民代表大会和制定宪法问题的回信中指出：“如果你们不制定宪法，不进行选举，敌人可以用各种说法向工农群众进行宣传反对你们：一是说你们的政府不是人民选举的；二是说你们的国家没有宪法。因政协不是人民选举产生的，人家就可以说你们的政权是建立在刺刀上面的，是自封的。此外，共同纲领也不是人民选举的代表大会通过的，而是由一党提出，其他党派同意的东西，人家也可以说你们国家没有法律。你们应从敌人(中国的和外国的敌人)那里拿掉这些武器，不给他们这些借口。我同意你在信中所提出的意见，把共同纲领改变成宪法——基本大法，这种宪法自然是一种粗制品，但有一个宪法，比没有好……我想你们在 1954 年搞选举和宪法。”参阅《建国以来刘少奇文稿》，第 4 册，北京：中央文献出版社 2005 年版，第 536 页。

③ 参阅王人博：《法的中国性》，桂林：广西师范大学出版社 2014 年版，第 194—195 页。

制宪以明确界定国家构成的法则是革命后现代国家成长所面临的共同主题,从而解决革命后现代国家成长三个问题:一是确立不同于传统国家的国家权力的合法性基础,并使这种合法性基础成为现代法律秩序正当性最后根据;二是规范国家与公民的关系,并提供国家认同和政府运作及立法遵循的规范;三是明确以宪法为核心的现代法律秩序(立法权)形成之方法,并厘清法律秩序正当性根据以及建立程序(立法权配置以及立法制度框架)。故革命可以建立现代国家形态,但社会主义革命的内在逻辑决定了现代国家形态要获得巩固和发展,就必须通过制宪来实现国家合法性基础的转换和政府运作机制的规范,并为社会主义经济关系、政治关系和社会关系提供法律秩序。对于以建立社会主义法律秩序为目标的中国社会来说,制宪不仅意味着要告别以小农经济和专制统治为基础的传统国家法律秩序,而且要超越现代以私有制和契约自由为基础的现代西方国家法律秩序。正如毛泽东指出的,1954 年宪法"使人民有一条清楚的轨道,使全国人民感到有一条清楚的明确的正确的道路可走。"①

马克思指出:"人民是否有权来为自己建立新的国家制度呢?对这个问题的回答应该是绝对肯定的,因为国家制度如果不再真正表现人民的意志,那它就变成有名无实的东西。"②只要人类社会各共同体走向现代国家的行列,人民主权原则就必然成为现代国家合法性的基础和现代规律秩序所必须予以恪守的法则。当然,当西方现代国家确立后,为维持其国家认同,人民主权的原则就逐步地制度化为个体对公共生活的参与的保障,以及国家对人权的保护和公共利益的维护,演绎了人民主权原则具体化的相当漫长的历史过程。可见,国家转型的合法性基础背后,并不存在对这一原则的一致性界定或理解。以马克思主义为指导的社会主义国家宪法秉持马克思主义对民主的理解。虽然马克思主义并不否定人民主权,但是由于马克思主义不仅把人看作是现实的、社会的人,而且看作是阶级的人,所以,对于以建成繁荣富强的社会主义社会为追求的当代中国来说,人民主权原则不仅仅作为人的内在要求而存在,而且作为阶级解放的要求而存在。③ 马克思和恩格斯在《共产党宣言》中指出:"工人革命的第一步就是使无产阶级上升为

① 参阅许崇德:《中华人民共和国宪法史》,上卷,福州:福建人民出版社 2003 年版,第 175 页。
② 《马克思恩格斯全集》,第 1 卷,第 316 页。
③ 参阅林尚立:《当代中国政治形态研究》,天津:天津人民出版社 2000 年版,第 222 页。

统治阶级，争得民主。”[①]在这里，民主就是作为阶级解放的要求而存在的。所以，在1954年宪法中，“民主是一种国家形式，一种国家形态。因此，它同任何国家一样，也是有组织有系统地对人们使用暴力，这是一方面。但另一方面，民主意味着在形式上承认公民一律平等，承认大家都有决定国家制度和管理国家的平等权利。”[②]

中国共产党人在这一理论基础上于1954年宪法中创造性地提出了“人民民主”这个统领当代中国法律体系建构的基本原则。正是在这个意义上，中国共产党也把社会主义国家称为人民的国家。毛泽东指出：“人民的国家是保护人民的。有了人民的国家，人民才有可能在全国范围内和全体规模上，用民主的方法，教育自己和改造自己。”[③]所以，人民主权原则在社会主义国家和资本主义国家存在本质区别：“资产阶级的民主和议会制同苏维埃的或无产阶级的民主之间的差别在于：前者是把重心放在冠冕堂皇地宣布各种自由和权利上，相反地，无产阶级的或苏维埃的民主则不是把重心放在宣布全体人民的权利和自由上，而是实际保证那些曾受资本压迫和剥削的劳动群众能实际参预国家管理，……苏维埃政权应坚定不移地继续进行一项最重要的工作，即在实际上使被剥削劳动者能够享受文化、文明和民主的福利。”[④]1954年宪法总纲明确规定，中华人民共和国是工人阶级领导的、以工农联盟为基础的人民民主国家，中华人民共和国一切权力属于人民。人民民主原则的确认意味着对基于天命和宗法秩序为合法性依据的传统国家的否定。在传统国家的公共生活中，公共权力的合法性决定于独立于统治体系的超越力量，它不是取决于臣民的自然态度，也不取决于掌权者的态度。因为，“在古代国家中，宗法与国家制度是一体的，这样，国就觉得自己是天(神)的俗域代表。天或‘神’毕竟有自己的‘另一秩序’，通过这‘另一秩序’，统治权力的正当性受到超越秩序的衡量。”[⑤]所以说，1954年宪法对人民民主的公开确认表明革命后现代国家合法性基础和法律秩序不同于传统国家之处。同时1954年宪法虽然在第5条中承认了个体劳动者所有制和资本家所有制的正当性，但是明确提出通过社会主义工业化和社会主义改

① 《马克思恩格斯选集》，第1卷，北京：人民出版社1972年版，第272页。
② 《列宁选集》，第3卷，北京：人民出版社1972年版，第257页。
③ 《毛泽东选集》，第4卷，北京：人民出版社1991年版，第1476页。
④ 《列宁选集》，第3卷，北京：人民出版社1972年版，第745页。
⑤ 刘小枫：《现代性理论绪论》，上海：上海三联书店1998年版，第92页。

造,保证逐步消灭剥削制度以建立社会主义社会。

也就是说,1954 年宪法所解决的不仅仅是不同于传统宗法秩序的帝国体制的现代国家合法性的问题,也要确立不同于现代西方资本主义国家法律秩序。这种努力在 1954 年宪法中主要表现为:第一,对人与人之间剥削关系正当性的否定,以对公共利益的强调反对以个人权利为基础的法权关系(第 4 条、第 8 条、第 13 条和第 14 条集中表述了这种法权关系)。第二,对市场经济正当性的否定,以对劳动积极性的强调反对以资本雇佣劳动为基础的社会关系(宪法序言第 2 段、第 10 条、第 15 条则明确表明这一立场)。第三,对个体消极权利正当性的忽视,以对公民积极权利的强调反对以契约自由为基础的国家认同(第 16 条、第 86 条、第 92 条等)。第四,对分权合理性的抛弃,以对民主集中制的强调反对以竞争民主为基础的政府体制(第 2 条、第 21 条等)。这四方面的努力归结起来就是 1954 年宪法要在中国社会建立一种以社会平等和公共利益至上的法律秩序,从而实现对传统宗法专制秩序和现代资本自由秩序的双重超越。当然,总览中华人民共和国 1954 年宪法最重要之处就在于明确回答了国家权力的归属,其次回答了包括立法权在内的国家权力的管理问题,最后提供了人民通过民主制度来表达和实现自己利益的问题。[①] 1954 年宪法明确了当代中国社会主义法律体系构建必须恪守的底线:人民民主、社会平等与公共利益,以区别于西方资本主义法律体系自现代革命以来所恪守的底线:竞争民主、契约自由与个体权利。

三、立法权的配置与法律秩序的形塑:探索现代国家的立国之道

应该说,伴随着当代中国革命观的形成,中国共产党在革命根据地时期就探索迈向革命后现代国家的立国之道。所以说中国共产党不但赋予当代中国革命观新的内涵,而且在革命过程中就注重法律秩序的建构。基于当代中国革命观对现代革命的重新阐释,革命根据地时期法律秩序构建主要围绕革命所要建立政权体制的正当性和土地法权关系的重构而展开。从《中华苏维埃共和国宪法大纲》到《陕甘宁边区宪法原则》反映了中国共产党对政治革命所要建立的政权体系的人民性的追求和坚持。无论是工农共和国还是人民共和国均体现了政治革命后在中国社会所要建立的政权体系是

① 参阅林尚立:《建构民主——中国的理论、战略与议程》,上海:复旦大学出版社 2012 年版,第 58 页。

与传统中国及其民国政府的政权体系是截然不同的，而且在革命时期特别关注土地法权关系的重构。因此，从《共同纲领》第 12 条规定中华人民共和国的国家政权属于人民，到 1954 年宪法第 2 条强调中华人民共和国权力属于人民，表明人民性在革命后现代国家立国之道中的意义。同时，从《共同纲领》第 27 条提出革命后中国社会要实现耕者有其田，到 1954 年宪法提出国家依照法律保护农民的土地所有权，并明确国家对富农经济采取限制和逐步消灭的政策，则意味着土地法权关系的现代性在革命后法律体系构建的重要性。然而对于革命后现代国家成长来说，无论是要维护独立的国家主权，还是要体现有效的政府治理，抑或提供现代的法律秩序，都需要围绕立法权配置，并通过立法来实现。对于一个通过自上而下的政治革命建立现代国家的中国社会来说，国家立法权的配置不仅仅是体现制定法在革命后法律体系构建路径的特殊性，而且展现革命后现代国家法律秩序的基本面相。“一个现代国家就由一个现代政府的结构与程序、与现代的社会秩序及两者之间的特定关系共同构成。建立现代国家就是建立维系一个现代国家正常运转的相关的规则、制度，并将其组织成一个合理的、稳定的、可持续的制度组合”。[①] 通过立法权的配置以确立与维护革命后现代国家的立国之道，成为革命后现代法律体系构建的核心问题。因此，对于革命后中国社会迈向现代国家而言，核心的、基础性的环节是立法权的配置及其由此而展开的法律秩序的建构。

《共同纲领》初步明确了革命后国家政权过渡时期立法权的配置以及革命后法律秩序的功能定位。其对革命后处于新民主主义阶段的中国社会立法权的多元性承认、立法内容集中性体现以及立法取向的阶级性弘扬，表明了革命后当代中国法律渊源的复杂性、法律规范的政治性以及法律秩序的革命性。[②] 具体地说：

第一，立法权限的多元化以体现革命后国家政权过渡时期法律渊源的复杂性。基于通过革命实现民主共和国的追求，《共同纲领》确立了立法权的多元配置机制以体现法律渊源的开放性。立法权的多元配置通过横向和纵向两个向度来实现：从横向来看，在普选的全国人民代表大会召开以前，由中国人民政治协商会议制定和修改国家政权过渡时期的基本法律，如制定和修改中国人民政治协商会议组织法和中央人民政府组织法。1954 年之前，中国人

① 姚中秋：《现代中国的立国之道》，北京：法律出版社 2010 年版，第 4 页。
② 参阅潘伟杰：《当代中国立法制度研究》，上海：上海人民出版社 2013 年版，第 45—46 页。

民政治协商会议制定了4部法律。中央人民政府作为常设权力机关,解释基本法律,制定法令;有权废除或修改政务院制定的与国家的法律和法令相抵触的决定和命令,批准、废除或修改与外国订立的条约和协议等。期间中央人民政府制定法令25部。① 政务院有权颁布决议和命令,废除或修改政务院组成部门和地方各级人民政府颁布的与国家的法律、法令以及政务院的决议、命令相抵触的决议和命令,政务院有权向中央人民政府提出议案。我们可以发现《共同纲领》通过法律、法令和决议的界分把立法权在横向上进行配置。从纵向上来看,地方政权机关享有立法权。大行政区、省、市、县的政府都可以制定法令、条例和单行法规。民族自治机关有权制定单行法规。虽然立法权限的多元化从制度上和规范性上说缺失严谨性,但是强烈地反映了革命后中国社会对民主的追求深刻地反映到立法权的配置之中。

第二,立法内容的集中性以体现革命后国家政权过渡时期法律规范的政治性。在革命后国家政权过渡时期,立法体制在立法内容上所展现出来的特点就是立法内容集中于国家政权合法性基础的制度建构中或者说是围绕国家法的制定展开革命后政权过渡时期的立法进程。比如《共同纲领》、《中国人民政治协商会议组织法》、《中央人民政府组织法》,以及各级地方政权机关组织体制的立法,比如《各界人民代表会议组织通则》、《大行政区人民政府委员会通则》、《人民法院暂行组织条例》、《最高人民检察署暂行组织条例》。可见,革命后基于维护新生政权的合法性的现实需要,过渡时期立法体制在立法内容上就集中于国家法的制定,相对而言,社会法的制定就缺少关注。在国家政权过渡时期,土地制度改革在全国范围内的开展对于一个追求人民性的现代国家来说具有特别重要的政治意义。1950年6月30日,《中华人民共和国土地改革法》颁布,延续了自革命时期以来中国共产党对所有制的改造在国家建设和社会发展意义的定位,此法明确提出废除地主阶级封建剥削土地所有制,实行农民的土地所有制。但无论是对地主阶级封建剥削土地所有制在中国社会存在具体面相在理论上值得具体分析,②还是在

① 参阅朱景文等:《中国法律发展报告(2010)》,上册,北京:中国人民大学出版社2011年版,第35页。

② “中国的地主制和欧洲大多数国家的地主制之间最明显的一个区别,就是欧洲多数国家因为贵族世袭和限制土地买卖等种种原因,不可避免地充斥大地主,那里几乎没有小地主生存的空间;而中国的小农经济体制却周期性地分散着大地主,并持续不断地在小农中间制造着小地主。”参阅杨奎松:《中华人民共和国建国史研究》,第1册,南昌:江西人民出版社2009年版,第114页。

法律实施过程中所有权的法律属性与政治判断总纠缠在一起，最终“一刀切”和政治判断总是占据主导。这不仅会伤害到中国基层社会发展的活力与预期，而且为革命后现代法律体系脱离中国社会历史与现实的特殊性以及全能政治的形成提供了现实的可能性。

第三，立法取向的阶级性以体现革命后国家政权过渡时期法律秩序的革命性。革命时期所积累下来的社会成员之间的对立导致革命后社会缺乏基于信任感和认同感的组织化机制，所以革命后过渡时期立法体制在立法取向上具有鲜明的阶级立法的色彩，而且这种阶级性色彩主要集中在对革命的认同而非国家认同的判断上。为此，在过渡时期制定了《惩治反革命条例》、《管制反革命暂行办法》、《惩治土匪暂行条例》、《城市治安条例》、《农村治安条例》。这些规范性文件无论是从名称还是从内容上都洋溢着一种建立在互不信任感和狭隘的忠诚感基础上通过惩罚来推动革命后中国社会的组织化的立法取向。[①] 立法取向上的阶级性，一是表现为社会成员之间关系的革命性(通过革命与反革命的界分，二是对社会成员行为惩罚约束的弥散化。在这一取向中，“犯罪不是一种行为，而是一种思想品质，一种人格，一种生活态度和生活方式。”[②]《共同纲领》第 7 条规定：“中华人民共和国必须镇压一切反革命活动，严厉惩罚一切勾结帝国主义、背叛祖国、反对人民民主事业的国民党反革命战争罪犯和其他怙恶不悛的反革命首要分子。对于一般的反动分子、封建地主、官僚资本家，在解除其武装、消灭其特殊势力之后，仍须依法在必要时期内剥夺他们的政治权利，但同时给以生活出路，并强迫他们在劳动中改造自己，成为新人。假如他们继续进行反革命活动，必须予以严厉的制裁。”反革命没有随着革命后现代国家的建立而消失，因此革命认同正当性成为革命后国家认同的核心内容，为此我们可以发现革

① 以 1951 年政务院颁布的《中华人民共和国惩治反革命条例》为例，对反革命罪的界定非常政治化，从根本上否定了“已遂”、“未遂”在法律规范意义上的区别及其实施中的意义，规定：只要有勾结帝国主义，策动、勾引、收买公职人员、武装部队或民兵叛变，持械聚众叛乱，参加特务或间谍组织，以反革命为目的的组织或利用封建会门，抢劫、破坏公私财产和公共设施，投毒杀人，伪造公文证件，煽动群众对抗政府和挑拨团结，制造散布谣言，以及偷越国境、劫狱越狱、窝藏包庇反革命罪犯等项行为，甚或意图之一者，不论“已遂”、“未遂”，均可定为“反革命罪”。至于该杀不该杀，则主要取决于是否“首要分子”，或者“情节严重”，二者占其一者，均可判处死刑或无期徒刑。但是什么叫“勾结帝国主义”、什么叫“以反革命为目的”，什么叫“情节严重”，等等，《条例》却没有具体的规定。参阅《中华人民共和国惩治反革命条例》，《人民日报》，1951 年 2 月 22 日。参阅杨奎松：《中华人民共和国建国史研究》，第 1 册，南昌：江西人民出版社 2009 年版，第 192—193 页。

② 强世功：《惩罚与法治：当代法治的兴起(1976—1981)》，北京：法律出版社 2009 年版，第 17 页。

命后现代国家建设的初期，立法以及法律秩序建构主要围绕三方面展开：一是展现革命正当性以组织国家政权的宪法性立法；二是镇压反革命以维护社会秩序的立法；三是体现社会平等诉求的土地改革法与婚姻立法。这三类法律从革命时期一直到革命后过渡时期是反复制定的。① 这种反复一方面反映了革命认同对于革命后现代国家认同的重要性，另一方面体现了革命后法律秩序构建的政治主导性、国家垄断性和规范阶级性。

受到国内社会发展的情势影响和国际因素的实际约束，1954 年宪法的制定无疑表明了用立宪的逻辑来建构新秩序新国家的努力。虽然在《共同纲领》颁布之后，镇压反革命和农村土地制度改革中依然存在着革命的逻辑，但是 1954 年宪法还是坚持了立宪建国的立场。特别是，1954 年宪法把繁荣富强的社会主义作为现代国家成长和法律秩序构建的目标。为此社会主义社会的追求就成为立法权配置和法律秩序构建的出发点。与《共同纲领》相比，1954 年宪法通过立法权限相对上移、立法程序逐步明晰和立法内容日具社会性来展现对繁荣富强的社会主义法律秩序建构的实践。②

首先，立法权限相对上移以探索实现社会主义社会提供整体制度构建的可能性。革命后过渡时期对建国的制度预期是有探索性的，这种探索性让革命后一段时间分散立法权以体现立法体制的民主诉求的同时降低制度建构的风险。1954 年宪法则明确了经普选产生的全国人民代表大会是唯一享有国家立法权的机关。作为闭会期间全国人民代表大会常设机关的常务委员会有权解释法律和制定法令。这种立法权限相对集中特别明显地表现在地方立法权被大大缩小。由于全国人民代表大会的会期和期间间隔限制无法满足法制建设的需要，1955 年第一届全国人民代表大会第二次会议通过了《关于授权常务委员会制定单行法规的决议》。该决议指出："随着社会主义建设和社会主义改造事业的进展，国家急需制定各项法律，以适应国家建设和国家工作的要求。在全国人大闭会期间，有些部分性质的法律，不可避免地亟需常务委员会通过施行。为此，特依照中华人民共和国宪法第 31 条第 19 项的规定，授权常务委员会依照宪法的精神，根据实际需要，适时地制定部分性质的法律即单行法规。"根据这一决议，全国人大常务委员

① 参阅蔡定剑：《历史与变革——新中国法制建设的历程》，北京：中国政法大学出版社 1999 年版，第 21 页。

② 参阅潘伟杰：《当代中国立法制度研究》，上海：上海人民出版社 2013 年版，第 47—50 页。

会实际上在1954年宪法颁布不久就获得了立法权。1959年第二届全国人民代表大会再次授权常务委员会"对现行法律中一些已经不适用的条文,适时地加以修改,作出新的规定"①。可见,全国人大常务委员会在国家立法活动中扮演着越来越重要的角色。自全国人大组建至1959年年底,第一届、第二届全国人大及其常务委员会共颁布了84部法律以及有关法律的决定。其中,全国人大制定了15部法律以及有关法律的决定;全国人大常务委员会共制定了69部法律及有关法律的决定。②

其次,立法程序逐步明晰以提升法律秩序的规范质量。"严密而合理的程序是以社会功能分化为前提的,而与此有最密切关系的是国家机构的分权。"③伴随着1954年宪法的制定,这种条件逐步成熟,集中表现在立法过程中国家机构在程序上的分权。全国人大常务委员会解释法律。第一届全国人大常务委员会第十七次会议通过的《关于解释法律问题的决议》规定了凡关于法律、法令条文本身需要进一步明确界限或作补充规定的,由全国人大常务委员会分别进行解释或用法令加以规定。凡关于审判过程中如何具体应用法律、法令的问题则由最高人民法院审判委员会进行解释,进一步明确了立法解释和司法解释的职权分工。国务院则享有立法案的建议权。民族自治地方的立法案报请全国人大常务委员会批准。立法主体、法律解释主体、立法建议主体和法规批准主体及其程序的规定体现了1954年宪法对当代中国立法制度在程序这一重要问题上逐步认识到其重要性。立法程序不仅决定着立法的民主化水平,而且维系着立法的专业化水准,同时对于法律的实施以及法律秩序的形成具有重要的意义。

第三,立法内容逐渐下移以巩固法律秩序的社会基础。在革命后过渡时期立法内容主要围绕中央国家政权的制度化展开,1954年宪法所建构的立法制度则开始关注国家机构组织、立法规则以及地方政权建设的立法规范问题。全国人大及其常务委员会批准了十余项民族自治地方政权的组织条例,还制定了《人民警察条例》、《公安派出所条例》、《城市街道办事处条例》、《城市居民委员会条例》,批准了国务院制定的《行政机关工作人员奖惩暂行条例》、《县级以上人民委员会任免国家机关工作人员条例》、《户口登记

① 参阅刘松山:"国家立法权30年的回顾与展望",载《中国法学》2009年第1期。

② 参阅朱景文等:《中国法律发展报告(2010)》,上册,北京:中国人民大学出版社2011年版,第126页。

③ 季卫东:《法律程序的意义》,北京:中国法制出版社2004年版,第142页。

条例》等。此外,立法制度也开始关注国计民生问题的立法问题。全国人大于 1954 年开始起草民法、刑法、民事诉讼法与刑事诉讼法等与社会成员生活和社会生活秩序密切相关的规范性文件。其中 1956 年底民法草案起草完成并向人大代表征求意见。但是最终这些现代国家法律体系必须具备的法律均没有正式颁布,1957 年立法工作开始陷入停滞状态。

1954 年宪法对立法主体、立法权限、立法内容和立法程序等关键问题的规定为现代法律体系的构建提供了制度基础,表明中国共产党基于对建设民主共和国的使命充分地认识到通过立法为社会发展和国家建设提供法律规范的重要性,从而开启了革命党向现代国家的执政党的转型。1956 年在中国共产党第八次全国代表大会上,党中央明确提出扩大人民民主,完备社会主义法制的方针。刘少奇在代表党中央所作的政治报告中系统总结了建国以来历史经验的基础上清晰提出了健全国家法制是当代中国立法制度的使命。国家治理的方式和基础要实现从依靠群众的直接行动到依靠法律的转变。刘少奇指出,革命的暴风雨时期已经过去了,新的生产关系已经建立起来,斗争的任务已经转变为保护社会生产力的健康发展。因此,国家治理的方法也就必须改变,构建符合现代国家成长的现代法律秩序就是国家治理和社会发展的制度基础。一切国家机关都必须严格地遵守法律,公安机关、检察机关和法院必须贯彻执行法律的分工负责、互相制约的制度。① 董必武在此次会议上更是深刻分析了人民民主法制的形成和作用问题,提出了“有法可依,有法必依,执法必严,违法必究”这一在改革开放后才真正被贯彻的社会主义法制原则。② 应该说,从中华人民共和国成立到 1956 年,特别是 1954 年宪法颁布以来的这段时期是革命后当代中国立法制度确立后运转顺畅时期,通过加强立法来体现法律秩序的构建在国家治理中所具有的意义得到充分承认。但是随着 1957 年“反右”运动的到来,对社会矛盾判断的变化由此逐步形成的治国理念的变化导致现代法律体系构建进程中,阶级斗争、大民主和政治运动在国家治理获得了支配性意义。法律虚无主义和运动治国主导了 1957—1976 年的治国选择。1959 年中国制定的法律只有 3 部,立法不作为的状况相当严重,当然也是无法作为的事实所导致的,特别是在 1966—1976 年发动“文化大革命”的十年间立法

① 参阅《刘少奇选集》,下卷,北京:人民出版社 1984 年版,第 254 页。

② 参阅《董必武政治法律文集》,北京:法律出版社 1986 年版,第 475—490 页。

数量为零。① 革命的逻辑彻底取代或改造法律的逻辑以建构革命后中国社会秩序和推进现代国家治理，就形成了革命后现代国家成长的革命模式。

第二节 现代法律体系构建的中止：从五四宪法到七五宪法

现代法律体系的构建对于革命后现代国家而言，不仅是提供法律秩序的问题，更是追求制度文明现代性的过程。1954 宪法明确提出了革命后中国社会以繁荣富强的社会主义制度的国家建设和制度建设的目标。这一目标不仅体现了自鸦片战争以来中国社会在追求独立的国家主权和有效的政府体制过程中的选择，也是对西方自 19 世纪以来资本主义制度下的危机以及对中国社会所带来的负面影响下的选择。因此 1954 年宪法对确立的社会主义制度目标对于革命后现代法律体系构建而言，必须要通过对人民民主的捍卫来结束专制统治的正当性，同时通过对集体利益的追求来超越西方法律体系对个体利益的捍卫。显然后者构成了 1954 年宪法之后现代法律体系构建的核心主题。按照马克思和恩格斯在《共产党宣言》这一发表于 19 世纪中叶对西方资本主义制度的危机和社会主义制度的使命进行阐述的著名文献所讲，社会主义社会应是"后资本主义"的社会。从法律意义上说，社会主义法律体系应是在资本主义法律体系充分发展了的个体权利(私有制)、契约自由(雇佣关系)和有限政府(市场经济)的条件下无法维护公共利益、劳工权益和政府责任之后的法律体系，故社会主义法律体系不是要否定了个体权利、契约自由与有限政府，而是要提供资本主义法律体系拒绝或忽视的公共利益(公有制)、劳工权益(社会保障)和政府责任(计划经济)的正当性。但现实的情况是，中国不是在后资本主义社会走上社会主义道路，因此《共同纲领》提出新民主主义社会是革命后中国社会迈向社会主义社会的必经阶段，所以《共同纲领》第 26 条承认所有制形式多样性(公私兼顾)、个体利益正当性(劳资两利)，并在第 37 条明确规定国家保护一切合法的公私贸易(商品交换)。《共同纲领》为革命后现代法律体系提出了符合现代制度成长规律和在一个经济文化落后的社会中走向社会主义法律体系的可行

① 参阅朱景文等：《中国法律发展报告(2010)》，上册，北京：中国人民大学出版社 2011 年版，第 126 页。

方向。

然而革命后新民主主义法律体系的构建尚未展开，却受到国内社会改造推进速度和外部世界的冷战展开强度的影响，1954 年宪法就明确提出社会主义社会的国家成长和法律体系构建的目标，从而实现在国内社会结构、产权关系和利益配置上的社会主义法律体系优越于西方资本主义法律体系。革命后对社会主义制度超越资本主义制度的强烈渴望在内部因素的驱使和外部因素的倒逼中不断强化。这种强化一方面结束了《共同纲领》所提出的在革命后新民主主义阶段对所有制形式多样性(公私兼顾)、个体利益正当性(劳资两利)、公私贸易(商品交换)的正当性承认以及具体法律关系的落实以及在法律部门中的展开，强调公共利益(公有制)、劳工权益(社会保障)和政府责任(计划经济)的正当性并取代资本家所有制、劳资两利和有限政府(商品交换)，虽然 1954 年宪法提出的是逐步取代的制度建设路径，但是现实的选择往往更多带有激进色彩；另一方面不得不指出的是个体权利、契约自由和有限政府虽然不是现代法律体系对现代性追求的全部，甚至极端化追求也会给社会发展和国家成长带来严重的社会危机和尖锐的社会对立，但个体权利、契约自由和有限政府在法律关系实现上的清晰性和可行性、法律实施过程中的程序化和规范化无疑成为现代法律体系对现代性追求的主导内容。与此相对，在个体权利、契约自由和有限政府这些现代性因素在法律体系构建中尚未充分展开，就追求公共利益、劳工权益和政府责任这些在法律关系实现上带有开放性、在法律实施过程中具有高成本性的社会主义因素，这不仅会导致社会主义法律体系构建的难度，而且因法律体系构建的难度而不得不让位于用革命的逻辑去实现这些社会主义因素所需要的新秩序。

1975 年宪法正是用宪法的形式宣告了革命的逻辑构建满足社会主义因素的新秩序的正当性，通过法律体系的构建形成现代国家的新秩序由于落实社会主义因素的难度而不得不走向边缘。从这个意义上说，1954 年宪法之后，特别是 1957 年至 1978 年间，中国社会不是简单一个放弃或中止法律体系构建在现代法律秩序形成和提供现代国家成长的制度基础的问题。革命后现代国家构建法律体系的有效性，其前提在于法律体系对社会关系规范的有效性且对具体的、活生生的社会成员来说是可欲的。否则法律体系的构建不是徒劳的，就是失效的，而革命的逻辑恰恰可以最大限度地填补法律体系构建失效所提供的空间，提供一种裹挟着政治全能主义、民粹主义与革命的理想主义、浪漫主义的社会成员对自我利益的可欲性路径，最终社会主义制度的好处未得，法律体系对现代性追求又陷入泥淖而中止。

一、用革命的逻辑构造社会主义国家的新秩序：以1975年宪法为中心

革命制宪，是革命后现代国家成长的新秩序构建的历史与逻辑相统一的起点，同时也是现代法律体系构建及其对现代性追求的基础，革命后现代西方国家如英美和法德皆如此，现代中国的革命进程也不例外。但是，革命与宪法、革命后现代国家成长与法律体系构建究竟处于何种关系，这却是攸关革命建国的根本性问题。① 西方国家由于革命过程中社会情势的不同也演绎了不同的法律体系构建模式，但正反经验均表明通过立宪以及法律体系的构建实现革命后的反革命，弥合政治对立与社会合作、革命激进与法治保守之间的对立，从革命逻辑中的非常政治富有活力地走向革命后日常政治的能力对于革命后现代国家成长是至关重要的。1954年宪法对人民民主正当性的捍卫和繁荣富强的社会主义社会的追求不但没有终止革命，反而自身被革命的逻辑所取代。最终1975年宪法以立宪的形式赋予了这种革命逻辑在革命后现代国家成长中的正当性。

在中国的立宪史上，1975年宪法往往被有意或无意地回避，甚至被轻描淡写，简单地概括为执政党"左倾"错误的一种表现。② 1975年宪法序言表述了革命逻辑在革命后现代国家成长中的意义，"社会主义社会是一个相当长的历史阶段。在这个历史阶段中，始终存在着阶级、阶级矛盾和阶级斗争，存在着社会主义同资本主义两条道路的斗争，存在着资产阶级复辟的危险性，存在着帝国主义、社会帝国主义进行颠覆和侵略的威胁。这些矛盾，只能靠无产阶级专政下继续革命的理论和实践来解决。"这是1975年宪法的核心原则，也是1957年以来法律体系构建兑现社会主义因素的失效的必然结果，以宪法的形式对中国革命激进主义下新秩序形成的毕其功于一役的思维的极端表述。十年"无产阶级文化大革命"不过是这部宪法的社会版

① 参阅高全喜等：《现代中国的法治之路》，北京：社会科学文献出版社2012年版，第197页。

② 法学界关于1975年宪法的学术性研究成果相对较为薄弱，有关宪法史论著往往只是一笔带过，而且立场鲜明，似乎只愿匆匆翻过这一页。对于立志于走出革命逻辑的中国社会来说，认真反思革命浪漫主义下国家治理的失效与社会生活中的民粹泛滥后果到今天依然具有意义。否则，革命逻辑会以各种形式出现。对1975年宪法较具学术穿透力的分析，参阅王人博："被创造的公共仪式——对'七五宪法'的阅读与解释"，载《比较法研究》2005年第3期。

而已。[1] 1975年宪法既是对1954年宪法所捍卫的人民民主和社会主义原则通过革命后法律秩序重建予以实现的努力的放弃，也是对1957年以来革命逻辑构造现代社会主义国家的新秩序努力的另类合法化。具体地说表现在三个方面：

第一，国家权力结构的非制度化改造导致革命后国家制度重建的进程被中断，国家权力的失效与国家权力的滥用成为革命后现代国家成长中的并存现象。

革命后国家制度重建是法律体系构建的核心内容，不仅维系着国家主权、政府治权合法性基础，同时提供个体自由维护的规范体系。1975年宪法把革命逻辑合法化，明确赋予阶级斗争和运动治国解决中国社会发展和国家建设的合法性，最终只能选择对国家权力结构进行非制度化改造，由此带来的就是法律供给的严重不足，规则空白与社会失序并存的现象非常严重，法律对社会秩序构建的价值基本上被否定。法律被公开指责为资产阶级压制革命群众的工具。在这种情景下，全国人民代表大会作为宪法中确认的国家立法机关被迫停止正常的运作，即所谓"小民主"为"大民主"让路。"在革命运动中，少开一次会，或迟开一次会是可以的，允许的。延期召开对我们的社会主义民主有什么损害呢？没有。相反，文化大革命是全面的大民主运动，开人民代表大会会议是小民主，小民主给大民主让路，对社会主义民主是有重要意义的。"[2]这样，1957年后全国人民代表大会的运作极其不正常，甚至出现了八年不举行会议的情况。其次，革命委员会取代了宪法所确立的国家政权机关，国家政权机关的价值与精神基础崩溃，国家政权机关的实际功能处于严重丧失的境地。毛泽东认为，"文化大革命"实质上是"一个阶级推翻一个阶级的政治大革命。"他在"文化大革命"的纲领性文件《五一六通知》中这样写道："混进党里、政府里、军队里和各种文化界的资产阶级代表人物，是一批反革命的修正主义分子，一旦时机成熟，他们就会要夺权，由无产阶级专政变为资产阶级专政。"[3]由此，革命模式最后就集中表现在无规则的夺取权力过程中。这种夺权是全面的夺取，从中央到地方、从党的劳动权到国家权力，可以说无权不夺且充满着一种暴力和血腥。随之

① 参阅高全喜等：《现代中国的法治之路》，北京：社会科学文献出版社2012年版，第198页。

② 全国人大常委会办公厅研究室编：《人民代表大会制度建设十四年》，北京：中国民主法制出版社1991年版，第118页。

③ 《共和国风云四十年》(上)，北京：中国政法大学出版社1989年版，第463页。

成立的革命委员会就取代了宪法所确认的政权体系。革命委员会是集党政军大权于一身的,包揽行政、司法、党务等各项工作,党政合一的"一元化"混合政权体制。而革命委员会的任务就是抓阶级斗争,也就是以阶级斗争来取代国家治理的需要。1975 年制定的宪法对革命委员会加以了合法化,进而严重背离了现代宪法在现代国家成长中所担负的意义,从而使当代法律体系的构建失去了民主基础。从现代国家的制度文明史的发展历程来看,没有民主基础的立法制度不仅背离其存在的价值,而且自身也没有存在的正当性。所以,当代中国法律体系的构建在 1956—1976 年,特别是十年"文化大革命"期间完全处于停滞状态。"历史表明,凡是在人类建立了政治或社会组织单位的地方,他们都曾力图防止出现不可控制的混乱现象,也曾试图确立某种适于生存的秩序形式。"①一种良好的、和谐的社会秩序的构建无疑对于革命后中国社会的经济发展和政治发展至关重要,法律体系的首要功能也就主要表现在这种秩序的构建过程中,然而革命后至改革前的 20 年间中国社会的动荡,使革命后当代中国法律秩序的存在失去基础,发展失去价值。

1975 年宪法虽然坚持中华人民共和国一切权力属于人民,但是用无产阶级专政取代了 1954 年宪法所确立的人民民主,在第 12 条中更是强调无产阶级必须对资产阶级实现全面的专政。在总纲第 3 条中具体提出人民行使国家权力的机关是以工农兵为主体的各级人民代表大会,现代国家合法性的社会基础被最大限度缩小。对有效的政权体制的宪法构造非常粗疏,职权范围、权力行使方式除了规定一律实行民主集中制外没有任何具体程序性规范,集中恣意与民主泛滥并存,这就导致公权力的失效和公权力滥用现象并存随时发生。1975 年宪法第 22 条把革命委员会作为地方各级人民代表大会的常设机关,同时又是地方各级人民政府。检察机关的职权由公安机关行使,更是活生生地摧垮了现代国家政府体制的有效性与有限性的制度安排。

第二,公民权利体系的非程序化虚置体现了宪法的反宪法困境,个体权利实现的非规范化、非程序化成为革命后个体自由制度重建中的突出问题。

① [美]博登海默:《法理学:法律哲学与法律方法》,邓正来译,北京:中国政法大学出版社 1999 年版,第 220 页。

从人类社会制度文明的演进历程来看，以规范公权、保障民权为精神的宪法不愧为人类历史上最伟大的发明。[①] 宪法通过对个体自由的维护价值而体现其在现代国家成长中的意义，革命后现代国家正式通过立宪确立不同于传统国家的制度价值，所以说，现代国家立宪及其价值实现是与公民权利体系的规范化维护联系在一起的，在现代国家，宪法制度及其价值追求的实现是与权力关系的程序化以及公民权利体系的制度化建设分不开的。如果把现代国家的法治精神看作是良好的法律能够得到普遍遵守，那么以立宪为核心的现代法律体系的构建必须提供并不断提供良好的法律规范以实现和维护权力关系的程序化和权利体系的制度化，以达致国家稳定和社会安全。现代国家法律体系构建就在于以明示的规范保护这种稳定和安全。[②] 但是 1957 年以来程序法的立法滞后严重影响了公民权利体系的建设。也就是说，法律体系的不健全，特别是程序法在法律体系建设中的缺位，严重影响权力运作程序化和公民权利的制度化维护。立法数量锐减，立法工作逐步趋于停顿，民事法律制度、刑事法律制度以及民事诉讼制度和刑事诉讼制度这些对于权利体系的制度化相当重要的法律制度建设被迫停顿，更不用说行政程序法和行政诉讼法的建设，它们根本就没有被作为法律体系构建的内容。更值得指出的是，即使通过的少量的规范性文件，其立法意图也在于维护权力对社会的控制，个人与社会的自主性没有正当化机制予以实现。“在立法上，一方面，当时众多的行政法规和规章将行政职权规定得非常广泛，法律规范模糊，留下很大的任意解释空间，容易导致行政机关随意扩大权力范围；另一方面，对公民权利或者不加规定，或者作简略规定，且缺乏实现这些权利的程序规定以及在这些权利受到侵犯时予以救济的规定。”[③]1975 年宪法是革命模式对公民权利体系非制度化改造的集中体现。不仅把对国家机构的规定置于公民权利之前，而且没有任何公民权利实现的程序安排，更不用说公民权利对国家权力的制约机制建设。

其次，法律的实现机制被否定了。我们知道，“因为法律不是为了法律自身而被制定的，而是通过法律的执行成为社会的约束，使国家的各个部分各得其所，各尽其应尽的职能，如果法律不能执行，那就等于没有法律。”[④]

① 参阅熊培云：《重新发现社会》，北京：新星出版社 2010 年版，第 206 页。
② 参阅张恒山：“论正义和法律正义”，载《法制与社会发展》2002 年第 1 期。
③ 罗豪才等：《现代行政法制的发展趋势》，北京：法律出版社 2004 年版，第 11 页。
④ [英] 洛克：《政府论》，下篇，叶启芳等译，北京：商务印书馆 1981 年版，第 132 页。

洛克告诉我们一个常识：所有的法律制定出来就是要被实施、被执行的，法律的生命也在于通过法院的司法过程得到维持和实现，进而调整相应的社会关系，达到立法的目的。正如庞德所言：法律的生命在于它的适用和施行，法律是“一种制度，它是依照一批在司法和行政过程中运用权威性律令来实施的、高度专门形式的社会控制。”①那么，立法与司法的价值就是同一的，或者说它们的价值是同构的。马克思曾经就此指出：“审判程序和二者之间的关系如此密切，就像植物的外形和植物的联系，动物的外形和血肉的联系一样。”“审判程序只是法律的生命形式，因而也是法律的内部生命的表现。”②由此可见，法律首先是作为人类知识系统中实践理性的类型存在，这要求它必须能够应对实践的要求，而一切法律制度的价值都莫过于对社会需求的满足。显然，文本的法律规范和观念的法律知识都只有通过其实际运作才能实现其价值。这实际上也就揭示了这样一个道理，我们讨论任何立法制度的生命力问题时，必须将目光投向其实际之运作，也就是马克思所言的审判程序。③ 从这一点上看，德国著名法学家拉德布鲁赫的论断与上述法的生命在于适用的认识也是共同的。他指出：如果将法律理解为社会生活的形式，那么作为“形式的法律”的司法过程，则是这种形式的形式。④1954 年宪法所确立的法院只服从于法律这一司法原则自 1957 年之后就被当作资本主义司法原则而抛弃。1963 年，在最高人民法院召开的第一次全国刑事审判工作会议上，明确了刑事审判工作的主要任务是“为生产服务、为阶级斗争服务”⑤。1964 年，最高人民法院向第三届全国人民代表大会第一次会议所递交的工作报告中提出了民事审判工作的方针，即“依靠群众，调查研究，就地解决，调解为主。”可见，群众路线代替了司法程序。直至 1975 年宪法抛弃法院独立审判原则以及公开审判程序、被告人的辩护程序等程序性制度。

再次，公民权利的立法保护机制不仅脆弱，而且往往形同虚设。现代法

---

① 沈宗灵：《现代西方法理学》，北京：北京大学出版社 1992 年版，第 299 页。

② 《马克思恩格斯全集》，第 1 卷，北京：人民出版社 1995 年版，第 178 页。

③ 我们今天站在一个历史的过程来看法律问题，审判程序无疑是包括立法和执法在内的一切法律制度承前启后、自我更新的一个中介，即旧有的法律文本需要通过其得以实现，而新的社会要求又可以通过其得以彰显，从而实现法律的新陈代谢。参阅吕忠梅：“司法公正价值论”，载曹建明等：《公正与效率的法理研究》，北京：人民法院出版社 2002 年版，第 62 页。

④ [德] 拉德布鲁赫：《法学导论》，米健等译，北京：中国大百科全书出版社 1997 年版，第 96 页。

⑤ 参阅周振想等：《新中国法制建设 40 年要览(1949—1988)》，北京：群众出版社 1990 年版，第 247 页。

律与传统法律本质区别就在于对公民权利的制度化，并通过权利的制度化实现对国家权力的有效制约。因为，“在承认一个理性的政治道德的社会里，权利是必要的，它给予公民这样的信心，即法律值得享有特别的权威，……只有一个人看到他的政府和公共官员尊敬法律为道德权威的时候，即使这样做会给他们带来不便，这个人才会在守法并不是他的利益所在的时候，也自愿地按法律标准行事。在所有承认理性的政治道德的社会里，权利是使法律成为法律的东西。”①然而革命模式所维系的政治动员对于个体自主性的否定，以及“大民主”对民主政治的破坏不仅没有提供公民对政治的有效参与，而且也没有着力发展公民民主权利和有效制约国家公共权力。由此，公共权威反而在“大民主”中得到不断滋长，社会自主性空间不断萎缩。1957 年 10 月，在中共八届三中全会的讲话提纲中，毛泽东这样写道：“一九五七年中国革命创造了一个最革命最生动最民主的群众斗争形式，就是大鸣大放大辩论和大字报。革命的内容找到了适合自己发展的形式。从此无论大是大非、小事小非的问题，无论是革命的问题、建设的问题，都可以用辩论的形式去迅速地解决。发挥群众的主动性、责任心，克服领导者的主观主义、官僚主义和命令主义，领导与群众就容易打成一片了。从此形成传统，充分发挥社会主义民主，在此基础上建立巩固的集中制，建立巩固的对反对派和坏人的专政。”②

自此，这种“大民主”就成为政治动员的主要形式，在“文革”期间发展到极至，并在 1975 年宪法中得到合法化。毛泽东说：“这种大民主是对付谁的呢？对付帝国主义、封建主义、官僚资本主义，对付资本主义”，一句话，是“是对付阶级敌人的”。③ 被称为“文革”第一法的《公安六条》则否定了公民权利在现代社会生活中的意义，财产权、自由权和生命权根本得不到尊重和维护，更不用说人权的维护机制问题。1975 年宪法第 13 条规定：“大鸣、大放、大辩论、大字报，是人民群众创造的社会主义革命的新形式。国家保障人民群众运用这种形式，造成一个又有集中又有民主，又有纪律又有自由，又有统一意志又有个人心情舒畅、生动活泼的政治局面，以利于巩固中国共产党对国家的领导，巩固无产阶级专政。”姑且不细究集中与民主、纪律与自

① ［美］德沃金：《认真对待权利》，信春鹰等译，北京：中国大百科全书出版社 1998 年版，中文版序言。

② 《建国以来毛泽东文稿》，第 6 卷，北京：中央文献出版社 1992 年版，第 592 页。

③ 《毛泽东选集》，第 5 卷，北京：人民出版社 1977 年版，第 324 页。

由、统一意志与个人心情之间的排序及其所蕴涵的风险问题,"大民主"是作为革命后现代国家的革命形式而确立下来的,其根本目的在于巩固无产阶级专政。但关键的问题是无产阶级对资产阶级专政背后却伴随着一个无产阶级对每一个社会成员的专政问题。可见,"大民主"根本无法实现公民在公共生活过程中的有序参与权问题,这形成革命后现代国家宪法的反宪法困境。

第三,国家治理秩序的意识形态化阻断了革命后法律体系构建的开放性,法律政治化与权力民粹化使革命后现代国家制度重建与个人自由规范构建之间的张力失衡,国家权力的滥用、社会生活的失序与个人自由的失范严重困扰着革命后现代国家法律体系构建的规范选择与价值取向,最终导致中国社会整体性贫困危机的出现。

当代中国革命观的出现和兴起最终支持中国共产党领导劳苦大众推翻来自内部和外部的社会压迫,建立社会主义并力图走向共产主义的现代国家,这有着深刻的社会和历史背景,"它具有充分的合理性,因为此前的其他政治力量无法解决近代以来中国严重的政治、经济、社会危机,中国革命就是那些基本矛盾、基本问题的反映。"①也正是这样,我们无从发现像西方国家革命之前就有的进而在革命后转换为现代国家制度安排的现代性因素和制度安排的理论准备和经验积累,而中国革命为革命后现代国家的国家治理和制度安排在理论准备和经验积累上则是阶级对立的理论阐释和政治运动的实践经验。以阶级对立为基础的政治革命能够导致建立新的"国家制度",因为以工农为阶级基础的政治革命自然符合长期生活在社会底层的中国劳苦大众的期待并得到最广泛的社会力量的支持。但是这一政治革命的社会基础也有后遗症。革命要求政治有能力全面进入社会和个人的一切领域以实现对国家制度的重建,这一诉求所带有的后遗症在革命时期更多的表现在党内的革命路线之争,革命后则演化为国家治理的意识形态化的选择。国家治理的意识形态化实际就是一个通过社会主义与资本主义的对立、社会主义与修正主义的对立来强调国家治理中之政治全能主义的正当性以及由此所带来的依赖阶级划分塑造现代国家社会成员的新身份认同,从而实现对资本主义法律体系下以资本雇佣劳动为基础的契约认同所支持的剥削关系与个人自由一并予以

① 高华:《革命年代》,广州:广东人民出版社 2010 年版,第 298 页。

否定，同时依赖政治运动推进法律政治化的制度安排，从而实现对资本主义法律体系所推进的政治法律化所支持的现代国家认同与统治关系一并予以超越。政治立场的坚持和阶级出身的划分成为法律政治化与权力民粹化的主旋律，从而否定了法律体系的自主性。

革命即将成功，中华人民共和国即将成立之际所颁布的《共同纲领》应该说显示了久经社会对立和专制统治的中国社会对建立现代法律体系的强烈渴望。无论是对多种所有制的合法性承认所显示的个人产权与社会合作的平衡，还是对人民民主的正当性强调所捍卫的现代国家合法性基础与阶级认同的平衡，《共同纲领》宣示了革命后现代国家建设在制度上将建构一个不同于传统制度和现代资本主义制度，也不同于社会主义制度的新民主制度。但是中华人民共和国成立之后，由朝鲜战争所进一步强化的国际秩序中社会主义与资本主义之间的对立，镇压反革命所再次强化的国内社会中阶级之间的对立，以及执政党强化意识形态中的反资本主义因素出现。1954 年宪法第 1 条在表述中华人民共和国这一现代国家合法性基础时虽然与《共同纲领》一样强调工人阶级领导的、工农联盟为基础的人民民主制度，但是把《共同纲领》中团结各民主阶级这一表述删除了，而是在第 4 条中规定："中华人民共和国依靠国家机关和社会力量，通过社会主义工业化和社会主义改造，保证逐步消灭剥削制度，建立社会主义社会。"运用国家权力消灭及限制剥削来改造革命后社会成员在社会生活中的不平等，固然对落实当代中国革命观的主张并确立现代国家成长的新逻辑是有意义的，但是与此相伴生的是社会关系的政治化（阶级身份）、社会生活的民粹化（极端平等）以及国家治理的运动式，这就是 1957—1978 年中国社会所不得不正视的现实状况。

1975 年宪法更是用无产阶级专政取代人民民主，在第五条中规定中华人民共和国的生产资料所有制是社会主义全民所有制和社会主义劳动群众集体所有制，在第 9 条规定国家实行"不劳动者不得食"、"各尽所能、按劳分配"的社会主义原则，国家仅保护公民的劳动收入、储蓄、房屋和各种生活资料的所有权。随后明确强调在无产阶级政治挂帅的前提下促进社会主义计划经济在资源配置和社会生活中的正当性。为捍卫和落实这种正当性，1975 年宪法在乡村设立人民公社这一政社合一的组织和国家政权体制中设立革命委员会作为地方各级人民代表大会常设机关和人民政府。1975 年宪法用政治的逻辑取代了法律的逻辑，用无产阶级专政取代了人民民主，进而确立起以阶级认同为前提的社会平等极端化价值诉求与以计划经济为基础的公共利益实现机制。国家制度重建和个人自由规范在宪法秩序中被抛弃了，由此带来的是全能主义政治①下的政府体制的失效、阶级认同对社会成员禀赋差异的政治化下社会发展活力的失去以及全民所有制与按劳分配方式下有限资源的无效配置以及对国家权力非理性化运用，最终导致社会整体性贫困。所谓社会整体性贫困不单表现在革命后现代国家制度文明的成长能力贫困，也表现在革命后现代社会发展的激励机制缺失。不仅表现在政治全能主义与政府体制的失效的结合所导致的现代国家与现代社会互动的失衡，也表现在无产阶级专政与个体权利实现的失序的结合所导致的民主政治与个体自由张力的扭曲。

国家治理的意识形态化使 1957 年之后的中国社会现代国家制度重建与个体自由价值维护被宪法所放弃，最终通过“搞运动”以阶级斗争为抓手的国家治理模式、以阶级关系为前提的社会认同机制(阶级关系)、以大民主为表现的权利实现方式成为革命后中国社会的具体表现，在这种表现逻辑中不是有没有法律的问题，而是法律不断政治化的问题，法律的现代性被法律的阶级性遮蔽的问题，法律的工具理性与价值理性背离的问题，从而把社会平等极端化(人民公社)与个体自由非规范化(大民主)、人民民主阶级化(无产阶级专政)与公民认同政治化(阶级关系强化)、公共利益绝对化(公有制)与个体权利妖魔化(计划经济)结合起来，实现社会主义制度对西方资本主义制度的超越。但事实是 1957—1978 年中国社会不仅没有超越西方资本主义制度，反而因超越的教条化定位导致资本主义制度下所出现社会相对性贫困没有解决，却出现社会主义制度下的社会整体性贫困。在一个社会趋于整体性贫困的局面下，除了社会成员间的性别差异和阶级关系上的革命认同界分之外，各种因素所导致的社会差异对社会生活所具有的意义均被否定，如此一来，法律建构社会秩序的功能和捍卫现代价值的意义也得不到体现，当然 1954 年宪法的搁置和 1975 年宪法的颁布显然不是要体现立宪对于革命后现代国家成长的价值，而是以宪法的反宪法性赋予“搞运动”在革命后现代国家成长中的正当性。有学者从革命史的角度分析，“‘搞

① “所谓的全能主义政治，指的是一个高度组织化的政党，全面渗透于社会的基层细胞，并运用革命意识形态对全社会进行政治动员，或实现某种既定的理想政治目标。”参阅萧功秦：《中国的大转型》，北京：新星出版社 2008 年版，第 55 页。

运动'在中国之所以成为常规方式,首先是因为它是中共在革命年代的一种常用的、行之有效的方法,因而成为建国后的一种路径依赖。借助于政治运动,可以将党深深扎根于社会生活的各个层面,从而发现积极分子,建党、建政、建基层组织,在全国广大人群中通过组织'阶级队伍',区分敌、我、友。其次,'搞运动'之便捷还在于:可以在一个短时期内,形成铺天盖地的强力、快速的攻势,以达成革命的目标。"①

从法学的意义上说,就是表现为通过法律的阶级性强化实现社会主义法律体系对资本主义法律体系的超越,且维护国家治理的非制度化下全能主义政治和个体权利非规范化下社会生活无政府主义的奇特结合。因此以限制公共权力为核心的政府体制的有效性和承认个体权利为中心的法律关系的规范化是不可能在 1975 年宪法中得到确认的,所以 1975 年宪法的颁布正是集中体现了自 1957 年以来现代法律体系在中国社会的构建被中止了。对比西方资本主义法律体系在 20 世纪以后不断革新,以摆脱自由主义对资本主义制度在法律体系构建中的个体权利极端化和有限制度绝对化的追求之风险,1975 年宪法所反映的现代法律体系在中国社会构建的中止其实是一种制度革新的倒退。"从常态宪法或施密特'宪法律'的层面上,'七五宪法',没有什么可圈可点的内容,比之于'五四宪法',特别是'共同纲领'相对大踏步后退,但是,从革命宪法的非常政治角度看,它却是百年中国革命激进主义在内容和形式上的极端表述。"②

二、革命的法制逻辑下中国现代法律体系构建的困境

如果从法律体系来看,可以非常容易地界定现代国家与传统国家的差别。现代国家意味着两种规范及其所代表的价值在法律体系构建中得以承认和落实:第一为"人民民主"成为现代国家公共权力正当性的最终依据和国家认同的规范依据;第二是个人自由与公民权利观念成为立法内容和价值追求的底线。但是法律体系界分现代国家与传统国家的实现程度和实现路径必须置于现代国家成长在革命前的不同境遇与革命后的特定条件的背景来思考。现代国家在中国的建立是在内部危机和外部危机的条件下通过革命的方式来实现的,这种革命方式强调激进的面向社会底层的社会改造

① 高华:《革命年代》,广州:广东人民出版社 2010 年版,第 304 页。
② 高全喜等:《现代中国的法治之路》,北京:社会科学文献出版社 2012 年版,第 198 页。

路径来建立现代国家。虽然在革命根据地时期革命与法制两手抓，但是法制的逻辑必须服务于并依附于革命的逻辑，这样我们就可以理解革命根据地时期中国共产党对土地立法的重视所承载的社会改造价值以及土地法实施中的激进倾向所表达的社会平等诉求。

革命的需要以及动员和改造底层社会的需要就成为土地立法的规范选择的依据。就以土地立法的情况看，瑞金时期《土地法大纲》明确强调没收一切地主和富农的土地以实现耕者有其田，到了抗战时期提出了对小地主土地和富农土地予以尊重，同时实现减租减息。内战爆发后的1946年颁布了相对温和的《五四指示》，规定在不侵犯中农、不变动富农土地，适当照顾中小地主的条件下，通过反奸、清算、减租、退租、退息等斗争，帮助无地少地的农民从地主手中获得土地。但是1947年随着内战形势的变化制定了十分激进的《中国土地法大纲》，在并不具体规定农村阶级标准，又全力反对右倾的情况下，大力推动没收和平分。① 革命后土地问题立法日益激进，最终在消灭了地主和富农的地权的同时通过集体所有制的确立完成对基层社会的改造。激进的土地制度立法背后是革命的法制逻辑的演绎，这种逻辑在革命后现代国家成长的最初30年里通过立宪同样得到了延续。在中华人民共和国成立后30年内，从《共同纲领》，经1954年宪法，到1975年宪法，虽然这三部宪法文件代表了不同时期政治秩序的宪法建构，其精神气质也存在极大的差异，但在宪法演进过程却内在地遵循着革命的法制逻辑，《共同纲领》是革命后现代法律体系遵循这一逻辑的起点，1954年宪法是这一逻辑的展开，而1975年宪法则是这一逻辑的极致和终结。② 从革命时期土地问题的立法以及革命后宪法关于土地问题的规定，经历了激进地打碎社会结构以夯实政治革命的社会基础向激进地集中社会资源以巩固国家权力的社会基础。在这种变迁过程中，本质是一致的，即自上而下的现代革命转换为自上而下的现代生活，但是这种转换背后是社会被革命绑架向社会被国家垄断的变化。因此社会在革命后现代法律体系构建过程中自然是失语或遮蔽的。那么，终结革命的法制逻辑，必须厘清革命的法制逻辑下现代法律体系构建的困境。

① 参阅杨奎松：《中华人民共和国建国史研究》，第1册，南昌：江西人民出版社2009年版，第7页。

② 参阅高全喜等：《现代中国的法治之路》，北京：社会科学文献出版社2012年版，第131页。

美国学者伯尔曼在总结革命与法律构建之间关系的历史后指出：所有的重大革命都没有在第一天就成功地废除革命前的法律，并在第二天就建立起一种新的和永久的、革命的法律制度的。每次重大革命都经历了一个过渡时期，在这期间，相继迅速地制定了新的法律、法令、规章和命令，并迅速地对它们进行修改、废除和更换。不过革命最终都与革命前的法律达成妥协，通过将它们吸收到反映革命为之奋斗的主要目标、价值和信仰的新法律制度中而恢复它的许多成份。因此，由重大革命所确立的新法律制度虽然保持在原来法律传统之内，但都改变了该法律的传统。① 在革命后西方国家现代法制形成的过程中，非常认真对待革命前所形成的制度及其传统。无论是走普通法立法模式的英国和美国，还是走成文法立法模式的法国与德国，都以不同方式认真对待革命前所存在的制度传统，既展示现代法律体系对传统法制的革新，也展示现代法律体系对人类社会生活连续性的充分尊重。当然这种尊重是以传统法制对现代法制的适应能力以及现代法制对传统法制的接受水平决定的。然而，近代中国的特殊国情所支撑着的社会结构和制度结构，或者说中国最终建立起的社会制度和社会性质决定了中国社会对现代西方法律制度以及传统中国法律制度的基本立场。众所周知，鸦片战争以来，中国社会面临两大危机：一是主权危机，二是政权危机。② 主权危机因已经建立现代制度体系的西方国家对尚未建立现代制度体系的中国严重侵犯而起；政权危机则因传统制度体系的腐朽和王朝国家合法性的危机而起。近代中国社会的现实状况，决定了中国现代革命从一开始就承担着双重使命：一是为推翻现代西方国家扩张、争得主权而进行的民族革命；二是为推翻王朝国家、争得主权而进行的民主革命。在这两个革命任务中，“最主要的任务是推翻帝国主义的民族革命。”③由此这种民族革命所伴随着的悲情意识以及在经济文化相对落后的社会里建立一个服务于广大劳苦大众的现代社会主义制度的急切心情始终困扰着革命后现代法律体系建构。事实是，基于悲情意识和急切心情，革命后构建现代法律体系的逻辑起点不仅仅是对传统中国法律制度的彻底涤荡，更是对现代西方国家法律制度的彻底拒绝。

① 参阅[美] 伯尔曼：《法律与革命——西方法律传统的形成》，贺卫方等译，北京：中国大百科全书出版社 1993 年版，第 34 页。

② 参阅林尚立：《当代中国政治形态研究》，天津：天津人民出版社 2000 年版，第 60 页。

③ 《毛泽东选集》，第 2 卷，北京：人民出版社 1969 年版，第 600 页。

从《共同纲领》,经1954年宪法,到1975年宪法均在序言总强调中国革命是反对帝国主义、封建主义和官僚资本主义的人民革命,所以,革命胜利后,现代法律体系的构建选择与传统封建主义法律体系的决裂,与辛亥革命后官僚资本主义法律体系的决裂,更是对西方帝国主义法律体系的否定。革命的法制逻辑中充斥着左的、激进的革命主张就可以得到理解了。革命固然可以建立独立的主权国家,但是有效的政府体制和现代的法律秩序对于革命后独立的主权国家来说同样不可或缺。而基于革命在建立独立的主权国家过程中所遇到的对立以及最终的胜利往往会转换为革命后激进的、民粹式观念对现代法律体系的认识以及具体的构建过程中的纠缠。从1954年宪法,特别是1957年以来中国法律体系构建的尝试所面临的困境表现在:

第一,法律虚无主义的窘境。在当代中国革命观的形成与实现过程中,中国共产党在革命根据地时期就推动革命建国与立宪建国的连接,关注所有制关系和人身关系在立法上的突破以赢得中国革命的社会基础。但是革命过程中的社会对立和价值分歧,暴力和运动往往会比制度立国更显示其力量。如果说在革命时期所形成的法律虚无主义不至于影响现代国家建立的话,那么革命后法律的虚无主义则会导致社会成员对国家认同和利益关系的表面化与短期性,进而破坏革命后现代国家成长的质量和现代社会发展的活力。

革命后初期,中国共产党及其领袖对建立不同于传统王朝国家旧法制和现代西方资本主义国家的法制予以充分关注。毛泽东亲自主持了1954年宪法的起草工作。1954年宪法对民主政治和社会主义制度的强调直接奠定了当代中国立法制度的政治前提和价值基础。毛泽东在1954年宪法颁布后明确指出:“全国人民每一个人都要实行,特别是国家机关工作人员要带头实行”;“不实行就是违反宪法”。① 在1957年初,毛泽东在省、直辖市、自治区党委书记会议上还说:“一定要守法,不要破坏革命的法制。法律是上层建筑,我们的法律是劳动人民自己制定的。它是维护革命秩序,保护劳动人民利益,保护社会主义阶级基础,保护生产力的。”②这无疑为革命后当代中国法律体系的确立提供了政治保证,但是我们不得不看到宪法和法

① 《毛泽东选集》,第5卷,北京:人民出版社1977年版,第129页。
② 《毛泽东选集》,第5卷,北京:人民出版社1977年版,第358—359页。

律的权威是在革命秩序的维护中获得存在意义的，这为现代法制的展开直接设定了限度和困境。随着党对中国社会基本矛盾的认识变化，法制就在革命的需要中被逐渐抛弃了。1958 年，毛泽东完全改变了原先对法制的认识，法律这个东西没有不行，但我们有我们这一套。民法、刑法那么多的条文谁记得了，宪法是我参加制定的，我也记不得。刘少奇则更是明确地指出，到底是法治还是人治？看来还是靠人，法律只能作为办事的参考。① 可见，党的领导人并没有真正把宪法和法律置于应有的地位，以致基于政治的需要可以在任何时候突破宪法和法律，法律体系的功能和法律秩序的价值被搁置。"反右运动"至"文化大革命"期间，现代法律体系的建构对于国家建设和社会发展的意义完全被否定或漠视，现代法制的精神在政治运动中被抛弃。

法律虚无主义直接导致两大法律问题：一是现代国家建设和社会发展得不到现代法制的支持，制度选择与制度建设严重脱节；二是国家的治理方式无法有效地从传统走向现代，即从人治走向法治。最终导致制度共识的形成和法律体系的建构在国家成长和社会生活中的缺失。1962 年前后，党的领导人曾短暂地认识到构建法律体系的功能和价值被漠视给中国社会所带来的负面影响。毛泽东曾针对否定法制带来的社会无序的状况指出："不仅刑法需要，民法也需要，现在是无法无天，没有法制不行，刑法、民法一定要搞。不仅要制定法律，还要编案例。"②为此，民事立法和刑事立法这两项集中体现现代国家对社会成员间利益关系和社会关系的立法水平的立法工作在 1962 年 9 月重新启动。然而这种努力终究没有能够抵抗随后的"要革命，不要法制"的局面。③ 革命的法制逻辑从根本上说不是要不要法律的问题，而是法律服务于并依附于革命的需要，革命的信念决定革命后法律体系构建的正当性。法律虚无主义的滋长必然导致：一是社会成员法律信仰要么依附于纯粹的政治立场，要么取决于狭隘的个人偏好；二是主权国家认同要么依附于高尚的集体主义，要么取决于封闭的悲情主义；三是政府体制运行要么依附于社会的阶级关系，要么取决于

① 参阅全国人大常务委员会办公厅研究室编：《人民代表大会制度建设四十年》，北京：中国民主法制出版社 1991 年版，第 102 页。

② 参阅周振想等：《新中国法制建设 40 年要览》，北京：群众出版社 1990 年版，第 291 页。

③ 参阅蔡定剑：《历史与变革——新中国法制建设的历程》，北京：中国政法大学出版社 1999 年版，第 103—105 页。

政治的全能主义。

第二,政治全能主义的破坏。政治全能主义,国家全面控制社会的能力和影响力之谓也。在革命年代,中国共产党运用政治动员、群众运动夺取革命胜利,成为政治全能主义在革命后现代国家成长中的形成之依据和来源。革命建国的途径和方式,与西方资本主义国家成长路径不同,和苏联以及东欧社会主义国家不尽相同。“中国的党和政府实现其权力的途径不仅仅是依靠党和国家的各级机构,而且还习惯于运用政治动员、群众运动的方式来贯彻党和国家的路线、方针和政策。”①如果说政治全能主义成就了一个经济文化相对落后的社会集中有限资源建成了独立的现代主权国家,那么革命后政治全能主义依赖国家权力控制社会生活的主张将抑制社会发展的活力和有效的政府体制的建构。

托克维尔早在19世纪中叶就提醒人们注意现代文明成长过程中无限权威的危险性。“无限权威是一个坏而危险的东西。……当我看到任何一个权威被授予决定一切的权利和能力时,不管人们把这个权威称做人民还是国王,或者称做民主政府还是贵族政府,或者这个权威是在君主国行使还是在共和国行使,我都要说:这是给暴政播下了种子。”②以法制的缺位和法治的否定为中心的法律虚无主义必然导致革命后国家建设和社会发展中的政治全能主义。在这种状况下,政治权力决定一切,一切都可以因领导人的改变而改变,因领导人的看法和注意力的改变而改变。与此相应,政治权力也就成了社会生活中最重要、最核心的资源,赢得权力或者依附权力成为人们生活和社会发展的基本前提。权力关系的人格化和权力运作的非制度化加剧了政治全能主义的恶性循环。社会对国家的依附关系,个人对权力的依附关系,直接造成有权者可以为所欲为,无权者则依附奉承,形成了权欲横流的社会生活。当政治权力的面前没有任何障碍可以阻止它前进和使它延迟前进时,自由就要遭到破坏。③ 邓小平指出:“‘文化大革命’中,一人当官,鸡犬升天,一人倒霉,株连九族,这类情况曾发展到很严重的程度。”④在这种情况下,所谓的“大民主”就根本谈不上是真正的社会主义民主,相反,带来的只能是无秩序的社会和无限度的权力并存下的

---

① 参阅高华:《革命年代》,广州:广东人民出版社2010年版,第244页。
② [法]托克维尔:《论美国的民主》,上卷,董果良译,北京:商务印书馆1988年版,第289页。
③ [法]托克维尔:《论美国的民主》,上卷,董果良译,北京:商务印书馆1988年版,第289页。
④ 《邓小平文选》,第2卷,北京:人民出版社1994年版,第335页。

“全面内战”和“全面专政”。社会关系被不正常的阶级斗争完全破坏和扭曲,所有的社会关系和利益关系必须依据阶级出身、阶级立场和阶级关系来重新衡量和确定。整个社会结构单一化为“无阶层”的群众性社会,社会成员间禀赋差异被阶级差异所取代,所有的社会资源配置必须依据阶级成分、革命立场和政治取向来重新配置和确定,社会生活失去激励机制和发展活力。社会秩序严重失范,社会生活的安全系数在“你死我活的阶级斗争”中失去意义。[①] 这样一来,中国社会既没有通过法律秩序的构建而来的对社会成员的禀赋差异充分尊重从而使社会发展失去活力,也没有通过法律体系的完善而来的对社会成员的稳定预期有效供给从而使社会生活失去秩序。

现代国家对民主政治的追求若离开了法制的保障,民主不仅失去制度的正当性能力,而且也会走向对立面,这已经为现代制度文明发展历程所证明了的。因此现代国家在确立起对民主政治的基本诉求后同时强调通过立法制度的发展来为民主政治的生存和发展提供不可缺少的制度依托和规范保证。也就是说,在革命的法制逻辑下法律体系为社会生活和社会发展提供规则体系的制度空间被政治全能主义破坏了。这种破坏一方面阻止了革命后现代法律体系对现代社会成员间利益关系、社会权利与国家权力之间关系的合法化的能力,另一方面弱化了革命后当代中国法律体系对人类文明体系的价值共识、社会主义制度法律属性的接受能力与表现水平。庞德曾指出,法律体系必须根据其达到的结果和实现其自身目的的程度,而不是其逻辑过程的华丽加以评价。而政治全能主义的形成破坏了革命后当代中国法律体系实现立法本身目的的能力,同时往往用某种剧场的效果来取代或主导立法过程,最终无法有效推进法律体系的发展以及实现法律体系对革命后中国国家建设和社会发展的真实意义。在政治全能主义的视野中,革命的法制逻辑从根本上说不是要不要法律的问题,而是法律服务于并依附于政治的需要,政治运动与政策立场决定革命后法律体系构建的正当性。政治全能主义在革命后现代国家公共生活和个体生活场域中的滋长必然导致:一是政治立场成为国家制度重建和社会利益分配的依据从而挤占了法律在革命后公共权力运行与社会资源配置的空间;二是国家权力向社会生活非制度化地全面渗透来取代国家权力有效性的制度建构;三是社会成员

① 参阅金春明:《“文化大革命”史稿》,成都:四川人民出版社 1995 年版,第 184 页。

全面参与公共生活来掩盖个体自主性成长的制度性空间的缺失。

第三，立法工具主义的取向。“法律不是作为一个规则体，而是作为一个过程和一种事业，在这种过程和事业中，规则只有在制度、程序、价值和思想方式的具体关系中才具有意义。以这种广阔的前景出发，法律渊源不仅包括立法者的意志，而且也包括公众的理性和良心以及他们的习俗和惯例。”①因此，革命后现代国家法律体系对现代性的追求不仅要体现在秩序建构上，而且要体现法律的可接受性。法律的可接受性要求立法尊重公众的理性和良心以及长久积淀下来的社会认同和价值共识。因此立法者要通过建构理性与演进理性的平衡、法律内在品质与外在约束的平衡来抑制立法工具主义取向成为革命后现代国家法律体系构建的主题。

反帝救亡成为近代以来中国社会的压倒一切的首要主题，再加上革命后西方国家对中国社会走上社会主义道路的敌视或戒心，党的领导人往往仅把现代立法制度的建立看成是实现民族解放和国家独立的有效工具。②民族主义的情怀在革命后现代国家成长过程中发挥了神魔般的社会动员作用，但是从民族主义的角度来认识立法活动及其制度安排，就不可避免地把立法仅仅当作革命后国家建设和社会发展一种功利性的手段，而忽略了立法在现代制度文明体系构建中所具有的价值理性意蕴。同时，功利性的法律观使得法律体系的建构总是扭曲变形，最终陷入削民主之足、适现实之需的泥淖之中。这种倾向在革命模式中变得相当明显。革命模式下当代中国立法制度确立后在否定现代西方法制精神和传统法制精神的同时没有完成当代中国法律体系的价值构筑，所以就不可能维持社会对法律的有效信任和持续认同，或者说无法通过立法所提供的稳定预期而来的有效信任和忠诚认同而展现现代国家建设和社会发展的意义，最终推动国家治理的现代转型。国家重建和民主建设伴随着革命后国家成长过程的始终，革命后中

① [美]伯尔曼：《法律与革命——西方法律传统的形成》，贺卫方等译，北京：中国大百科全书出版社 1993 年版，第 13 页。

② 法制变革所具有的工具性意义在中国传统社会解体过程中就已经被认识到。“日俄战争”中专制的沙俄失败、君主立宪的日本胜利后，中国朝野就认识到“专制必败、立宪必胜”这一政制与国家强弱的关系的道理。清末政治考察大臣的多份奏折都反复论及了这一点。例如，一份奏章在谈到法国时写道：“且法自大败于德以还，凋丧之余，不复臻强盛，其作民气以培国力，实根于政治之原理。”另一份奏章在推介日本时指出：“盖自伊藤博文等考察宪政归朝以来，相距不到 7 年耳。于是一战而胜，再战而胜，名誉隆于全球，位次跻于头等，非小国特战胜于大国，实立宪能战胜于专制也。”参阅《清末筹备立宪档案史料》，上册，北京：中华书局 1979 年版，第 15、29 页。认识到这一点固然重要，但同样重要的是人类社会制度变革是包涵着价值追求的，没有价值追求，就不可能真正为实现强国提供制度基础。

苏之间的冲突加剧了党对民族独立的关注，这样也就在一定程度上加剧了革命后当代中国法律体系构建过程中的价值贫困，没有一个完整或成熟的价值理性支撑革命后当代中国法律体系的建设。如果没有一个符合当代中国社会主义法制建设的价值理性支撑，法制不仅不能为实现强国提供制度基础，反而会出现制度功能的失调。价值的贫困表现为目的与手段的分离、名与实的分离。

革命后当代中国法律体系的构建不仅包括社会主义法律体系的完善问题，而且包括社会主义法律价值的论证问题。当然，当代中国法律体系的价值理念绝对不是现代西方法律体系所依托的价值理念的重演或复制，而是追求并规范人民民主、维护并实现公民权利和确认并提升社会自主性的法治精神，否则制度功能的失调将是一个必然的现象。因此，革命模式下法律改造运动中所表现出来的立法工具主义不仅没有从法治本身来考虑，而且也没有从整个中国文化的建设和发展去考虑。由此，我们可以得出这样的结论：革命后当代中国法律体系的建设应是一个渐进式的推进过程，在推进现代法制成长的过程中，不仅要为维护社会正义提供规则体系，而且也要为承认个体正义提供制度空间；不仅要展示立法对现代国家建设和社会发展所具有的治理意义，而且也要承认立法制度本身的价值诉求以及这种价值诉求在国家建设和社会发展中的正当性。革命模式对法律体系所应追求的价值理性的否定或者说革命后当代中国法律体系的构建对价值理性的放弃都意味着法律让位于政策或人治。立法工具主义取向对于革命后中国现代法律体系的构建的消极影响表现在它隔绝了现代国家制定法与人类社会自身规则积淀之间的互动，增加了法律实施的社会成本，规范选择的阶级性、法律实施的强制性日益强化。然而，从革命的法制逻辑中立法工具主义取向所造成的后果来看，我们不得不承认，法律不仅来自于立法者自上而下的规范建构，而且也来自于整个社会的结构和习惯自下而上的规范积淀。①

“法律制度能否有效运行不完全或在很大程度上不取决于制度设计与安排者的主观愿望；法律制度不仅是对人们行为模式的规范，更带有较为强烈的价值取向，当制度的价值取向在很大程度上改变了历史上所形成的、为

① 参阅[美] 伯尔曼：《法律与革命——西方法律传统的形成》，贺卫方等译，北京：中国大百科全书出版社 1993 年版，第 665 页。

人们所普遍接受的处理国家与社会关系的传统、习惯以及道德准则时，它在推行过程中必然会碰到重重阻力。而当制度的设计与安排没有考虑到社会的认同对制度运行所具有的巨大影响时，那么，再完善的逻辑结构、再合理的制度也无法得以有效实施：或者根本无法实施，或者在实施过程中遭受扭曲和规避。"①革命的目的不是革命，而是生活本身，其意义就在于通过制度安排提供和落实革命所追求的对美好生活的预期。革命无疑在重建国家的过程中最大限度地激发了社会成员对美好生活的向往，然而革命后我们不得不面对的是欲望、资源与禀赋之间的紧张关系。法律体系的建构虽不能一劳永逸地解决这种紧张关系，但为缓解这种紧张关系提供了规范和程序。当然基于集体记忆和路径依赖的存在，在为缓解被革命所激发的美好生活向往所引发的紧张关系的规范和程序的过程中就不能简单地依赖政治全能主义的遐想和法律虚无主义的想象，同时走出立法工具主义的窠臼。革命的法制逻辑不仅没有实现革命的安顿，而是强化革命逻辑在革命后国家建设和法律体系构建中的意义，结果不仅导致现代法律体系现代性追求的中断，还导致社会整体性贫困的出现。"一个国家若只为——即使是为着有益的目的——使人们成为它手中较易制驭的工具而阻碍他们的发展，那么，它终将看到，小的人不能真正做出大的事；它还将看到，它不惜牺牲一切而求得的机器的完善，由于它为机器较易使用而宁愿撤去了机器的基本动力，结果将使它一无所有。"②

三、现代国家成长的病变与限度：以 1978 年宪法为中心

现代国家成长的病变一如人类文明史上所有发生的政治形态病变一样，都是集中通过政体的腐败或病变表现出来的。古希腊的亚里士多德和近代的孟德斯鸠关于政体病变引发古代城邦国家和现代民主国家政治形态发生危机持有共同的观点，即认为政体的腐败或病变，总是由政体原则，即政体得以确立和运作的价值与精神基础，出现危机或腐化而开始的。虽然我们不能仅从政体病变层面来把握和说明现代国家成长的危机，但是从 1954 年宪法到 1975 年宪法所反映出的情况看，政体的病变是革命后现代国家在中国社会成长所出现的危机之集中反映。由此，我们可以给现代国

① 董炯：《国家、公民与行政法》，北京：北京大学出版社 2002 年版，第 232 页。
② [英] 约翰·密尔：《论自由》，程崇华译，北京：商务印书馆 1959 年版，第 125 页。

家成长的病变作这样的界定,即指政体处于其所赖以确立和运作的制度框架与价值基础崩溃,国家治理实际功能严重丧失或政制秩序宪法架构严重变异的状态。

持续时间长达十年的"文化大革命"是当代中国政治形态发生病变的集中表现,1975 年宪法是革命的法制逻辑以及由此反映的是现代国家在中国社会成长发生病变的制度表现。革命的法制逻辑与现代国家成长的病变之间的内在逻辑关系是:现代国家成长的危机提供了革命后革命的法制逻辑生成,革命的法制逻辑所包含的法律虚无主义、政治全能主义以及立法工具主义导致现代国家政制秩序得以确立和运作的制度框架和价值基础发生病变。国家权力不断集中与国家治理日益无效、社会平等日益民粹化与个人自由日渐无序、社会结构均质化与社会活力萎缩等伴随着中国社会自 1957 年以来,特别是十年"文化大革命"这段岁月。关于制度变形以及国家成长的病变与"文革"的关系,邓小平指出:"我国过去发生的各种错误,固然与某些领导人的思想、作风有关,但是组织制度、工作制度方面的问题更重要。这些方面的制度好可以使坏人无法任意横行,制度不好可以使好人无法充分做好事,甚至走向反面。即使像毛泽东同志这样伟大的人物,也受到一些不好的制度的严重影响,以至对党对国家对他个人都造成了很大的不幸……斯大林严重破坏社会主义法制,毛泽东同志就说过,这样的事件在英、法、美这样的西方国家不可能发生。他虽然认识到这一点,但是由于没有在实际上解决领导制度问题以及其他一些原因,仍然导致了'文化大革命'的十年浩劫。这个教训是极其深刻的。"①邓小平的分析指出了良善的制度对于国家成长的意义,肯定了革命后西方国家追求良善的政制在法律秩序的成长中的意义对于国家治理、社会秩序和个体权利所具有的正面价值。

应该说,革命的法制逻辑不仅无法安顿革命,而且无法提供制度在革命后国家成长中的正当性,结果是法律秩序的危机与国家成长的病变同时发生。虽已是"文革"晚期,中国社会危机重重和国家成长病变,但 1975 年宪法在序言中依然宣布自 1957 年以来无产阶级专政下的继续革命的理论和实践解决国家治理、社会秩序和个人生活所出现问题的正当性。宪法的畸变是国家成长的病变之体现,1975 年宪法只不过是当代中国法律秩序坏死

① 《邓小平文选》,第 2 卷,北京:人民出版社 1994 年版,第 333 页。

的外衣而已。无产阶级专政与大民主、革命委员会与人民公社在宪法中的出现及其所带来的后果均表明国家制度重建的失效和公民权利体系的失范下国家成长的病变，从而陷入了三大危机之中："一是社会关系危机，即正常的社会关系被不正常的阶级斗争完全破坏和扭曲，所有的社会关系都必须依据阶级出身、阶级立场和阶级关系来重新衡量和确定。二是社会结构危机，即社会的中间阶层的力量，尤其是广大的知识分子被打倒，整个社会结构单一化为'无阶层'的群众性社会，社会也就因此失去了平衡力量，从而处于严重失衡和丧失发展活力的状态。三是社会秩序危机，即由于全面专政和全面内战，基本的社会生活和工作秩序受到严重破坏，打、砸、抢、抄、抓时常威胁着正常的社会工作、社会生活和人身安全。"①国家成长的病变也是执政党毅然结束革命的法制逻辑的契机，只不过其对于中国社会的代价以及法律体系重构的难度无疑必须正视。在十年"文化大革命"结束之后的1978年3月5日，第五届全国人民代表大会第一次会议在全面修改1975年宪法的基础上重新颁布了"文革"后的新宪法，即称1978年宪法。应该说，1978年宪法是在1975年宪法所构造的政制秩序和价值基础崩溃下走出国家成长病变的一次尝试。

也就是说，1978年宪法力图走出革命的法制逻辑的阴影，进而解决国家成长的病变的制度缘由。这一努力主要表现在：一是恢复人民代表大会制的民主基础。1978年宪法第3条规定："中华人民共和国的一切权力属于人民。人民行使国家权力的机关，是全国人民代表大会和地方各级人民代表大会。"删除了1975年宪法第3条规定的人民代表大会制中关于以工农兵代表为主体的表述，表明了1978年宪法力图拓展当代中国民主政体的社会基础。同时1978年宪法删除了1975年宪法关于"各级人民代表大会代表，由民主协商选举产生"的规定。无疑协商民主是现代国家在民主政治实现形式上的发展，是在一个公共参与日益多元的情况下重构宪法共识的制度安排，但是1975年宪法的规定在革命的法制逻辑下民主协商表现出来的是阶级立场、阶级关系和阶级出身决定了民主协商的展开。因此1978年宪法删除1975年宪法第3条中工农兵主体地位和民主协商的规定显然是

① 林尚立：《当代中国政治形态研究》，天津：天津人民出版社2000年版，第361页。高华以江苏省为例分析"大跃进"运动对中国社会的改造以及所引发的危机。另参阅高华：《革命年代》，广州：广东人民出版社2010年版，第244—256页。

重构当代中国政制秩序的民主化和开放性的努力。二是健全公共权力运行的制度构建。1978年宪法的总条文数是60条，与1975年宪法的30条相比，条文数增加1倍，其中增加的30条中有一半以上着眼于国家权力运行的制度构建。一方面恢复了被1975年宪法废除的关于人民检察院的设置，另一方面更重要的是对国家机构职权的规定细化，改变了1975年宪法对国家机构职权配置的粗疏的规定所支持着国家权力的无序扩张所带来的风险。三是丰富公民权利内容以弱化1975年宪法对国家权力非制度化安排所潜在的对社会的压制和公民的惩罚。现代法律体系中的法律规范，特别是宪法，主要作用并不是惩罚或压制，而是为人类共处和为满足某些基本需要提供规范性安排。使用强制性制裁的需要愈少，法律也就愈能更好地实现其巩固国家秩序与社会和平的目的。如果人们不得不着重依赖国家的强制作为实施法律的手段，或者说法律助长国家强制力在社会生活中的非制度化扩张，那么这只能表明该法律制度机能的失效，而不是对其有效性和实效的肯定。宪法对于现代法律体系，进而对于现代国家而言的真正益处在于它确保现代国家的公共权力与现代社会的公民权利之间有序的平衡，而这种平衡能够成功维护国家认同、政府有效与社会活力之间的有机联系。①

但是我们检视1978年宪法走出1957年以来国家成长病变的努力时，不得不承认这种努力是非常有限的。1978年宪法在其序言中肯定了“无产阶级文化大革命”，把“坚持无产阶级专政下的继续革命”规定为“全国人民在新时期的总任务”，这显然没有彻底走出革命的法制逻辑的阴影。② 1978年宪法第18条中诸如“卖国贼”、“反革命分子”、“新生资产阶级分子”、“其他坏分子”等类基于政治色彩和阶级立场对社会成员的界分，表明国家认同和社会关系的法律化水平依然不高。1978年宪法不仅没有体现过度民主对国家成长病变的反思，反而把“大民主”作为公民的基本权利确立下来。“大民主”在中国社会的实现，要么演变成无政府状态从而导致社会秩序，要么演化为社会最低限度共识的破裂而为形形色色的集权提供机会。“可以说，从革命建国以来直到改革开放，中国的法律史实际上是政党技术与法律

① 参阅[美]博登海默：《法理学：法律哲学与法律方法》，邓正来译，北京：中国政法大学出版社1999年版，第345—346页。

② 参阅许崇德：《中华人民共和国宪法史》，福州：福建人民出版社2003年版，第324—325页。

技术、动员技术与程序技术之间的关系史，是党组织动员技术对法律程序技术进行不断改造的历史。在这一法律的改造过程中，根据地时期所形成的新传统不仅为这种全面的法律改造提供了成功的经验，也为这种改造提供了充分的信心。但是，我们必须牢记在心的是，根据地时期政党组织技术对法律程序技术改造的成功是基于革命背景之上。因此，建国之后，政党组织技术和法律程序技术之间的征服与反征服的斗争实际上基于对革命或阶级斗争形势本身的判断。"①随着1978年底中国共产党对中国社会发展基本矛盾判断的变化，为彻底走出革命后国家成长的病变态势，当代中国社会开始着手放弃革命的法制逻辑而展开基于法的现代性追求的现代法律体系的构建。

① 强世功：《法制与治理——国家转型中的法律》，北京：中国政法大学出版社2003年版，第136页。

第四章 国家治理转型与现代法律体系重构

人类文明的成长史，无论是由传统帝制国家走向现代民主国家，还是由传统封建国家走向现代民族国家，从未有过纯粹和平的跨越。从封闭的传统文明体系进入开放的现代文明体系，从专断的人治秩序进入自由的法治秩序，不革命是不可能的，至少可以说，不流血地进入开放的现代文明体系，这一情况在人类文明成长史上尚无先例。无论是英美法德等西方国家，还是中国等后发国家，都得通过革命来揭开序幕。但是，革命所必然包含的流血冲突与社会对立，特别是在中国这样的后发国家，革命还必须面对外部因素介入所强化的激进主义滋长，也为革命后现代文明体系的成长与法治秩序的构建带来了严峻的挑战。法律体系的构建在革命后现代国家成长中的意义就在于弥合革命所造成的社会成员间的对立、社会结构的断裂，并提供社会成员的新共识、新预期以及现代国家的新秩序、新关系。在中国，由于传统帝制国家后期社会结构现代性因素的成长相当缓慢，已经完成现代制度构造的西方国家的入侵，导致革命前社会力量的脆弱和社会生活的饾饤化。这种脆弱和饾饤化在革命中转换为对激进革命的偏好和对国家权力的依赖，在革命后则转化为以政治运动和阶级斗争为主导的国家治理的意识形态化与以群众路线和惩罚社会为表现的法律体系构建的反现代性。因此，现代国家成长的变态和法律体系构建的反现代性所带来的社会活力丧失和社会整体性贫困的出现成为中国社会和执政党反思“革命后问题”的现实背景和逻辑起点。这就是 1978 年年底中国共产党十一届三中全会召开的背景以及其后推进社会主义现代化这一国家战略提出的起点。

无疑，解决社会整体性贫困，必须推进社会主义现代化，贫穷不是社会主义这一判断以及由此开启的现代化进程最能打动处于整体性贫困状态的中国社会，最直接地激发起社会成员最大限度的改革共识。要推进社会主义现代化,必须加强社会主义民主和健全社会主义法制,由此展开现代法律体系的重构。也正因为如此,法律体系的重构目标是明确的,就是为推进社会主义现代化提供制度安排。如果说西方国家制度文明的传统遗产所孕育的个体自主性、社会契约性与国家有限性塑造了革命后法律体系构建的品格,那么社会主义现代化的宏伟目标和国家治理转型的强烈诉求塑造了改革开放后法律体系重构的品格。“如果说西方的法律现代性问题是在解决共和传统中政府腐败的问题以及市民生活的兴起所导致的民主政治问题和防止国家过度治理的问题中走向了法治的道路,那么在中国法律的现代性则首先和以国家现代化为目标的治理问题联系在一起。”①以国家现代化为目标的治理问题是与革命后国家成长的变态以及由此造成的社会整体性贫困联系在一起的。改革开放以来法律体系重构所坚守的品格和所存在的问题在相当程度上与以现代化为目标的国家治理转型诉求联系在一起的。

第一节　走出革命的法制逻辑与现代政治正当性的宪法重构

正如前述,在世界范围内,现代国家的生成都经历了社会内部危机所引发的形形色色的革命。当然因革命之前的既有社会结构的内在张力约束以及革命过程中的社会力量间的对比关系消长对革命后现代国家的成长以及法律体系的建构带来不同的影响,进而形成不同的法律体系构建模式。英国光荣革命以及随后《权利法案》和《宽容法》的颁布奠定了现代国家安顿革命之道并确立起普通法模式的逻辑起点。因不成文宪制的形式演绎了革命后英国现代国家的成长之路,“有如一幢房屋,不断地增扩、修缮和部分地重建,使它在时代相传中不断更新,却从未被夷为平地,在新的地基上去重建。如果宪法是由机构而不是由描述这些机构的文件构成的话,那么英国宪法虽然从未被制定过,但却一直在生长着——只是没有书面文件而已。”②君主立宪制、不成文宪法以及契约自由为核心内容主导了革命后英国现代法律体系构建的“去革命”进程。作为没有传统社会的约束,但也经历独立战

① 强世功:《法制与治理——国家转型中的法律》,北京:中国政法大学出版社 2003 年版,第 133 页。

② [英] 詹宁斯:《法与宪法》,龚祥瑞等译,北京:三联书店 1997 年版,第 6 页。

争以及南北内战的美国而言，美国宪法所蕴含着的“去革命”或“反革命”的性质，构建了“我们人民”和“美利坚合众国”，“从此，一个地上的神——利维坦——国家塑造出来，宪政出场，革命谢幕。”[1]所以我们可以看到无论是建国后的内战，还是大萧条下的新政均已捍卫以宪法所确立的现代国家政治正当性为前提和共识。

中国的现代革命无疑不同于英国和美国，但是通过革命确立现代国家的追求是共同的。现代革命后中国走上了社会主义道路，符合中国的国情和当时社会发展的情势，然而人类制度文明成长史不仅表明革命的正当性以及革命后选择不同社会制度的正当性，而且也表明革命的正当性意义必须通过法律体系的构建所提供的现代法律秩序来维护，否则不断革命只能消解现代革命的正当性意义，同时革命后现代法律体系对不同社会制度的选择和捍卫不是一劳永逸的。革命的法制逻辑所造成的社会整体性贫困表明：革命的法制逻辑因其对法律的阶级性的片面追求而对法的现代性认识的忽视不仅强化了法律对国家的依赖而使法律体系的构建远离了具体的内部社会生活和变化着的外部社会发展的反映能力，而且弱化了法律对社会主义制度的表述能力而法律体系的构建远离了具体的个体自主性和活生生的社会发展活力的规范水平。因此，革命的法制逻辑是用政治挂帅、阶级斗争和群众运动否定了民主政治、社会合作和个体自由在法律体系构建中的意义，中国社会发展活力丧失下的社会整体性贫困直接威胁着革命后现代政治的正当性基础。走出革命的法制逻辑，通过宪法重构现代政治的正当性以实现社会主义民主和健全社会主义法制，进而全面启动中国特色社会主义法律体系的构建历程。

一、走出革命的法制逻辑：国家治理转型的诉求

1978年底，邓小平在作为十一届三中全会预备会的中共中央工作会议闭幕会上明确且有针对性地提出了关于中国社会走出革命的法制逻辑与通过现代法制建构推进现代国家治理转型的构想：[2]

其一，健全民主集中制，不能为了集中而否定或削弱民主，我们需要集中统一的领导，但是必须有充分的民主，才能做到正确的集中。在党内和人

① 高全喜等：《现代中国的法治之路》，北京：社会科学文献出版社2012年版，第101页。
② 参阅《邓小平文选》，第2卷，北京：人民出版社1994年版，第144—147页。

民内部的政治生活中，只能采取民主手段，不能采取压制、打击的手段，并努力形成又有集中又有民主，又有纪律又有自由，又有统一意志、又有个人心情舒畅、生动活泼的政治局面。这就彻底否定了1975年宪法和1978年宪法所强调的大民主正当性及其对中国民主政治成长所带来的负面影响。其二，切实保障工人农民个人的民主权利，宪法规定的公民权利不得侵犯。应通过放权，调整过于集中的经济管理体制和权力结构，从而使国家、地方、企业和劳动者个人四个方面的积极性得以充分发挥。这意味着1975年宪法和1978年宪法所赋予合法性的人民公社以及所谓的鞍钢宪法所强调的"两参三改一结合"体制对现代国家成长和现代社会发展所造成的困境必须破解。其三，为了保障人民民主，必须加强法制。必须使民主制度化、法律化，使这种制度和法律不因领导人的改变而改变，不因领导人的看法和注意力的改变而改变。在民主和法制建设中，要做到有法可依、有法必依、执法必严、违法必究。这一构想随着中共十一届三中全会明确抛弃阶级斗争并确立社会主义现代化作为国家建设的重心而成为国家治理转型的新诉求。这一新诉求无疑使得中国社会重新思考社会主义与资本主义的区别、国家成长与公民权利的关系、阶级利益与社会共识的互动在现代法律体系构建中的实现方式。

革命的法制逻辑对社会主义制度的强烈渴望与对现代资本主义国家制度文明的简单排斥来实现，结果是现代制度文明的好处未得，社会主义制度在法律体系上的实现水平陷入教条化；对主权国家成长的迫切诉求与公民权利的非制度化强调来实现，结果是国家成长的危机始终存在，公民权利在法律体系上的实现水平陷入非程序化；对阶级利益的直接主张与社会共识的运动化处理相结合，结果是阶级民主的饾饤化，社会共识在法律体系上的规范水平陷入政治化。所以，1978年以来现代法律体系的重构在中国社会的展开，是在走出革命的法制逻辑以实现社会主义现代化这一主题下展开的。从中国社会发展的内在逻辑来分析，改革开放以来现代法律体系的重构具有革命性的意义，不仅给社会主义制度在中国社会的发展提供新的激励机制和价值规范，更重要的是要为现代国家在中国社会的成长提供新的制度安排和法制逻辑。为此，执政党通过发起实践是检验真理的唯一标准的大讨论从思想上终结革命模式下法律虚无和政治挂帅的国家治理观念，通过反思中华人民共和国建立以来的若干重大历史问题从制度上终结革命模式下运动治国和民主失范的国家治理机制。

首先,走出革命模式是与中国社会重新认识社会主义社会的发展阶段和制度形态的特殊性的努力联系在一起的。利普塞特说得好,“合法性的危机是变革的转折点。”①终结革命模式必须从被革命模式严重曲解了中国社会发展阶段、社会主义制度规定性以及资本主义制度发展趋势的误区中走出来,从这个意义上说,终结革命模式必须恢复革命后 1954 年宪法所确立的中国社会发展阶段和社会主义制度的目标并重新启动现代法律体系的重构。

中国共产党领导现代革命成功并建立致力于为结束传统专制统治、现代资本剥削的中华人民共和国,这一现代革命的成功是建立在中国共产党对中国社会发展水平,特别是自鸦片战争以来中国社会发展状态的深入分析基础上的,也正是因为如此,中国共产党在领导中国现代革命即将成功之际明确提出了中国社会发展必须通过新民主主义的建设而后走向社会主义社会的建设。所以,《共同纲领》提出了中华人民共和国为新民主主义即人民民主主义的国家,是工人阶级、农民阶级、小资产阶级、民族资产阶级及其他爱国民主分子的人民民主统一战线的政权。与此相应,《共同纲领》第 26 条明确规定革命后中华人民共和国经济建设的根本方针是以公私兼顾、劳资两利、城乡互助、内外交流的政策,达到发展生产、繁荣经济之目的。应该说《共同纲领》体现了在经济文化相对落后的社会通过现代革命建立现代国家必须承认利益关系的多元化的合法性以及提供现代社会成长的制度空间的必要性的认知。基于对中国社会发展阶段的这一认知,革命后人民民主与阶级合作、公共利益与个人权利理应在当代中国法律体系构建中予以有效平衡。

1954 年宪法在序言中虽然明确提出建成繁荣富强的社会主义社会是革命后当代中国国家建设的目标,但依然坚持《共同纲领》对中国社会的基本判断,提出从中华人民共和国成立到社会主义社会的建成,这是一个过渡时期。然而国家建设的目标与社会发展的阶段在国内形势和国际因素的影响下发生冲突,这种冲突在 1954 年宪法中其实已经有所表现,比如人民民主不再包含阶级合作,又比如虽然在第 4 条提出中华人民共和国的生产资料所有制包括个体劳动者所有制和资本家所有制,但是随后又提出国家对

① ［美］利普塞特:《政治人——政治的社会基础》,刘刚敏等译,北京:商务印书馆 1993 年版,第 53 页。

富农经济采取限制和逐步消灭的政策，逐步以全民所有制代替资本家所有制。由此所带来的是宪法所明确规定国家建设的目标取代宪法模糊承认的社会发展的阶段成为1954年之后形成革命模式的缘由。我们就不难理解大跃进、人民公社和政治挂帅在当代中国社会出现的制度成因了。无论是1975年宪法和1978年宪法，还是其中所谓的鞍钢宪法，对中国社会发展阶段的模糊处理从制度上提供了激进主义成长和国家治理反制度化的正当性。为此，1978年底所启动的社会主义现代化必需从制度上消解对中国社会发展阶段和人类社会发展趋势的盲目或激进的理由。加强社会主义民主就是要从法律上提供国家权力运行与公民权利实现的制度化、规范化的机制，彻底走出大民主所带来的反民主困境，健全社会主义法制就是要从法律上提供现代国家治理和现代社会成长的规则体系，彻底走出政治挂帅所带来的反社会困境。1979年全国人民代表大会制定的7部法律，特别是《中华人民共和国检察院组织法》、《中华人民共和国法院组织法》、《中华人民共和国地方各级人民代表大会和地方各级人民政府组织法》、《中华人民共和国全国人民代表大会和地方各级人民代表大会选举法》、《中华人民共和国刑法》和《中华人民共和国刑事诉讼法》体现了中国社会走出革命模式的努力，同时全国人民大会常委委员会作出了关于中华人民共和国建国以来制定的法律、法令效力问题的决议，这是对革命模式下政治挂帅下的法律和法令进行清理。

1982年宪法明确提出国家的根本任务是社会主义现代化，随之1993年和1999年宪法修正案对当代中国社会发展长期处于社会主义初级阶段的制度定位，现代化是国家建设和社会发展的目标和路径，那么现代法律体系重构的一个逻辑起点、规范选择和价值追求必须从现代化这一中国社会发展阶段的必然诉求中寻找。与重新认识革命后中国社会发展阶段紧密联系在一起的是社会主义制度形态的特殊性。社会主义制度为当代中国国家成长提供了制度基础和政治前提，由此我们反思革命模式并不是要否定革命后所确立的这一制度基础和政治前提，因为这维系着中国社会发展和国家成长的政治基础和制度方向。但是革命模式对社会主义制度形态的特殊性的追求是在一个拒绝人类制度文明间对话，特别是与资本主义制度形态相对立的逻辑中来实现的。因此，用计划经济对抗市场经济、政治认同否定契约自由、公共利益消解个体权利、全能政府取代有限政府，成为革命后社会主义法律体系构建的核心。然而事实是，20世纪以来的法制改革表明，革命后西方资本主义制度虽然坚持市场经济、契约自由、个体权利和有限政府只是作为法律体系构建的底线，在承认这一底线的前提下，西方资本主义制度并没有否定计划经济、社会保障、公共利益和政府责任在法律体系构建中的意义。

革命模式把社会主义制度形态的特殊性予以了教条化和静态化的理解，最终伤害的不是资本主义制度，而是革命后现代法律体系的构建背离人类制度文明发展趋势和弱化对社会主义制度形态的维护能力，因此，走出革命模式，一方面现代法律体系的重构不能放弃对社会正义的维护能力来体现对社会主义制度属性的恪守水平，另一方面必须承认个体正义在法律体系重构中的正当性来体现对现代社会发展活力的保障。从这个意义说，中国社会以及法律体系的重构必须走出 1957 年之后所形成的革命模式对国家治理、权威认同和社会发展的困境。

其次，走出革命模式是基于中国社会要实现现代化的需要，也只有推进现代化才能真正终结革命模式的社会基础，从而实现国家治理的现代转型，当代中国法律体系的重构才有得以展开的社会基础和现实需要。也就是说走出革命模式是与当代中国法律体系适应中国现代化战略的诉求联系在一起的。① 关于人类社会的现代化发展，艾森斯塔德的表述最为精炼："就历史的观点而言，现代化是社会、经济、政治体制向现代类型变迁的过程。它从 17—19 世纪形成于西欧和北美，而后扩及其他欧洲国家，并在 19 世纪和 20 世纪传入南美。亚洲和非洲大陆。"②在艾森斯塔德所描述的现代化发展现实中，人们不仅能够体悟到人类社会现代化的历史进程，而且能够感悟到现代化是一个包括法律制度转型在内的整体变革进程。如果革命模式的形成是与阶级关系冲突性作为中国社会基本矛盾判断分不开的话，那么对社会主义法制建设的肯定是与现代化能力作为中国社会基本矛盾判断联系在一起的。

邓小平在总结革命后党领导国家建设的经验教训的基础上，明确提出，"社会主义的首要任务是发展生产力，逐步提高人民的物质和文化生活水平。……不发展生产力，不提高人民的生活水平，不能说是符合社会主义要

① 参阅潘伟杰：《当代中国立法制度研究》，上海：上海人民出版社 2013 年版，第 68 页。
② ［以］艾森斯塔德：《现代化：抗拒与变迁》，张旅平等译，北京：中国人民大学出版社 1988 年版，第 1 页。

求的。"①正是在这一判断的指导下，以经济建设为中心的现代化提供了国家治理转型的社会基础和法制建设的物质基础。没有经济发展，法律体系的重构就失去了动力，反过来，没有法律体系的重构，经济发展就失去制度保障。因为经济越发展，利益分化以及社会结构的变迁程度就越深化，制度及其通过制度营造共识、保障活力和提供秩序越显得重要。因此，现代化核心是经济结构和经济制度的现代化，这就离不开国家治理模式的现代化以及法律体系重构对现代性的追求。现代化的推进是一个利益关系得到不断承认和利益分化不断得到彰显的过程，所以当代中国法律体系的重构应当建立承认社会成员的自主性并为这种自主性的实现提供规则体系。一个失序、失范的现代化将无法实现其应有的意义，这是为世界各国现代化的历程所证明了的。只有建立在社会发展基础上的法制才是真实的，革命模式把当代中国法制置于空中楼阁从而最终使法制失去意义、动力和方向。当然也只有拥有追求现代性的现代法律体系的社会发展才是可持续的且有预期的，因为法律体系的重构为社会发展提供了有活力的激励规范和稳定的价值预期。

更为重要的是，现代化本身对任何一个革命后现代民族国家及其社会成员提出了最尖锐的要求，即后者必须回答现代民族国家成长的开放性和社会成员的自立性问题，必须在法律体系构建确立现代民族国家在社会和世界中的角色问题以及社会成员与他者不同利益诉求中共处的问题。革命模式是在一个封闭的语境中定义革命后现代民族国家对于社会和世界的意义以及在一个政治认同的逻辑中界定社会成员的利益关系。由此从制度上，如《户籍条例》拒绝了契约自由对于社会成员的意义，如 1975 年宪法和 1978 年宪法对反革命的强调显示了革命后现代民族国家成长在中国社会所面临的境遇。那么 1978 年底国家建设的根本任务转移到以经济建设为中心的现代化建设上，1982 年宪法把这一国家任务合法化则意味着改革开放后法律体系重构必须走出革命模式对国家及其个体的定位之误区。也即是说，经济发展不是现代化的全部，现代化最重要的是现代国家成长和现代社会发展的水平，是现代国家在社会中的角色和社会成员在社会中的关系，因此，改革开放后法律体系的重构从经济发展提供规则体系入手，逐步展开对现代国家在社会中的角色规范和社会成员在社会中

① 《邓小平文选》，第 3 卷，北京：人民出版社 1993 年版，第 116 页。

的关系规制。

最后,走出革命模式是与当代中国法律体系的重构融入人类制度文明体系的诉求联系在一起的。也就是说,终结革命模式不是在封闭的社会生活中进行的,而是通过承认现代法制的制度价值体系来推进革命模式的终结。把民主政治与法制建设结合起来,实现民主制度化、法律化,使民主制度和法律不因领导人的改变而改变,不因领导人的看法和注意力的改变而改变。这一构想深刻体现了当代中国法制建设对现代社会法律发展趋势的承认和理解。"不要社会主义法制的民主,不要党的领导的民主,不要纪律和秩序的民主,决不是社会主义民主。相反,这只能使我们的国家再一次陷入无政府状态,使国家更难民主。"①彻底终结了革命模式大民主所带来社会混乱的悲剧,成为当代中国法律体系融入现代制度文明体系的动力。

固然自鸦片战争以来,业已确立现代法律体系的西方国家奉行帝国主义和殖民扩张对中国国家主权的破坏和社会资源的掠夺是一个不争的事实,因此反对帝国主义在当代中国革命观的形成中具有特别重要的位置。正因为如此,从《共同纲领》到 1978 年宪法在序言中均强调反对帝国主义。② 当代中国革命观反对奉行帝国主义的西方国家对近代以来中国社会的国家主权的粗暴干涉和社会资源的掠夺当然没有错,错在于革命后中国社会把反帝国主义悲情化导致对西方现代制度文明的整体性拒绝或否定,由此革命后法律体系构建在一种近乎封闭的社会环境和完全悲情的政治话语中展开,最终在革命的法制逻辑中法律体系的阶级性否定社会性、主权捍卫否定制度对话,由此加剧了现代法律体系的现代性希求与中国的被害者意识之间的紧张关系。③ 所以中国社会必须彻底摒弃革命模式下法律体系构建毕其功于一役或另辟蹊径的简单选择,从而把法制建设问题提升到社会主义政治体制改革以及社会主义现代化建设的战略高度,赋予法制建设作为中国政治体制改革根本取向之一的重要意义。

革命模式的终结和国家治理的转型是在改革开放成为新时期最重要的

---

① 《邓小平文选》,第 2 卷,北京:人民出版社 1994 年版,第 146 页。

② 1978 年宪法序言运用极其悲情化和过度政治化的语言表述到:我们要坚持无产阶级对资产阶级的斗争,坚持社会主义道路对资本主义道路的斗争,反对修正主义,防止资本主义复辟,准备对付社会帝国主义和帝国主义对我国的侵略。

③ [日]大沼保昭:《人权、国家与文明:从普遍主义的人权观到文明相容的人权观》,北京:三联书店 2003 年版,第 3 页。

特征这一背景下展开的。改革开放必然要求当代中国法律体系的重构置于全球化不断推进这一背景下来考虑，主动与国际制度接轨。革命模式为革命后当代中国法律体系的建构营造了一个自我封闭的环境，法律体系与人类制度文明发展趋势相脱节。走出革命模式就意味着当代中国法律体系不可能在孤立和封闭的社会状态中进行，主动学习人类制度文明的所有有益成果，有效学习国际制度。改革开放后国家治理模式的深刻变化，当代中国法律体系的重构必须谋求在一个开放的社会中体现法律规范的包容性、法律秩序的有效性和法律价值的开放性，从而在一个开放的社会中持续通过制度间对话与学习捍卫国家主权和人民尊严，如若不然，革命的法制逻辑已经表明在一个封闭和悲情的语境中因捍卫国家主权和人民尊严的成本太高导致中国社会对法律体系构建的放弃，反过来伤害的不是资本主义，而是社会主义。既然中国社会再也无法重新回到与现代化相遇之前的状态当中去了，那么走出革命模式在一个开放的社会中重构现代法律体系就成为现代国家成长的重要诉求，而实现这一诉求的关键在于通过恢复 1954 年宪法所确立的人民民主和社会主义为国家建设和制度选择的前提下重构改革后现代国家政治正当性。因此 1982 年宪法既要延续人民民主和社会主义在现代国家政治正当性重构中的地位，又要丰富人民民主和社会主义在现代国家政治正当性重构中的内涵。不仅在法律原则上恢复 1954 年宪法所确定的革命后现代国家成长的原则方向和价值坚持，而且在法律规则和法律概念上落实现代宪法所必须明确的现代政治发展的具体内涵和规范界定。

二、改革后现代国家政治正当性的重构：以 1982 年宪法为中心

所有现代革命均致力于在推翻旧体制的传统国家之后重建现代国家政权体制，以一种新的政治正当性为基础重建一个新的政治秩序和社会秩序。现代革命大力宣扬自由和民主在现代政治正当性重建中的意义，并在革命后法律体系构建中予以实现。① 然而，革命的法制逻辑拒绝公民自由的制度建构导致了革命后国家权力恣意“化私为公”和空前严格的身份制束缚（以计划经济、全民所有制、人民公社在 1975 年和 1978 年宪法中的合法化

① 参阅[以] 艾森斯塔德：《大革命与现代文明》，刘圣中译，上海：上海人民出版社 2012 年版，第 13 页。

以及全国人大常务委员会于1958年制定并施行于1958—1978年《户口登记条例》为表征)，忽视社会民主的制度建构恶化了革命后国家权力有效性的制度表现和空前破碎的公共参与(以大民主的泛滥、国家政权体制的非制度化以及惩罚社会的兴起在1975年宪法、1978年宪法以及施行于"文化大革命"期间的《公安六条》为表征)。由此革命后至改革前，公民自由的缺失与社会保障的贫乏、公民权利实现的非规范化与国家权力行使的非制度化摧毁了现代革命的价值追求以及1954年宪法对革命后现代国家政治正当性构建的努力。所以当执政党重估中国社会的基本矛盾和社会发展的核心使命后，反思党和国家领导制度对现代国家政治正当性实现之得失的过程中提出必须重构现代国家政治正当性，作为走出革命的法制逻辑的重要一步。这一步不仅是对现代革命的价值追求以及制度实现具有重要意义，而且对1954年宪法对现代国家政治正当性的恢复以及根据中国社会发展实际情况和人类制度文明发展趋势在法律体系重构中的体现水平的提升具有关键作用。

正如美国学者阿尔蒙德所言：一个政治体系提取资源、管制行为和分配产品与服务的能力将受制于当局合法性的程度和性质。① 走出革命的法制逻辑所带来的政治革命后现代国家成长的病变困境，其关键不在于复原现代国家的政制形式、结构和关系，而在于复原并重构现代国家政制形式、结构和关系所具有的功能，其中最为关键之处在于复原现代国家以公共权力合法性为核心的政治正当性基础，因为，只有具备了合法性基础，这些功能才得以有效的实现。②因此，以合法性为核心的现代国家政治正当性重构是中国社会改革开放之后现代国家成长所面临的根本问题。1982年宪法通过修正1978年宪法，特别是否定1975年宪法对现代国家政制形式、结构与关系的破坏并恢复1954年宪法所坚持的人民民主制度和人民利益至上性而承担起现代国家政治正当性重构的使命。③ 1982年宪法与1954年宪法的关系体现在两个方面：一是继承和恢复人民民主与社会主义在现代国家政治正当性中的地位，二是丰富和发展公民权利与民主实现在现代国家

① 参阅[美]阿尔蒙德：《比较政治学》，曹沛霖等译，上海：上海人民出版社1987年版。

② 参阅林尚立：《当代中国政治形态研究》，天津：天津人民出版社2000年版，第277页。

③ 时任全国人大常委会委员长的彭真明确指出人民的利益是共和国宪法必须捍卫和落实的使命，1982年宪法的制定从草案公开征求社会意见到内容上对人民利益的捍卫均体现了这一使命的诉求。参阅张友渔：《宪法论文集》，上册，北京：群众出版社1982年版，第3页。

政治正当性中的意义。时任全国人大常委会委员长的彭真同志在《关于中华人民共和国宪法修改草案的报告》中指出："中华人民共和国的第一部宪法，即1954年宪法，是一部很好的宪法。但是，那时我国还刚刚开始社会主义改造和社会主义建设。现在我们国家和社会的情况已经有了很大变化，1954年宪法当然不能完全适用于现在。这个宪法(即1982年宪法——引者注)修改草案继承和发展了1954年宪法的基本原则，充分注意总结我国社会主义发展的丰富经验，也在注意吸收国际的经验；既考虑到当前的现实，又考虑到发展的前景。"①所以，1982年宪法对于当代中国国家成长所具有的意义，不仅在于使当代中国国家成长在这部新宪法中得以复原，而且在于使当代中国国家成长在这部新宪法下获得新的支持。这种复原和发展无疑是以1982年宪法对现代国家政治正当性的重构为核心的，1982年宪法对现代国家政治政治性的重构继而对当代中国国家成长的复原和发展主要通过三个方面表现出来：

第一，以宪法的形式恢复并丰富了革命模式终结后当代中国国家成长和法律体系重构所必须坚守的基本原则，即人民民主和社会主义。② 虽然1954年宪法已经明确了人民民主和社会主义是当代中国法律体系构建的原则，但是由于当时尚未进行社会主义改造，仍处于过渡时期，所以1954年宪法主要强调人民民主原则，至于社会主义原则，只作为当代中国制度建设的一种理想和目标来强调。但是1975年宪法和1978年宪法把社会主义的理想目标与中国社会发展水平的实际情况割裂，进而从宪法层面赋予无产阶级专政下继续革命在国家治理中的正当性。这种正当性转换到现实国家治理中就成为国家权力的非制度化表现和公民权利的非程序化实现。一方面是国家权力在社会发展中的非制度化存在导致出现"反竞争的伪公平"和整体性社会贫困；另一方面公民权利在社会生活中的非程序化行使导致"反自由的伪民主"和均质化社会强制。③

重估人民民主和社会主义这两大原则在革命后现代国家成长中的法律实现方式是改革后法律体系重构必须首先面对的问题。当然这一重估遵循从观念松绑入手进入法律体系的革新这一路径。观念松绑主要通过1978

① 参阅《中华人民共和国宪法》，北京：人民出版社1983年版，第51页。
② 参阅林尚立：《当代中国政治形态研究》，天津：天津人民出版社2000年版，第381页。
③ 参阅秦晖：《共同的底线》，南京：江苏文艺出版社2013年版，第55—57页。

年 9 月《人民日报》特约评论员来表述，①而法律体系的革新则要通过宪法的革新来实现。1982 年宪法依然强调人民民主和社会主义这两条原则，但是 1993 年宪法修正案指出当代中国处于社会主义初级阶段的定位，1999 年宪法修正案根据中国国情和世界情势则进一步强调中国社会将长期处于社会主义初级阶段。鉴于革命模式下制度浪漫主义所带来的困境及其教训，1982 年宪法及其 1993 年修正案对民主和社会主义的强调是符合中国社会发展和现代社会发展的基本要求的。《总纲》第 1 条这样写道："中华人民共和国是工人阶级领导的，以工农联盟为基础的人民民主专政的社会主义国家。社会主义制度是中华人民共和国的根本制度。禁止任何组织或者个人破坏社会主义制度。"在宪法中明确规定当代中国国家成长所恪守的社会主义制度，不同于现代西方国家成长所坚持的资本主义制度。这就意味着当代中国国家治理和法制建设必须着眼于社会主义制度的根本要求。如果说现代西方法律体系的构建基于对资本主义这一制度属性的恪守必须始终强调个体正义的话，那么当代中国法律体系的重构则基于对社会主义这一制度属性的恪守必须始终强调社会正义。可见社会主义制度在宪法中的地位必然演化为当代中国法律体系重构的价值取向。但是我们清楚地认识到，革命的法制逻辑对社会正义的坚守进而对社会主义制度的捍卫是建立在对个体正义的否定这一前提下，而对个体正义的否定是与国家权力的非制度承认联系在一起的。所以说革命的法制逻辑必然赋予以反自由的方式"化私为公"的国家权力以正当性支持。无论是社会主义改造的实践，还是 1975 年宪法和 1978 年宪法对无产阶级专政下继续革命对于解决中国社会发展问题和捍卫社会主义制度正当性的要求，均表明革命的法制逻辑对社会正义的抽象强调和社会主义超越资本主义的

① 1978 年 9 月，《人民日报》连续发表了两篇特约评论员文章。一篇是《马克思主义者怎样看待物质利益》。文章指出："人们进行生产斗争和阶级斗争都是直接间接为了物质利益；应当实现个人物质利益和阶级物质利益的统一；领导阶级必须保障被领导阶级的物质利益；无产阶级政治挂帅的一个重要任务，是保证国家、集体、个人利益的结合。"另一篇文章是《坚持社会主义的民主原则》。文章认为，要发扬民主，首先必须保障人民享有充分的民主权利。针对中华人民共和国成立以来，特别是 1957 年以来民主在主权国家正当性和民主政府有效性的实现上所存在的严重缺失，深刻指出："当前首先要解决的问题是：第一，我们的干部是受人民的委托来管理该技术的，必须懂得自己的一切权利都是人民授予的，只能运用它来为人民服务，而决不能把它作为谋取私利的手段。第二，我们的干部不论职位多高，都必须把自己的一切工作置于人民群众经常的直接的监督之下。第三，我们的干部必须坚决维护人民群众法定的民主权利，自觉地遵守社会主义法制，任何时候不能违背。第四，我们的干部必须和人民同呼吸，共命运，一切言论和行动都要体现人民群众的利益，而决不能滋长官僚主义。"参阅《中华人民共和国实录》，第 4 卷(上)，长春：吉林人民出版社 1994 年版，第 150、152 页。

强烈追求。

固然西方国家片面赋予个体正义在法律体系构建的正当性以捍卫资本主义制度的特殊性,由此在 20 世纪以前西方国家不得不面对严重的阶级对立和社会危机,但是西方国家在 20 世纪以来的法律体系的改革,从以社会保障的国家责任和公共财政的个体义务为核心的宪法修正到社会法的制定,充分认识到法律体系的构建不能拒绝社会正义,否则不仅造成资本主义制度因社会正义缺失而不得不面对合法性危机,而且持续社会成员间的对立而不得不面对社会失序的代价。对于中国社会来说,通过政治革命从一个经济文化相对落后的社会走向社会主义,无疑必须通过革命后法律体系构建以落实社会正义以体现社会主义制度的法律诉求,然而对社会正义的追求若是拒绝了个体正义,最终带来的是因反自由的方式实现"化私为公"而导致的社会发展活力的饾饤化和因公民自由权利的约束而导致国家治理的民粹化。因此 1982 年宪法对社会主义的表述历经 1993 年和 1999 年两次宪法修正案的具体化之后,确立起不同于改革前法律体系对个体正义的妖魔化和对社会正义的政治化而试图超越资本主义的努力,在这一努力中,以个体正义为价值诉求,以市场经济、财产权和契约自由为内容的个体正义在法律体系重构过程获得正当性,当然这不是法律体系重构对社会正义的抛弃或否定。1982 年宪法没有放弃公有制与按劳分配的主体地位,没有放弃社会保障的政府责任,而是承认个体正义在改革后中国现代政治正当性的存在,通过更好地赋予政府对社会生活的责任和更多地承认自由对社会发展的意义来平衡社会正义与个体正义在法律体系重构中的关系。必须明确的是 1982 年宪法对社会主义的再次强调,意味着个体正义在法律体系重构的意义不是建立在对社会正义的否定基础之上的。社会主义法律体系对资本主义法律体系的超越既不能像革命的法制逻辑那样通过否定个体正义来实现,更不能通过否定社会正义来实现。社会主义初级阶段对于现代政治正当性而言则必须承认个体正义以实现国家权力的有限性和规范化,同时坚守社会正义以明确国家权力的有效性和合理性。

对于人民民主而言,则是要走出革命模式下的大民主的误区,恢复并深化社会主义民主政治建设。没有民主,就没有社会主义,而没有法制的民主就不是真正的民主。因为民主不尊重法制,民主就不会存续多久。"民主和法制,这方面都应该加强,过去我们都不足。要加强民主就要加强法制。没有广泛的民主是不行的，没有健全的法制也是不行的。我们吃够了动乱的苦头。”[①]1982年宪法取消了革命模式下宪法所规定的大民主，把社会主义民主与社会主义法制统一起来。用邓小平的话来说，就是“发扬社会主义民主，健全社会主义法制，两方面是统一的。”[②]对人民民主的追求固然是现代革命不同于传统革命的根本所在，也是现代革命后现代政治正当性的基石，但是人民民主由现代革命的诉求转换为革命后现代政治的正当性则需要切实的制度安排。1975年宪法和1978年宪法所承认的大民主，不仅误读了民主在革命后现代政治正当性的意义，而且支持了民粹主义在革命后现代政治正当性的泛滥，最终不是人民民主的有效实现，而是国家权力对社会生活的恣意渗透。民主与法制相结合的过程是公民权利的承认与国家权力的规范进行刚性的制度制约的过程。当然这一过程不会也不可能像现代革命对人民民主的追求那样一劳永逸或以另辟蹊径的方式来实现。因此，对人民民主和社会主义原则在1982年宪法以及修正案中的确认，意味着改革后宪法注意到民主的制度化、社会主义对个体正义的法律落实对于现代政治正当性所具有的意义。

第二，承认公民权利与义务平衡性的现代法制精神和现代法律规范选择成为革命模式终结后当代中国追求和实现现代政治正当性的关键内容。现代主权国家能够区别于传统王朝国家的根本就在于广泛承认公民权利，以此维系现代主权国家的合法性基础。当代中国社会主义宪政秩序的建立无疑为广泛承认并落实公民权利提供了制度依据，然而1954年宪法所确认的公民权利被随后形成的革命模式所抛弃了。执政党在1978年底召开的十一届三中全会的决议中明确使用了被革命的法制逻辑所抛弃的“利益”和“权利”这两个词，指出国家治理在经济上充分关心人民的物质利益，在政治上切实保障人民的民主权利。离开一定的物质利益和政治权利，任何阶级的任何积极性是不可能自然产生的。1979年7月召开的第五届全国人民代表大会第二次会议制定颁布了《中华人民共和国刑法》和《中华人民共和国刑事诉讼法》深刻表明了中国社会开始注重制度建设以保障社会成员的合法权利，结束了革命模式下刑事法律领域靠“刑事”政策和“条例”运作的

① 《邓小平文选》，第2卷，北京：人民出版社1994年版，第189页。
② 《邓小平文选》，第2卷，北京：人民出版社1994年版，第276页。

状态。① 1982 年宪法在终结革命模式的过程中充分承认公民权利，恢复 1954 年宪法关于公民在法律面前一律平等的规定，并强调公民权利与义务的平衡。

1982 年宪法在公民权利与义务的规定上遵循 1954 年宪法，然而，其赋予的公民权利大大超出了革命模式下的 1975 年宪法和 1978 年宪法的相关规定。1954 年宪法关于公民基本权利的条款是 14 条，1975 年宪法只有 2 条，1978 年宪法是 12 条，而 1982 年宪法则增加到 18 条。更重要的是，1982 年宪法对公民权利规定的内容更加充实、具体、明确。2004 年宪法修正案关于人权条款和对公民财产权规定更是体现了公民权利在法律体系重构中的不可或缺的地位。与 1954 年宪法相比，1982 年宪法在赋予公民广泛权利的同时，也注意到了对公民应承担义务的规定，力求权利与义务平衡，这实际上使它能更好地保证公民权利的实现。通过权利与义务的平衡来实现公民对主权国家的认同是现代国家成长的制度要求。“拥有近代的人格主体的人，不仅意识到为了对抗侵害权利而主张自己的权利是问心无愧的正当行为，甚至会感到只有主张权利和为权利而斗争才是肩负维护这种秩序的权利人为维护法律秩序所应尽的社会义务。所以对他们来说，默认侵害权利的行为，或对此置若罔闻是难以忍受的痛苦，而且甚至被当作不履行社会义务来意识。对权利的这种意识的信念和热情，正是使权利得以成为权利、使法律秩序得以成为法律秩序的根本条件。如果没有这些，被称为权利的内容尽管写在法律条文上，现实中它也决不会是权利。”② 1982 年宪法还规定：“中华人民共和国公民在行使自由和权利的时候，不得损害国家的、社会的、集体的利益和其他公民的合法的自由和权利。”对公民权利和义务作这样的规定，是革命模式时期的宪法所没有的。1982 年宪法的出发点始终在于更有效地为实现公民权利提供正当性。同时，1982 年宪法把公民的基本权利和义务一章由原来的第三章提到第二章国家机构之前，置于第一章总纲之后，彰显了 1982 年宪法对公民权利重要性的现代宪制精神的承认，对现代国家与公民以及民主政府与社会成员之间的关系的重新理解，从而标志着法制现代化进程的开启。

---

① 信春鹰：《中国的法律制度及其改革》，北京：法律出版社 1999 年版，第 195 页。

② ［日］川岛武宜：《现代化与法》，王志安等译，北京：中国政法大学出版社 1994 年版，第 56—57 页。

在现代国家法律体系构建中，正是通过对公民权利的维护和尊重来体现对法的现代性的追求并展现现代国家不同于传统国家成长的路径。只有在法律上承认公民权利，法制现代化才能有所附，也才能更进一步推动法制的全面现代化。因为，法制现代化“这个概念要突出社会主体在这一过程中的主观活动。”[①]所以，我们从 1982 年宪法对公民权利与义务的平衡努力来看，终结革命模式后，1982 年宪法通过规范选择进入一个价值重建的时期。[②] 特别需要指出的是，1982 年宪法废除政社合一的人民公社，这是对革命的法制逻辑所支持的运用国家权力以反自由的方式推行“化私为公”的国家治理方式的否定，同时为联产承包责任制和市场经济在法律体系重构中获得正当性提供了制度空间。从社会成员与公共权力之关系的角度看，1982 年宪法所提供的制度空间或所预示的法律体系重构的本质诉求就是为社会成员逐渐从直接由公共权力统辖的高度组织化的团队中分离出来，或者说为逐渐脱离国家权威对社会资源和利益关系的直接控制提供制度依据和法理支持。[③] 当然要注意的是，基于对社会主义制度的坚持和中国社会改革路径的特殊性的认知，为公民权利与个人自由的实现或推进公私分离的社会改革提供制度依据和法理支持不能陷入“不公平的伪竞争”陷阱。

第三，加强和完善现代国家的代议民主制政权体系，重构符合现代国家正当性的权力关系与现代社会成长诉求的政府体制。[④] 在传统国家向现代国家的转换过程中，为了实现和维护人民对现代国家的认同，现代国家必须提供参与公共生活的制度安排，代议民主制政权体系也正是作为国家认同和民主精神的体现而成为现代国家形成后的一种普遍性制度安排，这一制度安排维系着现代社会权力关系制度化的努力方向和制度精神。总览政府体制有效性与规范性在现代法律体系构建中的实现历程，不难发现，“理想上最好的政府形式就是主权或作为最后手段的最高支配权力属于社会整个集体的那种政府；每个公民不仅对该最终的主权的行使有发

① 公丕祥：《中国法制现代化的进程》，上卷，北京：中国人民公安大学出版社 1991 年版，第 59 页。

② 参阅谢晖：《价值重建与规范选择——中国法制现代化沉思》，济南：山东人民出版社 1998 年版，第 65 页。

③ 夏勇把这一过程称作“公私分离”。严格说来，是“私”从“公”中分离出来。参阅夏勇：《中国民权哲学》，北京：三联书店 2004 年版，第 262—263 页。

④ 参阅潘伟杰：《法治与现代国家的成长》，北京：法律出版社 2009 年版，第 140—143 页。

言权,而且,至少是有时,被要求实际上参加政府,亲自担任某种地方的或一般的公共职务。”①列宁对此也敏锐指出:“如果没有代议机构,那我们就很难想象有什么民主?即使是无产阶级民主。”②显然1982年宪法着眼于恢复并加强当代中国的代议民主制政权体系,以此在有效推进社会主义现代化进程中夯实现代国家政治性并提升当代中国政府体制的有效性和权力运行的有效性。这种努力体现在四个方面:

其一,厘清党与人大的关系。中国共产党努力打破意识形态的教条主义理解所形成的误区,强调党的主张应该通过代议民主的制度化和程序化所提供的空间成为国家的法律,善于通过法律体系的建设来加强和完善党的领导。1982年宪法明确规定任何政党必须在宪法和法律的范围内活动。1991年,中央8号文件中明确了进一步加强立法工作的意见,这份文件的标题是“中共中央关于加强对立法工作领导的几点意见”。应当说,这份文件第一次对党监督立法工作的权力作了限制,并明确将党对立法工作的领导限定为政策引导,包括对全国人大立法草案的审查和审定。这一文件标志着党与全国人大之间关系制度化的开始,意味着党在对人大的领导上也受到一定限制,不可能再直接介入具体立法过程中去了,更不能像在革命模式时期那样直接立法。③

其二,推进代议机关的民主化水平。1982年宪法和1982年《中华人民共和国全国人民代表大会组织法》体现了革命模式终结后代议机关建设在当代中国国家成长进程中所具有的意义。明确强调代议机关在国家政权体系中的地位,以及为维护这种地位而提供了具体的制度安排。比如规定全国人大代表在全国人民代表大会各种会议上的发言和表决,不受法律追究。在宪法及其宪法性法律的保障下,全国人大全体会议在20世纪80年代出现了围绕国家治理各项制度安排而展开了富有深远意义的争论。立法过程的透明和法律选择的民主成为20世纪80年代以来法律体系重构的基本特征,也是落实1982年宪法对现代政治正当性的具体行动。婚姻法的修改、税收立法的推进、物权制度的建构,以及宪法的修改都体现了立法的民主化成为改革后法律体系构建和现代国家治理秩序

① [英]密尔:《代议制政府》,汪瑄译,北京:商务印书馆1982年版,第43页。
② 《列宁选集》,第3卷,北京:人民出版社1972年版,第211页。
③ 孙哲:《全国人大制度研究》,北京:法律出版社2004年版,第61页。

形成中的意义。代表的责任意识和议事水平被充分得到彰显和尊重,代表开始在国家治理决策、立法过程和人事事项等问题上表现出不同的主张。

其三,扩大代议机关常设机构的权力。对于一个实行一院制的现代国家而言,提升和规范代议机关常设机构的权力对于国家权力关系的制度化相当重要。关于全国人民代表大会常委会的职权,1954 年宪法规定了 19 项,1975 年宪法只笼统规定为一条,1982 年宪法对全国人民代表大会常委会职权的规定增加到 21 项,其中最为关键的是在划分全国人民代表大会和全国人民代表大会常委会的职权中,明确规定全国人民代表大会常委会拥有"制定和修改除应由全国人民代表大会制定的法律以外的其他法律"的职权。革命模式终结后,立法成为当代中国实现国家治理转型的制度基础,全国人民代表大会常务委员会享有立法权,最大限度地缓解了国家治理转型的制度供给与制度需求之间的紧张。对此,张友渔分析指出:"过去人大常委会只能制定法令,不能制定法律,只能经人民代表大会授权,在人民代表大会闭会期间,对有的不适合的法律迫切需要修改或补充的情况下,人大常委会才可以修改法律或作补充。现在的规定和过去不同了,人民代表大会和人大常委会都有权'制定法律和法令',把人民代表大会的立法权大部分分给了人大常委会。这样,在行使立法权方面,人民代表大会除'修改宪法','制定和修改刑事、民事、国家机构和其他的基本法律',其他法律都由人大常委会制定和修改。这样就可以及时制定法律解决问题。"①从 1979 年 7 部法律的颁布到 1993 年社会主义市场经济入宪的 15 年间,国家权力机关制定了 117 件法律,为社会主义现代化建设提供了制度基础和秩序规范。

其四,重建行政法制并强化权力监督。1979 年 7 月,第五届全国人民代表大会第二次会议通过了《地方各级人民代表大会和地方各级人民政府组织法》,把革命模式所确立的"革命委员会"体制改为各级人民政府,明确规定县级以上地方各级人大设立常委会并赋予省级人大及其常委会地方立法权。1982 年宪法则明确强调要发挥中央和地方两个积极性,为此重新确定了国务院和地方各级人民政府的职权划分。这对于一个大国来说,中央与地方关系的制度化启动对于推进社会主义现代化事业所需要的制度激励

① 张友渔等:《宪法论文集》,上册,北京:群众出版社 1982 年版,第 18 页。

来说是至关重要的。① 1982年宪法明确了行政主体与行政相对人的行政法律规范纳入改革后法律体系重构的事项的必要性。1982年宪法把人民主权原则作为行政法制的基础，恢复了被革命模式所侵蚀了的公共权力合法性基础。一切国家机关必须遵守宪法和法律，各级行政机关由各级人民代表大会选举产生，受各级人民代表大会监督。各级人民政府组成人员不得担任人大常委会委员和兼任审判机关与检察机关的职务。权力关系制度化的努力体现了终结革命模式后政府为了有效领导中国现代化发展开始进行自我完善和自我现代化的诚意，从而把政府体制的有效性与政府权力的有限性结合在一起。1989年《行政诉讼法》的制定表明改革后当代中国开始着手落实有限政府体制在法律体系重构的意义。

总括起来，1982年宪法对现代国家政治正当性的重构之意义主要表现在：其一，革命后当代中国国家成长发生病变的重要的体制性原因在于高度的集权，1975年宪法和1978年宪法为这种集权赋予正当性和实现机制，这不仅仅导致社会整体性贫困问题的出现以及政府体制有效性的缺失，更重要的是削弱或侵蚀民主政治和公民权利对于现代国家政治正当性及其实现的制度性诉求。1982年宪法通过公民权利的规范拓展、公私分离正当性的体制性确认，从而把现代主权国家合法性基础通过分权、民主和权利来确认和巩固，既是从宪法上体现中国现代政治正当性走出革命的法制逻辑下的集权体制和对人类现代制度文明发展趋势的接受，而且指明了主权国家合法性基础、民主政府有效性安排与公民权利规范选择是改革后法律体系重构的基本内容。

其二，1982年宪法明确否定了法律虚无主义立场和政治运动治理技术在当代中国国家成长中的存在。1982年宪法着眼于建立一种法律制度以实现国家治理不依领导人的转移而转移，不依领导人注意力的转移而转移，

① 考虑到中国的制度转型将是一个比较长的时期，考虑到中国是一个政治经济文化发展不平衡的大国，考虑到中国经济发展水平和各地区之间的联系正在且必定会日益加强，考虑到制度具有保持预期稳定的优点，考虑到法治在中国的必然性，注重制度化地保证和稳定中央与地方关系，使两个积极性都得到制度化的保证对于中国这样的大国而言其中的意义是：一方面保证国家的统一，另一方面是为了地方性秩序的形成发展创造可能性和激励因素。参阅苏力：《道路通向城市：转型中国的法治》，北京：法律出版社2004年版，第75页。革命模式时期，伴随着革命的热情，严格的计划经济体制掩盖了大国地区间所存在的差异，强大的、无所不在的政治力量推行统一的政治经济政策，并且调动社会的所有经济与社会资源进行各个地区平均主义的分配。革命模式所造就的这种局面所带来的弊端十分明显：中央的积极性往往取代了地方的积极性，地方参与社会发展的积极性失去规范化的激励机制。参阅信春鹰：《中国的法律制度及其改革》，北京：法律出版社1999年版，第44页。

承认了稳定的制度预期对社会主义现代化事业的推进所具有的意义，同时强调在改革开放的逻辑中法制的自我革新应当与吸收人类制度文明的成果联系在一起。更重要的是，"在当代以及任何其他时代，法的发展的重心既不在立法，也不在于法或司法判决，而在于社会本身。"①可见法的发展与革命后现代国家对社会发展本身的水平和发展阶段紧密联系在一起的。1982年宪法及其修正案明确了中国社会处于并将长期处于社会主义初级阶段。1954年宪法明确中华人民共和国的人民民主制度，也就是新民主主义制度，保证我国能够通过和平的道路消灭剥削和贫困，建成繁荣幸福的社会主义社会。从中华人民共和国成立到社会主义社会建成，这是一个过渡时期。然而随后发生的社会主义改造过程中大跃进以及1975年宪法和1978年宪法使无产阶级专政下继续革命合法化脱离了中国社会建成繁荣幸福的社会主义社会的长期性条件，通过将计划经济、全民所有制和全能政府合法化以否定个体正义的正当性进而实现社会主义制度对资本主义制度的超越。事实却是，社会主义制度因否定个体正义追求社会正义以实现对资本主义制度坚守个体正义的超越，结局却是公共权力不断失范和公民权利日益克减。1982年宪法及其修正案明确社会主义初级阶段的长期性，意味着社会主义制度实现对资本主义的超越是一个长期的过程，在这一过程中，法律体系对社会主义制度的捍卫要求体现在立法精神和法律选择上必须体现政府责任、公共利益和社会共识，但是不能回到革命的法制逻辑中去，同时认真面对个体正义在社会主义法律体系重构中的存在的必要性，因此社会主义法律体系的重构过程必须是一个接受市场经济、契约自由和公民权利的过程。因此1982年宪法对现代国家政治正当性的重构对于社会主义法律体系重构而言意味着，既要走出革命后反自由的方式"化私为公"所造成的社会整体性贫困和法律虚无主义的困境，也要警惕反民主的方式"化公为私"的立法误区。

其三，1982年宪法对公共权力制度化的努力为政府体制有效性的制度建构提供了宪法基础，执政党必须遵守宪法和法律，政府治理必须依照法律制度进行同时必须为其违法行为承担法律责任，法律面前人人平等原则的强调为法治国家在法律体系重构中的提出孕育了支持要素。基于中国作为

① ［奥］欧根·埃利希：《法社会学原理》，舒国滢译，北京：中国大百科全书出版社2009年版，作者序言。

后发现代化国家,有效政府及其所提供的有效的政治资源对于当代中国实现现代化来说是至关重要的。当然从现代国家政治正当性的逻辑来看,政府体制的有效性实现不在于赋予更多的公共权威,而在于赋予更多的政府责任。因此对于改革后的法律体系重构来说,为落实1982年宪法关于当代中国政治正当性的规定,政府自由裁量权的合法化与政府权力有限性的规范化、行政民主化与行政有效性、公民自由权利实现的程序化与社会民主秩序维护的正当性之间的平衡始终贯穿在法律体系重构过程中。在这个过程中,既要走出革命后因反制度化的集权所带来的国家治理失效和公民权利维护无效困境,又要警惕改革后因非制度化的分权所潜藏着的社会相对性贫困和公共权力寻租的风险。

三、启动社会主义法律体系的构建:迈向现代国家的立法之路

从1949年到1954年,通过革命完成主权独立和民族解放后当代中国社会开启现代法律体系构建的初创阶段。《共同纲领》的颁布到1954年宪法的制定,体现了中国社会对建立和维护现代主权国家和社会主义制度的追求,以彻底改变自鸦片战争以来现代西方国家对中国的侵略和资本主义制度下资本家对劳苦大众的剥削。1954年到1957年,是中国社会为建成繁荣富强的社会主义社会而提供法律秩序的时期,正如1954年宪法第4条所确立的革命后当代中国国家建设的目标是,"依靠国家机关和社会力量,通过社会主义工业化和社会主义改造,保证逐步消灭剥削制度,建立社会主义社会。"与这部宪法同时通过的是《全国人民代表大会组织法》、《中华人民共和国国务院组织法》、《中华人民共和国人民法院组织法》和《中华人民共和国人民检察院组织法》,这些法律确立了革命后当代中国建设现代国家的基本制度框架。无疑,这三年是革命后当代中国着手构建现代法律体系的一个短暂的黄金时期。在这三年里,全国人民代表大会、全国人民代表大会常务委员会、国务院制定的法律、法令和行政法规有731件。然而执政党对中国社会发展阶段和社会矛盾的认识错误以及来自社会主义阵营内部以及社会主义阵营与资本主义阵营之间的冲突推进了加快建成繁荣富强的社会主义社会进而超越资本主义制度的强烈渴望。依赖政治运动和阶级斗争来实现国家治理、社会发展和制度超越成为1957年至1976年这20年里当代中国国家建设的基本逻辑。在这20年里,全国人民代表大会作为中华人民共和国最高国家权力机关,立法权的行使陷入停滞状态。1975年宪法显然

无法体现现代国家成长的价值诉求和法律的现代性追求，无论是对国家机构的破坏和公民权利的轻视，还是对无产阶级专政下继续革命的合法化，都足以表明 1954 年宪法所开启当代中国构建社会主义法律体系的努力被否定了。①

随着执政党提出社会主义现代化建设，加强社会主义民主和健全社会主义法制成为改革后国家建设的中心内容后，重新启动社会主义法律体系的构建自然成为走出革命模式的阴影而推进现代国家成长的选择。当然，重启社会主义法律体系的构建而迈向现代国家的立法始终会受到对社会主义制度特殊性、西方国家现代法律体系的扩张性和中国社会内部的利益关系的调整以及由此而形成的社会结构的制约。但是通过迈向现代国家的立法而启动的社会主义法律体系构建再也不可能停下，只是需要准确把握立法时机与敏锐体悟立法趋势以反映社会生活和国家建设的基本诉求。1982 年宪法和宪法相关法的制定、民事制度、刑事制度以及权利救济为核心的诉讼制度立法的完成代表了中国社会启动社会主义法律体系构建的努力。也就是说改革开放初期当代中国法律体系构建的成就主要表现在三个方面：一是颁布了一部恢复民主法制的新宪法；二是形成了中国特色的统一而又分层次的立法体制；三是初步形成了中国特色法律体系框架，七个法律门类已经初具轮廓。②

革命后现代国家必须立宪，并不是少数人骛新好奇的主张，而是从传统国家治理的失效和现代国家立国之道演进中长期经验得来的结论。“经验告诉我们，非民主无以立国，非法治无以立政，非民主与法治无以措国家于治平，致人民的福利。”③革命后现代国家只是立宪的形式不同，但通过不同的立宪形式追求民主和法治的愿望成为革命后现代国家的普遍追求。

首先，1982 年宪法和宪法相关法的制定，不仅恢复了 1954 年宪法所确立的当代中国对人民民主和社会主义的价值选择与制度追求，而且通过包

① 在法律上，经过全国人民代表大会常委会对 1978 年以前颁布的法律的清理，134 件法律和有关法律的决定中，已经失效的有 111 件，也就是说，81%已经失效。30 年中由中国人民政治协商会议、中央人民政府委员会、全国人民代表大会常务委员会制定的法律只有 134 件，法律在国家成长和社会生活中的意义由此可见一斑。经过清理，仍然有效的为 23 件。这是革命的法制逻辑留给改革后重启社会主义法律体系构建的制度遗产。参阅信春鹰：《中国的法律制度及其改革》，北京：法律出版社 1999 年版，第 19 页。参阅吴大英等：《中国社会主义立法问题》，北京：群众出版社 1984 年版，第 241 页。

② 参阅陈斯喜：“新中国立法 60 年回顾与展望”，载《法治论丛》，2010 年 3 月。

③ 萧公权：《宪政与民主》，北京：清华大学出版社 2006 年版，第 51 页。

括立法权在内的分权制度化和规范化重构了当代中国国家治理的机制和探索经济民主的制度空间。1982年宪法及其1988年修正案和1993年修正案的颁布,表明改革后当代中国法律体系的构建着眼于通过恢复1954年宪法对民主和社会主义制度属性的承认以重建人民民主这一宪法共识作为逻辑起点,既是对宪法在现代国家成长中意义的确认,更重要的是要改变被1975宪法和1978年宪法所扭曲了的现代国家成长的价值追求和制度安排。其次,通过扩大公民权利的范围,平衡公民权利与义务的关系,明确国家机关对公民权利的尊重以体现当代中国宪法对现代国家立宪价值的理解和定位。再次,通过宪法相关法,主要是国家机关组织法的制定和修正以具体落实宪政秩序的基本制度框架,如《国务院组织法》(1982年),《人民法院组织法》(1979年,1983年修正、1986年修正、2006年修正),《人民检察院组织法》(1979年,1983年修正、1986年修正),《全国人民代表大会组织法》(1982年),《全国人民代表大会议事规则》(1989年),《全国人民代表大会常务委员会议事规则》(1987年)等。通过宪法相关法的制定和修正,国家权力的运行规则、组织方式得以法定化,一方面展现民主及其所蕴含的对民主多样性的尊重和国家成长历史特殊性的接受作为现代主权国家权力的合法性基础的实现机制的法律建构,另一方面体现治理及其蕴含的对经济民主的承认与多中心治理的规范作为现代民主国家权力的合理性基础的运行机制的法律建构,只有这样才有可能获得社会成员对国家的自觉认同。前者在立法上的表现是:1984年5月31日第六届全国人民代表大会第二次会议通过的《民族区域自治法》,以及全国人民代表大会于1990年4月七届全国人大三次会议和1993年3月八届全国人大一次会议分别制定的《香港特别行政区基本法》和《澳门特别行政区基本法》。后者在立法上的体现是:1979年、1982年、1986年《中华人民共和国地方各级人民代表大会和各级人民政府组织法》的制定和修正对纵向分权在超大国家治理有效性实现方面的关注。

特别值得指出的是,授权立法成为改革后当代中国法律体系构建的新动力,这种动力虽然潜藏着地方主义通过立法合法化进而破坏法律体系统一性的危害,但是我们也不能否定它对于多中心治理机制的正当性维护在中国这样一个超大国家走出因革命的法制逻辑所造成的中央集权这方面所具有的重要性。1981年五届全国人大常委会第二十一次会议授权广东、福建两省人大及其常委会制定所属经济特区的各项单行经济法规;1985年4月六届全国人大三次会议授权国务院在经济体制改革和对外开放方面可以判定暂行规定或者条例;1988 年 4 月七届全国人大一次会议授权海南省人大及其常委会可以制定法规;1989 年 4 月七届全国人大二次会议授权深圳市人大及其常委会和人民政府可以制定深圳特区法规和规章;1994 年 3 月,八届全国人大二次会议授权厦门市人大及其常委会和人民政府制定法规和规章在厦门经济特区实施。授权立法对于破解中央集权在立法权上的独享所带来的因中央怠于立法而导致国家治理的有效性丧失和立法权对社会发展多样性的反映能力不足的困境无疑是有现实意义的,因为包括立法权在内的国家权力过分集中,越来越不能适应社会主义事业的发展。显而易见的是,立法权的中央集权是革命后当代中国实行高度集中的计划经济体制的政治需要和法律翻版。① 同时授权立法相较于 1982 年宪法和 1979 年《中华人民共和国地方各级人民代表大会和地方各级人民政府组织法》所确定的地方立法权的特殊价值在于,它不是基于宪法和法律的常规性规定而存在的常规性地方立法形式,而是基于最高国家权力机关的授权而产生的新型地方立法形式。②

"从初民社会到当代社会,我们可以看到,权利的观念、体系和保护机制经历了一个渐进的、漫长的演变。这是一个'从相对模糊、松散和同质的状态向明确、紧凑和异质的状态转变的普遍过程'。"③宪法对公民权利的规范和民法对财产权的维护无疑是这一普遍过程的基本表现。1954 年宪法虽然赋予生产资料所有制形式多样性的合法性,但是 1957 年随着社会主义改造的推进,以财产权为核心的民事立法在革命的法制逻辑中被认为是资产阶级法权关系的体现而遭否定,④因此,基于对走出革命的法制逻辑下以反自由的方式实现化私为公的国家治理路径的否定,以财产权为核心的社会

① 参阅李林:《走向宪政的立法》,北京:法律出版社 2003 年版,第 193 页。

② 参阅周旺生:"中国现时期地方法的形式",载《法理探索》,北京:人民出版社 2005 年版,第 358 页。

③ 夏勇:《中国民权哲学》,北京:三联书店 2004 年版,第 168 页。

④ 全国人民代表大会于 1954 年着手启动民法典的起草工作,基于现代国家成长路径和社会主义制度的依赖,民法典的起草以 1922 年苏俄民法典为蓝本。对国有财产的特殊保护无疑是一大特点。由于苏俄民法典是参考德国民法典制定的,在法律概念、法律原则和法律规范与大陆法系相同,应该说这部民法草案虽始终受到 1957 年之后的政治运动冲击,却奠定了当代中国民事立法的基础。1962 年第二次民法起草工作启动,在国内化公为私的革命法制逻辑纠缠和国际"冷战"意识形态影响下,整个法律草案排斥民法中最基本的法律概念如物权、债权、以权利与义务为内核的法律关系等,以表示社会主义的中国与资本主义的西方的不同。这部法律草案完成之后便寿终正寝,唯一的历史意义在于它反映了当时中国国内和国际政治环境。参阅梁慧星:《民法总论》,北京:法律出版社 1996 年版,第 18 页。信春鹰:《中国的法律制度及其改革》,北京:法律出版社 1999 年版,第 94 页。

成员利益关系合法化为基本内容的民事制度的立法在改革后法律体系构建的进程中具有特别重要的意义，这种意义既体现于对社会主义法律体系本质的重新理解，也是对当代中国法律体系现代性的重新认识。基于改革开放和社会主义现代化事业对经济体制改革的迫切愿望，民事立法经历了从特殊经济主体的立法规范到普遍民事主体的立法规范的过程。1979 年 7 月，《中华人民共和国合资经营企业法》颁布实施，之后颁布实施的《工商企业登记暂行条例》和《工商企业登记管理条例实施细则》以及 1986 年制定的《中华人民共和国外资企业法》，显示了改革后法律体系构建抛弃了革命的法制逻辑所坚守的意识形态立场对社会主义制度的教条化、孤立化和反政治化的定位，民事主体的立法成为改革后启动社会主义法律体系构建并服务于社会主义现代化事业的重要内容。1981 年 12 月通过了《中华人民共和国经济合同法》把契约关系引入社会主义法律体系之中，无疑为社会主义法律体系对法的现代性追求提供了具体的内容。1982 年制定的《中华人民共和国商标法》和 1984 年颁布的《中华人民共和国专利法》引入了推动 20 世纪以来西方国家法律体系转型和社会结构变迁的知识产权这一法律概念和法律关系。1985 年 4 月《中华人民共和国继承法》的颁布进一步明确了个人财产权在社会主义法律体系构建中的地位。

在经历了经济关系开放性的规范、契约关系包容性的立法以及知识产权与继承权的立法之后，1986 年 4 月全国人民代表大会通过了《中华人民共和国民法通则》，1988 年 4 月，最高人民法院根据司法实践的要求和现代社会民事法则的发展趋势对《民法通则》进行了第一次司法解释，即《关于贯彻〈中华人民共和国民法通则〉若干问题的意见》，共 200 条。继《民法通则》之后，最高国家权力机关积极行使立法权，相继颁布了《技术合同法》(1987 年)、《著作权法》(1990 年)、《收养法》(1991 年)、《中外合作经营企业法》(1988 年)及其实施细则、《外资企业法》(1986 年)及其实施细则和《中外合资经营企业法》(1990 年)，并把立法的触角深入到商事领域，制定了《海商法》(1992 年)、《公司法》(1993 年)等。虽然用今天的眼光看，包括《民法通则》及其司法解释在内的民商事立法依然带有改革开放初期社会主义法律体系构建对市场经济和资本主义制度在法律上体现出的某种忧虑，但是民事立法的步伐已经摆脱了意识形态不同而带来的对立对社会主义法律体系追求法的现代性和国家治理有效性的纠缠。这种忧虑下法律的双轨制所带来或潜藏着的权力寻租的空间对于改革开放初期中国国家治理和现代法律秩序的成长的伤害,但是民事立法的实质启动对于法律体系内部的调整与革新以及法律体系之间的交流和对话最终走出立法中的双轨制具有不可否定的意义。随着 1993 年宪法修正案赋予市场经济在社会主义制度中的正当性之后,结束法律的双轨制并加强规范政府权力就成为 20 世纪 90 年代中期之后社会主义法律体系转型的核心使命。

法国大革命后颁布的《人权与公民权利宣言》基于摆脱大革命前法国君主专制统治对社会成员权利的践踏所造成的恶劣后果而建构充分保障权利的强烈愿望,开列了一个权利清单,并宣示凡权利无保障的社会即无宪法可言。① 此后,以宪法开列权利清单,以立法构造权利体系的确认规范和保护机制,遂成革命后现代国家法律体系追求和体现法的现代性的基本诉求。为贯彻和落实这一基本诉求,现代国家通过立法确认和保护权利体系经历了一个从早期的血亲复仇一类的私力救济到公助救济和专门的公力救济的发展过程。② 1975 年宪法取消检察院以对国家机构的破坏性再造和公民权利的限缩,以及随后的《公安六条》完全无视权利保护机制在现代国家法律体系中的意义,对刑事案件搞群众性讨论批判,人格尊严和生命权被肆意践踏和无情嘲弄。罪刑法定、罪责均衡以及未经司法程序不得定罪等彰显法的现代性价值诉求的制度安排不是没有落实,就是被革命的法制逻辑所强化的惩罚秩序所否定。

因此,当代中国社会要走出革命的法制逻辑而启动社会主义法律体系的构建,必须在立法上对权利体系的保护机制做出具体的努力,这既是革命后现代国家法律体系通过权利体系的确认和救济以体现对法的现代性普遍诉求在中国社会的实现,也是中国社会走出极端年代里革命的法制逻辑对权利体系的忽视所造成恶果的必然要求。③ 1979 年 7 月 1 日,五届人大二次会议审议通过了十一届三中全会后首批 7 部重要法律,其中《刑法》和《刑事诉讼法》无疑是走出革命的法制逻辑而启动权利体系的规范确认和保护

① 《人权与公民权利宣言》第 16 条:"凡权利无保障和分权未确立的社会便无宪法可言。"

② 参阅夏勇:《中国民权哲学》,北京:三联书店 2004 年版,第 172 页。

③ 1979 年 2 月时任全国人大常委会委员长的叶剑英在接见新华社记者时说到:我国的社会主义法制从建国以来,还没有很好地健全起来。林彪、"四人帮"钻了这个空子,在所谓"加强无产阶级专政"的幌子下,想抓谁就抓谁,对广大干部和人民实行法西斯专政。这一教训使我们懂得,一个国家非有法律和制度不可,这种法律和制度必须具有稳定性、连续性,人人必须遵守执行;它们一定要有极大的权威,只有经过法律程序才能修改,绝不能以任何领导人个人的意志为转移。参阅叶剑英:"接见新华社记者谈法制建设"。载《人民日报》1979 年 2 月 15 日。雷颐在《逃向苍天——极端年代里小人物的命运沉浮》(杭州:浙江人民出版社 2013 年版)一书中详实描述了 1957 年之后的中国社会忽视权利体系的制度建构给社会成员所带来的打击。

机制的立法进程中的重要一步,结束了革命后当代中国法律体系中无刑事法规范和无刑事诉讼程序规范的历史。虽然1979年刑法从法律质量来说具有明显的粗疏之处,我们必须肯定的是,1979年刑事立法启动彰显了权利保护机制的规范化在社会主义法律体系构建中的价值,并通过这一点来表明改革后社会主义法律体系对法的现代性追求。而三大诉讼法的制定进一步显示权利保护机制的立法在社会主义法律体系构建的地位,①1979年制定的《刑事诉讼法》,在立法内容与立法理念等方面越来越重视刑事诉讼制度的人权维护价值。更为重要的是,刑事诉讼制度的革新凸显了国家治理模式的价值诉求从社会控制、惩罚弥散为诉求走向以社会和解与权利维护为诉求。1989年制定的《行政诉讼法》落实了行使行政职权的行政主体作出违法行为发生后行政相对人通过司法程序获得权利救济的制度安排。更重要的是,通过《行政诉讼法》的制定以及关于行政行为的程序规范可以具体落实人民主权的政治法则。这标志着伴随政治体制改革的诉求,公法领域的制度建设开始成为改革后法律体系构建中的重要法律部门,这就为当代中国国家治理的某种意义上的"精神解放",即官民法权关系从"压制型结构"转向"对峙型结构",对于通过行政相对人权利救济规范为具体落实公民在公法上的权利主体地位具有积极的制度意义。② 1991年制定的《民事诉讼法》为社会成员民事权利的实现提供了制度化和规范化的程序机制。立法仅仅完成权利的规定是不够的,改革开放以来加强诉讼法为主要内容的程序制度的立法在构建中国特色社会主义法律体系过程中得到充分重视,这为改变长久以来困扰着中国社会关于公民权利问题所引发的民权的政治浪漫主义的认识提供了方向。③ 同时以诉讼制度的立法为中心的程序法建设为中国特色社会主义法律体系赢得社会成员对法律的正当性、约束力及其基

① "权利保护机制演进的意义在于,给侵犯人权和公民权利的行为从程序上和体制上设置必要的障碍,并在侵权一旦发生时,能及时地施与救济。"参阅夏勇:《中国民权哲学》,北京:三联书店2004年版,第172页。

② 参阅陈端洪:"对峙——从行政诉讼看中国的宪政之路",载《中外法学》1995年第4期。高全喜等:《现代中国的法治之路》,北京:社会科学文献出版社2012年版,第202页。

③ "民权的政治浪漫主义可以理解,但不可宽宥。因为它缺乏必要的体现程序理性的制度安排,使得维护人的尊严和自由的价值法则、体现人民主权的政治法则都只能悬浮于理想的上空而不能落实,还因为它给民权添加了过多的道德理想和民族情感因素而忘却了民权作为一种规则和制度原理来防治政治之恶的朴素本质,使得民权恰恰在最具备社会感召力的同时丧失了它最起码的制度功能,往往在最需要解决现实的利益冲突、维护平等和自由的时候显得苍白无力,最终使得那些赞成和追求民权的人们也不得不放弃权利和法治、靠浸淫于道德理想和民族情感来求得无比快慰但过于廉价的解脱。"参阅夏勇:《中国民权哲学》,北京:三联书店2004年版,第42页。

础价值的普遍确信和认同提供了制度维护价值。① 程序法之所以能够使公民权利的实现和国家权力的运作过程获得社会成员的普遍确信，从而让公民在实现其权利和国家在行使权力时具有合法性与合理性，主要原因在于：程序法能够有效抑制公民权利和国家权力的恣意行使，从而为公民权利和国家权力的理性选择提供保证。② 因此，"程序是法律的心脏。"③当代中国立法已经越来越注重通过程序机制的建设以落实社会成员对日益增长的权利实现的渴望和社会主义现代化在法律体系现代化的追求。

第二节　改革开放初期法律体系重构的困境

通过1982年宪法的制定以恢复革命后当代中国国家成长的宪法秩序、颁布民事立法承认个体权利以激活改革后当代中国社会发展活力的利益关系、制定刑事立法和程序法捍卫公民权利以尊重现代国家公共权威的正当性与有限性，最终表明中国社会在改革开放后迈向现代国家法律体系的构建努力之展开。无疑这种努力是与中国社会走出革命模式国家治理的混乱、社会发展的乏力和公民权利的缺失以及所造成的社会整体性危机或贫困联系在一起的。改革后中国社会提出加强社会主义民主和健全社会主义法制正是在革命的法制逻辑所带来的危机中获得充分的必要性。这是启动社会主义法律体系构建的历史背景和逻辑起点。从改革的历史逻辑中可以看到，1978年底开始改革的首要使命就是使中国社会从革命后现代国家成长的病变状态之中走出来，重新走上顺应社会主义现代化事业发展要求、人类制度文明体系发展趋势和现代法律体系自身完善规律的道路。为此，1979年7部法律的制定就是从被革命的法制逻辑所破坏了的国家政权体系和公民权利体系入手，力图通过宪法相关法的制定、刑事法的制定和相关程序法的颁布，为恢复革命后1954年宪法所确立的当代中国宪法秩序提供

---

① 参阅季卫东：《法治秩序的建构》，北京：中国政法大学出版社1999年版，第73页。

② 参阅董炯：《国家、公民与行政法》，北京：北京大学出版社2001年版，第144—145页。

③ 宋冰等：《程序、正义与现代化》，北京：中国政法大学出版社1998年版，第363页。在这一点上，美国联邦最高法院大法官道格拉斯关于美国宪法的一段评论确实令人深思，他指出："权利法案主要是程序性条款。这样做决不是无关紧要的，因为正是程序划分了法治与恣意的人治之间的区别。"参阅王锡锌："行政过程中相对人程序性权利研究"，载《中国法学》2001年第4期。

法律规范，核心是通过先期的法律规范最终为1982年宪法的颁布和改革开放的正当性提供制度依据。

由于中国改革的首要任务是实现“人的解放”，就是把被革命的法制逻辑所否定了或抑制的中国社会成员的积极性和创造性解放出来，健全社会主义法制的关键也正是为这种积极性和创造性的解放提供合法性，因此必须树立具体的、活生生的社会成员利益关系合法观并为这种合法观的实现提供制度安排。邓小平在中国社会改革开放伊始就明确提出：“革命精神是非常宝贵的，没有革命精神就没有革命行动。但是，革命是在物质利益的基础上产生的。如果只讲牺牲精神，不讲物质利益，那就是唯心论。”[①]被称之为中国社会第二次革命的改革开放就必然以民主与法制为旗帜，与此相适应，当代中国社会必然选择以分权为诉求的政府体制有效性的宪法秩序构建和以利益关系合法化为基础的社会资源配置有效性的经济体制构建为改革开放初期法律体系重构的逻辑起点，这一逻辑起点既是当代中国国家治理转型和社会发展为改革后现代国家成长方向调整和法律体系内容选择所设定的起点，也是改革开放所必然进行的政治体制改革和经济体制改革为改革后现代国家宪法秩序与社会秩序所设定的起点。

改革开放要求法律体系的构建必须破解革命的法制逻辑所赋予革命后集权体制在国家治理的合法性及其结束革命后政府体制在全能政治下的有效性缺失状态，其基本取向是分权的正当性支持，其基本内容为以调整权力结构为中心内容的宪法秩序恢复和以承认利益关系为核心诉求的私法秩序建立。从1982年宪法及其修正案的内容来看，改革开放初期法律体系重构的总体走向是：通过宪法修改恢复被1975年宪法所破坏了的国家政权体制，并通过分权，特别是中央与地方的分权（地方立法权的获得和授权立法的推进）来塑造政府体制的有效性，同时公民权利的拓展能够提供社会发展的激励机制，从而使当代中国国家成长走出国家权力非规范化所带来的病变和公民权利行使的非程序化所带来的极端。但是，改革初期中国社会依然对社会主义制度与资本主义制度在法律体系上进行界分的强烈使命感与西方国家对现代法律体系追求法的现代性的理性认知之间的冲突，使改革开放以来当代中国法律体系的重构显示出政治体制领域法律规范的修复性与经济体制法律规范的突破性并存的特点。政治体制领域法律规范的修复

① 《邓小平文选》，第2卷，北京：人民出版社1994年版，第143页。

性体现在1982年宪法对四项基本原则的坚守，经济体制法律规范的突破性表现在私营经济的合法化和农村实行联产承包责任制以及经济性立法的强力推进，为自由经济和社会力量成长提供制度安排。这是经济体制领域法律规范的突破性发展，“被传统计划体制否定的市场经济以及被公有制完全吞食的非公有制的经济因素开始出现，并对传统的经济体制形成强大的冲击和压力。农民的自主、市场经济因素的出现以及非公经济要素的成长，成为被国家权力吞食的社会重新发育的最初要素。”①

无疑上述特点为改革开放初期国家成长提供公共权力与社会权利之间互动的制度空间，然而，我们不得不认识到，对社会主义的坚守在法律体系表现上的抽象化与对社会利益关系的承认在法律体系表现上的具体化之间的矛盾，以及实验性立法与法律双轨制下通过公共权力推动社会主义现代化的政府体制有效性维护以及经济体制转型所潜藏的反民主的方式实现化公为私之间的风险，再加上对经济性立法的极大关注所带来的社会活力与对社会性立法的忽视所隐藏着的社会秩序之间的冲突，这些矛盾、风险以及冲突表现为以个体权利正当性为基础的社会发展活力与以公共利益正当性为基础的社会生活秩序之间的对立导致法律越来越多而秩序却越来越少的窘境，注重经济性立法来表明法律体系为中国社会现代化提供制度安排的不断突破与注重社会性立法来体现法律体系对社会主义制度属性的不懈修复之间的失衡导致个体自由不断增长的要求而政府责任日益式微的困惑演绎着从1979年至1993年这一改革开放初期中国法律体系重构的困境。

一、放权、实验性立法与法律体系内部冲突

革命后当代中国国家成长发生病变的制度性原因在于革命的法制逻辑所维护、巩固并依赖的高度集权。这种高度集权体现在反自由的方式实现化私为公的国家治理逻辑之中，无论是人民公社的设立、国家政权体系的破坏，还是计划经济的强调、全民所有制的捍卫，足以全面摧毁当代中国国家成长所需要的社会活力与制度规范。由此，加强社会主义民主和健全社会主义法制，就当仁不让地成为改革开放初期中国国家成长走出革命的法制逻辑及其所造成的泥淖之关键。通过健全社会主义法制，来加强社会主义民主，是执政党检讨1957年以来，特别是十年“文化大革命”国家建设的教

① 林尚立：《中国共产党与国家建设》，天津：天津人民出版社2009年版，第78页。

训所得出的结论，而加强社会主义民主的关键自然就是破解高度集权而来的分权。这就是我们理解1979年7月五届全国人大二次会议通过《中华人民共和国地方各级人民代表大会和地方各级人民政府组织法》率先从立法分权入手破解革命的法制逻辑所支持的高度的立法集权，进而揭开了改革开放初期以放权为核心诉求的改革后当代中国国家成长的新逻辑。① 但是改革开放初期，基于推进社会主义现代化的强烈渴望，分权不是从厘清和建构权力要素间的关系与规范出发的，而是从承认和解放利益关系意义上经济上放权开始的。1978年底中共中央工作会议上，邓小平从为摆脱被革命的法制逻辑所否定和束缚了的社会利益关系与经济发展活力的角度所阐述分权对于改革开放的意义时指出："现在我们的经济管理体制权力过于集中，应该有计划地大胆下放，否则不利于充分发挥国家、地方、企业和劳动者个人四个方面的积极性，也不利于实行现代化的经济管理和提高劳动效率。应该让地方和企业、生产队有更多的经营管理的自主权。我国有这么多省、市、自治区，一个中等的省相当于欧洲的一个大国，有必要在统一认识、统一政策、统一计划、统一指挥、统一行动之下，在经济计划和财政、外贸等方面给予更多的自主权。"②我们可以从中体悟到基于经济管理体制和社会利益关系的放权以提供中国社会发展活力的价值。这种分权的定位就表现为以经济性立法为中心的试验性立法主导了改革开放初期的法律体系重构进程。

1979—1993年的15年间，法制再造为了在稳定的社会秩序和变动的经济生活之间谋求平衡，采取了在时间纬度上的"试行立法"和空间纬度上的试点立法、特别授权立法等充满实验性的立法措施。③ 时间纬度上的"试行立法"在1979—1985年表现得最为明显。在这个时期，由于中国国家治理转型和社会主义法律体系建构刚刚启动，立法者对现代法制的发展规律

---

① 该法规定，县级以上地方的各级人民代表大会设立常务委员会，规定省、自治区、直辖市的人民代表大会及其常务委员会，根据本行政区域的具体情况和实际需要，在不与国家宪法、法律、政策、法令、政令抵触的前提下，可以制定和颁布地方性法规，并报全国人大常委会和国务院备案。彭真在此次会议上作了《关于七个法律草案的说明》，对上述相关法律进行了解释："根据中共中央和毛泽东同志多次强调要扩大地方权力，发挥中央和地方两个积极性的思想，按照我国的实际情况和长期以来进行政治、经济、文化改革和建设的经验，这次提出的草案，规定省、自治区、直辖市人民代表大会及其常务委员会根据本行政区域的具体情况和实际需要，在和国家宪法、法律、政策、法令、政令不抵触的前提下，可以制定和颁布地方性法规。参阅彭真：《论新时期的社会主义民主与法制建设》，北京：中央文献出版社1989年版，第4页。

② 《邓小平文选》，第2卷，北京：人民出版社1994年版，第145—146页。

③ 参阅张建伟：《转型、变法与比较法律经济学——本土化语境中法律经济学理论思维空间的拓展》，北京：北京大学出版社2004年版，第119页。

和经济结构的变革方向尚处探索阶段，在立法上采取“有法总比无法好”的次优选择和“粗线条立法、日后完善”的现实主义战略。这期间，中国公布的713件经济法律和行政法规中，暂行和试行法律法规有82件，占5%，1986年以后逐步下降。[①] 1987年邓小平再次强调：“调动积极性，权力下放是最主要的内容。”[②]由此，空间纬度上的试点立法和授权立法在一定程度上是由中国的经济改革所需要的强调地方积极性和所采取的中国社会的改革奉行“摸着石头过河”这一试点推广战略而带来的。为了探索中国改革开放的道路，为了提供和维护经济改革的激励机制和制度共识，立法采取了试点立法和授权立法这一制度建设的空间布局。从地方立法切入通过实验主义立法模式为终结后革命模式当代中国推进社会主义法律体系的构建无疑积累了制度建设的经验，在一定程度上节约了制度建设的成本，为地方和公众参与国家治理并分担成本提供了制度空间。一个突出的实例是我国《公司法》的制定过程中地方先行立法对国家统一立法的意义。公司制度的立法例是经济体制改革建立现代企业制度的重要规范，我国《公司法》从酝酿、起草到审议几经磨难，其主要原因是计划经济体制所造成的国有企业无法按照《公司法》建立现代企业制度，从而无法真正推进现代企业制度的建立和经济管理体制的改革。而深圳经济特区根据授权立法率先制定了关于股份制公司和有限责任公司的地方性立法，即《深圳经济特区股份有限公司条例》、《深圳经济特区有限责任公司条例》(1993年4月通过，1993年8月开始实施)和《〈深圳经济特区有限责任公司条例〉实施细则》。在汲取深圳市两个条例起草和实施的经验以及在与其他地方相关立法例进行比较的基础上，1993年12月第八届全国人大常委会通过了《公司法》。[③] 可见，地方立法权作为瓦解中央集权的重要制度安排，无疑为改革开放初期法律体系重构在降低国家立法成本和释放地方参与国家治理的积极性方面具有不可或缺的意义，但同时，我们不能无视实验性立法模式是与经济体制所蕴含的利益关系联系在一起的，地方先行立法或授权立法在中央与地方权限尚未制度化的背景下必然带来地方立法寻租的现实风险。

---

① 参阅周林彬：《法律经济学论纲》，北京：北京大学出版社1998年版，第427页。

② 《邓小平文选》，第3卷，北京：人民出版社1993年版，第242页。

③ 除了深圳市的相关立法之外，当时一些经济发达的省市也都提前启动了公司制度的立法工作。如《广东省经济特区涉外公司条例》、《上海市股份制企业暂行办法》、《大连城镇集体工业企业实行股份制试行条例》等。参阅封丽霞：《中央与地方立法关系法治化研究》，北京：北京大学出版社2008年版，第350页。

实验主义立法反映了改革开放初期立法体制的一元化多层次性,也正因为如此,这一时期"立法体制变化的重要轨迹之一便是奉行强化、鼓励地方立法的立法权分配政策。"①在《中华人民共和国立法法》颁布之前,中央和地方的立法权力没有明确的界定,政府与职能部门的规范性文件的制定权限没有清晰的划分,这种立法体制下实验性立法必然滋生利益分割下的法律矛盾和规范冲突的问题。于是出现一些部门和地方在空间上利用试点立法和授权立法,在时间上运用立法试行所提供的平台"正当"地"争权夺利"、"取利弃责"的现象,②从而破坏法律的统一性、完整性,反而会在一定程度上造成经济生活交往成本和社会秩序维护成本的不断提升。如行政法规和规章不是从规范自身权力出发而是从控制社会秩序出发为公共权力运作与财富增长之间提供了联结的纽带。在这种纽带中,就可能会为形成行政机会主义的滋长提供制度空间。改革开放初期 15 年间中国经济生活中屡禁不止的"三乱"现象以及权力寻租现象就是实验主义立法下的法制再造所面临的制度困境之典型表现。且实验主义立法下法律的修改极其频繁,使制度预期维护成本的提升就成为一个问题。《中华人民共和国选举法》和《中华人民共和国地方各级代表大会和地方各级人民政府组织法》在 1979 年制定后又修改了 3 次,《经济合同法》制定后修改了 2 次,而对《刑法》的补充修改则达 20 多次。法律频繁修改为改革开放初期法律体系重构进程增加了制度预期维护成本,同时在一定程度上破坏制度的稳定性与连续性,进而公众对法律权威的认同就会受到负面影响。另外,政策先行、法律随后的制度变革路径也往往造成社会成员对政策的依赖而不是对法律的信仰。没有政策先行,中国改革开放事业就会受到制约。但是政策先行却又往往破坏社会成员对法律的依赖和信仰。农村家庭联产承包责任制作为解决自革命以来直至革命后中国土地制度的一种尝试,作为国家政策自 1982 年起在全国范围内推行,但是直至 1993 年宪法修正案才予以承认。虽然政策的灵活性和便利性对于改革开放初期中国社会发展和国家治理转型来说具有不容否定的作用,但是其蕴含着的权力失范风险以及社会生活对法律体系的信念侵蚀依然是必须正视的问题。

归纳起来说,在中央与地方权限尚未制度化的前提下,特别是中央立法

① 彦法等:"既要统一立法也要分散立法",载《中国法学》1994 年第 2 期。

② 参阅蔡定剑:《历史与变革:新中国法制建设的历程》,北京:中国政法大学出版社 1999 年版,第 324 页。

权与地方立法权尚未明晰的情况下，基于走出中央集权所带来的国家成长的病变和社会发展的迟滞状况，我国是通过放权而走上实验性立法的道路进而启动改革开放初期法律体系重构进程。承认放权赋予实验性立法的正当性对于激活被革命的法制逻辑所压抑了的个体利益、地方利益等各种利益关系在法律体系重构中的正当性以及降低国家立法成本而言无疑具有现实的意义。但是在强化地方立法为前提下的放权很难与避免地方主义和权力机会主义的滋生相隔绝，以激活利益关系为重心的经济性立法很难与个人逐利行为和政府责任失范相区隔，在推进经济体制转型的背景下个体正义的正当性在法律体系建构中的获得很难与社会正义的正当性维护相并存。地方立法与地方主义的纠缠、实验性立法与地方和个体利益的纠缠，在改革开放初期伴随着计划经济与市场经济的争论、社会主义与资本主义的对立而加剧了法律体系的内部冲突。比如，改革开放初期关于计划经济与市场经济的争论反映在法律体系建构中就是法律规范重复和法律漏洞显见。以合同法为例，除《民法通则》中关于合同的规定外，合同法有三部，即《经济合同法》(1981 年)、《涉外经济合同法》(1985 年)、《技术合同法》(1987 年)，这还不包括中央和地方各种实施细则。除了法律规范之间的冲突，还有计划经济的坚持与市场经济的试探所带来的冲突。① 为落实 1979 年《刑事诉讼法》对保障公民辩护权利的规定，1980 年制定了《中华人民共和国律师暂行条例》。这是中华人民共和国第一部关于律师的法律，但是这部法律把律师的性质定义为国家的法律工作者，以示与资本主义国家的律师的区别。政策先行固然积累立法的经验，但是对于法律信仰脆弱和法治秩序尚未形成的中国社会来说，政策先行以及所产生的所谓“良性违宪”的困境对于律体系构建来说终究是伤害。无论是立法怠惰对法律体系构建的影响，还是政策先行所产生的灰色空间和稳定的法律秩序形成的制约，都是改革开放初期法律体系内部冲突的必然反映。② 放权从而使地方获得立法权对

① 参阅信春鹰：《中国的法律制度及其改革》，北京：法律出版社 1999 年版，第 108 页。

② 一个突出的立法实例并引起学术界关于“良性违宪”争论的事例是，1987 年 12 月广东省第六届人大常委会第 30 次会议通过、1988 年公布实施的《深圳经济特区土地管理条例》规定“特区国有土地实行有偿使用和有偿转让制度”。这一规定显然与 1982 年宪法第 10 条所规定的“任何组织或者个人不得侵占、买卖、出租或者以其他形式非法转让土地”是有出入的。之后 1988 年宪法修正案才把这一条修改为“任何组织或者个人不得侵占、买卖或者以其他形式非法转让土地。土地使用权可以依照法律的规定进行转让”。地方立法权，特别是经济特区授权立法对于改革开放初期法律体系构建提供多元化的动力显然是有意义的，但是地方立法先行，甚至是国家政策先行难免或导致最高国家权力机关立法权的行使被戏谑为：“制定别人已经制定了的法律，决定人家已经决定了的问题”。

于走出革命的法制逻辑所支持的中央集权下革命后现代国家成长的病变无疑是重要的，再加上中国社会的改革开放面临着世界上所有国家都没有先例的情况，因此实验性立法的展开对于推进改革后现代法律体系的重构进程是必要的选择。但是地方立法先行对当代中国法律体系多元化与统一性追求的影响，经济性立法的注重对当代中国法律体系个体权利规范的释放与公共利益规范的维护之间平衡的影响，放权立法的推进对当代中国法律体系公共权力的有效性规范与公共权力有限性规范之间平衡的制约。

基于经济体制改革的迫切需要，基于放权让利的急切期待，基于政府推进改革的客观现实，改革开放初期当代中国法律体系内部无疑会更加尊重地方立法的积极性以及所带来的法律体系的多元化，更加重视利益关系的合法化以及所带来的法律体系对个体权利的释放，更加强调公共权力的有效性以及所带来的法律体系对政府体制有效性的建构。然而现代国家法律体系的发展历程表明，多元化与统一性的失衡、个体权利的释放与公共利益的维护的失衡、公共权力的有效性规范与公共权力的有效性规范的失衡注定会导致法律体系内部的危机。地方主义的出现与部门利益的泛滥、个体逐利的公开化与公共利益的饾饤化、公共权力机会主义与政府责任虚化都是这种危机的外在表现，当然这种危机的外在表现在改革开放初期由于计划经济与市场经济的纠结、社会主义与资本主义的对立而变得尖锐。

1993年宪法修正案放弃了计划经济而承认市场经济在中国社会资源配置中的合法性，以及明确了中国社会正处于社会主义初级阶段。1993年宪法修正案反映了中国社会走出改革开放初期法律体系内部冲突的努力。1999年宪法修正案对法治国家的追求和中国社会长期处于社会主义初级阶段的定位坚定了法治秩序的形成对于当代中国法律体系构建的意义。2000年3月15日第九届全国人民代表大会第三次会议通过的《中华人民共和国立法法》正视了立法权规范对于建构法律体系的重要性。这些立法的完成正是当代中国法律体系化解内部冲突的努力之表现。

二、自由、双轨制立法与法律体系外部压力

现代革命后建立的现代国家在其成长过程中固然少不了权力以维护主权的独立和政府的有效，但也少不了自由以尊重公民权利和提供社会活力。更重要的是，革命后现代国家正是通过法律体系的建构来维护主权独立的正当性与政府有效的规范性以区别于传统国家的君主专制和独裁统治下国

家治理的随意性和专断性，同时通过法律体系的建构来维护个人自由与产权正当以提供现代社会发展的活力进而区别于传统社会发展的萎缩。“发展的目标好手段要求把自由的视角放在舞台的中心。按照这种视角，必须把人们看做是要主要参与——在他们有机会时——他们自身前途的塑造的，而不是被动接受某些精心设计的发展计划的成果。国家和社会在加强和保障人们的可行能力方面具有广泛的作用。这是一种支持性的作用，而不是提供制成品的作用。”①印度经济学家阿玛蒂亚·森在对自由权与社会发展的关系研究中得出了这一判断，这也是他于 1998 年获得诺贝尔经济学奖的重要理由，他还因此而赢得了“经济学家的良心”之美誉。他在《贫困与饥荒——论权利与剥夺》、《以自由看待发展》两书中指出，社会整体性贫困不单纯是一种供给不足，而更多是一种权利分配不均，即对人们权利的剥夺，其中最重要的是对自由权的剥夺。他在考察了人类文明史上诸多贫困现象及其背后的根源后指出：“如果说食物供给本身对饥饿现象的普遍存在有什么影响的话，其影响也可以被认为是通过权利关系而发生的。”如果说这种权利方法“看上去有些奇怪的话，也是因为我们传统的思维模式在作怪，即只考虑到实际存在着什么东西，而不考虑谁在控制着这些东西。”②森的分析提供了我们反思革命的法制逻辑下自 1955 年以来对中国社会成员自由权的剥夺对于造成社会整体性贫困的制度性根源，反过来，革命的法制逻辑所支持的以反自由的方式实现化私为公，不仅是对自由权的剥夺，同时也是对社会发展激励机制的否定。

运用国家权力对自由权的剥夺意味着革命的法制逻辑对法的现代性诉求的背离，通过人民公社体制和计划经济体制对社会发展激励机制的否定则意味着中国社会的发展与具体的、活生生的社会成员的利益追求相脱离，最后的结果就是以饥荒、贫困与社会发展的停滞为表征的社会整体性贫困在革命后的中国社会难以避免地出现。这也是执政党于 1978 年底放弃“阶级斗争为纲”走向社会主义现代化道路最基本的动因。面对革命的法制逻辑下因建构了反自由的化私为公的国家治理方式和社会发展手段给革命后当代中国国家成长所造成的灾难，我们获得改革后当代中国构建法律体系

① [印] 阿玛蒂亚·森：《以自由看待发展》，于真等译，北京：中国人民大学出版社 2002 年版，第 43 页。

② [印] 阿玛蒂亚·森：《贫困与饥荒——论权力与剥夺》，王宇等译，北京：商务印书馆 2001 年版，第 14 页。

之纯粹意义：一是保障国家权力统一与敏捷，尤须法律体系的连续性，故对政府权力有效性和政府责任规范建构是改革后当代中国法律体系建构不可缺之要素，二是现代国家健全与否，视其社会成员能否自由发展，而自由发展中最关键部分是自由权及其社会成员创造能力的保障。所以，自由权是革命后现代国家成长不可缺之要素，也是法律体系建构中不可缺之内容。①

基于走出革命的法制逻辑对社会利益关系的否定和计划经济的强调所造成的公民权利在国家治理和法律体系中的边缘化，改革开放要推进社会主义现代化，必须通过法律体系的重构以在公法上落实对公民权利的维护以及在私法上释放社会成员对利益关系追求的正当性规范。为此，1982 年宪法改变了 1975 年宪法和 1978 年宪法对公民权利的漠视，特别对政治自由的承认表明改革开放后当代中国法律体系对自由权的追求。1979 年颁布的中华人民共和国第一部《刑法》和《刑事诉讼法》则为开启了现代国家维护公民权利的立法尝试。1986 年制定的《民法通则》则开启了个体权利在当代中国私法领域得以落实的序幕。但是由于改革开放初期计划经济与市场经济的争论，且伴随着两种意识形态的对立，政治运动在革命后现代国家治理的影响，自由在改革开放初期法律体系建构中的具体落实则采用了双轨制立法路径来探索的，这种双轨制立法表现在政策与法律的分离、经济性立法与社会性立法的分离、个体权利合法性与公共利益合法性的分离、政府权力有效性与政府权力有限性的分离，这些分离直接导致了自 1979 年至 1993 年这 15 年间法律体系构建必须面对的主要困境是：政策挤占法律在社会生活和国家建设中的空间所带来的改革后国家成长和社会发展稳定预期的脆弱性以及社会成员短期行为滋长和国家治理政策性立法与选择性执法并存所带来的法律体系构建外部环境的不稳定性；加强经济性立法对个体权利合法性的承认所带来的中国社会改革活力与忽视社会性立法对公共利益维护的价值所带来的中国社会相对性贫困的并存由此所潜藏的社会发展风险造成的法律体系内部危机溢出效应；政府推进经济增长的积极性所伴生的公共权力失范代价和公共权力寻租泛滥、立法放权所滋生的地方主义对社会信任、政府信用和法律共识的侵蚀以及对法律体系构建统一性的挑战。

在 1993 年社会主义市场经济体制在社会主义法律体系中获得正当性

① 参阅张君劢：《政制与法制》，北京：清华大学出版社 2008 年版，第 86 页。

以前，中国经济改革的一个最显著表征就是经济体制改革中的双轨制模式。[①] 无论是1984年召开的党的第十二届三中全会所作出的《中共中央关于经济体制改革的决定》，还是1987年召开的党的十三大所作的决议，都肯定社会主义经济体制是有计划的商品经济，在坚持计划经济主体性的前提下强调计划经济与市场经济并存。这就为法律改革的双轨制提供了正当性与合理性。[②] 从中国社会于1979年初启动改革开放，到中国共产党于1992年秋季召开的十四大从意识形态上解除把计划经济和市场经济看作属于社会基本制度范畴的思想束缚，明确提出中国经济体制的改革目标是建立社会主义市场经济体制之前，全国人大及其常委会制定了约130部法律，这些法律深深烙上了双轨制的法律改革表征。1979年颁布的《刑法》虽然填补了革命后现代国家刑事立法的空白并力图走出国家治理中的惩罚依赖，但是该法依然带有计划经济体制的烙印，一方面把计划经济体制下某些经济行为规定为犯罪，例如投机倒把罪、流氓罪、伪造或者倒卖计划供应票证罪，等等；另一方面，对于破坏市场经济秩序的犯罪行为则没有相应的规定。[③] 这为改革开放初期刑事政策的政治化和经济秩序的灰色地带滋长提供了可能性。1986年通过的《民法通则》是中国社会经济体制双轨制的集中表现。民事制度是现代市场经济发展的重要制度安排，但这部法律依然深深带有双轨制的特点，洋溢着对国家计划的充分尊重和对公共利益的维护愿望。它规定民事活动不得破坏国家计划，经济合同违反国家指令性计划属于无效民事行为。它虽然规定了国家对财产享有所有权，但又没有赋予国家以民事主体资格，这就为国家权力特别是行政权不当干预民事活动提供了制度空间。

我国的企业立法受双轨制的影响同样明显，而且多是根据计划经济的思维模式以所有制形式、企业行业区别、规模大小、所处地域来立法，如《中华人民共和国外资企业法》(1986)、《中华人民共和国全民所有制工业企业

① 参阅张建伟：《转型、变法与比较法律经济学——本土化语境中法律经济学理论思维空间的拓展》，北京：北京大学出版社2004年版，第118页。

② 参阅林毅夫等：《中国的奇迹：发展战略与经济改革》，上海：上海人民出版社、上海三联书店1994年版，第227—228页。从总体上看，中国经济改革的“双轨制”提供了制度重新的一个有效空间：市场机制的引入为经济参与者提供了增进自身利益的机会，从而为推进法律改革提供了现实动力；另一方面，“双轨制”还可利用计划经济体制中的有效信息，并通过现存的计划制度节约法律改革的成本。参阅钱颖一：“市场与法治”，载《经济社会比较》2000年第3期。

③ 参阅信春鹰：《中国的法律制度及其改革》，北京：法律出版社1999年版，第172页。

法》(1988)、《中华人民共和国中外合作经营企业法》(1988)、《中华人民共和国中外合资经营企业法》(1990)、《全民所有制工业企业转换经营机制条例》(1992)、《中华人民共和国城镇集体所有制企业条例》(1991)、《全民所有制小型企业租赁经营暂行条例》(1988)等。除了不同法律之间所无可避免的冲突使当事人无所适从之外,这些法律更多带有计划经济的色彩。法律规范的重复对制度运作徒增不必要的成本,法律漏洞则使现存的社会关系缺乏依托,这为公共权力腐败提供温床的同时使社会成员不得不仰赖政策治理或行政治理来获得生产和交易秩序。和经济改革的“双轨制”模式一样,法律改革的双轨制模式虽然能维持意识形态的相对稳定性和获得制度改革渐进性的好处,但实践证明这种制度困境也带来了权力寻租、设租和创租的空间,法律共识稀缺所带来的公众预期短期性①,社会相对性贫困以及由此产生的社会矛盾构成了改革开放初期法律体系所承受的外部压力之来源。

一言以蔽之,当代中国面临着革命后世界上所有的现代国家都没有先例的改革抱负,从这个意义说改革是中国的第二次革命。这一过程在改革开放初期法律体系重构所面临的外部挑战或内部危机的溢出效应的影响主要表现在两个方面:第一,中国不像革命后西方国家那样是在私有制的基础上,没有关于计划经济与市场经济的内在纠结的前提下通过法律体系对市场经济、产权正当和契约自由的合法化来推进革命后现代国家成长,而是在革命模式下以反自由的方式实现化私为公所积累的公共资产和所维护的计划经济的基础上进入改革开放后对市场经济的探索。② 第二,中国不像革命后西方国家那样是在有限政府的基础上,没有关于社会主义与资本主义的外部困扰下通过法律体系对个体自由、立宪政治和严格法治的正当性来推进革命后现代国家成长,而是在革命模式下以政治动员的方式实现集权所累积的全能政府和所维护的集体利益的基础上进入改革开放后对个体权利的承认。由此带来一个不同于革命后西方法律体系所秉持的从市场经济与有限政府、契约自由与产权正当为出发点的构建逻辑,改革后当代中国法律体系的构建面临着计划经济和全能政府所留下来的公共资产、公共利益和政府责任如何有效规范、有序表达的问题。

① 参阅张建伟:《转型、变法与比较法律经济学——本土化语境中法律经济学理论思维空间的拓展》,北京:北京大学出版社 2004 年版,第 119 页。信春鹰:《中国的法律制度及其改革》,北京:法律出版社 1999 年版,第 108 页。

② 参阅秦晖:《共同的底线》,南京:江苏文艺出版社 2013 年版,第 34 页。

改革开放初期，基于对市场经济、个体权利与有限政府背后的政治因素忧虑，摸着石头过河的立法思路以及“宜粗不宜细”所反映出的中国社会对走出革命的法制逻辑的迫切愿望，双轨制立法在一定程度上使改革初期社会主义法律体系构建不得不面对个体权利与公共利益的冲突、政府责任与社会平等的疏离、社会活力与社会秩序的对抗，由此出现法律提供与秩序维护之间不对称性现象以及个体自由与社会失序并存的现象。这种现象的出现意味着改革开放初期社会主义法律体系的构建没有平衡好以尊重个体自由为核心的经济性立法与维护社会正义为诉求的社会性立法的关系，没有处理好以规范公共权力边界为核心的公法制度与以承认公共权力责任为表征的私法制度的关系。当然改革开放初期中国社会对意识形态分歧与社会制度差异的认知，以及全球结构不断深化所带来西方国家主导的国际规则体系的影响，从外部加剧了改革开放初期社会主义法律体系构建的复杂性和难度。

从革命后现代西方国家，特别是英美两国构建现代法律体系的历程来看，在 19 世纪中叶以前，西方国家通过制定宪法以明确公共权力的边界和制定市场经济规则以维护个体自由的价值。这一过程没有受到任何意识形态和不同社会制度选择的困扰和挑战，也就是说，革命后英美两国在没有外部因素影响的情况下完成了公共权力有限性的规范和个体自由契约化的规则建构。只是到了 19 世纪中叶以后，因这种法律体系的构建逻辑过于强调公共权力有限性和市场自由正当性而不得不面对马克思主义的批判以及以追求社会平等为己任的社会主义制度的外部挑战。面对以阶级分析为基础的马克思主义和以社会平等为己任的社会主义制度的外部挑战，美国率先从公共利益维护入手推进社会性立法，标志性立法是 1906 年《肉品检疫法》的颁布使美国政府建立了食品与药品管理局；以劳工待遇入手着手社会保障制度的建构，1938 年通过的《公平劳动标准法案》开启了对劳工权益的法律保护以及政府在劳工权益维护中的责任；从税收立法、预算民主化和行政自由裁量权规范入手明确政府责任，标志性的立法是 1913 年赋予国家征收所得税合法性的宪法第十六条修正案的批准和 1921 年通过的《预算与会计法》以及随后颁布的《联邦行政程序法》。这些努力推动了美国法律体系的当代转型，进而在二战之后西方国家法律体系的整体转型。这一转型意味着在不放弃个体自由、产权正当和契约自由的前提下，承认公共利益、社会保障和政府责任的正当性。这一转型虽然也受到了外部压力，但是当代西方国家法律体系面对马克思主义和社会主义制度所形成的外部压力通过社会性立法的加强和社会平等的关注予以缓解。

改革开放的提出显然要求当代中国法律体系的构建在恪守中国社会特殊性和社会主义制度特殊性的同时，善于在开放社会中与现代法律体系，特别是现代西方国家法律体系之间的互动与学习以体现其特殊性，同时敢于在政府责任与公共利益的立法能力的提升中为人类制度文明体系的发展作出贡献中维护其特殊性。改革开放初期外部压力以及在中国社会表现的特殊性对于当代中国法律体系构建而言，意味着当代中国法律体系构建不可能毕其功于一役，当然也不可能把另辟蹊径的盲目化和简单化。如果说经济性立法和政府权力有限性规范是革命后西方国家法律体系构建的中心内容，那么社会性立法和政府权力有效性规范推动了西方国家法律体系的当代转型。对于革命后当代中国社会而言，既要通过法律体系的构建以切实加强经济性立法和政府权力有限性规范从而来走出革命模式下没有自由所带来的现代国家成长的病变，又要通过加强社会性立法和政府权力有效性规范以避免没有民主所带来的现代国家成长的危机。也就是当代中国法律体系的构建既要走出革命模式下国家运用反自由的方式实现化私为公所带来的社会整体性贫困这一社会主义教条化的误区，也要避免改革开放初期国家运用反民主的方式化私为公所带来的社会相对性贫困这一现代化极端化的陷阱。双轨制立法固然释放了长期被革命模式所压制了的社会发展活力，但同时这种释放了的社会活力因双轨制立法的存在而无序滋长，进而导致因失去法律预期而来的社会制度性失序和权力制度性腐败。

西奥多·洛伊在《制度分析与发展的反思——问题与抉择》一书中列举了现代国家发展市场经济所需要的“制度前提”。这些前提是：法律和秩序；一种稳定货币制度；财产法和财产权；合同法；支配交换的法律；公共领域转让到私人手中的法规；公共物品的提供；人力资本的提供与控制；分担风险的制度。“一个国家无法简单地通过废止中央计划经济并确实使政府不去干预经济的途径来过渡到竞争性的市场经济。一个繁荣的市场经济是不会自动产生的，它需要制度来支撑。那些正处于转化过程中的前中央计划经济国家所欠缺的，常常恰恰是这些制度。”[①]破解制度困境的有效措施

① 方汉明：“论中国向社会主义市场经济过渡时期政府、市场与企业的关系”，载《复旦学报》（哲社版）1994年第6期。

不是走回头路，而是在中国社会已经发生的深刻变革的基础上持续推进法律体系的构建，通过制度变革及其价值诉求的成熟不仅突破中国法律体系构建中的内部困境和外部压力，更重要的是持续为当代中国实现国家有效治理提供法律共识。对于通过改革开放以实现社会主义现代化的当代中国社会而言，应对释放利益关系和推进社会改革而来的内部困境与外部压力，法律体系的构建既要通过立法承认更多的公民权利或明确有限的政府权力，也要通过立法承认民主制度的社会维度或契约自由的社会责任。①

① 诺贝尔经济学奖得主罗纳德·科斯在分析了农村在改革后中国中国制度创新中的意义后指出："自发形成的制度需要经历漫长的时间才能确立，在人们脑中沉淀下来，成为人们思想和行为习惯中的一部分。以这种方式发展的制度，其形成会受地方条件及时代潮流的影响，在这个过程中，制度多样性随之产生。而与此同时，制度变迁也容易遭受战争、社会动乱和自然灾害的影响。因此，制度变迁实际上是一个渐进而又危险的过程，充满了不确定性。政治力量能够介入并加速这个进程，而且未必需要通过施展威权。一旦一个正在孵化的制度得到一个合法且可靠的国家的支持，它将更容易广为大家接受为共同参照物，其他相关的个人和组织也会将其视为思想和行为的指导，至少短期内会如此。一个靠国家权力支持的制度能存活多久，取决于它的表现及人们对它的期望，此外还取决于国家有多大的决心去执行和捍卫它。国家面对的困境非常微妙。一方面它能促进变革的进程，通过政治支持和强制手段让其生效。另一方面，当制度违背了人们的意志时，国家这只曾经的援助之手又会很容易变成高压政治的铁拳挥向人民。即便国家能够明智而审慎地介入制度变迁，其强制力量的动用并非毫无代价。如果制度在不同的地区表现差异很大，而制度多样性又是必要的话，多样性的流失很可能会成为一个严重甚至致命的问题，决定制度变迁成败的关键。"参阅［英］罗纳德·科斯：《变革中国：市场经济的中国之路》，徐尧等，北京：中信出版社 2013 年版，第 78 页。由此我们可以理解不是要否定地方立法权和社会造法在法律体系构建中的正当性，而是要避免地方主义对地方立法权的扭曲和自下而上的社会造法逻辑所隐藏着的盲目性和逐利性对法律体系追求现代性的干扰。

第五章 现代国家的成长与社会主义法律体系的形成

“历史表明,凡是在人类建立了政治或社会组织单位的地方,他们都曾力图防止出现不可控制的混乱现象,也曾试图确立某种适于生存的秩序形式”。① 基于现代国家对个体利益的普遍承认,资源的相对稀缺性以及由此引发的不同禀赋的个体间的冲突是现代国家治理所面临的共同命题。这一命题的核心就是个体利益与公共利益之间的冲突以及对公共秩序的威胁。所以,稳定的法律秩序的供给就成为国家建设中制度安排及其发展的重要内容。革命后现代国家通过立宪政治改变了人类社会自有国家以来国家成长的合法性逻辑,确立了人在国家成长和社会发展中的主体地位,与此相应的是,革命后现代法律体系的使命就是平衡国家与公民的关系、个体权利之间的关系、人与社会的关系,其背后就是在法律规范选择上平衡个体权利与公共利益之间的关系,在法律价值选择上平衡个体正义与社会正义之间的关系。现代国家的成长正是围绕着公共权力对人与社会关系的平衡展开的,以维护不同于传统国家的现代国家的公共权力合法性基础和体现不同于传统国家的现代国家的公共权力合理性逻辑。理论与实践告诉我们这样一个道理:这种平衡必须通过有效的价值选择和制度系统进行,无疑现代法律体系的构建在价值选择和制度系统的形成中具有重要的作用。虽然法律体系不是现代国家成长所需要的制度系统的唯一要素,但是现代国家成长依赖法律体系的构建而形成有效的制度系统的程度不仅没有削弱,且随着人类交往程度日益拓展和社会力量的不断成熟而加深了。从这个意义上说,我们可以体会哈耶克的这样一个判断:立法的发明,很可能是人类曾有过的成就中影响最为深远的一种成就——比火的发明和火药的发明所具有

① [美]博登海默:《法理学:法律哲学与法律方法》,邓正来译,北京:中国政法大学出版社 1999 年版,第 220 页。

的影响更为深远，因为在所有这些成就中，是立法最大限度地将人类命运交到了人类自己手中。① 因此，法律体系的建构就成为革命后现代国家成长的基本内容，法律体系的完善自然是衡量现代国家成长水平的重要方面。

从上述关于现代国家成长与法律体系构建之间关系的基本原理出发，根据革命后现代国家在当代中国社会的成长历程和法律体系的构建过程之得失和困境，我们可以得出这样的结论：中国经济体制改革实现"突破性"的制度转型和国家治理方式实现"整体性"的理念革新，从而使中国经济从计划经济全面转向社会主义市场经济，同时建设法治国家和现代法治精神成为国家治理的方式和理念，必然会引起自现代革命以来中国社会建设现代国家和推动现代国家成长的进程发生革命性的转型，具体说来，就是从与计划经济相适应的政治形态转型转向与社会主义市场经济相适应的政治形态，从与全能政治相适应的政治形态转向与法理政治相适应的政治形态，从与阶级关系相适应的政治形态转向与契约自由相适应的政治形态。在这一政治形态中，个体权利、法治政府和契约自由成为法律体系构建的方向，同时公共利益、责任政府和社会保障成为法律体系构建的底线。革命的法制逻辑在革命后试图通过否定个体权利、回避法治政府和拒绝契约自由来构建法律体系，结果是社会整体性贫困和法的现代性在当代中国法律体系构建中的丧失。1978年底召开的党的十一届三中全会总结革命后现代国家建立以来的国家治理和制度建设的教训，把国家建设的重点从阶级斗争转向社会主义现代化事业上来，为此明确提出发展社会主义民主和社会主义法制，并提出从1979年起应当把立法工作搬到全国人大及其常务委员会的重要议程上来。服务于国家建设重心的转移的需要，1979年当年就制定了7部法律，1982年对宪法进行了全面修改，第五、六和七届全国人大及其常委会先后制定了138部法律，对10部法律进行了修改，特别是经济性立法

① 参阅[英]哈耶克：《自由秩序原理》，上卷，邓正来译，北京：三联书店1997年版，第375页。对此哈耶克进一步从立宪对于现代国家所具有的意义的角度作了精辟分析，他说："规则以及它们为之服务的秩序所能成就的不过是为不确定的任何人增进机会，只要我们竭力为不确定的任何人增进机会，那么我们就能够得到我们所想要得到的最多的东西。就像所有为一般目的服务的规则一样，宪法之所以能够有助于一般性目的的实现，实是因为它适合于解决那些反复出现且难以对付的情形，从而有助于那些奉行宪法的政府和社会成员能够更为有效地追求各自的目的。正如人们打造一把刀子或锻造一把锤子一样，人们之所以按照某种形式来制造它们，并不是因为它们可以被用来实现眼下的某个特定目的，而是因为它们被证明以这种形式而不是其他形式才能在各种各样的情形中发挥有益的作用。"[英]哈耶克：《法律、立法与自由》(第二、三卷)，邓正来等译，北京：中国大百科全书出版社2000年版，第29页。

成为法律体系构建中的中心内容，这为当代中国迈向法治国家提供了制度基础。但是基于走出革命的法制逻辑的迫切要求和推进社会主义现代化事业的强烈愿望，从1979年至1993年间，对通过立法建立规则体系的功利色彩毋庸置疑是明显的，这不仅限制了法律在改革开放初期国家成长中价值之体现，而且法律不得不让位于政策。立法的质量和法律的实现更多的受制于社会主义现代化事业的需要。根据社会主义现代化事业的需要，立法的质量和法律的实现可以让位于政策因其灵活性而对于国家建设的重要性，从而在实质上“对所有的规则都视而不见。”①由此形成了改革开放初期法律体系构建的内部危机。同时由于改革开放初期依然存在着的意识形态和社会制度层面的束缚使法律体系构建不得不面对外部压力。当然，这种内部危机和外部压力也是改革后当代中国社会走出革命后国家成长的病变并真正实现国家治理的转型和现代国家的良性成长进而推进现代法律体系成型和发展的动力。“经验告诉我们，非民主无以立国，非法治无以立政，非民主与法治无以措国家于治平，致人民的福利。”②

这种动力和时机是随着社会主义市场经济体制的确立和发展而出现的，其历史的起点在20世纪90年代，其重要的历史表征是：1992年执政党在第十四次全国代表大会上确定，我国经济体制改革目标是建立社会主义市场经济。这一目标也随之成为1993年宪法修正案的核心内容，从此，当代中国法律体系的构建进入一个新阶段。十四届三中全会明确提出新阶段的立法任务是到20世纪末初步建立适应社会主义市场经济的法律体系，为此，立法的重点是抓紧制定关于规范市场主体、维护市场秩序、加强宏观调控、完善社会保障、促进对外开放等方面的法律。要适时修改和废止与建立社会主义市场经济体制不相适应的法律和法规。在1997年的中共十五大上，根据法律体系构建的进程和现代国家成长的方向，把建设社会主义法治国家作为国家建设和法律体系建构的目标。1999年宪法修正案明确把建设社会主义法治国家作为国家建设目标确定下来。2002年的中共十六大

① ［英］哈耶克：《法律、立法与自由》(第二、三卷)，邓正来等译，北京：中国大百科全书出版社2000年版，第26页。改革开放初期的严打和地方主义、部门主义对法律体系构建的干扰和法律权威的影响，以及20世纪80年代中期后出现社会生活和政治生活领域中的各种腐败现象，皆表明一个非常朴素的道理：“任何对规则的遵守都不应当以特定的功利为条件。当守法的动机受功利的支配，那么，当人们受到比守法更大的功利的诱惑的时候，任何法律都将威风扫地。”参阅江国华：《宪法哲学导论》，北京：商务印书馆2007年版，第40页。

② 萧公权：“宪政的心理建设”，载《宪政与民主》，台北：联经出版社事业公司1982年版，第46页。

上,执政党提出建设社会主义政治文明作为当代中国国家成长的目标,并明确提出到2010年形成中国特色社会主义法律体系,并把维护法制的统一尊严,防止和克服地方和部门的保护主义作为中国特色社会主义法律体系形成中必须着力解决的问题。2007年中共十七大基于以人的全面发展和社会的可持续发展的战略安排提出科学立法和民主立法,以社会公平正义作为形成社会主义法律体系的价值诉求和规范选择的依据。2012年中共十八大再次强调法治是治国理政的基本方式,把制度建设放在社会主义现代化事业的突出位置,拓展社会成员有序参与立法的途径,加强社会领域、权力运行等重点领域的立法。2013年中共十八届三中全会更是基于中国社会全面深化改革的需要提出国家治理体系和治理能力现代化的战略定位。2014年中共十八届四中全会进一步提出全面推进依法治国的战略布署。执政党关于现代国家在当代中国社会成长的战略定位发展轨迹,清晰地告诉我们这样一个事实:20世纪90年代以来当代中国关于现代国家成长逻辑正在发生转型,与此相应以法的现代性为追求的现代法律体系的形成日益成为制度建设的核心内容,成为现代国家成长的根本要素。“对过去来说,法律是文明的一种产物;对现在来说,法律是维系文明的一种工具;对未来来说,法律是增进文明的一种工具。”①着眼于国家治理体系和治理能力的现代化,法律体系的构建必须恪守现代国家成长的法治逻辑,满足现代国家成长的制度要求,在这个过程中体现当代法律体系对法的现代性与法的社会性追求,体现法律体系在法律规范供给与法律部门形塑中回应社会发展的诉求和法律体系内在价值的方向。②

第一节　现代国家成长的法治逻辑与制度要求

1992年执政党明确把建立社会主义市场经济体制作为经济体制改革的目标,1993年宪法修正案明确赋予处于社会主义初级阶段的中国社会建立现代市场经济体制的正当性。1994年失业以及失业保险在中国社会生

① [美]庞德:《法律史解释》,邓正来译,北京:中国法制出版社2002年版,第37页。

② 这样一来,当代中国法律体系的构建不再困扰意识形态的立场纠结与社会制度的抽象判断所带来的约束,而直奔它所要面对的新的生活内容而去。参阅强世功:《法制与治理——国家转型中的法律》,北京:中国政法大学出版社2003年版,第254页。

活和社会保障体系建构中获得承认，加上农村联产承包责任制的推进，这标志着从此后社会成员获取社会资源的方式不再凭借公共权力所赋予的身份关系，而是依据契约关系。① 2013 年中共十八届三中全会明确提出市场经济在资源配置中起决定性作用，这意味着中国社会彻底结束了经济体制改革的二元化彷徨，社会成员摆脱了公共权力所确认和维系的身份关系走向契约关系，这既是人类制度文明发展的一般趋势在中国社会的体现，也是一个走社会主义道路的现代国家在制度建设上的独到探索。“历史不是由任何一个单独原因所决定的。但尽管历史长河无限丰富多样，它仍有其不断重现的情况和可能的选择，正是这些造成了同一时代中各个事件之内在特征的广泛相似性。如果我们能够在一定程度上说明在典型条件之下支配潮流和逆流的规则，那么我们就无须被边缘性的湍流所困扰。”②摆脱了关于市场与计划的困扰，明确了市场经济是任何致力于建设现代国家的社会不可回避的选择之后，自然就需要从根本上重新构建国家治理制度，以确立现代国家成长的稳定逻辑以提供社会生活和社会发展稳定的制度预期，尤其需要重新设计国家与市场或社会的关系，进而确立现代国家成长新逻辑。特别是当把建设和谐社会作为现代国家成长的新目标之后，在现代市场经济社会，要建构一个和谐的美好社会，需要通过法律体系的构建以厘清国家与社会之间的关系并在这之间建立一种力量的均衡。

“任何过于强调一方力量的制度设计都是有风险的。完全强调国家的利益，以国家的利益取代市场和社会的利益，例如在全能主义国家，已经被历史证明是有害的。然而，过于强调市场或者社会的利益，弱化国家能力，也同样是有害的。”③前者反映的就是革命的法制逻辑以及所带来的现代国家成长的病变。后者就是改革开放以来国家治理和制度建设所出现的弊端。现代国家的成长对于法律体系而言就是围绕社会与国家、个体权利与公共利益的制度性关系的建构与发展。中国共产党领导的现代革命成功后虽然通过 1954 年宪法确立了现代国家合法性基础，但是随后政治运动使

---

① 参阅[英] 罗纳德·科斯：《变革中国——市场经济的中国之路》，徐尧等译，北京：中信出版社 2013 年版，第 180 页。

② [英] 波兰尼：《大转型：我们时代的政治与经济起源》，冯钢等译，杭州：浙江人民出版社 2007 年版，第 186 页。

③ 马骏：“改革以来中国的国家重建：‘双向运动’的视角”，载马骏等：《中国“行政国家”六十年历史与未来》，上海：格致出版社 2012 年版，第 36 页。

1954 年宪法所确立的现代国家合法性基础发生病变，国家权力通过政治运动和阶级斗争合法化而不断非制度化增长，进而导致社会生活无序和个体权利萎缩。改革开放初期，通过推动经济性立法和接纳现代制度文明的努力，社会与国家、个体权利与公共利益相互之间形成了一定的距离，当时社会性立法相对弱化、个体权利规范化水平相对较低、公共权力制约机制相对脆弱，再加上社会主义制度改革方向对中国社会构建现代法律体系的进程之困扰，国家、社会与个体之间的关系没有形成实质性的变化。1993 年宪法修正案赋予社会主义市场经济体制合法性和 1999 年宪法修正案确立依法治国的方略以及随之而来社会主义法律体系的发展，使国家、社会与个体之间的关系这一现代国家成长的核心问题成为当代中国形成社会主义法律体系的新使命。这种使命的内容就是国家权力约束规范、个体权利实现规范、公共利益延续机制的构建，当然这一构建过程必须在法律体系自我革新与中国社会不断开放中进行，从而形成应对现代国家成长的法治逻辑与制度要求。这也意味着中国社会摸着石头过河的现代化建设路径与通过实验性立法以建构法律体系的模式选择必须进行反思，2000 年颁布实施的《立法法》标志着当代中国立法的制度化探索的开启。

改革开放启动当代中国加强社会主义民主和健全社会主义法制的序幕到 20 世纪 90 年代末提出形成社会主义法律体系和建设社会主义法治国家，直至 2014 年基于法治中国的愿景下现代国家治理体系和治理能力的现代化以及把以实现法律体系现代性为诉求的司法体制改革作为全面深化改革的重要内容，这深刻显示了现代国家成长的法治逻辑以及现代国家成长的制度要求。“西方国家现代化是以现代经济与社会的自然发育为现代化的历史起点；而后发现代化国家则是以建构现代化权威为历史起点的；西方社会的现代国家是现代社会发展的结果，而后发现代化国家现代社会则是现代国家发展的结果。所以，对后发国家来说，建构一个有权威的现代国家体系是其现代化的重要前提。”①作为后发国家，建构一个有权威的现代国家体系是革命后当代中国法律体系构建的动力源泉，也是基本内容。但是现代法律体系对有权威的现代国家体系的构建是在一个开放的社会中进行的，恪守现代国家成长的法治逻辑并最大限度回应现代国家成长的制度要求。同时作为一个社会主义国家，建构一个体面社会的制度安排同样是革

① 林尚立等：《政治建设与国家成长》，北京：中国大百科全书出版社 2008 年版，第 34 页。

命后当代中国法律体系发展与革新的动力与内容。因此必须放弃对形形色色笼罩在关于国家权威制度构建的任何专断化的动念，也必须放弃对林林总总羁绊着法治秩序构建的任何民粹化的迷思。

一、现代国家成长的法治逻辑

"中国的现代化，从根本的意义上说，绝不止是富强之追求，也不止是争国族之独立与自由，而实在是中国现代性的建构。中国的现代性建构，千言万语，则不外乎是一个中国现代文明秩序的塑造。"①这既是现代国家成长的普遍诉求，也是当代中国建设现代国家应有之义。现代革命不同于历史上形形色色的传统革命之处在于现代规则体系及其所秉持的价值追求在革命后现代国家得到确立和发展。现代国家的成长必然表现为两个方面的内在统一：一是形成持续变化和发展的开放的社会结构；二是形成能够容纳持续变迁的问题与要求的制度结构。② 市场经济的提出与发展无疑成为20世纪90年代中期以来中国社会结构变化提供了基础和动力，现代法治国家和现代产权制度成为中国法律体系构建容纳与市场经济发展相适应的制度建构的核心内容。如果说法治是由传统国家向现代国家这一国家转型的必然要求的话，那么法治同时也是现代国家取代传统国家后实现国家有效治理和社会有序发展、平衡个体权利与公共利益的制度性关系的依据。1999年宪法修正案、2004年宪法修正案、2007年《物权法》的颁布集中体现了一个秉持社会平等和集体主义价值诉求的当代中国法律体系面对市场经济合法化之后容纳与此产生的社会结构变迁与国家成长新诉求的努力方向。与改革开放初期以及改革前的法律体系构建相比，20世纪90年代中期以来法律体系的变化无疑是深刻的，必然引发当代中国基本价值系统与制度系统的变迁和发展，现代国家在中国社会的成长逻辑正是在这种变迁和发展中逐渐发生整体性转型。

这一整体性转型是朝着中国现代文明秩序的塑造方向展开的，国家有效治理、社会永续发展、个体尊严维护无疑是法律体系塑造中国现代文明秩序的核心内容。这些内容不仅为当代中国法律体系本身所坚持的人民民主

① 金耀基：《中国的现代转向》，香港：牛津大学出版社2004年版，自序。

② 参阅[以]艾森斯塔特：《现代化：抗拒与变迁》，张旅平等译，北京：中国人民大学出版社1988年版，第46—47页。

与民本主义、社会平等与集体主义注入有生命力的新因素，同时也为现代国家成长的法治逻辑在当代中国社会的展开提供有挑战性的新需求。

其一，随着现代化的发展，不仅国家政权建设，市场经济发展对法治资源有新的需求，而且社会发育和成长也将形成巨大的法治需求，在这样的背景下，如果法治资源的生成无法满足发展的需求，必然出现冲突、矛盾与危机。法律体系的形成必须着眼于法治短缺的有效解决的问题。建设一个富强、民主和文明的现代国家，必须有支撑一个国家成长和社会生活的法律体系。从人类历史的经验看，凡是真正达致富强、民主和文明的现代国家之建设目标的国家，必定是一个法治国家。在法治国家里，法律对公共权力的规范与有效性的支持联系在一起，法律与自由联系在一起，无论是权力的恣意行使，还是权利的恶意滥用都必须得到有效规制。健全的法律体系和优良的法治秩序成为国家建设的基础。现代国家成长的法治逻辑所应强化的国家与社会之间的良性关系应当是：基于社会现实建构起来的法律规范，反过来引导、推动和促进社会发展和国家成长以体现其价值选择。法治建设通过其所提供的规则体系对社会生活的判断能力和适应能力决定着其有效性的获得能力，而对价值选择的承载能力则体现着其文明共识的维护能力。法治对着眼于推进现代国家成长的法律体系而言不仅提出了制度建设要回应社会生活的要求，人民追求财富的合法欲望不会受到排斥，社会成员的有形财产和无形财产均得到有效的法律保护，同时凝聚着一种通过社会成员有序参与法律体系构建这一制度价值的崭新理解和法律共识的崭新追求。一个强大的法治国家，加上公民自由权利的充分保障，再加上一个繁荣的市场经济社会，是当代中国国家建设的主题。①

可以说，现代国家成长的法治逻辑展开的动力主要来自两方面：一是社会主义市场经济对法治建设与法律体系完善的要求。这种要求具体表现为中国法治建设和法律体系的完善必须推进个体权利的合法性的同时平衡个体利益与公共利益的关系，法治建设不能仅仅停留在对个体利益的尊重的基础上，还必须着力延续公共利益的正当性。任何一方在法治逻辑的缺失都是法治短缺的表现，将导致社会发展活力的丧失或社会生活秩序的丧失。另一是社会主义法律体系和社会主义民主政治对当代中国法治建设的要求。这种要求具体体现为现代国家的法治逻辑必须与社会主义法律体系的完善紧

① 参阅高全喜：《我的轭——在政治与法律之间》，北京：中国法制出版社 2007 年版，第 107 页。

密结合,着眼于提升民主政治的制度化水平以推动法治国家成长和良好社会生活秩序的维护。归纳起来说,在现代国家成长的法治逻辑中,法律体系承认各种社会利益群体合法组织起来的权利以体现国家对社会的信任,无论是通过参与立法,还是立法维护权利,以防止某些社会力量在利益分歧中演变为现代国家成长的不必要的掣肘因素。其次,法律体系要为个体权利实现提供规范化和程序化的机制,并在广度和深度上拓展社会成员影响国家立法的制度性空间,这有助于社会信任国家。“总之,在现阶段,国家需要允许社会以自组织的形式发展,并为其发展创造条件,建立法治框架。不过,在这个过程中,需要避免民粹主义或者强社会/弱国家的建构模式。”①

其二,随着社会力量的成长,中国的政治建设从放权、限权进入到规权的时代。“在所有政府内部,始终存在着权威与自由之间的斗争,有时是公开的,有时是隐蔽的。二者之中,从无一方能在斗争总占据绝对上风。在每个政府中,自由都必须作出重大牺牲,然而那限制自由的权威决不能,而且或许也决不应在任何体质中成为全面专制,不受控制。”②规范权力体系的目的,是国家与社会的相互关系提升到制度化的轨道,在全面增强国家政权合法性与有效性统一的同时,全面增强社会自我服务、自我管理、自我发展中权利与义务的内在统一,从而在法治的轨道上同时推进国家权力理性化与社会自主的理性化,彻底结束中国运动式治理。③ 自改革开放以来当代中国把加强社会主义民主和健全社会主义法制联系在一起作为国家建设的战略安排,最终基于为社会主义市场经济的发展提供规范体系,进而在形成社会主义法律体系的逻辑中孕育了法治国家的价值追求。显然,市场经济对当代中国推进法治建设最根本的意义在于两个方面:一方面是建设和发展对一个资源相对稀缺的大国有效的激励机制,进而为当代中国社会变革提供规范体系和秩序保障;另一方面是在此基础上形成与市场经济相适应的法律体系,进而实现国家治理的转型,推动现代国家的成长。因而,对于当代中国法治建设的推进来说,市场经济的价值主要有两个方面:一是提

① 马骏:“改革以来中国的国家重建:‘双向运动’的视角”,载马骏等:《中国“行政国家”六十年历史与未来》,上海:格致出版社 2012 年版,第 38 页。

② 《休谟政治论文选》,张若衡译,北京:商务印书馆 1993 年版,第 26 页。

③ “中国运动式治理发生的领域多有交叉,大致可以分为两个阶段:改革开放前有广泛的政治化倾向,改革开放后有广泛经济化倾向。”参阅冯峰:“中国政治发展:从运动中的民主到民主中的运动——一项对新中国成立以来 110 次运动式治理的研究报告”,载马骏等:《中国“行政国家”六十年历史与未来》,上海:格致出版社 2012 年版,第 47 页。

供当代中国法治建设及其所推进的法律体系功能革新所需要的社会力量。人类文明史表明，正是市场经济的孕育和成熟推动国家治理从人治走向法治，实现了统治方式的革命，进而为现代法律体系的构建提供了现实动力和经济基础。二是提供了法治国家所需要的社会结构和价值取向。市场经济最大限度地激发社会成员的自主性和利益诉求，这种自主性和利益诉求的成熟必然引发社会结构的变革，从而带来现代主权国家在价值选择和法律体系构建层面的革新。与前者相比，后者对现代国家的成长更具直接意义，因为它将在相当程度上决定着当代中国法治建设功能转型的具体内容和价值取向。更关键的是，市场经济作为一种经济运行方式，通过激发个体利益的正当性所引发的社会结构变革和维护个体正义所引发的法律体系革新，进而导致现代国家的民主化程度和法治化水平的提升。这种变化的最集中体现就是国家与社会之间关系的变化，释放社会活力成为法律体系革新的动力和内容，把社会与国家有效互动作为制度建设的核心。

"因为，政府所有的一切权力，既然只是为社会谋幸福，因而不应该是专断的和凭一时高兴的，而是应该根据既定的和公布的法律来行使；这样，一方面使人民可以知道他们的责任并在法律范围内得到安全和保障，另一方面，也使统治者被限制在他们的适当范围之内，不致为他们所拥有的权力所诱惑，利用他们本来不熟悉的或不愿承认的手段来行使权力，以达到上述目的。"①他们这种关系变化具体体现在个体利益与公共利益的关系上，则是市场经济最大限度激发了社会成员对个体利益的关注，进而激发社会成员自主掌握命运的意识。所以，法律体系对公共权力的限度厘清与权威确认规范构建就成为现代国家成长的法治逻辑形塑的重要内容。法治国家的发展和法律体系的完善，一方面是为社会自主性成长和社会成员尊严维护提供可靠的法律保障作为社会主义法律体系构建和制度建设的中心，以应对社会力量的成长和社会转型的深入所带来的社会生活的无序和社会发展的失范，因此法律体系必须维护公共权力的权威性以实现现代国家治理的有效性；另一方面对国家权力之于经济和社会生活的作用限度、作用方式和程序规范成为社会主义法律体系发展的重要内容，也就是说规范政府本身是法治国家制度建设的基本功能和价值体现，以应对个体自由和社会自主性的有效表达，因此法律体系必须强调公共权力的有限性以尊重和表明现代

① ［英］洛克：《政府论》，下篇，叶启芳等译，北京：商务印书馆1964年版，第86页。

国家治理的开放性。面对社会力量的成长，在现代国家成长的法治逻辑中，有两个至关重要的维度，一是国家能力抑或政府责任，二是社会力量抑或个体权利。“如果一种民主制度要想成功地运行并持续下去，国家必须能够确定它运作的共同体，保护公民的基本权利，建立并维持一种基于规矩的政体，激活市民社会，并满足人民的基本需要。”①社会和谐、代际正义以及政府责任的规范建构成为像经济性立法在改革开放初期的重要性一样在当代中国法律体系发展中得到充分的重视。

其三，随着中国的全面崛起，国家建设必然从国家结构层面、国家制度层面，延伸到国家价值层面，在价值层面，国家建设的关键是建构国家认同、宪法认同与制度认同。这种认同建构的政治基础就是深化民主制度化，并让制度化的民主真正运行起来。正如邹谠所言：“在二十世纪初极度无组织的中国社会，传统秩序已经崩溃，对取而代之的基本原则并未形成共识，政治权力不得不以一种明确的意识形态为基础，并以新的组织结构为中心建立起来。”②中国社会根据《共同纲领》在现代革命后建立了中华人民共和国，并在 1954 年宪法中对于革命后这一现代国家的政权体制进行了合法性确认，但问题是随后中国社会形成的革命法制逻辑再次以意识形态建构国家认同，这种认同是借助于政治运动和阶级斗争来维护的。改革开放明确提出发展社会主义民主和健全社会主义法制，再到人民民主是社会主义的生命，则意味着革命后现代国家认同必须仰赖宪法为核心的法律共识。深化民主制度化和让制度化民主运行起来的战略基点，就是落实法治，一方面使法治优化起来，另一方面使法治深入人心。这两者是相辅相成的。

从总体上说，现代国家的成长包括两方面的内容：一是在资源配置与利益诉求之间存在张力的条件下，市场经济成为现代国家取代传统国家进而实现有限资源有效配置的经济基础；二是在公共权力理性化诉求与国家主权维护之间存在张力的条件下，民主政治成为现代国家取代传统国家进而缓解有限的公共权力有效配置的政治基础。因此作为现代国家成长的表现，市场经济的发展与民主政治的成长最终通过法治原则的承认与实践来维护、延续和保障。就与市场经济的关系而言，制约经济发展的关键因素有两个：清晰地界定产权，并保证契约自由获得充分的尊重和合同的严格执行，否则人们将

① 王绍光：《祛魅与超越》，北京：中信出版社 2010 年版，第 144 页。
② 邹谠：《中国革命再阐释》，香港：牛津大学出版社 2002 年版，第 69 页。

没有什么兴趣在一起合作。在一个人与人依赖关系日深的时代，没有合作精神以及这种精神的制度维护的能力对于现代国家的成长来说是危险的。而法治原则的目的及其实现是通过界定并保护财产权以规范交易行为并维护市场秩序，最终保障市场主体的消极权利，从而让法治深入人心。现代法治及其制度安排为产权的行使和契约的履行提供了准尺。就与民主政治的关系而言，法治原则着眼于通过明确规范公共权力运作范围和方式以实现限政功能从而使政府行为服从法律制度，以法律的稳定性来维持政府施政的合法性与合理性、连续性和稳定性，最终保障公民积极权利，从而推进法治的优化。现代国家成长的法治逻辑不仅要为市场经济的运行和民主政治的发展提供法制，而且这种法制应有明确的价值诉求，以法律维护产权、规制权力，从而有效保障市场秩序的发展和延续民主政治的合法性。当代中国法律体系追求法治原则的过程，一方面通过建立和完善以财产权为核心的民商事法律制度确保市场经济的理性交易秩序的形成以及社会力量自主性制度化的成长。正如梅因所说："一个国家文明的高低，看它的民法和刑法的比例就知道一二。大凡半开化的国家，民法少而刑法多；进化的国家，民法多而刑法少。"①恩格斯从另外一个角度表达了民事立法在法律体系中进而在社会生活中意义，他指出："民法的准则只是以法律的形式表现了社会的经济生活条件。"②另一方面通过规范和确认以公共权力核心的公法法律制度确保政府权力有效治理机制的形成以及国家权力全面制度化的发展。立法者的艺术正在于要善于确定这样一点：使看似互为反比例的社会力量与政府权威，得以结合成一种最有利于现代国家成长的比例。③

其四，随着中国特色社会主义的发展，当代中国法律体系和制度体系必将面临合法性的理论建构，以提升中国特色社会主义法律体系和制度体系对人类制度文明发展的价值和意义。这种理论建构的战略途径就是通过法治建设，全面优化中国特色社会主义法律体系和制度体系的法理基础。中国特色社会主义法律体系的形成，表明改革开放以来当代中国法治建设在恪守党的领导、遵循中国特色以及秉持渐进理性的理论基础上取得了与中国发展道路和制度形态相适应的发展。无论是中国特色社会主义理论体

---

① ［英］梅因：《古代法》，沈景一译，北京：商务印书馆1959年版，小引。
② 《马克思恩格斯选集》，第4卷，北京：人民出版社1972年版，第248—249页。
③ 参阅［法］卢梭：《社会契约论》，何兆武译，北京：商务印书馆1980年版，第81页。

系，还是具体指导当代中国法治建设的理论基础，有形成的过程，必然有发展的过程。没有发展的过程，形成的发展道路和制度框架就不可能在人类社会发展道路的变迁和制度框架的变革中找到存在的空间。再加上中国社会发展在利益调整层面广度和深度不断推进这一现实情势也决定着当代中国法律体系的价值追求需要不断成长，才能满足中国法治建设和完善社会主义法律体系的需要。这一理论成长所围绕的中轴是社会主义民主的制度化和法律化，其核心诉求是为当代中国国家成长提供有效、有序的法律规范保障。

基于为现代国家成长的法治逻辑展开提供制度安排的当代中国法律体系的价值追求必须恪守三个前提：第一，不是否定个体权利和市场制度在中国特色社会主义法律体系中的正当性，而是在承认和落实个体权利与市场制度在中国特色社会主义法律体系中的正当性以维护公共利益与公共权力干预市场制度的正当性为前提。现代革命后现代国家在世界各国成长的历程，特别是20世纪以来的法律体系转型的教训已经表明："如果否定个人权利，仅用工具理性和民族主义建立现代社会，其结果是法西斯主义。"①第二，对财产权的承认无疑对生产资料的所有制带来最直接、最广泛的影响，但是必须从制度上有效维护和体现生产资料领域公有制主体地位，以及有效维护生活资料所有制对劳动者的意义，这一意义是与政府责任正当性和法律体系对社会主义制度属性的恪守能力紧密联系在一起的。第三，中国特色社会主义理论体系改变革命后国家(政策)治理的绝对性和公共利益的绝对性，彻底放弃以反自由的方式实现化私为公的国家治理的正当性逻辑，从而承认了国家(法律)治理的有效性和个体利益的正当性。但是这一承认是以公平正义的价值观以及劳动者权益有效保护为前提的。因此，现代国家成长的法治逻辑的展开取决于在承认公共权力有限性的前提下从制度上为公共权力有限性的发挥提供保障，取决于在承认个体权利合法性的前提下从制度上为公共利益正当性的体现提供规范，取决于在承认公民财产权合法性的前提下从制度上体现公有制的主体地位。按照这三个前提，评判当代中国法律体系形成和发展在规范选择与价值追求上的表现是，在结构上，就看其能否依据人类文明体系发展的一般价值诉求，在法律制定或修改以及实施过程中合理地分配权力和权利；在功能上，就看其能否形成有效的利益分配机制来协调个体利益与公共利益、国家利益与个人利益、市场机制

① 金观涛等：《探索现代社会的起源》，北京：社会科学文献出版社2010年版，第158页。

与政府规制之间以及代际正义之间的关系，推动社会主义和谐社会的整体发展。“改革不仅是要造就一个好的市场，更是一个好的社会。”①对于前者而言，个体自由和公民权利必须在现代国家的法治逻辑中得到充分重视，而与后者而言，公共利益和社会保障或者说社会正义同样在恪守社会主义制度的现代国家成长的法治逻辑中得到比现代资本主义国家更为重要的关注以及转化为法律的自觉性和主动性。随着当代中国社会全面深化改革的推进，法律体系的重要性以及形塑现代国家的法治逻辑的能力不是通过否定差异和冲突，而是要激励利益竞争并通过利益竞争的正当性来维护社会平等的正当性来体现。社会主义法律体系的形成意味着要为现代国家有序成长和社会和谐提供最低限度的制度共识：一个有活力的社会主义和谐社会需要秩序，但也需要有利益冲突和个体自由的发展，置于这一背景，现代国家的成长想要获得政治稳定，不是通过四平八稳的和谐一致，而是要通过鼓励利益竞争和个体自由来实现。②

二、现代国家成长的制度要求

“如果说革命型政权的目的在于实现人民的政治解放和现代国家的确立，那么发展型政权的目的就在于培育和开发现代国家建设的资源，为民生的改善缔造坚实的基础，从而走出一条独特的强国富民之路。”③改革开放意味着革命后当代中国社会从革命型政权向发展型政权的变迁，在这一变迁过程中社会主义民主和社会主义法制体现了发展型政权的政治基础和法律基础。从 1979 年 7 部法律的颁布、1982 年宪法的制定到 1993 年宪法修正案对市场经济的确认和社会主义社会所处发展阶段的厘清，表明改革后中国社会再也无法回到与现代化相遇之前的状态中去了。也正是从这个意义上

① 孙立平：《守卫底线——转型社会生活的基础秩序》，北京：社会科学文献出版社 2007 年版，第 58 页。

② 参阅[美] 邓恩：《姊妹革命：美国革命与法国革命启示录》，杨小刚译，上海：上海文艺出版社 2003 年版，第 250 页。为此高全喜先生提出了一个自由的国家主义理论表述，有一定的启发。他指出：“现时代中国的国家问题的关键，就是在建立一个真正的现代国家中，如何在国家主权和国家利益的基础之上，处理个人权利、民族利益和政党政治的关系问题。……一个真正意义上的‘自由的国家主义’则是可以行得通的，即在一个民主宪政的共和制国家中，既保障公民的个人权利，也强化作为现代国家的国家利益，并采取容纳民族自治的国家形态。”参阅高全喜：《现代政制五论》，北京：法律出版社 2008 年版，第 178 页。

③ 刘建军等：《创新与修复：政治发展的中国逻辑》，北京：中国大百科全书出版社 2011 年版，第 136 页。

说,改革后现代法律体系的形成对于现代国家的成长与政治革命后现代国家的确立同样是人类文明发展的重要内容。但是随着改革开放的深入、全球化的发展,显然中国社会无法回避现代国家成长的制度要求。制度不仅可以安顿革命及其缓解政治革命所带来的社会对立,更重要的是提供现代国家成长所需要的法律共识以及社会合作的预期。根据现代国家成长的一般进程,结合改革后当代中国社会所面临的特殊性挑战,经过改革开放15年间摸着石头过河后,现代国家在当代中国社会的成长所要解决的核心问题有三个:

一是国家权力体系的规范运作,维护政府在公共权力合法性和合理性基础上配置社会资源、延续公共利益和尊重社会个体权利方面的有效性。二是民主机制的制度化运行,充分尊重社会成员的知情权和参与权,推进社会在宽容、合作和协商基础上达成共识的法律保障。三是国家和社会的制度化关系的构建,遵循法律的正当程序,从制度上提供国家权威和社会自治正向互动的可行性和必要性。因此,通过法律体系的构建与发展,从制度上回应现代国家在改革后当代中国社会成长所面对的三个问题则必须在结构上,就看其能否依据现实社会发展所提供的条件,在法律和制度上合理分配公共权力和公民权利,为国家成长与社会发展提供最低限度但清晰的底线规范;在功能上,就看其能否形成和延续社会共识的制度来协调国家与社会的关系,约束公共权力与市场经济之间存在的机会主义变现的可能性,为国家与社会之间的互信机制的形成提供法律保障,推动在全球结构不断深化和社会力量日益成熟的背景下中国经济与社会和谐发展,有效缓解多元利益对个体权利的追求和社会共识对公共利益的诉求,进而避免社会发展的短期化倾向。① 最终从法律体系的结构与功能的完善来确立当代中国法律体系的现代性追求和社会主义制度属性的捍卫能力。

现代国家必须具备三个内容:一是公民权利的法律保障;二是民主政治的宪法秩序;三是国际秩序中的主权原则。② 经过改革开放以来十五年里基于加强社会主义民主和健全社会主义法制的现代国家建设的战略布局展开,当代中国社会从法制建设上为现代国家公民权利的法律保障、民主政

① 汪丁丁描述了改革开放15年后形成了中国转型期政治的基本特征,即:“既不能实行与市场经济相适应的完全开放的民主制度又不能返回与计划经济相适应的完全封闭的集权体制。所以,中国的市场经济更经常地是在前景不明的政治与政策环境中运行的,从而经济行为普遍地表现为短期化倾向。”参阅汪丁丁:《串接的叙事:自由、秩序、知识》,北京:三联书店2009年版,第149页。

② 参阅高全喜:《现代政制五论》,北京:法律出版社2008年版,第177页。

治的宪法秩序和国际制度中的主权原则提供了初步的尝试。1999 年宪法修正案明确了建设法治国家，2004 年宪法修正案通过了人权和财产权条款以及社会保障的国家责任之后，现代国家在当代中国社会的成长进入了一个新的阶段。为此，通过法律体系的形成与发展来巩固法律共识在社会力量不断成长过程中的形成机制以及提升制度化协商民主在社会利益不断分化过程的实现水平就成为现代国家成长的新的制度要求，以避免人与社会的疏离、社会与国家的对立这一现代性的难题在现代国家成长中的出现或提供缓解这一难题的制度范式，也约束发展型政权在推进社会发展过程中的行政机会主义与市场经济在激活社会利益关系过程中的市场机会主义，特别是两者的勾结在当代中国社会的出现。因此公法制度的革新与完善成为现代国家成长的制度要求的核心内容。具体说，现代国家成长的制度要求主要通过以下三个方面表现出来：

第一，现代国家成长的制度要求表现在法律体系推进民主政府治理能力有效增长的法律供给能力之中，以展现公民权利的法律保障、民主政治的制度实现以及国家治理有效性的制度激励的诉求与方向。

市场制度的发展、社会力量的成长和社会生活的进步是与政府权力规范性与有效性的设计与创新密不可分的。如果体现现代国家成长的制度要求的法律体系的形成与发展只关注政府权力的规范性，而放弃对政府权力有效性的支持，市场制度在市场机会主义的困扰中无法发展，社会力量在利己诉求中无法持续成长，社会生活在公共物品的缺失中无法进步，甚至市场交易和社会生活都不无进行。在一个相互依赖日趋密切的社会中，在一个全球结构日益深化和公共问题日益增生的社会中，政府权力的有效性及其制度安排对于人类社会的治理与稳定、发展与进步、激励与和谐，是至关重要的、不可或缺的。所以，我们不能因为某项具体的政府规制及其制度安排的失效或者无能，甚至越位，而简单笼统地认定所有政府权力的有效行使都是没有价值的，进而否定政府权力及其制度安排在市场制度发展和公共事务治理中的意义。总之，现代社会生活中存在的政府权力滥用所导致的失灵的现象或破坏社会信赖的事实，不能简单地以尊重公民权利，特别是自由权为名否定所有政府权力有效性维护机制建设在法律体系形成中所具有的意义，相反，这种现象应该使我们加倍重视政府权力的制度设计、安排和建设的问题。如何不断地通过法律体系特别是公法制度的完善，设计更好的政府权力运行的责任机制，是当代中国法律体系全面展现其对现代国家成长的功能所不能回避的问题。

同时，当代中国法律体系的形成与发展不回避、不拒绝追求法律体系现代性的共通性，但是在追求法律体系现代性的同时承担着捍卫社会主义制度的内在属性的要求，这种要求就是对社会平等的观念以及社会正义的价值是当代中国法律体系追求法的现代性的底线。崇尚和维护人权无疑应该成为当代中国法律体系承担现代国家成长的制度诉求的必备内容。但是必须明确的是为了让人类文明所崇尚和维护的人权得以有效、有序实现，必须在规范政府权力的同时赋予政府权力的有效性。中国社会固然要走出革命型政权因意识形态的对立和对民族国家独立的渴望而片面坚持法的阶级性与国家性所形成的制度僵局，但也要避免在改革开放过程中通过法律移植实现法的现代性追求以及市场经济活力的渴望而片面强调法的普遍性与社会性所隐含的制度陷阱。“因此，立法者的法理学一方面要抵制对西方法学采取肤浅的消费主义，另一方面更要抵制把本土问题简单化，仅仅理解成一种作为例外的‘地方性知识’，而要把它理解为人类文明所面临的普遍性问题。只有采取这样的立场，我们才能打破中西文化对立、传统与现代对立给我们的思考所带来的困难，把西方与传统纳入到文明国家的建构之中。”①

特别需要指出的是，现代国家在当代中国社会的成长要求法律体系在发挥社会力量、控制市场冲突、规约公共秩序、维持公共安全等诸方面协调发展，要能通过法律创新保证民主政府所担负功能的适应性和合法化，随着社会环境的变化而维持社会成员对民主政治的认同。现代国家的成长之适应性和合法性始终是在个体利益有效表达与公共利益有效维护之间平衡机制的形成过程得以体现出来的。“在民主制中，不是人为法律而存在，而是法律为人而存在；在这里人的存在就是法律，而在国家制度的其他形式中，人却是法律规定的存在。民主制的基本特点就是这样。”②所以我们必须认识到，社会不同利益主体在公共利益中的简单映射不能说是有序民主，同理，社会不同需求在民主政治中的简单表达不构成说是有效民主。改革开放30年来，中国社会通过民商事立法为个人利益的实现提供法制保障，并提出公法制度建构约束政府权力让这一保障得以有效成长，从而为中国社会发展和

① 强世功：《立法者的法理学》，北京：三联书店2007年版，第32页。
② 《马克思恩格斯全集》，第1卷，北京：人民出版社1956年版，第280页。

国家成长提供了激励机制。“我们应当为一个更加民主的制度奋斗，但不能靠把现实的状况简单地界定为全部不合法而实现。”①秉持社会主义法律体系对公共利益维护和延续的使命，深化民主政府对公共利益的维护责任和对个体利益的尊重责任之间的平衡能力应该是全面提升法律体系构建水平和满足现代国家成长的制度要求的战略抓手。否定前者在法律体系形成与发展中的价值将使现代国家的成长失去明确的、有生命力的方向，否定后者在法律体系形成与发展中的意义将使现代国家的成长失去具体的、活生生的动力。②

如果说奉行资本主义制度的西方国家把个体权利的实现作为公共利益维护的前提而演绎了现代法律体系的变迁过程的话，那么走社会主义道路的中国则是把公共利益的维护作为个体权利的实现的前提来推进法律体系的变革。在20世纪以前，西方国家忽视公共利益对于个体权利实现的意义，20世纪以来面对社会对立和阶级冲突，通过加强社会性立法和政府责任的立法正面承认公共利益对于个体利益进而从制度上维护现代国家公民精神的延续和社会合作的形成。革命后中国试图否定个体权利来实现公共利益进而维护国家独立和政权体制的正当性，但陷入社会整体性贫困的事实导致执政党改革开放以探索现代国家的成长之路。承认个体权利但不能放弃公共利益和代际正义是当代中国法律体系服务于现代国家成长所需要的社会合作与国家认同的基础。当代中国法律体系的形成与发展从制定和完善公法权利和民事权利的规范入手，敢于在具有社会主义法律体系价值优先性的公共利益面前强调个体权利的价值与意义，善于在具有现代法律体系价值优先性的个体权利面前延续公共利益的价值与意义。2010年《选举法》的第五次修改对城乡同比例选举权的承认以破解当代中国社会公法权利的两重结构弊端，以及《行政强制法》制定所显示着的行政立法的不断完善，通过维护宪法政治和行政法治以夯实现代国家成长的制度基础越来越成为法律体系发展的重要方面。2011年生效的《社会保险法》

① 陈端洪：《宪治与主权》，北京：法律出版社2007年版，第230页。

② 托克维尔于1835年考察美国民主制度时研究了美国的公民精神对于理智的爱国心之形成和维护的意义，他指出，理智的爱国心“虽然可能不够豪爽和热情，但非常坚定和非常持久。它来自真正的理解，并在法律的帮助下成长。它随着权利的运用而发展，但在掺进私人利益之后变为削减。一个人应当理解国家的福利对他个人的福利具有的影响，应当知道法律要求他对国家的福利做出贡献。他之所以关心本国的繁荣，首先因为这是一种对已有利的事情，其次是因为其中也有他的一份功劳。”显然这种爱国心建立在美国法制对个体利益与公共利益有机统一的基础之上的。在这种爱国心下，社会成员愿意为国家富强而努力，而“他们这样做不仅出于责任感和自豪感，而且出于我甚至敢于称之为贪婪的心理。”参阅[法]托克维尔：《论美国的民主》，上卷，董果良译，北京：商务印书馆1988年版，第269—270页。

则彰显着当代中国法律体系把维护公共利益作为实现个体权利的前提之努力。公共资产的社会分享机制的立法问题同样是法律体系不可回避的问题。

第二,现代国家成长的制度要求表现在法律体系要着力界定公共权力(特别是行政权)的合理范围,从法律上明确公共生活与个人生活之间的制度性关系,厘清个体权利与公共权力的底线,推进现代国家治理体系的革新和夯实国家治理能力的制度支持。

传统王朝国家治理体系的滞后和已经完成现代法律体系构造的现代西方国家的入侵导致了近代以来中国社会的全面危机,这种危机不仅导致了一场民族和政治革命,而且导致了一场社会革命——"一场寻求改变社会结构与人类生活大多数领域的人与人之间的革命。"①以这种革命为基础的国家重建必然会有不同于其他国家的基础。从革命后以英国为先导的现代西方的国家构建到20世纪后以美国为先导的现代西方的国家成长经历的是一个通过法律体系确认公民消极权利与政府有限权力到承认公民积极权利与政府有效责任的过程,也正是因为如此,法律体系的构建从市场经济立法入手强调多一点公民自由权利和少一点政府干预,但是到了19世纪中叶经济危机引发阶级对立、社会危机引发国家合法性危机,法律体系不得不认真对待以经济社会文化权利为核心的公民积极权利和政府责任的正当性问题,所以20世纪20年代开始美国着手社会性立法以明确政府责任,最终构建公共生活与个人生活之间的制度性关系。② 那么对于中国社会来说,由于革命的特殊境遇必然要求公民经济文化权利在革命后现代国家重建中的重要性,所以我们就可以理解公有制、计划经济与全能政府在革命后国家建设中的地位以及在革命后法律体系构建中的价值,最终在1975年宪法对政

① 邹谠:《中国革命再阐释》,香港:牛津大学出版社2002年版,第11页。

② 王绍光概括了20世纪美国现代国家成长的制度转型所面临的情势以及制度改革的方向。美国在19世纪末国家成长中面临的问题与中国今天面临的问题非常相像。那时美国的国家成长面临的境遇是:(1)腐败横行。亨利·亚当斯在小说《民主》中借主人公雅克比的罪说:"我已经活了75岁,这一辈子都生活在腐败(这主要指的是公共权力的消极腐败,引者注)中。我走过很多国家,没有一个国家比美国更腐败。"(2)假冒伪劣。1906年辛克莱尔描写屠宰业黑幕的小说《丛林》出版后,很多美国人连肉都不敢吃了。这本书所引发的讨论最终促使美国国会于1906年颁布《肉品检疫法》,联邦政府由此成立食品与药品管理局。(3)重大灾难屡屡发生,当时影响最大的灾难是"三角衬衫厂大火",由于资方无视建筑物的防火标准,145名女工被活活烧死。(4)其他社会矛盾异常尖锐。经济危机伴随着资本与劳动之间对立导致社会处于结构性的对立状态。现代国家成长的危机也是制度革新的时机。从20世纪初开始以社会性立法和政府责任立法入手从制度上重构国家与社会间的关系、政府与市场之间的关系、个体权利与公共利益之间的关系。参阅王绍光:《美国进步时代的启示》,北京:中国财政经济出版社2002年版,第2—6页。

社合一的人民公社合法化中达到高潮。但国家治理体系的制度化水平低下，治理能力同样更无力、更缺乏效率。1975 年宪法所捍卫的大民主也只不过是公共生活中的主人与因公共权力可以随意、恣意地干预个人生活结合而已。当然革命后中国现代国家的重建不可能走西方国家重建和以承认公民(消极)权利为逻辑起点法律体系构建模式，也不能否定公民(积极)权利、社会平等和政府责任在法律体系构建的意义。而是要在承认公民(积极)权利、社会平等和政府责任为构建社会主义法律体系逻辑起点时不能从阶级对立和意识形态分歧的立场出发抛弃公民(消极)权利和公共权力的规范化和程序化在社会主义法律体系中的价值。虽然 1978 年以来的改革开放充分认识到党和国家领导制度改革的重要性，1982 年宪法更是明确了一个致力于建设现代国家的当代中国社会必须从宪法和法律上严肃对待公民权利，政治自由、人身权等公民(消极)权利在 1982 年宪法中得到确认。特别是中国广大农村家庭联产承包责任制的推行使契约关系深入到基层社会中去，1987 年颁布并于 2010 年修订的《村民委员会组织法》表明基层自治是维系一个超大的现代国家有效治理的制度方向。

但是改革开放最初的 15 年间始终伴随着社会主义与资本主义、马克思主义与自由主义的意识形态的分歧困扰着法律体系对公共生活与个体生活之间制度性关系的构建进程，西方国家的和平演变战略的提出使法的阶级性再次在现代法律体系中获得主导地位。因此不得不通过政策先行、法律试行等方式探索公共权力和公民权利在现代国家成长中的存在方式。在公共权力制度性约束规范尚未建立的前提下，通过经济性立法寻求经济增长的发展型政权在改革开放后的确立导致公共权力以不同于革命的法制逻辑中的存在样式向社会生活扩张，由此改革开放初期效应一旦递减，社会贫富差距和公共权力腐败成为现代国家成长进程中不得不面对的问题。① 这一问题将撕裂国家与社会的互信，政府责任被公共权力的腐败所掩盖，社会活

① 有学者对 20 世纪 90 年代以来现代国家成长在中国社会所面临的问题概括为八个方面：第一，政府官员腐败，贪腐案件大量发生且屡治不果；第二，社会财富占有和收入分配上的差距不断扩大，社会收入分配的基尼系数已经接近 0.5；第三，整个社会越来越靠政府和国有部门的项目投资和高投资率来维系经济增长；第四，居民家庭收入和消费占国民收入的份额持续下降；第五，广义货币不断膨胀，房价和消费品的物价快速上升，导致中国食品和日常生活用品物价水平已经接近甚至超过有些发达国家；第六，在普通居民收入增长缓慢的情况下，政府用在医保和社会保障方面的财政支出又严重不足，导致民生困顿、民怨积累；第七，社会诚信和商业伦理严重缺失，食品安全、产品质量、环境污染乃至商业欺诈问题在各种媒体上不断曝光，屡治不果；第八，恶性事件和万人以上群体性事件时有发生，社会内部的紧张程度等不断增长。参阅韦森：《大转型》，北京：中信出版社 2012 年版，第 312 页。

力被贫富差距的拉大而抑制。所以说,“一个国家不论在其他方面有多少潜在的或明显的优势、条件、资源,如果它的制度非常不合理、不进步、不具有与时俱进的适应性,那些长处都会给抑制下去,浪费掉。”①集中力量办大事固然是革命后当代中国国家治理的优势,但是在社会转型不断深化和利益关系日益复杂的趋势中,如何从制度上规范政府能力是不致丧失国家治理优势的关键问题。因此,完善公共权力要素间的关系与厘清权力要素的责任是在中国特色社会主义法律体系形成与发展进程中的重要问题。现代国家的成长过程是一个充分相信市场制度和社会力量对资源的配置能力,充分从法律上信任并培养社会成员的自我管理能力的过程。基于这一诉求,通过法律体系来完善公共权力之间的关系以限制公共权力,一方面需要社会的有效制约,另一方面需要政府自身的自觉性和不懈努力。公众参与立法机制的建设就是着眼于政府行为避免简单迎合社会需要,在表明现代国家权力分享性的同时提升立法的质量,从而避免扩大社会对公共权力的依赖性。

关键的问题在于,公众参与机制的法治化水平在法律体系形成与发展中获得充分的强调,法律体系的形成与发展既要避免对政府责任的放任化或民粹化将现代国家的成长拖入社会对立的窘境。因为纵观人类制度文明发展史,我们可以不带任何偏见地承认:“人类事务中有一点是确定无疑的,那就是:凡是已经得到的有价值的东西只有继续用取得它的同样的精力才能加以保持。事物如任其自流就不可避免地会衰退。”②又要杜绝把社会平等的民粹化将现代国家的治理推入社会平庸的绝境。因为从革命的法制把社会平等的民粹化背后公共权力随意干预社会生活并恣意消灭个体权利所带来的国家成长的病变中,我们必须清醒地认识到:“人性不是一架机器,不能按照一个模型铸造出来,又开动它毫厘不爽地去做替它规定好了的工作;它毋宁像一棵树,需要生长并且从各方面发展起来,需要按照那使它成为活东西的内在力量的趋向生长和发展起来。”③因此,当代中国法律体系的形成与发展要着眼于为国家治理体系和治理能力提供制度保障,必须着力构建以尊重利益表达为出发点的理性的公共参与机制的制

① 丁学良:《辩论“中国模式”》,北京:社会科学文献出版社 2011 年版,第 235 页。
② [英] 约翰·密尔:《代议制政府》,汪瑄译,北京:商务印书馆 1982 年版,第 100 页。
③ [英] 约翰·密尔:《论自由》,程崇华译,北京:商务印书馆 1959 年版,第 63 页。

度安排，实现个体利益有序表达与社会利益有效维护的法律实施机制，以切实提高执政者运用法治思维和法律手段解决经济社会发展中突出矛盾和问题的能力。

所以建立均衡的利益表达机制对于社会力量不断成长和民主化进程日益推进的中国社会来说，不仅显示着法治建设对社会成员表达和维护自身权利的尊重，及时回应社会成员对权利维护的新期待，而且程序化、规范化的利益表达机制对有助于在一个利益关系日益复杂的社会发展进程中及时、有效形成社会共识，避免社会秩序的动荡。厘清和规范公共权力的合理范围，不仅在于为活生生的、具体的个体权利的实现提供制度保障和价值认可，切记好的专制政治完全是虚假的理想。它实际上是最无意义和最危险的奇异想法。……在一个文明有所发展的国度，好的专制政治比坏的专制政治更为有害，因为它使更加松懈和消磨人民的思想、感情和精力。① 同时要通过程序化、规范化的实现机制深入规范建构提供有序的活力，这样"就不会把那些小型中型的矛盾闷在那里促成了大问题，最后促成了爆发性、悲剧性的对抗。"②

在一个社会力量不断成长的现代国家中，法律体系的构建与革新始终面临着一个共同的问题，即普遍存在且持续不断的不同利益诉求以及由此所引发的矛盾或冲突。这是由 1978 年 12 月中国社会所开启的新时代所必然产生的客观结果，但是我们要反思的是这个客观结果背后的制度因素。1993 年宪法修正案明确了中国处于社会主义初级阶段和承认了社会主义市场经济体制之后，意味着现代国家在改革后中国社会的成长必然面临着日益增生的利益诉求和社会平等的价值观的捍卫之间的紧张关系。法律体系的形成与发展的一个核心目标就是要解决或缓解这个问题，一部分是通过经济性立法将不同的利益诉求转换成创造力，一部分则是通过社会性立法将公共利益转换成秩序。③ 经历了改革开放三十余年的探索，构建法律体系的一个核心功能就体现在这个问题的解决能力中，能否将一部分不同利益诉求转换成创造力和社会发展的活力，而将一部分不同利益诉求在不可能达成社会共识或威胁社会正义的维护时使其成为没有必要。这个问题

① ［英］约翰·密尔：《代议制政府》，汪瑄译，北京：商务印书馆 1982 年版，第 43 页。
② 丁学良：《辩论"中国模式"》，北京：社会科学文献出版社 2011 年版，第 164 页。
③ ［美］凯斯·孙斯坦：《设计民主：论宪法的作用》，金朝武等译，北京：法律出版社 2006 年版，第 7 页。

的制度化的缓解机制成为当代中国法律体系推进现代国家成长的关键问题。前者意味着当代中国法律体系必须强化对中国社会发展活力的正当性规范的支持水平，后者意味着当代中国法律体系不能放弃对中国社会生活秩序正当性规范的提供能力。基于前者，当代中国法律体系必须持续推进并实施个体利益、市场制度的规范性建构和政府权力的有限性规范，基于后者，当代中国法律体系必须持续推进并落实公共利益、社会保障的规范性建构和政府权力的有效性规范。联系这两者的装置是程序。

程序法的建设将成为规范政府权力及其权力因素间的关系，界定公共生活和个体生活的界限并实现互动的制度基础，因而是当代中国法律体系实现其价值诉求和制度使命的可靠桥梁，为此，"它不应当容许任何一种地方利益强大到能够压倒真理和正义以及所有其他的地方利益的总和。永远应当在各种个人利益之间保持着这样一种平衡，使任何一种个人利益要获得成功必须依赖于得到至少一大部分按照更高动机和更全面更长远的观点行动的人们的支持。"①程序法的建构和发展主要通过公共权力运行，特别是行政行为的程序规范建构以及诉讼程序，特别是行政诉讼法和刑事诉讼法的完善来体现的。基于现代国家成长的需要，程序法的建构与发展担负着通过程序正义以表明现代国家对个体正义和社会正义的追求。因此，程序法只有在对落实个体正义和追求社会正义的能力中体现其在现代国家成长中的价值。20 世纪 40 年代末开始美国就着手行政程序立法、以及阳光政府的制度建构进程，以确保现代国家成长真正走出 19 世纪的社会危机和政治腐败。当然程序法的核心不在于法典化，更不是形式化，而在于要求"代表国家行使公权力的官员或者机构，在作出使一个人的权益直接受到有利或不利影响的决定之前，必须给予这个人以参与决定制作过程的机会，对那些利益处于对立状态的当事者，必须保持中立，不偏不倚，并确保参与者拥有平等的参与机会和参与能力。与此同时，决定者在作出限制或者剥夺个人权益的决定时，还必须极其慎重，内心就有并向外部表达出充足的理由，以便能尽量说服受到不利对待的一方。"②其次，预算制度的规范化在现代法律体系形成与发展进程中具有特别重要的意义，预算制度的规范化建构既是对公共权力的约束，也是推进政府责任实现从支持经济建设为主向

① [英] 约翰·密尔：《代议制政府》，汪瑄译，北京：商务印书馆 1982 年版，第 100 页。
② 陈瑞华：《看得见的正义》，北京：北京大学出版社 2013 年版，第 10 页。

提供公共服务为主转换的基础。① 1994 年 3 月,八届人大二次会议通过并于 1995 年施行的《预算法》开启了法律约束政府收支的制度构建,这反映了现代国家成长的制度要求在当代中国法律体系中的实现。2011 年启动对《预算法》的修改标志着对税收法定的政府汲取资源权力进行约束来切入对公共权力有限性的硬约束和社会平等价值观念在政府责任实现中的落实机制建构。这不仅是对构建社会主义和谐社会的制度贡献,也是现代国家追求社会正义的制度尝试。再次行政组织法、行政行为法和行政救济法的制定和完善应该成为现代国家成长的制度要求的重要内容。行政权主体的明晰、行政行为的规范和行政救济制度的规范不仅维系着权力的边界与权力运行方式,而且明确着行政法律责任的承担以及个体权利在行政法中的维护规范。随着行政自由裁量权的不断增生,以行政法为主要内容的公法制度改革自然成为现代国家成长的制度要求的核心体现。正是在这个背景下,我们可以理解 2014 年修改《行政诉讼法》在程序改革上所作出的努力。基于现代国家成长的制度要求,公法要"成为凝聚社会力量、维护社会共同体价值、保障基本人权、约束公权力的实效性的制度与规范体系。"②

第三,现代国家成长的制度要求表现要为有效维护国际秩序中的主权原则和国内秩序的民主原则的政府体制提供制度安排。既要在全球结构不断深化的条件下积极融入国际秩序之中,又要维护现代国家的主权独立,也即放弃作为后发国家的中国对主要由现代西方国家形塑的国际秩序所持有的悲情主义色彩,勇敢吸收人类制度文明的成果。

因此,现代法律体系对国家的认识必须从全球政治秩序和人类制度文明的发展趋势着眼,③而不能从简单地反对帝国主义及其对近代以来中国

---

① 刘守刚:《国家成长的财政基础》,天津:天津人民出版社 2009 年版,第 316 页。可以说预算制度伴随着现代国家的成长整体进程。1689 年颁布的《权利法案》标志着英国率先进入从制度上进入现代国家的行列。核心规范就是明确了税收法定主义和政府支出的监督机制。1852 年英国成立了公共账户委员会,将政府向议会递交部门预算进行制度化,现代意义上的预算制度逐渐形成。20 世纪以前美国没有关注到预算制度在现代国家成长的意义,但是随着税收对于平衡贫富差距和维系社会有序发展的重要性的日渐重要,公共支出对于体现政府责任和规范政府权力运行的重要性日益突出,1921 年国会通过了《预算和审计法案》,要求总统向国会提交政府统一预算,并对政府账务进行独立审计。1974 年,国会通过了战后以来最重要的预算改革法案——《国会预算和扣押控制法案》,预算制度进入相对体系化的发展历程,这无疑对美国走出 20 世纪前国家成长的危机有着不可忽视的制度价值。参阅马骏等:《走向"预算国家":治理、民主和改革》,北京:中央编译出版社 2011 年版,第 154—155 页。

② 韩大元等:《公法的制度变迁》,北京:北京大学出版社 2009 年版,第 357 页。

③ 强世功:《立法者的法理学》,北京:三联书店 2007 年版,第 27 页。

社会追求主权国家所带来的伤害同时拒绝法律体系之间的对话和学习并在这种对话和学习中捍卫主权的正当性和法律体系的特殊性。① 国内秩序的民主原则的政府体制则要求法律体系为政府平衡个体权利和社会平等之间的关系提供制度安排，最终落实现代国家成长的法治逻辑，即“不仅可以为主权提供论证，更可以为人权提供论证，人权说到底是一个公民权问题，即一种涉及每个个体在社会政治生活中所享有的尊严、自由、个性与追求幸福的权利保障问题，法治或法治主义便是为这种人权保障提供一整套普遍、客观而公正的规则体系。”②

“在一个国际相互依赖日趋密切的世界中，在一个公共问题日益显露的社会中，国际制度对于国际社会的治理与稳定、发展与进步，是至关重要的、不可或缺的。”③今天，我们可能对某些国际制度的合法性，进而对其公正性表示怀疑，但是确凿无疑的事实是，我们从来不会也没有对这样一个事实产生过动摇，那就是：今天的国际社会，不能没有国际制度。当然，这种国际制度的合法性必须得到各民族国家的认可或同意，也就是说，国际秩序的确立和巩固，不仅要体现人类社会的普遍发展方向拥有合理性，同时要通过为各民族国家间公共问题的解决提供制度平台而获得合法性。在这种历史际遇中，我们很难想象，无须一个统一的、独立的权力结构的支撑，一个社会通过“自由放任”就可以自动地实现政府权力的限制和公民权利的扩展从而推进现代国家的成长。因此，革命后现代法律体系的建构必须维护一个统一且独立的民族国家政权的合法性，为解决公民在新的制度空间中生活所面临的认同危机。④ 在我们看来，革命后现代法律体系的形成与发展，以及它对传统国家的法律秩序的替代，是现代化这个三四百年来席卷全球的历史

① 我们深知，从20世纪到21世纪，西方中心主义的观念在以美国为据点的普遍主义霸权下日益强大，以及由此带来的对包括中国在内的后发国家维护主权独立的挑战，但是通过制度特殊性建构来维护主权独立正当性的过程中不能回避人类制度文明的基本规范，否则在全球结构中维护主权独立将变得异常艰难。在这种过程中，对人权问题的制度化建构可以成为作为后发国家的中国在融入国际秩序中有效维护主权的独立这一现代国家的核心诉求。更何况，人权的制度建构的最大受益者就是生活在主权国家里的公民。因此，从这个意义上说，“人权是思考现行法律、政治、社会以及各种制度设计时最重要的观念之一。”参阅[日] 大沼保昭：《人权、国家与文明：从普遍主义的人权观到文明相容的人权观》，王志安译，北京：三联书店2003年版，第28页。

② 高全喜：《现代政制五论》，北京：法律出版社2008年版，第305页。

③ 苏长和：《全球公共问题与国际合作：一种制度的分析》，上海：上海人民出版社2000年版，第307页。

④ 参阅苏力：《现代化进程中的中国法治》，载赵汀阳等：《学问中国》，南昌：江西教育出版社1998年，第187页。

性运动所带来的与这一社会结构性变迁相互契合的组成部分。这一命题的含义不仅仅要说明现代法律体系出现和发展过程中的普遍性规律，而且要凸显现代法律体系出现和发展过程中的特殊性原理。也并不仅仅要说明现代法律体系是现代人用来解决专制或权力行使无限制的问题，这是一种法律线形进化理论模式的构建。① 而且要强调使现代法律体系得以发生的现代化所带来国家主权的维护的问题。革命后现代法律体系对国家权力的制度架构、活动范围和能力扩展方面的规定和限制绝对不是说国家主权在质上的减少，摩根索说得好："主权不是摆脱法律限制的自由权。国家限制自己的行动自由的法律义务的数量本身并不影响它的主权。……一个国家可以接受法律限制而仍不失为独立自主，只要这些法律限制不影响它作为立法和执法的最高权威的性质。"②

因此，在全球结构不断深化和改革开放不断推进条件下，法律体系的发展对于现代主权国家治理体系和治理能力的现代化的追求必须体现在：一是在全球化背景下保护国家主权完整，尽量减少全球化经济与文化交流给本国人民带来负面影响，善于通过制度学习和借鉴维护国家安全和社会秩序的合法性基础。2001 年中国成为世界贸易组织成员方，以及随后对包括《专利法》、《商标法》等法的修改以及 2004 年生效的《行政许可法》以及 2013 年十二届全国人大常委会第四次会议审议了《关于授权国务院在中国(上海)自由贸易试验区等国务院决定的试验区内暂时停止实施有关法律规定的决定》都表明了法律体系接受国际规则以维护主权国家治理正当性和有效性的努力。二是法律体系的形成与发展要体现人类社会制度文明的一般要求和基本精神，规范国家公共权力的行使，以体现一国制度发展对整个人类社会文明的吸收和承认，因此法律体系承认对国家主权权力的适用范围、运作方式应该有所限制，这种限制可以体现为不同的层次。也就是说，在全球结构深化和改革开放推进的现实逻辑中，现代国家成长的制度要求对于法律体系来说，就是善于在制度学习与制度竞争中捍卫与实现基于主权国

① 这是长久以来都相当流行的关于宪政和现代法律的话语。例如，诺内特和塞尔兹尼克就将现代的、他称之为自治型法律视为对传统社会中的压制型法律的回应和改善，而他们所预想的未来的回应型法律又将是对自治型法律的不足之补充。这种观点表面看来强调了法律对社会的关系，实际上隐含了一种法律历史发展的目的论，更多强调了法律的变化对自身的完善。参阅[美] 诺内特、塞尔兹尼克：《转变中的法律与社会》，张志铭译，北京：中国政法大学出版社 1994 年版。

② [美] H·J·摩根索：《国际纵横策论》，时殷弘等译，上海：上海译文出版社 1995 年版，第 393 页。

家治理的正当性和有效性。2012年6月30日全国人大常委会颁布了《中华人民共和国出境入境管理法》，从而结束了我国出入境法律规制中两法即《中华人民共和国公民出境入境管理法》和《中华人民共和国外国人入境出境管理法》并立的状态，这体现了在制度学习和制度竞争中完善当代中国法律体系的具体努力。我们站在今天的时间高度上回顾一下革命后现代国家在当代中国社会的成长历程，必须明白一个道理，用一种彻底的激进革命或激进西化的方式对待革命后现代法律体系的构建，对中国社会所造成的破坏或现代国家成长方向的扰乱远远大于它给现代国家在全面危机后的中国社会的成长所可能带来的贡献，对迈入21世纪的中国社会来说，我们当然不应该再用这种逻辑来思考法律体系的未来发展。当代中国应通过深化产权制度与契约自由的社会责任在法律体系构建中的表现来抑制民粹主义对现代国家成长方向的干扰，通过细化国家权威和政府权力的民主程序在法律体系构建中的表现来消解寡头主义对现代国家成长方向的阻遏，同时在一个全球结构日益深化的背景下，法律体系的特殊性必须在中国进入"世界结构"这一三千年未有之真正的大变局中体现和延续。①

由于中国社会在改革开放后已经变得日益复杂，被改革开放所激活的欲望无限性、发展型政权所拥有的资源有限性以及社会成员禀赋差异性之间的紧张关系所带来的各种群体性事件或集体抗争，直接要求现代国家通过法律体系的建构以提升治理能力的水平。20世纪90年代以来，随着社会转型所带来的利益关系调整和通过制度有效维护公平正义与现代国家治理能力之间的落差，导致主要以经济利益诉求为主导的群体性事件日益增生。不同于革命后革命的法制逻辑下因政治运动和阶级斗争所带来的国家治理失效的是，改革开放后，特别是20世纪90年代中期以来在现代国家的成长中所出现的群体性事件或集体抗争已经形成了独特特点：一是因公民权利意识前所未有的提升(表现在反"圈地"、业主维权、艾滋病患者维权等运动的兴起)和非政府组织的迅速发展；二是上访的社会化运动(个体利益

① 邓正来基于世界结构的图景提出了重新发现、感受和理解中国社会转型北京下法治的复杂性、艰巨性、特殊性以及与此相伴的长期性，而更为重要的，毋宁是反思既有的法治道路和探寻一条从当下的中国角度来看更为可欲和正当的道路或者一种更可欲和正当的社会秩序的问题。这一问题对于我们检视改革开放以来法律体系构建中规范选择和价值追求是有意义的。参阅邓正来：《谁之全球化？何种法哲学？——开放性全球化观与中国法律哲学建构论纲》，北京：商务印书馆2009年版，第252页。

借助环境污染等公共问题进行抗争)和民粹主义在中国迅速抬头。① 因此,现代国家成长的制度要求必然体现通过制度建设消解改革开放过程中所形成的利益固化的各种制度性因素,用制度预期来消解社会成员对国家建设和社会发展的不稳定心理,“明显的经济差异对于人们的生活是有破坏性的,然而如果人们同时相信他们拥有向前进步的自由,那么,不平等将不会显得如此尖锐且不可忍受。”②通过法律体系创新提供社会成员利益表达的规范化和程序化的机制以切实实现社会主义民主制度化、规范化和程序化,把分歧转换成国家建设的共识和社会发展的活力之源,同时把某些分歧成为不必要。制度改革是中国社会持续推进改革开放和现代国家成长的基础,为此,法律体系形成和发展的核心目标就是要建立一个合理化的、预期清晰的能对社会与全体民众进行有效动员的利益表达机制。

从现代国家在人类社会的成长历程和当代中国国家建设所面临的问题来看,只有有效地规范政府权力以实现国家治理的权威性、明确地界定权利实现的程序(包括救济程序)以维护社会生活的有序性、形成畅通的利益表达机制以消解利益关系的固化,才能产生一个利益均衡、社会和谐的现代社会。③ 秉持这一具体目标去反思国家治理体系的现代化和权利救济程序的现代化。

首先,法律体系的构建要着力通过信息公开制度和行政程序制度的完善来实现国家治理的透明度和公共权力运行的可预期性。信息公开制度可以为民主制度化提供活力和共识,以彰显国家对社会成员知情权和美好生活选择权的尊重诚意,同时也有助于培养社会成员对公共利益的尊重意愿和社会合作的可能性,进而提升公共精神的培育能力并支持协商民主的有效运作以及社会力量的理性成长并支持社会合作的有效形成。国家治理体系的现代

---

① 参阅赵鼎新:《民主的限制》,北京:中信出版社 2012 年版,第 86—87 页。2006 年 11 月 27 日,贵州省兴仁县县长文建刚一家六口被杀,就此事件网络上欢呼:“只要是杀官家,我就举双手赞成!”2007 年在重庆最牛钉子户“拆迁事件中,法学家江平因主张案法院裁决办事而遭到网上痛骂;2008 年的杨佳袭警案中江平也因主张证据判案而遭到网络舆论的攻击。2009 年湖北“邓玉娇案”中刑法学家马克昌根据证据的结论与民愤所期待的结果不同而遭到谩骂。这些事件不难表明:草根性、非理性和抗争性,是民粹主义三大特征。仇官、仇警、仇富是民粹主义的三个火山口。从 20 世纪 90 年代以来群体性事件中所出现的民粹主义来看,民粹主义具有反市场倾向,往往是专制主义的工具。参阅马立诚:《当代中国八种思潮》,北京:社会科学文献出版社 2012 年版,第 174—175 页。

② [美] 安东尼·奥罗姆:《政治社会学导论》,张华青等译,上海:上海人民出版社 2006 年版,第 146 页。

③ 于建嵘:《抗争性政治:中国政治社会学基本问题》,北京:人民出版社 2010 年版,第 230 页。

化和政府维护公共秩序以及平衡个体利益与公共利益之间关系的权威只有建立在充分的政府信息公开的基础之上。美国宪法之父麦迪逊曾精辟指出，如果一个民主政府不尊重社会成员获知信息的权利，或者社会成员缺乏获取这种信息的制度化途径，那么它要么是一出闹剧的序幕，要么就是一出悲剧，或者两者兼而有之。政府信息公开，是政府依法治理的基本准则，也是社会成员了解政府运作的方向、监督政府行为并据以维护自身权益的基本路径。通过信息公开制度的建设，从制度上保证并提供社会成员获知公共信息的权利，把政府权威建立在提供社会成员对当下和未来生活的稳定预期的基础上，让政府权威在阳光下实现从而最大限度地抑制公共权力运行过程中的腐败，提高政府公共决策的社会认同度和稳定性以及时发现公共决策的风险并有效消除社会发展的不稳定性，增进社会成员对政府权力的信任，着力提高政府公信力。

其次，法律体系的构建要关注通过公正、高效和权威的司法制度建设来提高社会成员藉由司法程序来救济权利的愿望，进而在司法过程中检验立法漏洞以提高法律质量以及有效地提升政治问题和社会问题法律解决的能力，从而不至于把因经济利益而诱发的群体性事件转换成政治问题而侵蚀现代国家的合法性基础。为此，当代中国法律体系必须坚守社会公平正义这一价值，固然社会平等这一价值曾经在革命的法制逻辑中被教条化和极端化而给革命后现代国家的成长带来了伤害，但不能因此而否定、抛弃或忽视这一制度价值对于现代国家的成长和法律体系捍卫社会主义制度属性所具有的意义。“公正(正义)是社会制度的首要价值，就像真理是思想体系的首要价值一样。……某些法律和制度，不管它们如何有效率和有条理，只要它们是不正义的，就必须加以改造或废除。”①同时基于中国共产党领导的现代革命就是要走出传统国家时期极专制的政府和极放任的人民并存的岁月而建设民主、富强、文明与和谐的现代国家之路，法律体系必须遵循政府守法比公民守法更重要的制度建构逻辑，以维护政府对法治秩序的尊重以消解公共权力寻租或国家治理中形形色色的专制倾向，塑造公民对法律权威的尊重以消解社会成员对利益追求的放任。在这一前提下，“一个公民可以无拘无束地谴责某项法律，并通过政治过程寻求对它的变更，但是，直至这项法律被变更，它都应该得到他的服从……他自己的判断无论根据如何具有说服力，在这里都毫无地位可言。违反规则在原则上就等于反抗行为，

① ［美］罗尔斯：《正义论》，何怀宏等译，北京：中国社会科学出版社 1988 年版，第 1 页。

虽然这种行为有时可能在道德上被证明为正当，但是它决不可能被它所反抗的法律制度证明为正当。”①也就是说，法律体系在当代中国的意义必须通过对人的社会性的强调来建构政府权威的法律基础，进而从制度上消解民粹主义关于权利问题上的极端化理解。“处在政府之下的自由，应有长期有效的规则作为生活的准绳，这种规则为社会一切成员所共同遵守。”②同时人的差异性在法律体系的完善与发展的过程中必须得到充分承认，市场经济、契约自由和产权正当之间的整体性关系是法律体系的发展以及国家治理体系现代化的基本内容，法律体系要落实现代国家关于社会是社会利益的最好判断者、尊重社会自主判断能力和公共权力有限性的要求。唯此法律体系通过对人的社会性与差异性的强调，生活在现代国家下的社会成员才能真正体认到现代国家成长的长远价值，“国家的价值，从长远来看，归根结蒂还在组成它的全体个人的价值。一个国家若只图在管理技巧方面或者在事务细节实践上所表现的类似的东西方面稍稍好一些，而竟把全体个人智力的扩展和提高这一基本利益推迟下来；一个国家若只为——即使是为着有益的目的——使人们成为它手中较易制驭的工具而阻碍他们的发展，那么，它终将看到，小的人不能真正做出大的事；它还将看到，它不惜牺牲一切而求得的机器的完善，由于它为求机器较易使用而宁愿撤去了机器的基本动力，结果将使它一无所用。”③

再次，法律体系要着眼于利益表达机制在实体法和程序法的制定与实施过程中的落实，为政府与社会、个体与社会、个体与个体之间的对话、协商展开提供有效的制度保障。无论是在立法过程中对公民有序参与的保障，还是行政过程中对行政相对人利益表达的落实，抑或司法过程中对当事人权利的充分尊重，都是现代国家成长通过法律体系的发展来实现其制度要求的必然路径。公民有序参与立法有助于最大限度地捍卫法律体系的社会性并最直接地彰显法的现代性，社会共识与法律共识能够在公民参与立法

---

①［美］诺内特等：《转变中的法律与社会》，张志铭译，北京：中国政法大学出版社 1994 年版，第 76—77 页。

②［英］洛克：《政府论》，下篇，叶启芳等译，北京：商务印书馆 1964 年版，第 16 页。孟德斯鸠也认为：“在自由与政制的关系上，建立自由的仅仅是法律，甚至仅仅是基本的法律。”参阅［法］孟德斯鸠：《论法的精神》，上册，张雁深译，北京：商务印书馆 1961 年版，第 187 页。卢梭则从另外一个角度同样主张自由在法律中的意义，他指出：“惟有服从人们自己为自己所规定的法律，才是自由。”参阅［法］卢梭：《社会契约论》，何兆武译，北京：商务印书馆 1980 年版，第 30 页。

③［英］约翰·密尔：《论自由》，程崇华译，北京：商务印书馆 1959 年版，第 125 页。

权利的过程中实现连接。一项法律是否公正，需要在程序上听取各方意见，良好的立法过程体现在立法者与公民之间有益的相互交流之中，这显然只有在表达自由的权利保障以及对立法过程的约束之下才可能发生。① 这不仅要保障多数人的利益表达以及对立法的约束以体现现代国家的合法性基础，也要尊重少数人的利益表达以及对立法的约束以消解民粹主义对现代法律体系构建的困扰。当人民民主是作为社会主义制度的生命来定位的同时，不应该压制少数人在立法过程中的利益表达自由。② 在行政自由裁量权不断增生的现代国家，“一个法律制度之所以成功，乃是因为它成功地在专断权力之一端与受限制权力之一端达到了平衡并维续了这种平衡。这种平衡不可能永远维续下去。文明的进步不断地使法律制度失去平衡；而通过理性适用于经验之上，这种平衡又会得到恢复，而且也只有凭靠这种方式，政治组织生活才能使自己得以永久地存在下去。”③以利益表达为核心诉求的行政相对人程序性权利在规范自由裁量权中具有特别重要的价值。面对现代国家的成长对行政正义的制度诉求，法律体系应持续推进自改革开放以来在行政立法中对行政相对人程序性权利的保障，以落实行政相对人的利益表达权。“通过立法有选择地规范某些行政行为的程序乃是在行政领域体现和捍卫程序正义的必然结论。”④当法律体系形成之后，现代国家成长的制度要求则更多地表现在法律实现过程之中，因而通过诉讼法，特别是刑事诉讼法的完善与实施对于现代国家对司法公正的追求变得越来越重要。改革开放伊始，1979 年《刑事诉讼法》颁布的意义也正在于结束了革命的法制逻辑下司法人权在司法过程中被践踏的历史。但是随着改革开放的推进，公民基本权利在宪法中不断扩展，司法人权在现代国家成长中的地位越来越得到重视，所以充实和丰富司法人权是《刑事诉讼法》修改的核心主题。无论是从国际人权公约的发展来看，还是从当代中国法律体系的发展来看，刑事诉讼法并不是一种可有可无的部门法，而是极为重要的人权

① 参阅侯健：《表达自由的法理》，上海：上海三联书店 2007 年版，第 68 页。

② 正如约翰·密尔所言：“且让我们假定政府是与人民完全合一的，除非在它想来是符合于人民心声时从来就不想使出压制的权力。但是我拒绝承认的却正是人民运用这种压力的权利，不论是由他们自己来运用或者是由他们的政府来运用。这个权力本身就是不合法的。最好的政府并不比最坏的政府较有资格来运用它。”参阅[英] 约翰·密尔：《论自由》，程崇华译，北京：商务印书馆 1959 年版，第17 页。

③ [美] 博登海默：《法理学——法律哲学与法律方法》，邓正来译，北京：中国政法大学出版社 1999 年版，第 149 页。

④ 杨寅：《中国行政程序法治化——法理学与法文化的分析》，北京：中国政法大学出版社 2001 年版，第 231 页。

法。这就是我们理解与评估1996年，特别是2011年《刑事诉讼法》与2014年《行政诉讼法》修改在当代中国法律体系形成与发展中之价值的出发点。①

第二节　社会主义法律体系形成的权威基础与程序建构

正如中国社会在启动改革开放时所秉持“摸着石头过河”的探索路径一样，由于当代中国是在没有任何先例的情况下还要面对历史遗产的约束和革命的法制逻辑所造成国家成长病变困境的前提下重新走上社会主义法律体系构建之路，因此改革开放初期，制度演化是由一个一个分散的、非连续的、无数的制度设计所展开的立法路径，制度设计总是局部的。也正因为如此，改革开放初期直至20世纪90年代中期，法律体系不得不面对内部和外部的压力。外部压力加剧内部压力，法律规范之间的冲突、法律质量与现代国家成长的制度要求、法律体系的价值诉求与当代中国社会转型的落差等问题均要求通过法律体系必须完成立法权的配置和立法程序的规范化为核心要素的立法制度建构。2000年3月15日第九届全国人民代表大会第三次会议通过并于同年7月1日实施的《立法法》所蕴含的价值正在于此。正如亚里士多德所说：“有了好的立法才能有好的法律。”②为了当代中国法律体系的形成与发展并顺应改革开放深化趋势和规制社会结构调整中出现的冲突的需要，以及缓解自改革开放以来法律体系内部的危机，法律体系必须拥有合理的立法权配置和立法程序规范。现代国家立法制度的结构的核心内容是有关立法权限的安排，“包括确立立法权的归属、立法权的性质、立法权的种类和构成、立法权的范围、立法权的限制、各种立法权之间的关系、立法权在国家权力体系中的地位和作用、立法权与其他国家权力的关系等

① 参阅陈瑞华：《看得见的正义》，北京：北京大学出版社2013年版，第222页。陈瑞华认为要真正显示当代中国对现代国家的法治逻辑的追求，“就必须破除‘为达目的而不择手段’的刑事诉讼观念，防止刑事诉讼成为国家对个人、多数人对少数人的赤裸裸的报复；必须将刑事诉讼活动纳入到国家与个人进行平等的理性对抗中来，使国家追究个人的任何行为和决定都具有正当、合理的基础。”参阅该书，第246页。

② ［古希腊］亚里士多德：《尼各马科伦理学》，苗力田译，北京：中国人民大学出版社2003年版，第231页。

方面的体系和制度。”①其中在关于立法权限的安排中最为重要的是明确一个国家享有立法权的主体范围以及不同立法主体行使立法权力的范围。②这一结构决定了一国法律体系的构成以及多元规范之间的关系。

其次是立法权运行程序。“无程序即无立法”是现代法治国家所恪守的一项重要原则,立法程序在一国立法制度结构安排中的地位及其实现直接决定着对这一原则的践行诚意和提供好的法律的能力,因此,立法程序已成为现代国家立法制度结构中的重要内容,成为现代国家立法制度实施立法活动的基础性要件。③ 立法程序的正当性在于确保立法的公正,立法公正则是立法制度提供好的法律的基础,“法律可能是有效的,因为它是按照制定该项法律所要求的所有程序制定的;但法律也可能是不正当的,因为这些程序尚不足以确保该法律是公正的。”④无论是从法律的实施效果来看,还是从法律的社会可接受性来看,好的法律必须具备正当性,而法律的正当性首先因为它是按照足以确保其公正的立法程序制定出来的。建构正当立法程序的关键在于立法程序的专业化与民主化之间的有效平衡的实现。⑤ 所以说,《立法法》的制定以及 2015 年的修改标志着当代中国社会走出“摸着石头过河”之后法律体系形成所需要的权威基础(立法权配置)和程序建构(立法程序规范)正式提上议事日程。法律体系自身具备了权威基础和程序建构的能力,才能缓解内部的紧张关系并提升其获得社会认同的能力,进而有效地为中国现代国家的成长提供权威、秩序和活力。

一、规范立法权的配置:提供法律体系形成的权威基础

主权与立法联系在一起是现代的事情。⑥ 这表明立法权的配置是现代国家构建法律体系的权威基础。现代国家在许多方面都迥异于此前各种政治形态的传统国家——最重要的就是它对配置性资源和权威性资源的控制极其强大,当然这种控制在现代国家是通过以法律体系为核心的制度安排

---

① 周旺生:《立法论》,北京:北京大学出版社 1994 年版,第 131 页。

② 参阅汪全胜:《制度设计与立法公正》,济南:山东人民出版社 2005 年版,第 25 页。

③ 参阅李林:《立法理论与制度》,北京:中国法制出版社 2005 年版,第 140 页。

④ 王爱声:《立法过程:制度选择的进路》,北京:中国人民大学出版社 2009 年版,第 272 页。

⑤ 用季卫东先生的话来说就是,“随着社会分化和复杂性的增大,专业性的法案起草机构和委任立法方式的作用越来越大。这里存在着立法程序的民主主义原理和职业主义原理之间的紧张。”参阅季卫东:《法治秩序的建构》,北京:中国政法大学出版社 1999 年版,第 32—33 页。

⑥ 参阅陈端洪:《宪治与主权》,北京:法律出版社 2007 年版,第 231 页。

来实现的。[①] 那么现代国家通过法律体系构建来实现它对配置性资源和权威性资源的控制和规范的抓手就是立法权的配置。改革开放后，当代中国法律体系构建的战略发生了根本性变化，即从革命的法制逻辑转向现代化的法制逻辑，其标志就是将发展社会主义民主与健全社会主义法制、规则体系的建构与中国现代化的推进相结合，特别是，20 世纪 90 年代中期后，又将法律体系的构建与法治秩序的形成有机结合，将创造社会活力作为法的现代性追求与创造国家治理的权威体制结合，从而使当代中国法律体系构建转化为具体的法治秩序的形成与稳定的国家治理秩序的实践。[②] 为此，当代中国法律体系必须结束改革开放伊始基于放权和自由而推行的双轨制立法和实验性立法，通过立法权的规范配置为法律体系自身提供权威基础。只有法律体系自身具备了权威基础，才能为法治秩序的形成和国家治理体系和现代化提供了适应中国社会发展趋势的法律规范和法律价值，那么对于中国这样一个超大国家来说，为法律体系形成提供权威基础的核心就是中央立法权与地方立法权的关系界定问题。美国独立革命后汉密尔顿提出了这样一个问题，即"人类社会是否真正能够通过深思熟虑和自由选择来建立一个良好的政府，还是他们永远注定要靠强力和机遇来决定他们的政治组织。"[③]《立法法》关于立法权的配置旨在解决革命的法制逻辑没有厘清、改革开放初期没有规范的立法权对法律体系权威基础形成的问题，从而体现中国社会开始深思熟虑地建构现代法律体系。

中央立法权与地方立法权之间的关系是现代国家立法制度的重要内容，维系着现代国家立法制度对法律体系的构建能力，承载着现代国家立法制度对宪政秩序的维护质量，延续着现代国家立法制度对法律规范的供给水平，从而决定着现代国家立法制度的发展动力。回顾现代国家立法制度对中央立法权与地方立法权的关系的界定，存在过中央集权模式、地方分权模式、集权分权模式和分权集权模式四种具有代表性的界定。[④] 中央集权模式因其对中央享有完全立法权的强调而否定地方立法权存在的正当性既

---

① 参阅[美] 理查德·拉克曼：《国家与权力》，郦菁等译，上海：上海人民出版社 2013 年版。本书揭示了现代国家在权力的去人格化的过程中对配置性资源和权威性资源的控制能力以及随着非国家行为体的出现所必须面对的挑战。

② 参阅林尚立：《建构民主——中国的理论、战略与议程》，上海：复旦大学出版社 2012 年版，第 172 页。

③ [美] 汉密尔顿等：《联邦党人文集》，程逢如等译，北京：商务印书馆 1980 年版，第 3 页。

④ 参阅李林：《立法机关比较研究》，北京：人民日报出版社 1991 年版，第 228—230 页。戚渊：《论立法权》，北京：中国法制出版社 2002 年版，第 138—139 页。

不能有效满足现代社会对法律渊源多样性与有效性的希求，又不能生动体现现代国家立法制度对宪政价值的尊重，因此只是短暂出现在现代国家立法制度的发展历程中。地方分权模式因其对地方享有绝对立法权的强调而否定中央立法权存在的合法性既不能有效满足现代社会对法律秩序统一性与安定性的期望，又不能具体维护现代国家立法制度对国家主权的尊重，因此只是个别性存在于现代国家立法制度的发展历程。“任何分权的制度结构都无法完全消除这个权力统一和分散之间的悖论以及可能引发的种种社会问题。这就是制度的局限性，这也是人类永恒的宿命。”①因此，集权分权模式和分权集权模式因其内在的灵活性，而放弃对中央完全意义上立法权或地方绝对意义上立法权的追求，其实质是对中央立法权与地方立法权之间关系的一种非模式化的定位，成为现代国家立法制度安排中央立法权与地方立法权之间关系的一种趋势。

无论是从革命后现代西方国家立法权的配置历程来看，还是从革命后现代国家成长进程中立法权的实现情况来看，我们可以得出这样的结论：一是立法权的有效配置是革命后现代国家实现其对权威性资源控制的重要表现，且要从制度层面来规范立法权的配置以保持现代国家在维系民族认同和社会秩序中的权威性和稳定性；二是现代国家关于立法权的配置问题上采取完全意义或绝对意义上的集权或分权不仅无法体现现代国家的合法性基础，而且会导致现代国家成长的病变，从而法律体系自身构建和对现代社会发展趋势的回应能力遭到弱化。②

中华人民共和国建立初期，基于中国社会对民主共和建国的强烈渴望，基于中国共产党对构建现代国家法律制度的真诚探索，为了充分发挥各种社会力量在革命后国家治理推进和公共秩序建构中的积极性，以 1949 年 8

① 参阅苏力：“当代中国的中央与地方分权——重读毛泽东《论十大关系》第五节”，载《中国社会科学》2004 年第 2 期。

② 纯粹法学派创始人凯尔森在这个问题上有着深刻的分析，他认为，全部的集权和全部的分权只是理想的两极，实在法总是由集权和分权共同构成的，而分权一旦从个别性规范扩大到普遍性规范的创造上，就构成了立法上的分权。因此，任何一个国家的集权与分权，只是相对意义上的“程度”上的差别。这种差别取决于中央立法和地方立法的数目和重要性的相对比例。他还强调，一个法律共同体必须满足最低限度的集权和最高限度的分权，否则就会崩溃或瓦解。任何国家的实在法，只承认部分的集权和部分的分权。参阅[奥] 凯尔森：《法与国家的一般理论》，沈宗灵译，北京：中国大百科全书出版社 1996 年版，第 335—336 页。我国学者王绍光、胡鞍钢也有类似主张，认为，“在现实世界，既没有纯粹的中央集权体制，也没有纯粹的地方分权体制，只有中央集权-地方分权的混合体制。各国经济体制不同，只是中央集权和地方分权的程度不同。”参阅王绍光等：《中国国家能力报告》，沈阳：辽宁人民出版社 1996 年版，第 159 页。

月制定的《中国人民政治协商会议共同纲领》为依据把立法权分配到多个中央和地方主体之中。虽然《共同纲领》没有明确中央立法权与地方立法权之间的规范性关系，却为中央与地方立法积极性提供了空间，也为革命后迅速建立起国家治理秩序提供了可能性。据统计，从 1950 年到 1953 年，中央立法共 435 件，年均立法 109 件。全国各地的地方立法也开展得相当活跃。其中，浙江从 1950 年到 1953 年，共制定暂行法令条例和单行法规 653 件，年均立法 163 件；内蒙古从 1950 年到 1954 年，制定各种规范性文件 368 件，年均立法 73.5 件；上海从 1950 年到 1954 年，制定暂行法令条例和单行法规 799 件，年均立法 159 件。① 可见，在新中国成立初期，地方立法权在地方分权的重要性中得到充分尊重和有效实现。周恩来在 1951 年 1 月就指出："由于中国经济发展的落后性与不平衡性，我们的工作便要采取分权的办法来进行。"②1956 年毛泽东在其著名的《论十大关系》一文中也充分强调了地方分权的重要性："中央与地方的关系也是一个矛盾。解决这个矛盾，目前要注意的是，应当在巩固中央集中统一领导的前提下，扩大一点地方的权力，给地方更多的独立性，让地方办更多的事情。这对我们建设强大的社会主义国家比较有利。我们的国家这样大，人口这样多，情况这样复杂，有中央和地方两个积极性，比只有一个积极性好得多。我们不能像苏联那样，把什么都集中到中央，把地方卡得死死的。一点机动权也没有。"③

然而，1954 年宪法第 22 条明确规定，全国人民代表大会是行使国家立法权的唯一机关，有权修改宪法和制定法律。全国人大常委会有权解释法律和制定法令。地方各级人民代表大会依照法律规定的权限通过和发布决议，但无权立法。新宪法仅保留了民族自治地方的立法权。1955 年第一届全国人大第二次会议通过《关于授权常务委员会制定单行法规的决议》，把享有国家立法权的主体范围扩大到全国人大常务委员会。社会主义改造完成后，中国共产党对社会主义制度的理解，对中国社会基本矛盾的定位，以及对国家权威维护革命后现代国家民族独立的意义强调和中央集权推进中国社会跨越式发展的追求以及地方立法活跃背后的某种程度混乱的担忧，最终在 1956 年之后当代中国在中央与地方立法关系间

① 参阅吴大英等：《中国社会主义立法问题》，北京：群众出版社 984 年版，第 36、241 页。

② 中共中央文献研究室编：《周恩来年谱：1949—1976》，上卷，北京：中央文献出版社 1998 年版，第 115 页。

③ 《毛泽东选集》，第 5 卷，北京：人民出版社 1977 年版，第 275 页。

题上迅速转向对中央完全意义或绝对意义上的立法权依赖。这一状况一直延续到 1979 年 7 月五届人大二次会议通过《地方各级人民代表大会和地方各级人民政府组织法》赋予省级人大及其常务委员会地方性法规制定权为止。据统计,从 1954—1978 年,中央立法(仅指法律)总计 119 件,年均立法 4.76 件。① 这一数据显示中央享有完全意义上的立法权后立法数量迅速递减,更重要的调整现代社会最基本、最重要的民商事法律关系的法律规范的立法处于停滞状态。政治运动冲击中央立法权的有效实现,同时中央完全意义上的立法权却使立法制度的活力丧失,地方立法权的否定又使革命后当代中国立法制度的功能基于立法经验的积累成本过高处于萎缩状态。

地方立法权的再次获得并得以有效实现是从改革开放之后开始的。无论是执行性立法权的肯定,抑或先行立法权的探索,还是授权立法权的尝试,地方立法权承载着充满激励意义的地方参与改革开放积极性的制度规范以及对建立具有现代性的中国特色社会主义法律体系的立法探索的期待。其中,中央立法权的主体也同时开始扩展,以表示对现代政府在调控市场经济体制、规范自由裁量权的过程中的尊重。从 1979 年制定的《地方各级人民代表大会和地方各级人民政府组织法》尝试承认地方立法权的合法性,到 2000 年实施的《立法法》全面规范中央立法权和地方立法权的立法主体、立法权限和立法程序,2015 年修改后的《立法法》通过扩大地方立法权主体深刻表明当代中国立法制度在中国社会改革开放的进程中逐步探索中央立法权与地方立法权之间的稳定关系的努力。

反思这个历程,我们可以发现改革开放以来当代中国立法制度立足于当代中国社会发展的实际情况和具体需求。根据社会主义初级阶段的社会发展需求,根据国家建设和社会发展的现实需要和立法内在趋势,来确定当代中国立法规划,使得当代中国立法制度能够充分向社会生活和经济发展提供规则系统,这是当代中国立法制度的发展最成功的经验之一。另外一条很重要的经验,根据国家幅员广大的国情和民情,当代中国立法制度自改革开放以来在制度上确立了统一而又分层的立法体制,在中央层面有全国人大及其常委会,有国务院及其各部委。在地方层面有省级人大及其常委

① 数据来源于朱景文等:《中国法律发展报告(2010)》,上册,北京:中国人民大学出版社 2011 年版,第 144—145 页。

会，还有较大的市人大及其常委会，以及省级人民政府和较大的市的人民政府都是立法的主体。2015 年修改后的《立法法》首次赋乡设区的市享有立法权。这样一个统一而分层次的立法体制，既维护了国家法制的统一，又发挥了地方的积极性，照顾了地方的特点和需求，有效地推动了中国特色社会主义法律体系在超大型社会中的形成。① 民族自治地方的立法权和特别行政区的立法权更是丰富了当代中国法律体系追求现代性的内涵。改革开放以来全国人大及其常委会的立法数量是改革开放前的 6 倍，国务院的立法数量是改革开放前的 12.49 倍。而地方立法更为活跃，仅省级人大及其常委会的立法数量达到改革开放前的 933.24 倍。②

中央立法权与地方立法权之间的关系是以维护国家法制统一为前提，当然国家法制的统一性并不是等于强调中央立法权的绝对性。事实证明，中央立法权的绝对性不仅无助于国家法制统一性的维护，同时会导致国家法制的创新活力的丧失。但是必须确保中央立法权完整性以维护国家主权的合法性以及法律体系内在的和谐性。对于当代中国这样一个力求建立并完善具有现代性的法律体系的超大型国家来说，无论是为了国家治理的有效性和开放性，还是为了法律体系的活力与稳定，地方立法权在立法制度中的价值必须得到充分尊重。同时 2015 年修改后的《立法法》加强备案审查制度，确保法律体系内部自主性。从一定意义上说，有效的中央立法集权需要通过有效的地方立法分权来维护、实现和延续。“在中国这种超大型社会中，中央集权和地方分权都有其充分的合理性。超大型社会对统一和整合的内在要求，是中央集权的现实基础；而超大型社会中地区发展的多样性和不平衡性则是地方分权的现实基础。在中央集权和地方分权都具有其存在的现实基础条件下，协调中央与地方关系的关键自然是如何在中央集权的条件下实现地方分权。”③

考虑到当代中国立法制度的完善将是一个比较长的过程，考虑到中国是一个政治经济文化发展不平衡的大国，考虑到中国改革开放以来已经积累的立法分权经验和实际形成的立法惯例，考虑到中国市场经济发展水平、社会力量成长多样性和法律体系的现代化之间的联系正在且必

① 参阅《中国特色社会主义法律体系》，http://www.npc.gov.cn，2011 年 10 月 26 日访问。

② 参阅朱景文：《中国法律发展报告——数据库和指标体系》，北京：中国人民大学出版社 2007 年版，第 1—3 页。

③ 林尚立：《当代中国政治形态研究》，天津：天津人民出版社 2000 年版，第 204 页。

定会日益加强,①考虑到立法制度及其所提供的法律规范在现代社会中的价值,注意制度化地保证和稳定中央立法权与地方立法权之间的关系理应成为当代中国立法制度完成结构性发展的重要内容。地方立法权的实现不得僭越《立法法》所确定的国家立法权专属事项,同时全国人民代表大会及其常务委员会要就国家立法权专属事项及时、有效地行使立法权,包括对已有法律的修改和解释,另一方面授权立法和先行立法要明确其目的和范围,一旦国家立法条件成熟时则应加快国家立法进程,否则授权立法和先行立法常态化导致国家立法的懈怠而使中央立法权的意义得不到体现。正如迟到的正义对社会的伤害一样,该由中央立法权规范的事项得不到及时的体现会破坏当代中国法律体系的有效性。再次,为确保宪法和法律的权威,全国人大常务委员会的法律监督权一定要在行使过程中表现其有效性。而对于地方立法权来说,必须体认到维护国家主权对于一个后发国家来说有理论上的重要性和现实中的必要性,因此必须尊重中央立法权特别是国家立法专属事项的不可僭越性。

当然《立法法》依然面临着对国家立法权专属事项进一步明晰的任务。例如,地方立法权的实现绝不能成为"争权夺利"合法性的武器。虽然改革开放以来地方立法权的行使对于中国特色社会主义法律体系的形成和中国社会发展及时提供有效的规则体系来说具有不可否认的意义,也正是从这个意义上当代中国立法制度放弃了对绝对意义上的中央立法集权而赋予地方立法权的正当性,但是我们也必须清醒地面对这样一些具有普遍性的问题:有些机关越权制定法规、规章;有些法规、规章同法律相抵触,或者法规之间、规章之间、法规与规章之间存在着相互矛盾、冲突、不衔接的现象;有些法规、规章的质量不高,存在着不顾国家利益而为部门、地方争局部利益的倾向。② 地方立法权相伴生的这些问题,虽不能导致否定地方立法权在当代中国法律体系形成与发展中的存在之正当性与必要性,而且我们也深知,"人类深谋远虑的程度和文字论理的能力不足以替一个广大社会的错综复杂的情形作详尽的规定。"③但这必须引起当代中国法律体系关于地方立法权的立法事项、立法范围与立法程序等问题切入规范中央立法权与地方

① 参阅苏力:《道路通向城市:转型中国的法治》,北京:法律出版社 2004 年版,第 75 页。

② 参阅周汉华:"变法模式与中国立法法",载《中国社会科学》,2000 年第 1 期。封丽霞:《中央与地方立法关系法治化研究》,北京:北京大学出版社 2008 年版,第 371 页。

③ [美]哈罗德·伯曼:《美国法律讲话》,陈若桓译,北京:三联书店 1988 年版,第 20 页。

立法权之间稳定的关系重要性和紧迫性的关注，特别是防止立法权的配置成为当代中国国家建设和社会发展进程中形成或固化利益关系或既得利益合法化的入口，这不仅会削弱法律体系自身的权威基础，同时又导致改革后当代中国走出革命后完全意义或绝对意义上的中央立法集权所带来的国家成长病变之后又陷入法律体系构建的饾饤化风险。①

因此，当我们放弃了对中央立法集权之后，也承受了改革开放以来地方主义和部门主义对立法分权的困扰，基于维护法律体系在一个现代大国国家成长中的积极意义，我们需秉持的一个总体方向是："集权与分权的程度，以法律秩序里中央规范与地方规范的多少与轻重的相对比例而定。如果一切规范均对于整个的领域生效，集权是全部的。如果一切规范均只对于领域的不同部分生效，均只对于划分后的地区生效，分权是全部的。"②在这一原则的基础上，"建构一种在目标和行动上权威、高效、有内聚力的中央立法权，以及受之约束的高效、民主、有向心力的地方立法权所共同构建的有机联系的中央与地方的纵向立法权体系。"③所以说，法律体系构建的权威基础既要避免革命后中央立法过分集权与现代国家成长缺乏拥有足够多的权威和支配性权力并存的僵局，又要避免改革后地方立法过分分散与现代国家成长缺乏拥有足够多的活力和制度创新能力共存的状态。

二、规范立法行为的程序：迈向法律体系形成的程序建构

"规则框架和法律秩序的形成是一个极端复杂的动态过程，现代的法治社会既是自然演进变迁的结果，也在很大程度上体现着人类对善的社会的理性筹划。"④改革开放以来，当代中国法律体系通过宪法的修改、行政法的

---

① 美国学者托马斯·莱昂斯在《关于中国经济分割化的解释：体制分析》一文中认为，改革开放以来到20世纪90年代中期，中国经济体制改革的特征可以归结为：不管是故意地还是由于其他什么原因，权力已大大下放……权力集中于各省省府，削弱了中央对经济的控制，这一过程因为中央经常出现混乱以及周期性有意的分散化产生的棘轮相应而大大加速。这种下放可能带来两个麻烦：其一是容易在一个省内建立一个封闭的经济框架，也许会导致绝对分权的趋势；其二是造成地方主义。转引自辛向阳：《大国诸侯——中国中央与地方关系之结》，北京：中国社会出版社1995年版，第339—340页。被誉为当代欧洲最有影响力的中国问题专家L·洛伊宁格尔对当代中国改革开放过程中出现的地方保护主义评价道："国家的相对贫穷和地方及个人的绝对富裕成为鲜明的对照。"参阅[德] L·洛伊宁格尔：《第三只眼睛看中国》，王山译，太原：山西人民出版社1994年版，第205页。

② [奥]凯尔森：《法与国家的一般理论》，沈宗灵译，北京：中国大百科全书出版社1996年版，第337—338页。

③ 封丽霞：《中央与地方立法关系法治化研究》，北京：北京大学出版社2008年版，第490页。

④ 王爱声：《立法过程：制度选择的进路》，北京：中国人民大学出版社2009年版，第262页。

制定以及民商事立法的深化以落实市场经济的正当性、产权制度的合法性与契约自由的有效性并体现对个体正义这一法律价值的追求，同时通过行政法的完善、经济法的推进以及社会法的制定以体现公共利益的必要性、社会保障的正当与政府责任的合理性并体现对社会正义这一法律价值的捍卫。但问题是随着社会转型的深入，利益调整的拓展，无论是法律规范的选择，还是法律价值的平衡，越来越需要通过程序这一“看得见的正义”来落实。因此，通过立法程序的规范以迈向法律体系内部程序的建构考验着当代中国法律体系提供“看得见的正义”的水平和能力。这不仅对于现代国家在当代中国社会成长的制度预期形成有着不可或缺的意义，而且对于法律体系提高内在品质具有不可忽视的意义。“社会生活情势的不断演化却要求法律根据其他社会利益的压力和种种危及安全的新形势不断做出新的调整。”①正是立法自身程序的规范保证了法律体系安定性与法律体系回应性之间的平衡得以实现。《立法法》、国务院于 2001 年制定的《行政法规制定程序条例》和《规章制定程序条例》以及地方立法程序规范的推进表明当代中国法律体系迈向内部程序建构的努力。立法程序的规范主要体现在立法程序的专业化与立法程序的民主化两个层面。

第一，通过立法程序的专业化提升法律体系建构的质量，确保在资源相对稀缺、利益关系不断调整和社会禀赋存有差异的中国社会中法律体系的内部品质，进而有效维护社会发展的活力和规范社会生活的预期。

“一个人除正直的意图和正确的判断以外，对他要为之立法的问题不具有某种程度的知识，决不能成为一个合格的立法者。这种知识有一部分可以从各种公私职位的人员的情况中取得。另有一部分只能通过在需要利用这种知识的岗位上的实际经验来获得，至少是充分地获得。”②法律创新的过程，无论是对利益关系的发现与概括，还是对法律质量的提升与共识，都需要通过立法程序专业化来实现与推进。《立法法》的颁布意味着当代中国法律体系不能回避立法程序专业化水平的提升对于自身发展的意义和推进现代国家治理体系现代化的价值。从《立法法》关于立法程序专业化的规定来看，在立法程序的专业化方面的关注和发展主要体现在三个方面：

其一，立法者专业化的提升。这一提升主要是表现在立法者的法律素

① [美] 罗斯科·庞德：《法律史解释》，邓正来译，北京：中国法制出版社 2002 年版，第 2 页。
② [美] 汉密尔顿等：《联邦党人文集》，程逢如等译，北京：商务印书馆 1980 年版，第 274 页。

养的强调，没有立法者的法律素养，很难想象一个现代国家的法律体系能够反映社会发展的现实和趋势并得到社会成员的普遍接受。因此，提升立法者的专业化水平是改革开放以来当代中国立法制度迈向理性化的一个重要步骤。立法者的专业化的提升主要包括两方面内容：一是立法者的专业化素养的提升。走出革命模式群众路线影响下的有限立法的误区，通过立法改变革命模式时期所沉淀下来的行为模式而实现社会转型，立法本身就变成了一项与统一的社会系统相关的技术性工作。① 这种技术性的工作有助于在中国社会转型过程和国家治理变革进程中为社会生活提供合理的预期，缩小经济体制改革所带来的风险，并充分且有效地反映改革开放所释放出来的利益关系，当代中国法律体系要实现这一目标必须在立法程序中提高立法者的专业化水平，从而保证法律创新的质量和立法预测的能力。这种趋势主要表现在立法者的学历构成方面。全国人大代表大专以上学历的百分比已经从改革开放初期(六届全国人大)时的 44.5/%上升到现在的十一届全国人大时的 93.8%。作为改革开放以来行使国家立法权最积极的主体——全国人大常委会更是注重通过立法者的学历来提升立法者的专业素养。十一届人大常委会委员中大学本科以上学历占 89%，而大专以下的学历的常务委员所占的比例已经大为缩小，由六届全国人大时的 52 人下降为十一届全国人大时的 6 人。② 当然，推进和提升全国人大代表的专业性水平依然是一个非常重要的问题。无论是为保证国家立法权的有效行使，还是国家权力的有效监督，均离不开全国人大代表的专业性水平的提升。

二是专家在立法过程的参与及其有效性的体现。1989 年制定的《行政诉讼法》、《公司法》，1996 年的《刑事诉讼法》修正案，1997 年的《刑法》修正案、2000 年的《立法法》草案、2004 年宪法修正案和 2007 年制定的《物权法》都有专家，特别是法律专家的参与。一直以来广受社会关注的对中国社会发展和社会生活具有重要影响的民法典草案的起草工作吸收了法律专家等深入参与。③ 2001 年制定并于 2002 年实施的《行政法规制定程序条例》和《规章制定程序条例》则明确把专家参与行政法规、规章起草、论证作为立法程序确定下来。正如萨维尼所言："法律因为具有双重生命，自兹更具人为

① 孙哲：《全国人大制度研究》，北京：法律出版社 2004 年版，第 140 页。
② 数据来源于朱景文等：《中国法律发展报告(2010)》，上册，北京：中国人民大学出版社 2011 年版，第 45 页。
③ 顾昂然：《回望：我所经历的立法工作》，北京：法律出版社 2009 年版，第 157—160 页。

色彩，也更为复杂。首先，法律是社会存在整体中的一部分，并将始终为其一部分；其次，法律乃是掌握于法学家之手的独立的知识分支。……为了简明起见，技术地说，我们将法律与民族的一般存在间的这种联系称为'政治因素'，而将法律的独特的科学性的存在称为'技术因素'。"①

其二，立法机构专业化的建设。从立法体制上确保立法程序的专业化的实现，这是当代中国立法制度自改革开放以来在立法程序上着力建设的内容，以提升立法机关对立法专业化的回应能力。1979 年 2 月 23 日五届全国人大常委会六次会议决定成立全国人大常委会法制委员会。1983 年五届人大二次会议决定将全国人民代表大会常务委员会法制委员会改为全国人民代表大会常务委员会法制工作委员会。法制工作委员会是全国人大常委会负责立法工作的办事机构。其主要职责就是：受委员长会议委托，拟订有关刑事、民事、国家机构以及其他方面的法律草案；为全国人大和全国人大常委会、全国人大法律委员会审议法律草案服务。对提请全国人大和全国人大常委会审议的有关法律草案进行调查研究；对省级人大常委会及中央有关国家机关提出的有关法律问题的询问，进行研究答复；负责汇编法律文献等。② 国家立法权的有效实现以及立法质量的提高离不开立法机关的专业化的机构建设的推进。立法机构的专业化建设需要在提升立法机关立法水平的同时在一定程度上于立法起草方面摆脱对行政部门的依赖，从而在立法源头上遏制行政机会主义对于立法品质的侵蚀。地方立法机关为满足立法专业化的要求，也设立法制工作委员会以及专门负责立法的立法职能处室。特别值得一提的是，为推进法律体系的安定性和整体性，健全法规备案审查机构就变得非常重要，否则就会出现法律越来越多，秩序却越来越少的局面，为此全国人大常委会于 2004 年在法制工作委员会下设法规备案室，这就为有效落实《立法法》第 89 条关于法规、规章和司法解释等规范性文件的备案审查机制的实现并维护法制统一的有效性提供了组织保证。20 世纪 90 年代中期以来，新的利益关系前所未有地逼迫着当代中国法律体系的建构进程，以法律权利的形式使这种新的利益关系得到确认。在这一情势下，立法机构的专业化建设无论对于提升中央和地方立法水平

① [德] 萨维尼：《论立法与法学的当代使命》，许章润译，北京：中国法制出版社 2001 年版，第 10 页。

② 参阅朱景文：《中国法律发展报告——数据库和指标体系》，北京：中国人民大学出版社 2007 年版，第 93 页。

来说，还是对于保持法律体系对于多元有活力的法律规范提供能力与稳定的有预期的法律秩序建构水平而言均是至关重要的。特别是随着法律部门的基本成型，在当代中国法律体系形成之后，审慎立法、全面遵守、严格执行、正确解释和渐进修法成为法律体系发展的内在使命，立法机构的专业化建设将从体制和组织上确保这一内在使命的实现。

其三，立法程序的规范化的推进。"形象地讲，现代意义的立法程序制度恰如始终在默默生长着的有生命力的树，尽管以不同的国情为土壤，以不同的历史传统和时代背景为气候，但它始终以'程序'为根，以'立法'为干。正是'根'与'干'的有机结合形成了具有普适性的立法程序概念的轮廓。"① 在八届人大以前，当代中国立法制度并对立法程序的规定比较简单，法律草案的审议程序也没有明确规定。为适应民主立法和立法效率，《全国人大常委会议事规则》于 1987 年颁布，《全国人大议事规则》于 1989 年颁布。以此为契机，到九届人大时，全国人大为规范立法工作，提高立法质量，从法律草案的审议程序入手推进立法程序的规范化建设，明确了法律草案的"三审制"程序。从 1998 年开始，全国人大及其常委会的立法遵循"三审制"程序：一审，听取提案人对法律草案的说明，进行初步审议；二审，在经过两个月或更长的时间，立法者对法律草案进行充分的调研，对立法的必要性和可行性深入评估；三审，在专门委员会审议并修改法律草案后交付表决。2000 年《立法法》则明确把三审制的立法程序规定下来。三审制的立法程序对于法律体系形成之后真正走向审慎立法和渐进改革提供了程序保障，《预算法》的修改历程印证了议事规则和程序规范的健全程度和发展水平是现代国家立法制度内在革新的动力机制，当然也是提供有意义并得到社会广泛接受的法律的基本保证。因为立法"经过程序的选择更可靠一些。" 人类社会的立法史已经清楚证明，忽视立法程序甚至否定程序在立法过程中的意义，立法就极有可能出现机械化和恣意化这两种极端倾向。② 从这个意义上，我们可以说，"中国立法要想实现真正的制度创新，取决于能否作出合乎规律的选择。现有的法律秩序存在极其广大的发展空间，法制建设的重点必然日渐转移到围绕公共选择的各种论证规则和程序安排上去。"③

① 刘武俊："立法程序的法理分析"，载《中外法学》2000 年第 5 期。

② 参阅季卫东：《法律程序的意义——对中国法制建设的另一种思考》，北京：中国法制出版社 2004 年版，第 148、124 页。

③ 季卫东："社会变革与法的作用"，载《开放时代》2002 年第 1 期。

第二,通过立法程序的民主化巩固现代国家法律体系建构的正当性基础,具体落实社会主义民主制度化、规范化和程序化的诉求,进而真正实现中国现代革命的正当性基础和有效维护革命后现代国家的合法性基础。

从革命后现代国家构建法律体系的历程来看,“法律不是作为一个规则体,而是作为一个过程和一种事业,在这种过程和事业中,规则只有在制度、程序、价值和思想方式的具体关系中才具有意义。以这种广阔的前景出发,法律渊源不仅包括立法者的意志,而且也包括公众的理性和良心。”[①]公众的理性和良心在公民有序参与立法的程序中得以展现和对话。因此,立法程序的民主化既有助于落实中国现代革命对于革命后建立现代民主国家和民主政治的追求从而取代传统国家立法专制主义,也提供了抑制现代社会形形色色的民粹主义对于革命后现代法律体系构建的干扰的程序机制。具体地说来,立法程序民主化有两个重要作用:第一个作用,由于程序本身会超越特定社会成员的个人意志和具体的利益关系,法律体系在立法伊始不同的利益关系和特定的个体主张得到结构化、一般化的性质,从而使法律体系的民主性与民粹化区别开来。第二个作用则是法律体系对社会整体产生的正当化效果。如果立法过程在制度性的正当程序方面得到了公众信赖,法律也就获得了极大的权威。[②] 除了上述两点之外,立法程序的民主化还有第三个重要作用,即可以提升公民对法律权威的信任感,维持社会成员对现代国家法律体系的信仰。因此,“民主程序应该为法律的合法性提供依据。”[③]20 世纪 90 年代中期以来,基于社会发展和国家建设的要求,当代中国法律体系在法律程序民主化的发展主要体现在以下两个方面:

一是通过立法听证程序的设立来推进立法程序的民主化进程。“立法听证制度的确立为主体的选择行为设置了规范性的调整机制,提供了一个稳定性的框架和公开交易的规则。”[④]《立法法》第 34 条规定,列入常务委员会会议议程的法律案,法律委员会、有关的专门委员会和常务委员会工作机构应当听取各方面的意见。听取意见可以采取座谈会、论证会、听证会等多

① [美] 伯尔曼:《法律与革命》,贺卫方等译,北京:中国大百科全书出版社 1993 年版,第 13 页。

② [日] 谷口安平:《程序的正义与诉讼》,王亚新等译,北京:中国政法大学出版社 1996 年版,第 4 页、第 9—11 页。

③ [德] 哈贝马斯:《在事实与规范之间:关于法律和民主法治国的商谈理论》,童世骏译,北京:三联书店 2003 年版,第 185 页。

④ 王爱声:《立法过程:制度选择的进路》,北京:中国人民大学出版社 2009 年版,第 262 页。

种形式。《行政法规制定程序条例》第 12 条规定,起草行政法规,应当深入调查研究,总结实践经验,广泛听取有关机关、组织和公民的意见。听取意见的形式与《立法法》上述规定相同。2002 年施行的《规章制定程序条例》第 15 条更是具体规定了规章制定过程中的听证程序的设置以及展开的环节。2002 年 1 月 1 日施行的《深圳市人大常委会听证条例》是中国第一个地方性听证法规。立法程序中的听证程序之实质是:当立法者对涉及公民切身利益或具有重大社会影响的事项进行立法时,公民有权要求立法者听取其意见并有权为自身的利益的合法性进行辩护。听证权利作为一项程序性权利对于立法过程所具有的价值就是从程序上保证国家立法权运作的合法性以及法律权威的正当性。如果说人民主权的提出赋予了现代国家统治的合法性,那么赋予和加强公民在现代国家立法制度中的听证权是维护和展示现代国家法律体系构建的合法性不至于丧失甚至走向反面的力量。因此公民在现代国家立法制度中应享有充分的听证权,让各种利益诉求通过听证纳入立法过程中,从而使法律和立法权具备道德性或从道德层面上看有"良好"的品质。

现代国家的有效成长固然要反对形形色色的极端自由主义或民粹主义对社会改革共识的破坏,也要避免形形色色的极端国家主义或权威主义对法律体系发展的抑制。一个不争的事实是,法律体系的形成是一个不断赋予改革开放过程诸利益关系合法性而获得生命力同时也会因现代化进程中社会成员间利益落差和社会生活中利益固化而面对挑战共存的过程。当然革命后任何现代国家都难免不满情绪和各种抗争在其成长过程中的出现,这往往也包含着发展法律体系所需要的智慧和动力。不同的利益关系存在和异样的利益主张的捍卫,是现代国家成长的常态,也是必要的和有益的。它给予国家成长和社会发展以活力,培养法律体系适应新的情势的能力,推进现代国家成长和法律体系发展的新陈代谢。正如艾默森所指出的那样,一个社会的通常特征是趋于凝滞;有鉴于此,表达自由可以适当地视为一个催化剂,加速社会的和政治的变化,使社会避免僵化和衰朽。[①] 从性质上看,

① See, Thomas I. Emerson, Toward a General Theory of the First Amendment, 72 *Yale Law Review* 877, 885(1963)。参阅侯健:《表达自由的法理》,上海:上海三联书店 2007 年版,第 81 页。"在当代以及任何其他的时代,法的发展的重心既不在立法,也不在于执法或司法判决,而在于社会本身。"社会发展进程中不同的利益主张是任何一个致力于推动现代国家成长的法律体系必须认真对待的问题。参阅[奥]欧根·埃利希:《法社会学原理》,舒国滢译,北京:中国大百科全书出版社 2009 年版,作者序。

立法通过听证程序以示对不同利益关系在法律体系构建中的尊重,以肯定一种冲动、创新的愿望,支持修改既有规则与推动规则发展的要求。当代中国法律体系对立法听证程序的建构与规范,总是与其对社会生活宽容与利益关系多样性的尊重联系在一起的。从而表明现代国家在当代中国社会的成长所追求的是一个利益多样性得到法律尊重和价值分歧得到制度包容的社会,立法程序民主化可以推动当代中国法律体系的发展和现代法律价值的革新。①

立法听证程序纳入当代中国法律体系构建之中是从地方立法程序开始的。1999 年 5 月 25 日,广西壮族自治区人民政府发布了当代中国第一部有关立法听证程序的地方规范性文件——《广西壮族自治区人民政府立法听证制度实施办法》;1999 年 9 月 9 日,广东省人民代表大会常务委员会举行了当代中国第一次立法听证会——《广东省建设工程招标投标管理条例》(修订草案)立法听证会。②《立法法》颁布之后,一方面各级立法主体积极就立法听证程序进行规范和制度创新,如《上海市人大常委会立法听证规则》第三条规定,“可以根据立法工作的需要,对存有意见分歧或者情况不明的事项举行立法听证会”。根据这一规定,上海市从 2001 年 5 月 18 日就《上海市中小学校学生伤害事故处理条例》、9 月 20 日就《上海市劳动合同条例》到 2010 年 9 月 21 日就《上海市住宅物业管理规定》、11 月 29 日就《上海市养犬管理条例》举行立法听证会,总共围绕社会转型过程中与社会成员切身利益密切相关的立法或修法事项举行立法听证 11 次。另一方面将听证程序具体落实到各项立法活动之中。2005 年 9 月 27 日全国人大常务委员会就《个人所得税法》修改举行了国家修法首次听证会。全国人大法律委员会、财政经济委员会和全国人大常委会法制工作委员会就个税起征点的调整听取 20 名公众代表意见和建议。2006 年 4 月 19 日,辽宁、甘肃两省人大常委会分别举行了两省立法史上的首次立法听证会,而且立法听证的对

① 阿玛蒂亚·森在分析社会对话在实现法律价值和解决社会问题上的意义时指出:“公开对话的作用和有效程度在评价社会和政治问题时常被低估了。例如公共讨论可以在降低许多发展中国家普遍存在的高生育率方面,发挥重要的作用。事实上许多证据表明,在印度识字率高的一些邦所发生的生育率快速下降的现象,受到了围绕生育率特别是年轻妇女的生活、同时也是对整个社区所起的负面作用展开的公共讨论的强烈影响。如果说,现代的幸福家庭是小家庭这个观念在克拉拉邦和泰米尔纳都流行起来了,那是因为很多讨论和北仑促进了这个观念的形成。”参阅[印]阿玛蒂亚·森:《以自由看发展》,于真等译,北京:中国人民大学出版社 2002 年版,第 154 页。

② 参阅顾长浩等:《中国听证制度研究》,北京:法律出版社 2007 年版,第 20 页。

象都是保护消费者合法权益的地方性法规——《辽宁省消费者权益保护规定(草案)》和《甘肃省消费者权益保护条例(草案)》。

无论是通过制度创新确认立法听证程序的合法性,还是通过立法实践体现立法听证程序的正当性,关键在于立法程序中的听证权的承认与实现有助于夯实当代中国法律体系发展的民主基础和提升法律体系的社会认同基础。接下来的问题就是,从立法上逐步扩大立法听证程序的适用范围、完善立法听证程序的启动机制、改进立法听证程序的代表人遴选和明确听证对立法的约束力和推进听证反馈机制制度建构。核心目标就是进一步强化立法听证程序对立法的意义,不至于让立法听证的价值仅停留在程序意义上。"在承认一个理性的政治道德的社会里,权利是必要的,它给予公民这样的信心,即法律值得享有特别的权威,……只有一个人看到他的政府和公共官员尊敬法律为道德权威的时候,即使这样做会给他们带来不便,这个人才会在守法并不是他的利益所在的时候,也自愿地按法律标准行事。在所有承认理性的政治道德的社会里,权利是使法律成为法律的东西。"①

二是通过公众参与的强化来提升立法程序的民主化水平。如果说立法程序中的听证权或者说立法听证程序为当代中国立法制度的民主化提供了保障,那么社会成员对立法的广泛参与则是深化了当代中国法律体系发展的社会基础。公共参与立法过程提供着法律体系权威的维护和立法制度对正义禀赋的实现所具有的不可或缺的意义。因此,公共参与立法不仅承载着社会成员对立法制度提供正义的法律之期待,而且为公正解决社会成员间纠纷提供可能性并巩固制度本身的社会认同,因此这种制度不仅以法律对社会成员权利与义务的安排为基础,而且以实现权利与义务的程序为基础。所以,历史上最早的正义要求就是一种程序上的正义。② 然而,从历史上看,程序正义本身是随着人类文明的进步和法律发展而逐渐实现的,公共参与的强化为现代国家立法制度的民主化水平的拓展提供了制度平台和价值支持。在现代国家法律体系所提供的法律之权威的实现与公众参与立法的程序性权利的张扬是不可分开的,如果把法治的精神看作是良好的法律能够得到普遍遵守,那么,法律体系必须提供并不断在制度变迁中通过强化

① ［美］德沃金:《认真对待权利》,信春鹰等译,北京:中国大百科全书出版社1998年版,中文版序言。

② 参阅张文显等:《法理学》,北京:法律出版社1997年版,第329页。

公众参与立法来扩充公民在当代中国法律体系构建中的程序性权利。任何良好的法律体系都要通过对公民程序性权利的确认来体现其应有的价值,从这个意义上说,“程序是法律的心脏。”①立法程序映照着现代国家民主政治的发展水平,民主政治发展的水平和法律体系变迁必然映射于立法程序之上,反过来,以公共参与为表征的立法程序的民主化水平体现并拓展了法律体系变迁对民主精神的恪守诚意。“如果将法律理解为社会生活的形式,那么作为‘形式的法律’的程序法,则是这种形式的形式,它如同桅杆顶尖,对船身最轻微的运动也会做出强烈的摆动。在程序法的发展过程中,以极其清晰的对比反衬出社会生活的逐渐变化。”②

2006 年向社会公布的《劳动合同法》草案一个月就收到各方意见 19 万条,首创全国人大立法史上的记录。这种公民有序参与立法对劳动合同主体权益,特别是劳动者权益的保障以及政府责任的落实,尤其是公共利益的维护在《劳动合同法》修改中得到充分关注提供了制度预期。2011 年 8 月至 9 月间《刑事诉讼法》(修正案)草案向全社会公开征集修改意见。公众的理性与良知通过对该修正案的修改意见的表达和参与中得到了充分的表现,这也直接促使立法部门对最终通过的 2012 年修订的《刑事诉讼法》作出诸多实质性的调整。在公众参与《刑事诉讼法》的修改中直接追问“公民权利是否得到尊重和保障”这一现代国家刑事诉讼制度建构中的核心问题。③这意味着对当事人参与权的保障,人们至少有理由期望,在制定关系他们的立法之前,立法者必须听取其意见,即他们拥有发言权。④ 这被视为是立法程序民主化的最低要求。保障公众参与权的观念基础是立法主体性理念,间接来源于人民主权观念。根据立法主体性理念,社会成员及其利益关系不再被视为立法程序的客体,而是被视为积极参与立法程序的、享有各种程序性权利和义务的主体,立法程序的设计和运作必须保障社会成员能够富有影响地参与立法活动。更重要的是,公众参与立法不仅有助于提升当代中国法律体系维护社会共识的能力,而且有利于养成与巩固社会成员在中国社会全面深化改革的进程必要的理性与底线的良知。

① 宋冰等:《程序、正义与现代化》,北京:中国政法大学出版社 1998 年版,第 363 页。

② [德]拉德布鲁赫:《法学导论》,米健等译,北京:中国大百科全书出版社 1997 年版,第 143 页。

③ 参阅陈瑞华:《看得见的正义》,北京:北京大学出版社 2013 年版,第 222 页。

④ 参阅[美]迈克尔·D·贝勒斯:《法律的原则——一个规范的分析》,张文显等译,北京:中国大百科全书出版社 1996 年版,第 35 页。

从现代国家公共权力合法性的一般逻辑出发，任何立法活动都离不开当事人的参与，没有当事人的参与，就不可能有立法活动。而且，缺少当事人参与的立法活动，一般而言，法律不可能获得社会成员有效的认同，法律权威就可能与社会成员最广泛的利益诉求相脱离。也就是说，要从客观的法律体系构建过渡到主观的法律共识或法治信仰，需要在法律体系构建与民众之间建立一种有效的联结手段，而公众参与立法应该是这种联结手段的重要选择。① 法律规范的有效性与通过民主原则所保障的所有潜在相关者对法律规范制定的参与和同意是密不可分的。这就是公众参与立法的理论基础。② 因此，公众参与立法过程是立法程序公正不可缺少的基本要求之一，也是现代国家接受公民参与立法可以抑制代议民主制下立法权的专断而导致其合法性基础的动摇。

公众参与立法过程的具体要求，可从三个方面分析：其一，包括立法计划和法律草案在内的立法信息向社会公开，为公众参与立法提供理论上的可能性和现实上的可行性。其二，社会成员应“富有意义”地参与立法计划或法律拟定。所谓“富有意义”，是指立法程序中参与者应有机会发表对立法计划或法律草案等立法活动的意见和主张提出支持其主张的依据，从而对立法结果的形成发挥有效的作用。其三，程序参与者应“充分”地参与到立法过程之中。③ 所谓充分参与，不仅是指社会成员有机会详尽地向立法者提出意见和建议、对其他各方的意见和建议提出质疑，且不受任何不适当的限制。如果不能做到这三个方面，公众参与立法过程就是一种有缺陷的参与，就无法对立法程序民主化的实现产生有效的影响，甚至完全削弱和阻碍当代中国法律体系捍卫现代国家合法性基础的诚意与能力。

《立法法》第 5 条规定，立法应当体现人民的意志，发扬社会主义民主，坚持立法公开，保障人民通过多种途径参与立法活动。国务院制定的《行政法规制定程序条例》和《行政规章制定程序条例》明确贯彻《立法法》关于公众参与社会影响重大立法案的程序规范。迄今为止，全国人大及其常务委员会已有 20 余部法律草案实施“全面参与”的公开立法。公众参与面覆盖中央和地方、权力机关与行政机关多个立法层面，以公开向社会征求立法建

① 参阅刘建军：《创新与修复：政治发展的中国逻辑》，北京：中国大百科全书出版社 2011 年版，第 115 页。

② 参阅汪晖：“对中国公众参与立法制度完善的思考”，载《法制与社会》2008 年 27 期。

③ 参阅潘伟杰：《当代中国立法制度研究》，上海：上海人民出版社 2013 年版，第 165 页。

议和法律修改意见的形式为公众参与立法程序提供保障。以2007年全国人大通过的《物权法》为例，在公众广泛的参与下，该法律草案仅仅在全国人大常务委员会就进行了七次审议。《物权法》的起草基于对当代中国立法制度恪守社会主义制度的基本属性的追求以及与社会成员利益关系的密切联系，公民通过立法座谈会、立法研讨会以及舆论表达其对当代中国物权制度立法的关注和参与。可以说，《物权法》的起草过程是改革开放以来我国立法机关“开门立法”的典范。① 2007年1月，广州市制定了当代中国第一部以保障公众参与立法为内容的《广州市规章制度制定公众参与办法》，为公众深入参与立法奠定了合法性基础。2007年10月，中共十七大报告基于民主是社会主义生命这一重大判断明确指出：“制定与群众利益密切相关的法律法规和公共政策原则上要公开听取意见”。2008年3月，国务院在向全国人民代表大会所作的政府工作报告中明确承诺：“制定与群众利益密切的行政法规、规章，原则上都要公布草案，向社会公开征求意见”。2008年4月20日，《食品安全法》草案向社会广泛征求意见，与此同时，全国人大常务委员会委员长会议决定，今后全国人大常务委员会审议的法律草案，一般都予以公开，向社会广泛征求意见。2008年5月，国务院颁布的《政府信息公开条例》施行，为公众广泛参与立法提供了更为坚实的制度保障。2010年全国人大常委会在修改《国家赔偿法》和制定《社会保险法》的过程中公开征求社会公众的意见，听取社会成员的法律修改意见和立法建议。2011年4月25日，全国人大常委会就首次审议的《个人所得税法》修正案草案公开向社会征求意见，受到公众高度关注和参与，到4月29日仅中国人大网公开征求意见系统就收到超过20万条意见，创下国家立法网上征求意见数新纪录。

立法程序中的公众参与为立法民主化的实现和法律有效性的提升提供了活力。当然，这种活力的维持关键取决于立法信息的公开性、参与途径的广泛性以及立法者对公众参与立法的回应能力这三个不可或缺的要素。2012年11月，中共十八大基于法治是治国理政的基本方式这一国家治理方向的方向明确指出，完善中国特色社会主义法律体系，加强重点领域立

① 立法机关在起草《物权法》的过程中收到人民群众的信函达1.15多万件。所涉及问题均是当代中国物权制度立法中的核心问题：物权主体、自然资源国家所有权、国家投资的企业、城镇集体所有权、征收征用和拆迁、建设用地使用权的续期、宅基地使用权的转让、土地承包经营权和宅基地使用权的抵押、会所车库的归属。特许物权等。参阅 http://www.law-lib.com/fzdt/newshtml/22/20070314153639.htm，2009年8月14日访问。

法，拓展人民有序参与立法途径。为了使民众拥有充分完整的立法信息，为其理性的参与立法做好准备，立法者应进一步加大立法信息的公开力度。①同时积极开发公众参与立法的渠道，为社会成员参与立法提供最大限度的可能性。当然最重要的是，立法者对公众参与立法的回应能力。否则，要么是公众丧失参与立法的积极性，要么是法律无法获得有效的社会共识而成为只能依靠强制力来实施。前者将制约当代中国法律体系的发展动力，后者则将制约当代中国法律体系的发展方向。

"为了理解今天的法律，我满足于这样一种美景，即付出最小的代价的条件下尽可能地满足人们的要求。我愿意把法律看成是这样一种社会制度，即在通过政治组织社会安排人们行为而可以满足人们的需要或实现这些要求的情形下，它能以付出最小代价为条件而尽可能地满足社会需要——即产生于文明社会生活中的要求、需要和期望。就眼下的目的而言，我很乐意能从法律历史中发现这样的记载，这就是通过社会控制对人类的需求、需要和欲望的承认和满足得到不断扩大；对社会利益的保护日益广泛和有效。"②那么，怎样才能实现这种转变呢？一是通过立法权的合理与有效配置以提升现代国家权威性资源的控制能力和法律体系自身权威的维护水平；二是通过立法程序的规范化与制度化以提升法律体系追求法律正义的方向和养成公众理性的制度保障水平。法律体系的完善与发展既不能放弃通过立法者的专业化水平的发展确保法律体系在回应社会生活的能力提升中捍卫自身权威的水平，也不能否定通过立法程序的开放性以捍卫法律体系对立法权民主化的努力。"世界上的重大事件主要原因应当归因于它们的最为一般和最为深刻的根源；但不能否认，制度本身却有一定的能力，并依靠自身的力量促使社会繁荣或贫困匮乏。"③

就当代中国法律体系的发展而言，其自身能力取决于对立法权的配置能力，并通过立法权的配置能力来促进中国社会的繁荣。作为治理一个超大社会的现代国家来说，既要放弃完全意义上中央立法集权的依赖，又要抛弃纯粹意义上的地方立法分权的迷思，法律体系自身权威的维护要朝着有效的集权与规范的分权的方向展开。立法权的清晰配置以及对这种配置权

① 参阅曾祥华：《立法过程中的利益平衡》，北京：知识产权出版社 2011 年版，第 187 页。
② [美] 博登海默：《法理学——法哲学及其方法》，邓正来等译，北京：华夏出版社 1987 年版，第 141 页。
③ [法] 托克维尔：《论美国的民主》，下卷，董果良译，北京：商务印书馆 1988 年版，第 906 页。

威的有效维护理应成为法律体系发展的基本内容。同时我们也要认识到："民主政体和独裁政体的根本区别在于：在民主政体下，人民自由地获悉什么是他们所乐意的有关本国政府体制方面的事实，如果他们能够想到更好的一种，便可以更换它；而在独裁政体下，信息被封闭，思想自由受到禁锢，因此不仅缺乏建立一种不同的制度的可能，而且缺乏获知是否存在倡导其他制度的言论的可能。"①英国著名法学家詹宁斯的这段话给我们这样一个启示：对致力于为现代国家的成长提供制度保障和价值选择的当代中国法律体系而言，必须通过立法程序的规范化和程序化来维系和延续其法律体系自身的正当性与维护社会共识的有效性。② 特别是通过立法听证和公民有序参与立法的制度化拓展，立法过程的透明化可以提供社会成员对公共利益延续和个体利益实现的制度预期，让立法行为在阳光下进行从而最大限度地抑制制度寻租的风险，消除环境的不稳定性，③也只有通过立法程序持续的规范化才能有效增进和延续社会成员对法律体系权威的信任。而公众参与立法程序在立法中的强化则有利于降低社会冲突和法律实施成本，以提供观念日益多元化的现代社会发展所需要的最低限度共识和利益不断多元化的现代国家成长所需要的法律权威。现代国家的成长，既需要有平复社会转型过程中发展起来的极端势力的决心和能力，又要开放社会、鼓励社会成员在立法程序内的存在和参与，从而在法律体系的内部提供缓解社会矛盾并将社会利益的表达和社会共识的形成以制度化的安排。不同的声音和利益如果在法律体系构建中没有表达的规范化和程序化的安排，就可能助长或滋生出社会转型过程中的暴戾情绪与零和博弈行动。④

总之，立法者必须有很强的现实感，同时，法律体系构建必须让社会成员看到方向和希望。不论是基于对公民权利的保障，还是对政府责任的规

① ［英］詹宁斯：《法与宪法》，龚祥瑞等译，北京：三联书店 1997 年版，第 152 页。

② "推动法律发展及秩序类型走向的，至少有两个决定性因素：一是基于人类知识所涉领域的有限性；二是基于一种制度和规则一旦生成便难以改变并且独立于人类的自足生存的特性。"参阅谌洪果：《法律人的救赎》，北京：中国民主法制出版社 2011 年版，第 233 页。正是因为人类知识所涉领域，特别是立法者的知识所涉领域的有限性，再加上规则一旦形成所具有的保守性，所以立法过程的开放性与程序化在法律体系构建中具有特别重要的内在意义。

③ 我们必须把法律体系规制与当时的客观环境相联系。不论环境如何，法律体系规制的有效性都是以环境为基础的，在一定意义上说，是环境而不是法律体系本身必定成为约束力的根源。因此环境的稳定性对于法律体系功能的实现是非常重要的。参阅［英］边沁：《政府片论》，沈书平等译，北京：商务印书馆 1996 年版，第 157 页。

④ 参阅赵鼎新：《民主的限制》，北京：中信出版社 2012 年版，第 198 页。

范，法律体系必须平衡立法程序的专业化与立法程序的民主化之间的张力。当然立法程序在法律体系内部的价值与对社会不同利益关系表达的外在约束的实现不能背离对法的现代性追求和形成有效的法治秩序的努力。否则立法程序的专业化将导致立法过程中某种专断取向的滋长，立法程序的民主化则会演变成立法过程中某种民粹化取向的蔓延。最终，前者意味着法律体系的形成背离革命后现代国家成长不同于传统国家的秩序构建逻辑，后者蕴含着法律体系的发展陷入革命后现代社会碎片化的泥淖。法律体系的构建必须认真面对现代国家成长进程出现的认同危机、参与危机和分配危机，既不能选择前现代的法律规范和法律价值去缓解这些危机，又不能采用后现代的去法律规范和反法律价值去平复这些危机。既不能用革命的法制逻辑所支持的反自由的化私为公的路径试图毕其功于一役地解决现代国家在中国社会成长的危机，又不能用改革初期所形成的反民主的化公为私的路径试图另辟蹊径地处理现代国家在中国社会成长的矛盾。更何况，“从转型社会中的实在法建制相当于设计试错方案的角度出发，这就意味着，即便试错方案的设计离不开一种集中的权威，也不能把整个过程完全托付给整个权威，而应该使过程更具开放性、参与性。尽管我们不能断言，开放式参与比封闭式集中过程更少出错，但毋庸置疑的是，前者可能形成多种不同意见的辩论而使得方案更加谨慎和周全。”①现代国家要在一个利益多元、资源有限、禀赋差异的当代中国社会中成长，缓解或平复这些危机对于法律体系而言意味着必须从自身权威和内部程序入手，唯此，现代国家才可能拥有稳定不乏制度创新活力的、有方向不缺制度创新行动的法治秩序。

第三节　社会主义法律体系形成的规范表现与价值追求

着眼于现代国家的合法性逻辑，权力关系的制度化和权力运作的程序化是现代国家区别于传统国家的普遍诉求，因此革命后现代国家的成长要求其法律体系落实权力关系的制度化和权力运作程序化。革命的法制逻辑显然没有从制度上体现革命后现代国家合法性这一逻辑，1975 宪法中提出大民主，更是民主的非制度化的集中表现，进而导致现代国家在革命后当代

① 沈岿：《铁秤弹咏——在修远路上》，北京：北京大学出版社 2006 年版，第 81 页。

中国社会成长的病变。改革开放把社会主义民主与社会主义法制联系在一起,就是要把社会主义民主通过社会主义法制建设来推进和实现,同时提供社会成员实现其权利的规范化和程序化的依据。这一努力随着社会主义民主政治的发展和政治文明成为当代中国建设现代国家的基本目标之后变得日益重要。所以,现代国家的成长不是有没有法律或要不要法律的问题,而是需要捍卫、落实和发展现代国家成长的正当性基础的法律体系的问题。也不论革命前传统国家的制度遗产和文化沉淀之差异,革命后现代国家的稳定有序成长,核心的、基础性的环节是法律体系的构建。① 当然,我们不否认革命前传统国家的制度遗产和文化沉淀对革命后现代法律体系构建的面临难度与路径选择之影响,因此革命后任何现代国家构建法律体系均不可能是毕其功于一役。同时通过法律体系的构建和发展来形塑现代国家不同于传统国家的公共权力配置与运行、个体权利维护与实现的正当性依据是革命后任何现代国家都不能回避的课题,所以革命后任何现代国家构建法律体系也不可能另辟蹊径。对于当代中国社会而言,从 1954 年宪法确认人民民主国家和社会主义制度作为革命后现代国家建设的逻辑起点,到 1982 年宪法恢复 1954 年宪法关于现代国家成长的正当性基础,这一历程表明改革开放以来当代中国法律体系在法律规范上构建与在法律价值上发展的核心使命是落实现代国家对民主政治和社会主义对人民民主的追求。

着眼于国家治理有效性的制度建构与价值诉求出发,社会主义法律体系既要完善经济立法以维护个体正义,适应经济全球化的趋势,也要立足中国实际,面对中国问题,解决中国问题,加快社会性立法以延续社会正义,落实社会主义道路的制度要求。最终使当代中国法律体系成为凝聚社会力量的共识预期、维护社会主义制度的价值诉求、保障现代社会成员的权利实现、约束现代国家权力的有效性的制度与规范体系。② 在一个尊重自由的法治国家中,法律体系面临一个共同的问题,即普遍存在且持续不断的不同利益诉求以及由此所引发的矛盾或冲突。经历了改革开放三十余年的探索,当代中国法律体系在法律规范提供和价值选择上的一个核心功能就体现在这个问题的解决能力中,能否将一部分不同利益诉求转换成创造力和社会发展的活力,而将一部分不同利益诉求在不可能达成社会共识或威胁

① 参阅姚中秋:《现代国家的立国之道》,北京:法律出版社 2010 年版,第 71 页。
② 参阅韩大元等:《公法的制度变迁》,北京:北京大学出版社 2009 年版,第 357 页。

社会正义的维护时使其成为没有必要。① 前者意味着当代中国法律体系的功能体现在对中国社会发展活力的正当性规范的提供水平之中，后者意味着当代中国法律体系的功能体现在中国社会生活秩序的正当性规范的提供能力之中。基于前者，当代中国法律体系必须持续推进并实施个体利益、市场制度的规范性建构和政府权力的有限性规范供给。基于后者，当代中国法律体系必须持续推进并落实公共利益、社会制度的规范性建构和政府权力的有效性规范供给。这些要求伴随着社会主义法律体系形成的整个过程，同时也将伴随着社会主义法律体系发展的整个未来。

一、提供现代国家成长的正当性依据的法律规范

法律体系是一个流行于现代法律话语中的概念。在法律学术领域，法律体系是法律学者反复研究或分析的对象。特别是西方分析实证主义法学家，如凯尔逊、哈特、拉兹等人，非常强调从规范性层面出发研究法律体系问题。② 在法律实践领域，法律体系概念则被用来描述和规划国家法制建设的目标、蓝图。③ 鉴于法律体系在描述和规划国家法制建设中的地位，社会主义法律体系提供现代国家成长的法律规范以表现其不同于人类社会制度文明史形形色色的法律体系之观念的基本使命。现代国家的法律体系区别于非法律的规范体系，其对公共秩序和社会生活所具有的规范性基础在于政治社会的主权者，法律体系就是由这个主权者所颁布的所有法律组成。④ 或者说由立法者所制定的所有成文规则构成。⑤ 我国学者一般强调，法律体系是现代主权国家的全部现行法律构成的整体。“法律体系不仅是一个国家的社会、经济、政治和文化等条件和要求的综合性法律表现，而且是一个国家主权的象征。”⑥这种基于主权国家并体现主权的法律体系的规范性是法律体系内在的本质品质，从而成为现代国家立法制度所必须承担的基

① ［美］凯斯·孙斯坦：《设计民主：论宪法的作用》，金朝武等译，北京：法律出版社 2006 年版，第 7 页。

② 参阅［英］约瑟夫·拉兹：《法律体系的概念》，吴玉章译，北京：中国法制出版社 2003 年版，导言，第 2—3 页。

③ 参阅黄文艺：《中国法律发展的法哲学反思》，北京：法律出版社 2010 年版，第 85 页。

④ 参阅［英］约瑟夫·拉兹：《法律体系的概念》，吴玉章译，北京：中国法制出版社 2003 年版，第 7 页；［英］约翰·奥斯丁：《法理学的范围》，刘星译，北京：中国法制出版社 2002 年版，第 218 页。

⑤ 参阅［英］哈特：《法律的概念》，张文显等译，北京：中国大百科全书出版社 1996 年版，第 96 页、第 101—111 页。

⑥ 张文显等：《法理学》（第三版），北京：高等教育出版社、北京大学出版社 2007 年版，第 126 页。

本功能。

从健全社会主义法制，到形成中国特色社会主义法律体系，是改革开放以来当代中国法律体系的构建走出革命模式的桎梏展现其为中国社会发展、国家建设和民生幸福提供不同于非法律的规范体系的规范性功能的历史逻辑。有法可依是建设社会主义法治国家的制度前提，是社会主义现代化的基本内容，也是当代中国国家建设的规范保障。通过七个法律部门和三个不同层级的法律规范的构建来展现社会主义法律体系的基本框架。中华人民共和国成立以来特别是改革开放以来，当代中国立法制度的功能在构建当代中国法律体系过程中得到了充分的体现。截至 2011 年 8 月底，中国已经制定现行宪法和有效法律共 240 部、行政法规 706 部，地方性法规 8 600多部，自治条例和单行条例 780 余部，①涵盖国家建设、社会关系和公共秩序各个方面的法律部门已经齐全，各个法律部门中基本的、主要的法律已经制定，相应的行政法规和地方性法规基本完备。归纳起来分析，改革开放以来，特别是 20 世纪 90 年代中期以来，社会主义法律体系为现代国家在当代中国社会的成长提供的正当性依据，可以从以下三个方面分析：

一是以宪法及其相关法以及刑法为核心，构建以维护主权国家合法性并体现国家公共权力普遍性为中心的不同于非法律的规范体系。

宪法及宪法相关法。宪法是法律的法律，是现代国家体现国家主权合法性基础的制度依据。基于执政党对革命模式下治国理政的经验教训的总结以及加强社会主义民主和健全社会主义法制的战略部署，1982 年宪法全面恢复了 1954 年宪法对人民民主和社会主义原则对于当代中国国家建设和政权体系建设的价值。在改革开放的过程中，1988 年、1993 年、1999 年和 2004 年四次修改，所通过的 31 条宪法修正案丰富了国家基本政治制度、经济制度以及巩固了当代中国国家建设的价值诉求在宪法中的地位。特别是 1993 年宪法修正案把富强、民主、文明的社会主义国家作为现代国家建设的目标确立下来，1999 年修正案提出中华人民共和国实行依法治国这一现代国家治理战略，启动了国家行动最终的正当性依据的规范构建。2004 年宪法修正案中的人权条款和财产权条款具体化了民主和法治对于现代国家成长的意义。那么接下来的问题是，现代国家公共权力要素间关系的厘

① 数据文献参阅中华人民共和国国务院新闻办公室发布的《中国特色社会主义法律体系白皮书》，北京，2011 年 10 月 30 日。

清与责任界定就成为社会主义法律体系通过宪法的完善来解决的核心议题。宪法相关法是具体落实并安排宪法所确立的基本制度框架，生动体现当代中国国家建设对宪政精神追求的努力。截至2011年8月底，中国立法机关已经制定宪法相关法38部和一批行政法规、地方性法规。[①] 中国制定了《全国人民代表大会和地方各级人民代表大会选举法》(1979年，1982年修正、1986年修正、1995年修正、2004年修正)、《地方各级人民代表大会大会和地方各级人民政府组织法》(1979年，1982年修正、1986年修正、1995年修正、2004年修正)等法律，为人民主权这一现代国家公共权力合法性的逻辑在当代中国法律体系构建中的体现提供了明确的法律依据。特别值得一提的是，《选举法》修改后，城乡居民选举权的完全平等的实现为充分体现人民共和的精神提供了具体的制度支持。制定了《全国人民代表大会组织法》(1982年)、《国务院组织法》(1982年)、《人民法院组织法》(1979年，1983年修正、1986年修正、2006年修正)、《人民检察院组织法》(1979年，1983年修正、1986年修正)等法律，为代议民主制这一现代民主的实现形式提供了制度框架和明确了国家公共权力合理运行的法律机制。

维护国家主权的权威和实现国家统一是当代中国国家建设的重要内容，也是当代中国宪政制度解决由传统帝制国家解体过程中所产生的民族危机和主权危机所带来的构建国家认同所无法回避的问题。为此在民族区域自治和“一国两制”这一国家制度重大创新的诉求下，制定了《民族区域自治法》(1984年，2001年修正)、《香港特别行政区基本法》(1990年)、《澳门特别行政区基本法》(1999年)、《反分裂国家法》(2005年)，明确了区域自治权和特别行政区的高度自治权的可行性以及恪守国家主权统一的正当性。尊重超大社会治理的特殊性和社会自治能力的成长，制定了《城市居民组织法》(1989年)和《村民委员会组织法》(1998年，2010年修订)以建立当代中国城乡基层群众自治制度。城市自治和乡村自治的合法化为国家制度与社会制度的互动提供了可能性，更重要的是为培育当代中国基层社会的自治能力和自治精神提供了制度空间。当代中国社会再也无法重新回到与现代化相遇之前的状态中，那么在全球化不断推进的背景下维护国家主权权威、积极参与全球治理和国家交往是当代中国法律体系展现其功能的新生长

① 数据文献参阅中华人民共和国国务院新闻办公室发布的《中国特色社会主义法律体系白皮书》，北京，2011年10月30日。

点。立法机关制定了《缔结条约程序法》(1990 年)、《领海及毗连区法》(1992 年)、《专属经济区和大陆架法》(1998 年)等法律,建立了维护国家主权和领土完整的法律制度。《立法法》(2000 年,2015 年修正)的制定则为当代中国法律体系自身的完善提供了内在的制度支持,立法权的有效配置和程序规范是现代民主国家宪政秩序中的重要问题。因此,《立法法》承载着当代中国法律体系的构建动力与宪政秩序的价值追求的使命。从宪法以及相关法对现代国家公共权力行动的最终的正当性依据的制度建构来看,社会主义法律体系的未来发展将通过厘清权力要素间关系、明确权力要素的法律责任来营造国家与社会之间的对话机制,进而在一个开放的社会中延续现代国家成长的正当性以及社会主义制度的生命力。

刑法。刑法是规定犯罪与刑罚的法律规范。它通过规范国家的刑罚权,惩罚危害社会关系的犯罪行为,维护社会秩序和公共安全,体现国家公共权力维护秩序和安全的合法性与合理性,因此,刑法是现代国家法律体系提供规范性的法律体系所不可缺少的内容。截至 2011 年 8 月底,当代中国已经制定一部统一的刑法、8 个刑法修正案以及关于惩治骗购外汇、逃汇和非法买卖外汇犯罪的决定,并通过了 9 个有关刑法规定的法律解释。刑法是连接国家公共权力的权威与社会成员个体权利的维护之间关系的法律规范。毫无疑问,打击犯罪行为,维护公共秩序和社会安全是任何现代国家刑法制定和实施的基本理由,但是同时现代国家的刑事立法必须尊重社会成员的个体权利。1979 年全国人民代表大会制定刑法就是要结束革命模式时期国家公共权力滥用给社会成员权利保护所带来的负面影响,所以当代中国在构建革命后刑事立法规范的过程中,通过落实现代刑法对诸如罪行法定主义、罪责平衡、无罪推定等价值和规则的追求,在慎重对待并具体落实宪法所强调的国家尊重和保护人权的精神的基础上,注重国家权威与社会权利的有效平衡。2007 年死刑核准权收归最高人民法院的决定就是其中的体现。2011 年 2 月通过的刑法修正案(八)对刑法作了较大修改,取消了 13 个经济性非暴力犯罪的死刑,占当代中国死刑罪名的 19.1%;完善了对未成年人和年满 75 周岁的老年人从宽处理以及非监禁刑执行方式的法律规定。对劳动者权益保护力度和社会转型期公共安全的维护能力是当代中国刑事立法必须关注的问题,此次刑法修改把不支付劳动报酬严重侵犯劳动者合法权益的行为、醉酒驾驶机动车等危险驾驶行为,规定为犯罪。刑事立法的革新与发展是社会主义法律体系维护国家公共权力的权威性与社会成员权利的有效性之功能的直接表现。

二是以行政法和社会法为基础，构建以延续社会正义为使命并反映社会主义制度基本价值诉求和社会主义民主制度的社会责任的规范体系。

行政法。社会主义法律体系要区别于现代国家包括资本主义法律体系在内的各种法律体系，关键在于在为政府权力运行有限性提供规范的同时注重政府权力运行维护公共利益之有效性设定规范，这就是社会主义法律体系通过行政法的构建与完善来体现的功能；还在于赋予个体权利合法性的同时注重把社会正义在法律体系内的追求来反映当代中国法律体系对社会主义制度的价值诉求之定位。就第一项功能而言，基于当代中国现代化路径的特殊性，立法规范行政权的运行在当代中国国家治理和法律体系构建中具有特殊重要的意义，因此无论是《行政处罚法》(1996年)的制定，还是《行政许可法》(2003年)的颁布，抑或《行政强制法》(2011年)的出台，均着眼于规范行政权、保护行政相对人的权益这一立法功能的实现。《行政处罚法》的制定表明当代中国法律体系通过行政处罚权的行使、设定的规范界定以彰显置于当代中国国家治理中行政权的有限性，特别是第一次在行政法上赋予行政相对人在行政处罚中以程序性权利更是明确了当代中国法律体系对社会主义制度基本价值诉求的实现勇气，也体现了当代行政法的发展趋势。① 以中国成为WTO成员方为标志，当代中国积极参与全球公共事务治理的背景下制定的《行政许可法》为当代中国立法制度推进政府配置公共资源、公共安全和公共服务领域公开、透明行使行政权提供了明确的规范性依据，特别值得指出的是《行政许可法》为行政许可设定了限度，即行政相对人自律的事项，市场竞争机制有效调节的事项，社会组织自主管理的事项，事后控制能够解决的事项不设行政许可，从而在立法上为行政权通过行政许可创租、寻租导致公共权力腐败提供抑制机制。为了贯彻《行政许可法》，十届全国人大常委会第一次会议通过了9个法律修正案，取消11项行政许可。② 2012年8月起国务院决定取消和调整314项部门行政审批项目，其中取消184项、下放117项、合并13项。至此，国务院10年来分6批

① 当代行政法的发展趋势在立法中主要表现为行政相对人程序性权利的立法保障和行政相对人参与行政过程的立法保障。参阅方世荣：《论行政相对人》，北京：中国政法大学出版社2000年版，第9页。

② 数据文献参阅中华人民共和国国务院新闻办公室发布的《中国特色社会主义法律体系白皮书》，北京，2011年10月30日。

共取消和调整了 2 497 项行政审批项目，占原有总数的 69.3%。这次重点对投资领域、社会事业和非行政许可审批项目，特别是涉及实体经济、小微企业发展、民间投资等方面的审批项目进行了清理。同时，批准广东省在行政审批制度改革方面先行先试。随着自由贸易试验区在上海浦东的试点，基于可复制和可推广的预期，规范政府权力与约束市场行为成为中国全面深化改革的背景下社会主义法律体系在法律规范上要深化的课题。在相对人权利观念日益强化和国家不断推进人权保护（从 2009 年起国务院颁布人权行动计划）的背景下，制定《行政强制法》就是要规范行政机关对不以相对人违法为前提的经常性的强制权行使，从而实现行政强制权行使的有限性界定和行政相对人权利的有效性保护。无论是对行政自由裁量权的规范以及还是对政府责任的合法性赋予都必须通过实体法和程序法的建设来实现，从而使现代国家放弃用政治运动或选择性执法来实现对公共事务的治理和公共利益的延续。服务行政的理念和公共财政的观念在 1994 年分税制改革和 1998 年启动预算制度改革以来日益得到体现，现代国家不同于传统国家的公共性特征在一定程度上就是通过税收、预算和财政制度的规范化来体现。当市场经济与财产权在社会主义法律体系中获得合法性之后，现代国家的成长不仅需要税收法定主义来实现汲取社会资源的合法性与合理性，同时通过预算制度的立法规范来约束社会资源运用的公正性与有效性。①无论是从现代国家成长的趋势来看，还是从社会主义制度内在诉求来看，当代中国法律体系必须更多地从社会的需要以及最终目的来完善税收立法和预算制度，更多地关注社会主义民主制度的社会维度和现代国家的社会责任。② 2012 年启动的《预算法》的修改昭示着权力要素间关系的厘清与行政权运行精细化的实质性规范进入一个新的制度改革时期，再加

---

① 谢岳在研究辛亥革命后国民政府在现代国际构建方面的失败原因时归因于获取现代化资源的失败，而这一失败又来自于："一是现代化资源的获取方式，二是现代化资源获取的方向。中央政府对现代化物质资源的需求必须通过制度化的途径才能实现，而国民政府既没有建立有效提取资源的制度框架，也没有建立创造物质资源的制度条件。另一方面，国民政府调集资源的方向集中在事实上无力为其提供物质资源的城市，从而进一步恶化了全国性资源紧张的局面。"参阅谢岳："变化中的政治控制"，复旦大学博士学位论文，2001 年 4 月，第 47 页。那么我们根据革命后从英国建立现代国家的制度安排和 20 世纪后从美国启动现代国家的当代转型的制度改革来看，税收法定、预算制度和公共财政的制度建构始终是现代国家成长不可回避的重要问题。1913 年宪法修正案以及之后的税制改革、1921 年《预算与会计法》之后的预算改革不仅推进了现代西方国家的当代转型，也挽救了资本主义制度在当代的命运。

② 参阅马骏等：《美国进步时代的政府改革及其对中国的启示》，上海：格致出版社 2010 年版，第 61 页。

上2015年税收法定原则纳入《立法法》后这符合现代国家成长的一般制度要求。2013年正式废除劳动教养制度更是具体体现了社会主义法律体系对国家行动和社会行为最终的正当性依据与法律体系现代性的追求密切联系在一起。当然,行政救济制度的立法是通过为行政相对人权利提供法律救济的方式以规范行政权的合法、合理行使。《行政诉讼法》(1989年,2014年修正)、《国家赔偿法》(1994年,2010年修正)和《行政复议法》(1999年)的制定和实施为当代中国法律体系实现行政相对人权利救济和行政责任提供了立法保证。《行政诉讼法》无疑对于厘清长期困扰着中国社会发展和制度建设的"官民关系"提供方向,特别是2014年修订之后从受案范围到管辖权的革新都体现了对行政权规范的持续努力。《国家赔偿法》就行政赔偿的范围、构成和实现方式进行了明确规定,确立了由于行政主体的违法进而给行政相对人财产权和人身权所造成的侵犯应当承担的责任。2010年修改《国家赔偿法》则力图拓宽行政赔偿的范围以更切实体现社会主义法律体系的人民性这一诉求。《行政复议法》在为行政相对人提供更为便利和及时的救济途径的同时为行政主体自我监督的有效性实现提供了有效的法律机制。提高政府应对危机的能力以及赋予社会成员的充分的知情权,也是当代中国法律体系展现其功能的着力点。《突发事件应对法》(2007年)和《政府信息公开条例》(2005年)的制定之意义就在于此。

《环境保护法》(1989年)、《环境影响评价法》(2002年)、《清洁生产促进法》(2002年)的制定以及积极参与环境保护领域的国际合作,缔结或参加了《联合国气候变化框架条约》、《京都议定书》、《生物多样性公约》、《联合国防治荒漠化公约》等30多项国际环境与资源保护条约,这些体现了当代中国法律体系对当代中国社会可持续发展战略正当性的强调与推进社会主义法律体系对代际正义的追求。在充分认识到"贫穷不是社会主义"之后,当代中国迈开了实现社会主义现代化的"快富"步伐,然而,自然环境的破坏给中国人的生存环境带来恶劣影响,进而挑战当代中国社会可持续发展能力和阻扰了代际正义在现代国家合法性基础中的实现。自然资源的过渡利用给子孙后代的发展带来了沉重负担,进而挑战社会主义制度对代际正义的恪守底线。因此,环境保护立法不仅体现了行政权对公共利益维护和延续的责任在立法过程中的实现,而且体现了当代中国法律体系对代际正义的追求。《城乡规划法》(2007年)的制定深化了行政规划对可持续发展和代际正义的恪守诚意,但《城乡规划法》依然需要在规划程序、规划权威以及规划的法律责任厘清等方面进一步完善。

社会法。社会法的制定承载着革命后法律体系对社会正义的价值追求,同时体现其对社会主义制度属性的捍卫,在一个人与人具有依赖关系的现代社会中,法律体系不仅要赋予人追求个体权利正当性以体现对个体正义的价值追求,而且要强调社会追求公共利益与社会权利正当性以体现对社会正义的价值追求。革命后现代西方国家法律体系的变迁历程表明,资本主义法律体系是以捍卫经济立法、个体权利和个体正义为其核心诉求,但也不能放弃对社会性立法、公共利益和社会正义在法律体系中的价值。当代中国法律体系否定经济立法、个体权利和个体正义的正当性将导致社会主义法律体系远离法的现代性追求的同时使社会发展活力失去法律支持,但是放弃社会性立法、公共利益和社会正义的正当性维护将导致社会主义法律体系背离人的社会性与国家的社会责任正当性的同时使国家成长失去社会支持,削弱现代法治秩序的社会基础,进而削弱社会主义制度在法律体系中的合法化体现能力。所以说,当代中国法律体系通过社会法的制定来体现法律体系对社会正义的追求,更重要的是落实宪法所规定的中华人民共和国是工人阶级领导的,以工农联盟为基础的人民民主专政的社会主义国家这一当代中国根本政治制度对法律体系的基本要求,这一要求随着当代中国法律体系承认以个体权利为依托的个体正义之后变得越来越重要。

可以肯定的是,改革开放以来,个体权利在法律体系构建的正当性获得了前所未有的关注,社会主义法律体系的形成过程确实给个体公民带来了更多的权利和自由,但国家却没有给予相应的社会保障制度的支持。如此一来就出现了一个与法律体系所要形塑的现代法治秩序所不同的社会行动逻辑,“中国的个体为了寻求一个新的安全网,或者为了再嵌入,被迫回到家庭和私人关系网络中寻求保障,等于又回到他们脱嵌伊始的地方。而且,在没有福利国家制度保障的情况下,中国的个体化进程也加速了社会经济分化,导致经济和社会地位意义上的两极分化,而不是仅仅在身份建构和生活政治意义上的社会多元化。”①改革开放所带来的个体自由初期效应结束之后,社会转型过程中社会暴戾之气弥漫、行为零和博弈选择与价值观念民粹化是与国家的社会责任和民主的社会维度的制度建构能力联系在一起的。

① 阎云翔:《中国社会的个体化》,陆洋等译,上海:上海译文出版社2012年版,第343页。

家族势力的复兴和土霸王的出现对中国农村基层民主质量提升和自治价值的实现的干扰也与家庭联产承包制实现个体化之后同时国家的社会责任的疏离联系在一起的。因此，无论是法治秩序的形成与社会主义法律体系内在价值的要求，社会主义法律体系赋予中国社会的个体化以正当性的同时必须捍卫国家的社会责任和社会正义的制度化正当性。正如卡尔·波兰尼所说，市场力量的扩张或早或晚会引发旨在保护人、自然和生产组织的反向运动；而社会性立法与其他体现国家的社会责任的立法是这种反向运动中的特征和内容。①

截至 2011 年 8 月底，当代中国已经制定社会法方面的法律 18 部和一大批规范劳动关系和社会保障的行政法规、地方性法规。② 在这 18 部有关社会法的法律中，特别值得指出的是其中的 4 部：《劳动法》(1994 年)、《劳动合同法》(2007 年)、《就业促进法》(2007 年)和《劳动争议调解仲裁法》(2007 年)。《劳动法》将劳动关系以及与劳动关系密切联系的劳动保护、劳动安全卫生、职业培训以及劳动争议、劳动监察等关系纳入调整范围，确立了社会主义国家的基本劳动制度。《劳动合同法》的制定对劳动者权利的保护提升到了一个新的水平，无固定期限劳动合同的提出标志着当代中国法律体系对劳动者劳动合同关系在社会主义市场经济体制中的合法化能力发展到新的境界。《就业促进法》和《劳动争议调解仲裁法》的颁布意味着走在现代化道路上并处于社会主义初级阶段的当代中国对劳动者权益保护在社会主义法律体系构建中的充分关注。当 2004 年宪法修正案提出国家建立与社会发展水平相适应的社会保障制度之后，《社会保险法》于 2010 年颁布，确立了覆盖城乡全体居民的社会保险体系，这为中国政府依法加快社会保障制度的建设，维护公共利益以延续社会和谐，并体现当代中国法律体系恪守社会正义的价值诉求提供法制基础。此外，当代中国法律体系非常注重通过特殊群体的权益保护以全面展现对社会正义的追求，制定了《残疾人保障法》(1990 年)、《未成年人保护法》(1991 年，2006 年修订)、《妇女权益保障法》(1992 年，2005 年修订)、《老年人权益保障法》(1996 年)、《预防未成年人犯罪法》(1999 年)等法律。社会主义法律体系推进特殊群体权益保

① 参阅[英]卡尔·波兰尼：《大转型：我们时代的政治与经济起源》，冯钢等译，杭州：浙江人民出版社 2007 年版，第 102 页。

② 数据文献参阅中华人民共和国国务院新闻办公室发布的《中国特色社会主义法律体系白皮书》，北京，2011 年 10 月 30 日。

护的立法进程无疑体现了其在追求个体正义的同时不放弃对社会正义的追求的努力，为此在立法中落实基本公共服务均等化就成为社会主义法律体系提供现代国家成长的法律规范中不可或缺的重要内容。① 因此，法律体系构建应“尽力将对于人类生存权相关的领域进行‘去商品化’，让全体人民分享市场运作的成果，让社会各阶层分担市场运作的成本，从而把市场重新‘嵌入’社会伦理关系之中。”②最终把社会主义法律体系对现代法治秩序的形塑和对法的现代性追求置于人的社会性中来实现。

三是以民商法、经济法以及诉讼与非诉讼程序法为依托，构建以尊重个体权利成长并承认人类制度文明发展一般趋势的规范体系。

现代国家的法律制度区别于传统国家的法律制度之关键在于，对社会成员追求利益的正当性予以普遍性承认，所以利益关系的合法化努力成为现代国家法律体系构建所面临的基本问题，由此尊重并赋予个体权利的合法性成为人类制度文明发展的一般趋势，体现这一趋势就成为社会主义法律体系表现和实践其功能的重要方向。革命模式下导致当代中国法律体系的功能迟滞的关键原因就在于否定利益关系，进而否定个体权利的正当性。起草过程中的《民法》草案的搁置直接反应了革命模式时期当代中国法律体系背离一个经济文化相对落后的国家走上社会主义道路无法理性面对人类制度文明发展这一趋势，直接导致当代中国社会陷入整体贫困化的趋势之中。改革开放就是要通过承认个体权利在社会主义法律体系中的正当性，表明当代中国法律体系发挥营造社会发展活力的有效机制的功能。在从计划经济体制向市场经济体制转变过程中，当代中国法律体系持续把加强经济立法和相关立法作为其构建以个体权利为核心的、商品自由交易为表现、稳定市场秩序为特征的符合社会主义市场经济要求的法律制度这一功能的路径。

民商法。民商法的立法进程承载着现代国家法律体系对市场制度的合法化能力，进而体现对以财产权为核心和商品自由交易为表现的个体权利的维护能力，因而民商法的立法水平体现了现代国家对现代制度文明发展

① 福山曾总结过国家职能的范围，从最小职能(提供纯公共产品、国防法律及秩序、财产权保护、宏观调控、公共卫生、增进公平、保护穷人，到中等职能(应对经济外部性、教育环境保护、反垄断、职业教育、保险金融监管、社会保险)，再到积极职能(产业政策、财富再分配)的变化，一定程度上反映了现代国家成长过程中法律体系对国家的社会责任的规范建构的历程。参阅[美] 福山：《国家构建：21 世纪的国家治理与世界秩序》，黄胜强等译，北京：中国社会科学出版社 2007 年版，第 9 页。

② 胡鞍钢等：《第二次转型：国家制度建设》，北京：清华大学出版社 2009 年版，第 102 页。

趋势的把握能力。民法是调整平等主体之间财产关系和人身关系的法律规范，通过民事权利的合法化来体现个体权利在现代国家法律体系构建中的价值。商法是调整商事主体之间的商事关系，遵循民法的基本原则，保障商事活动自由交易的实现。无疑在奉行计划经济的革命模式时期，民商法就没有制定的价值和必要性。当1993年宪法修正案赋予社会主义市场经济体制在当代中国社会的正当性之后，推进民商事立法就成为改革开放以来社会主义法律体系构建的主要内容。

截至2011年8月底，中国已制定民法商法方面的法律33部和一大批规范商事活动的行政法规、地方性法规。与建立社会主义市场经济体制相适应，当代中国法律体系把财产权的确认、变更、行使、流转、消灭和保护规则作为民事立法的核心内容。《民法通则》(1986年)、《合同法》(1999年)、《担保法》(1995年)、《物权法》(2007年)等一系列法律的制定，建立健全了债权制度和包括所有权、用益物权、担保物权的物权制度，《物权法》对私人物权的承认对于当代中国法律体系的发展而言具有革新性意义，从立法上彻底终结了把公有制与社会主义制度相等同的认识，为各种所有制经济合法存在于社会主义制度内提供了空间，进而为当代中国现代化进程提供了新的活力。2015年民法典编纂工作的再次启动无不表明了对法的现代性追求。在这一背景下，当代中国市场主体制度经历了以所有制为导向向以组织和责任形式为导向的立法的转变，适应了市场经济对市场主体的基本要求。① 《公司法》(1993年，1999年修正、2004年修正、2005年修正、2013年修正)、《合伙企业法》(1997年，2006年修订)、《个人独资企业法》(1999年)、《商业银行法》(1995年，2003年修正)、《证券投资基金法》(2003年)和《农民专业合作社法》(2006年)等法律，确认了各类市场主体的合法地位，为市场主体公平参与市场竞争提供了资格。特别是《公司法》的制定为建立现代企业制度、保障公司投资者和利益关系人的合法权益奠定了制度基础。《企业破产法》(2006年)建立了规范市场主体退出的破产制度。规范市场主体的市场行为，平衡个体利益与公共利益，可以最大限度地避免市场经济在实现个人利益时对公共利益的侵害，避免导致个体利益无法有效延续。

当代中国法律体系在构建社会主义市场经济以及市场主体规范的同

① 参阅中华人民共和国国务院新闻办公室发布的《中国的法治建设》(2008年2月28日，北京)白皮书。顾昂然：《新中国改革开放三十年的立法见证》，北京：法律出版社2008年版，第630页。

时，应注重提供市场主体市场行为的规范。《反不正当竞争法》(1993年)为市场竞争行为提供了法律规范，明确了市场行为的政府规制的正当性。保护知识产权是社会主义法律体系所关注的重要立法领域。1982年制定的《商标法》(1993年修正、2001年修正)是当代中国法律体系开始着手系统建立现代知识产权法律制度的重要标志。随后通过《专利法》(1984年，1992年修正、2000年修正)、《著作权法》(1990年，2001年修正)的制定和修改，以及颁布《计算机软件保护条例》、《集成电路布图设计保护条例》、《著作权集体管理条例》、《信息网络传播权保护条例》、《知识产权海关保护条例》和《植物新品种保护条例》等一批行政法规，提供了较为成熟、系统的知识产权保护法律制度。

经济法。遵从理性选择的认识途径，社会无非是个体行动和博弈的结果。面对人类社会文明史，我们可以体认到，在所有由个体组成的环境中，都面临着这样一个问题，即个体利益与公共利益的关系问题。民商法从制度上充分实现了对社会成员追求其个体利益合法化，但是现代社会又是一个相互依赖的社会，承认存在着超越个体利益之上且为个体利益持续实现所需要的共同的、公共的利益。这就是说，当各个个体处于相互依赖的状态时，各个个体之间必然会出现公共物品如何供应问题，公共资源如何利用问题以及公共秩序如何维护问题。就是这种不同于且有益于个体利益的公共利益，才是社会得以形成的前提和必要条件，也是社会之所以成为社会的理由。诚如社会学家英克尔斯所说的那样，一旦个体“发现自己生活在群体之中，他立即会遇到一些在个体之上的问题。生活在一起的人们一定会在某种程度上使他们的行动协调或统合成为一个整体，以避免产生紊乱和混淆”。[①] 因此，社会存在的理由，是因为有了不同于且有益于个体利益的公共利益的缘故。而在以市场制度配置资源为基础的现代社会，如何平衡个体利益与公共利益是维系社会发展的关键问题。这样我们就可以理解市场垄断、金融安全、汇率调整等问题为什么让全社会乃至全世界如此关注的原因。

一个健全的社会，社会成员间的合作的最终结果应该是个体收益的总和接近社会的公共收益。两者之间的差距越大，社会潜在的动荡因素就越

① ［英］英克尔斯：《社会学是什么：对这门学科和职业的介绍》，陈观胜等译，北京：中国社会科学出版社1981年版，第95—96页。

多，社会发展和进步的过程就越缓慢，反之亦然。也就是说，一个健康的社会，制度不仅要提供个体利益的增长机制，而且要通过公共利益的维护提供社会和谐机制。我们所生活其中的制度不是建立在利他的假定基础上，而是建立在利己的假定基础上的。在一个社会资源与人类欲望之间存在落差的情况下，在提供市场主体和市场行为合法规范的同时规范市场行为的制度具有不可或缺的意义。换句话说，正因为生活中的个体行为动机不可能完全是利他型的，个体之间又存在着相互依赖和公共利益的渴望，所以才需要各种不同的制度来约束或惩罚可能行恶以致破坏相互依赖关系的纯粹利己型行为者。《反垄断法》(2007 年)被称为"经济宪法"的意义正是体现在注重市场主体追求个人利益和个体权利正当性的前提下维护、延续和实现公共利益的合法性。

民商法的发展表明当代中国法律体系对个人追求幸福的权利予以尊重，同时，经济法的制定表明对公共利益维护的不懈努力。随着市场机会主义的出现以及随之而来的亚当・斯密关于个体理性与集体理性一致假说的粉碎，通过经济法的立法来强调市场制度规制的重要性成为社会共识。当代中国法律体系对市场主体的市场行为的宏观调控和微观规制的立法规范正是为努力实现市场社会中个体利益与公共利益平衡的一种经济法制度安排。为了保障个体权利有效延续，也需要制定经济法规范。截至 2011 年 8 月底，中国已制定经济法方面的法律 60 部和一大批相关行政法规、地方性法规。① 关系到人类社会生存和发展基础的商品的定价问题，这是市场所不能解决的问题，必须强化价格规制，这就是 1997 年《价格法》制定的缘由。比如在美国，其交通运输、银行保险、能源和农业等部门的价格不是由经济个体自由确定的，而是由有关的独立规制机构根据规范化的定价方法予以制定。政府通过价格规制实现或承担两大责任，一是为了保证消费者享有最低价格的产品及保护独家垄断的局面，二是防止垄断厂商滥用垄断地位来攫取超额利润，导致消费者剩余和社会福利的净损失。②

当代中国法律体系充分注重基于社会分工和禀赋差异基础上个人财富的获得和保有的正当性，但依然强调社会正义和公共利益的不可或缺

① 数据文献参阅中华人民共和国国务院新闻办公室发布的《中国特色社会主义法律体系白皮书》，北京，2011 年 10 月 30 日。

② 参阅毛寿龙等：《有限政府的经济分析》，上海：上海三联书店 2000 年版，第 233 页。

性以及个人财富的法律征收的正当性,税收制度的规范就成为当代中国法律体系展现其功能所不可缺少的内容。《个人所得税法》(1980 年,1993 年修正、1999 年修正、2005 年修正、2007 年修正),《企业所得税法》(2007 年)和《税收征收管理法》(1992 年,1995 年修正、2001 年修订)的制定与修改,以及《增值税条例》、《营业税条例》、《城市建设税暂行条例》等行政法规的颁布,深刻表明当代中国法律体系承认社会成员追求、保有财富的正当性的前提下实现社会正义的努力,这是现代国家法律体系发展的趋势和社会主义法律体系构建的价值基础。金融安全是市场安全运行的重要保障,为此制定了《银行业监督管理法》(2003 年,2006 年修正)、《反洗钱法》(2006 年)等法律,对金融行业的安全运行实施监督管理。农业和农村发展问题是中国社会发展活力和民生幸福的根本,《农业法》(1993 年,2002 年修订)、《乡镇企业法》(1996 年)、《种子法》(2000 年,2004 年修订)、《农产品质量安全法》(2006 年)的制定以保障农业、农村发展和国家粮食安全。《铁路法》(1990 年)、《公路法》(1997 年,1999 年修正、2004 年修正)、《民用航空法》(1995 年)、《电力法》(1995 年)等法律的颁布,体现了当代中国法律体系对重要行业实施监督管理和产业促进的功能。国家立法机关制定了《土地管理法》(1986 年,1988 年修正、1998 年修正、2004 年修正)、《森林法》(1984 年,1998 年修正)、《水法》(1988 年,2002 年修订)、《矿产资源法》(1986 年,1996 年修正),规范重要资源的合理开发和有效利用。还制定了《节约能源法》(1997 年,2007 年修订)、《可再生能源法》(2005 年)、《循环经济促进法》(2008 年)、《清洁生产促进法》(2002 年,2001 年修正)等法律,促进能源的有效利用和可再生能源开发,为当代中国社会可持续发展提供制度引领方向。

诉讼与非诉讼程序法。诉讼与非诉讼程序法是规范解决社会纠纷的诉讼活动与非诉讼活动的法律规范。诉讼法是规范国家司法权解决社会纠纷以实现司法公正的法律规范,非诉讼程序法律制度是规范仲裁机构或人民调解组织解决社会纠纷的法律规范。截至 2008 年 8 月底,中国已制定了诉讼与非诉讼程序法方面的法律 10 部。① 社会纠纷解决中的司法公正和程序正义是一个社会中重要的问题,承载着社会成员对公正解决纠纷的正义

① 数据文献参阅中华人民共和国国务院新闻办公室发布的《中国特色社会主义法律体系白皮书》,北京,2011 年 10 月 30 日。

诉求,是市场经济秩序的重要保障和个体权利得以有效维护的最后一道防线,是社会主义法律体系提供现代国家成长不可或缺的法律规范。诉讼制度及其非诉讼程序制度以及所蕴涵的价值理念为人类社会期盼公正解决纠纷提供了制度平台和思想基础。没有诉讼制度及其非诉讼程序制度这一制度平台,人类社会不可能保持对纠纷解决中的司法公正或程序正义的强烈期待。因此,诉讼制度及其非诉讼程序制度的立法完成意味着"邪恶向美德表示的尊敬。"①培根曾说:"一次不公的(司法)判断比多次不平的举动为祸尤烈。因为这些不平的举动不过弄脏了水流,而不公的判断则把水源败坏了。"②而纠纷解决中的司法公正或程序正义最为重要的条件就在于纠纷解决机制是否在立法制度的安排上获得独立的地位。

走出革命模式时期随意性和恣意性解决各种纠纷给社会成员的权利保障所带来的伤害,2012 年《刑事诉讼法》修正案对司法人权的保障努力充分显示了对社会成员在刑事诉讼中的权利的尊重,明确了一切公民在适用法律上一律平等,保证犯罪嫌疑人、被告人的辩护权,强调未经法院审判,对任何人不得确定有罪。随着 2004 年宪法修正案对国家尊重和维护人权的宪法共识的确立,人权在刑事诉讼制度中的实现程度越来越被关注和强调。《民事诉讼法》经过全国人大常委会于 2012 年 8 月 31 日修正之后其为民商法等实体法所赋予社会成员的实体权利在诉讼制度上的实现提供程序机制的目标更加明确,从而全面提供了权利实现的规范性、程序化的法律规范。《行政诉讼法》(1989 年,2014 年修订)则为社会成员遭遇行政机关违法行为侵犯时有了司法救济的保障。

以《仲裁法》(1994 年)为代表的非诉讼程序法的制定,足以证明当代中国立法制度构建纠纷解决的程序正义的实现机制的诚意。程序公平就源于司法过程或仲裁过程对社会利益关系方的程序性权利的承认,承认公民程序性权利可以促进和保证司法过程或仲裁过程的理性选择。一方面,公民程序性权利的张扬提供了法官根据诉讼制度空间内当事人间的对话在多种可能性中进行最优选择的可能性,也就是说,公民在司法过程中的程序性权利可以在相当的程度上改变相互之间、法官与当事人之间的信息不对称的情况,从而使权利的博弈过程建立在信息相对平衡基础之上,进而提供法官

① [美] 亨金:《权利的时代》,信春鹰等译,北京:知识出版社 1997 年版,第 2 页。
② [英] 培根:"论司法",载《培根论说文集》,水天同译,北京:商务印书馆 1983 年版,第193 页。

进行司法判断的充分信息。正如哈耶克所说："在大多数情况下，当有争议的行动发生的时候，任何权力机构都不可能知道相关个人做了什么事情或者他们为什么这样行事。正是在这个意义上讲，法官乃是自生自发秩序中的一种制度。法官将始终发现，这样一种秩序乃是作为一个不断展开的过程的一种属性而存在的，而在这个过程中，个人之所以能够成功地实现他们各自的计划，乃是因为他们可以就其同胞的行动形成一些极有机会得到兑现的预期。"①为此，在诉讼制度以及非诉讼程序法的立法过程中，当代中国法律体系越来越关注当事人的辩论权、举证权以及程序抵抗权在纠纷解决中的重要性，从而使纠纷判断获得更充分的信息，保障公民权利纠纷解决的公正性。②

随着社会主义法律体系在提供了现代国家成长的合法性规范与合理性规范，同时提供了现代社会发展的个体正义正当性规范和社会正义必要性规范的基本框架的成型之后，为持续推动现代国家在中国社会的成长和自身不断完善，社会主义法律体系将持续推进公共权力运行精细化规范的立法、社会领域立法与既有法律的修改，以及保障法律实施的规范和司法制度革新的规范的提供。

二、丰富社会主义法律体系现代性追求的价值选择

"法律不仅仅是事实，它也是一种观念或概念，此外，它还是一种价值尺度。"③通过现代革命推动传统国家法律体系向现代国家法律体系发展的历史逻辑中，个体利益的承认、个人权利的维护和政府权力的规范实现对人权的保护被看作是法律体系价值演进的必由之路和基本方向。人类法律的演化进程，就是从传统"义务本位"的法律迈向"权利本位"的法律，"权利本位"的法律就成了法律体系现代性的重要标志。法律体系的现代性追求之所以成为思考当代中国法律体系价值选择的基本范式，是由于当代中国正处在"走向权利的时代"。维护权利成为改革后当代中国法律

---

① [英]哈耶克：《法律、立法与自由》，第1卷，邓正来译，北京：中国大百科全书出版社2000年版，第153页。

② 参阅章武生等：《司法现代化与民事诉讼制度的构建》，北京：法律出版社2000年版，第463页。

③ [美]伯尔曼：《法律与革命——西方法律传统的形成》，贺卫方等译，北京：中国大百科全书出版社1993年版，第665页。

体系的核心功能。[①] 这其中一个现实原因就是社会主义市场经济的发展要求法律对个人权利或个体利益加以平等保护,契约自由、个体权利和交易安全赋予社会主义法律体系完善与发展以新的使命。法律的权利本位与法律的规范理性,为当代中国法律体系赋予了新的价值追求和精神气质。由此,当代中国法律体系现代性的追求彻底改变了革命模式中阶级斗争和政治运动的精神气质,从而给法律赋予了公平、正义、效率、程序、权利保护等"现代法的精神"。[②] 社会主义法律体系单纯提供法律规范和社会秩序是不够的,它必须是良好的法律和良好的秩序。因此,可以理解,法律体系的规范性提供并不是当代中国立法制度所承担的功能之全部,还有非常重要的功能就是通过构建好的法律以体现法律体系现代性的追求以符合"现代法的精神",进而提供好的秩序。那么,在恪守法律体系构建的中国逻辑的前提下,这种体现"现代法的精神"的"好的法律"对于社会主义法律体系而言表现在两个方面:一是当代中国法律体系的价值选择注重平衡公共利益与个体利益之间的关系;二是当代中国法律体系的价值选择关注政府权力的有效性与有限性之间的关系。

首先,从当代中国法律体系对公共利益正当性与个体利益合法化之间关系的平衡看其对法的现代性的追求。

"民之所本者,民之尊严、自由所系。衣食住行。喜乐安和皆关涉尊严与自由,若要不要他人的关涉与侵害,就必须有主张不受干涉与侵害的道德资格和法律能力。"[③]因此,在立法领域,民之所本者即为立法者的追求,乃是在民权、个体利益或个人权利合法化能力中得以体现。革命模式时期当代中国立法制度丧失对民权、个体利益或个人权利的合法化能力,从而让法律失去对社会发展和社会秩序的意义,国家治理不得不依靠政策或政治运动。改革开放提供了当代中国立法制度走出革命模式的契机并赋予其为社会发展活力提供规则体系的使命。基于这一契机和使命,当代中国立法制度展开了对民权、个体利益或个人权利合法化的功能从而在为中国社会发展提供活力的过程中追求法律体系的现代性。具体地说,这一追求通过三个层次表现出来:一是通过宪法对公民权利的合法性赋予和接受人权国际

① 参阅强世功:《立法者的法理学》,北京:三联书店 2007 年版,第 8 页。

② 参阅张文显:"市场经济与现代法的精神论略",载《中国法学》1994 年第 4 期;陈弘毅:"西方人文思想与现代法的精神",载《中国法学》1995 年第 6 期。

③ 夏勇:《中国民权哲学》,北京:三联书店 2004 年版,第 51 页。

法规范来体现。宪法对公民权利的合法性努力是与改革后宪法重构现代政治的正当性努力相联系的,这一努力前文已述。需要特别指出的是,中国参加了22项国际人权公约,其中包括《消除一切形式种族歧视国际公约》、《消除对妇女一切形式歧视公约》、《禁止酷刑和其他残忍、不人道或有辱人格的待遇或处罚公约》、《儿童权利公约》、《经济、社会文化及文化权利国际公约》等核心国际人权公约,充分发挥国际人权公约在促进和保护本国人权方面的功能。二是通过民商法的制定和完善以落实社会主义市场经济体制对具体的、活生生的个体利益或个人权利的诉求。市场经济体制是以契约的商业关系形成和具体的个人权利维护为发展的基础和动力,恩格斯曾明确指出:"民法的准则只是以法律的形式表现了社会的经济生活条件。"①因此,在现代市场经济国家,民商法是立法制度构建具有现代性的法律体系极其重要的法律部门,其发达程度在一定意义上显示现代国家立法制度对民权的尊重水平和个人利益的实现能力。三是通过程序法的制定和完善提供个人利益或个人权利规范性、程序性的实现机制。法律提供了人类社会成员间纠纷的制度安排,而这种制度不仅以法律对社会成员权利与义务的安排为基础,而且以实现权利与义务的程序为基础。在一定程度上说,在实体法尚未形成之前,程序法已经因解决冲突的需要而形成,②

其次,从当代中国法律体系对政府权力的有限性规范与有效性维护之间关系的平衡看其对法的现代性的追求。

立法者必须注意人类制度文明发展历程所积淀下来的这样一个事实:公共权力并不总是作为社会成员权利的敌对者而存在的。凡社会成员权利发达的地方,公共权力通常是友善的合作者。更为重要的是,一切社会成员的权利皆须借助公共权力来创设、推行和实现,因此公共权力的有效性在此变得与公共权力的有限性同样重要了。这个现象至少足以令我们从无政府主义的迷雾里走出来,认真解析政府权力有限性与有效性在立法过程中的法理基础。③ 改革开放以来,当代中国法律体系通过宪法及其相关法、行政法的制定来推进政府有限性的规范,同时通过经济法和社会法的颁布来推动政府权力有效性的支持。这种立法制度的功能发展

① 《马克思恩格斯选集》,第4卷,北京:人民出版社1972年版,第248—249页。

② 参阅[日]谷口安平:《程序的正义与诉讼》,王亚新等译,北京:中国政法大学出版社1996年版,第6页。

③ 参阅夏勇:《中国民权哲学》,北京:三联书店2004年版,第237页。

的历程，体现了现代国家法律体系追求现代性的共通性，但是当代中国法律体系在追求法的现代性的同时承担着捍卫社会主义制度的内在属性的要求，这种要求就是对社会正义与和谐发展是当代中国法律体系追求法的现代性的底线。崇尚和维护人权无疑是现代国家法律体系体现其现代性追求的首要表现。① 当代中国法律体系也不能例外，但是必须明确的是为了让人类文明所崇尚和维护的人权得以有效、有序实现，必须在规范政府权力的同时赋予政府权力的有效性，当然这种有效性不是对人权的反动或侵害。

人类文明的发展进程表明，法治是现代社会平衡市场正当性与国家治理正当性的选择。总体上说，一方面法治意味着对市场正当性的充分尊重，法治从市场经济的发展中获得了存在的意义。没有市场的法治尚未出现。法治要区别于人治，就是从市场经济对个体正义的维护所提供的价值选择中得到证成的。在这种前提下，市场通过法治强调政府是祸害。另一方面法治体现了政府权力的正当性，法治对政府权力的界定中证明了存在的价值。所以法治在承认国家治理正当性的同时，必须持续推进政府权力的规范体系和制约机制的建设。法治中国的提出与发展，一方面是以为社会自主性成长和社会成员尊严维护提供可靠的法律保障作为社会主义法律体系构建和制度建设的中心；另一方面是将国家权力之于经济和社会生活的作用限度、作用方式和程序规范作为社会主义法律体系发展的重要内容，也就是说规范政府本身是法治国家制度建设的基本功能和价值体现。

当代中国从健全社会主义法制以走出革命模式，到构建社会主义法律体系以建设法治国家，这一发展反映到法律体系构建过程中就是对“现代法的精神”气质的持续追求能力。着眼于对法治的追求，当代中国法律体系真正走向了为社会发展、公共生活和制度文明提供“好的法律”的发展道路。亚里士多德曾说：“法治应当包含两重意义：已制定的法律获得普遍的服从，而大家所服从的法律又应该是制定得良好的法律。”②如果说当代中国通过构建社会主义法律体系以解决有法可依与有法必依的问题，那么通过建设社会主义法治国家以追求现代法的精神气质。这种精神气质下的“好

① 参阅季涛：《法律之思——法律现代性危机的形成史及其现象学透视》，杭州：浙江大学出版社2008年版，第4页。

② ［古希腊］亚里士多德：《政治学》，吴寿彭译，北京：商务印书馆1965年版，第199页。

的法律”必须满足两个条件：一是当代中国立法制度必须维护提供的法律的稳定性和权威性，而要实现这一点，当代中国法律体系必须恪守这一立法伦理，即“法律按其真正的含义而言与其说是限制还不说是指导一个自由而有智慧的人去追求他的正当利益，它并不在受这法律约束的人们的一般福利范围之外作出规定。”①二是当代中国法律体系要坚持对任何形形色色的专横统治和特权的反对，即“一切政体都应该订立法制……使执政和属官不能假借公职，营求私利”和“取得特殊的权力。”②同时当社会成员的合法权益遭受公权力侵害时提供实现个体权利有效救济的制度安排，持续畅通经由法权程序的权利救济规范始终是当代中国法律体系在提供个体权利救济规范的同时实现对法治国家的追求。③

当我们从理论上梳理当代中国法律体系对法的现代性追求的努力时，一方面要抵制简单照搬西方国家立法制度追求现代性的绝对主义的立场，进而把个人权利绝对化、个体正义抽象化和法治普遍化作为现代性强加给当代中国法律体系；另一方面更要抵制把社会主义制度简单化、中国本土问题民粹化，仅仅把公共利益、社会正义定位为当代中国法律体系对法律规范构建与法律价值选择的全部。正如卢梭所言，真正的立法不是制定在法典中，而是播种在民族的心灵上。④ 当代中国法律体系通过追求现代性的精神来体现其功能，必须承认个人权利、个体利益和政府权力有限性在立法过程中的意义，但是必须考虑到民族的习性、制度的属性和人的社会性对立法制度追求现代性的意义。“凡在不以本人自己的性格却以他人的传统或习俗为行为的准则的地方那里就缺少着人类幸福的主要因素之一，而所缺少的这个因素同时也是个人进步和社会进步中一个颇为主要的因素。”⑤当代中国法律体系正是在发现中国社会进步和个人权利对于立法的意义过程中体现其存在的价值和发展的动力，也正是个人进步和社会进步在中国社会的特殊境遇不断激励着当代中国法律体系面对挑战以寻求发展的意义和方向。同时基于中国全面危机后的现代革命观对于革命后现代法律体系的价值定位，根据现代国家成长的趋势和现代法律体系发展的规律，对社会平

① ［英］洛克：《政府论》，下篇，叶启芳等译，北京：商务印书馆1964年版，第35—36页。
② ［古希腊］亚里士多德：《政治学》，吴寿彭译，北京：商务印书馆1965年版，第199页。
③ 参阅许章润：《现代中国的国家理性》，北京：法律出版社2011年版，第204页。
④ ［法］卢梭：《社会契约论》，何兆武译，北京：商务印书馆1987年版。
⑤ ［英］约翰·密尔：《论自由》，程崇华译，北京：商务印书馆1982年版，第60页。

等、人民民主、民本主义和集体主义的价值内涵予以了充实，从而使社会平等、人民民主、民本主义和集体主义在社会主义法律体系构建中与现实的社会生活更加真实的联系在一起。所以我们不能机械地、静止地、教条地理解中国现代革命观所赋予革命后社会主义法律体系的核心价值，谨记一点："法律文字是侧重于形色的，至于实际生活，时时在变动之中，所以应有不可过宽的解释，以免上下其手之流弊，但同时亦不可过于呆板，以免胶柱鼓瑟而有与时代生活脱节的毛病。"①

第四节　开放后当代中国法律体系发展的境遇与方向

尽管现代革命后中国社会选择了社会主义制度从而走上了不同于西方社会的现代国家建设之路，尽管因革命后现代国家建设的社会制度选择不同所带来的 对立以及意识形态差异所带来的冲突给革命后当代中国国家建设和法律体系的构建产生了困境，但是 20 世纪 70 年代末以来中国社会在推进社会主义现代化事业的进程中对现代法律体系以及法治秩序的建构依然被看作是清末法制改革以来所推动的法律现代化运动的自然延伸。这场法律现代化运动是在中国社会全面危机的情况下展开的，因此承担着主权独立、民族解放与社会幸福的顺序不能颠倒的使命。中国共产党领导的现代革命以及通过现代革命所建立的中华人民共和国是在这场影响深远的国家转型的集中表现。法律获得了前所未有的重要意义。虽然 1954 年宪法之后当代中国社会法律体系的构建遭遇重创，但是改革开放恢复了法律体系在现代国家合法性维护与现代社会秩序构建中的价值，并在主权独立国家理性和民主有效性政府体制的构建的前提下，在一个开放的社会中从全球政治秩序中寻找制度改革的方向和维系法治秩序的生命。② 社会主义法律体系的构建中国特色社会主义法律体系的形成意味着现代国家在中国社会的成长进程消除了国家治理体系和社会秩序构建中的法律短缺。那么接下来的问题就是，在日益开放的社会中，通过立法发展和立法质量的提高来完善社会主义法律体系，同时持续保障国家治理的正当性和有效性，延续

① 张君劢：《政制与法制》，北京：清华大学出版社 2008 年版，第 23 页。
② 参阅强世功：《立法者的法理学》，北京：三联书店 2007 年版，第 27 页。

社会发展的活力与秩序。中国是一个超大规模的国家,社会生活的多样性和人类交往的全球化是当代中国法律体系发展所不能回避的现实境遇,当然也正是在现实境遇中人们调整当代中国法律体系变革方向的动力。

一、国际规则体系对当代中国法律体系发展的挑战

当代中国法律体系的发展已经或正在受到全球化发展趋势多方面的挑战,总体上论,表现在三个方面:一是当代中国法律体系的发展越来越具有开放性,这表现在制度架构的包容性、立法过程的开放性和国际规则体系对中国法律体系的影响力在增强,从而潜在的一个基本矛盾就是经济和信息的全球化与主权国家体制的冲突以及当代中国法律体系对民族国家主权维护的能力与国际规则体系的接受水平常有冲突;二是中国的法制现代化进程无法彻底摆脱历史的悲情主义以及可能会受到西方国家对华政策的制约由此影响当代中国立法制度对国际规则体系的主观判断,引发人类尊严的世界性希求与当代中国国家制度建设的被害者意识的矛盾;①三是当代中国法律体系的发展实践——如立法程序建设、立法民主化水平、法律部门调整、对制度建设与社会发展协调发展的关注、法治文化的变革等——明显地受到了包括自由主义和后现代主义在内的西方法学理论的影响。全球化的这三个方面的影响通过国际规则体系对当代中国法律体系的发展起积极的推动作用,也可能是起消极的阻碍作用。对此,当代中国法律体系必须有一个基本的认识和判断,以充分利用全球化所带来国际规则体系的积极影响以提升法律规范和法治秩序的竞争力,同时努力避免国际规则体系对当代中国法律体系维护国家主权能力的消极影响。

首先,国际规则体系所秉持的价值选择对当代中国法律体系的价值追求所带来的挑战。全球化进程的推进有一个前提条件,即每一个民族国家的立法制度应该是一个开放的系统,由此为民族国家相互之间存在着进行合作与交流的可能性提供规范引导和法律保障。国际规则体系所赖以生存的全球法律思维是开放后当代中国法律体系面对全球公共问题而作出立法回应的产物,它一旦形成,便反过来对各个民族国家法律体系的发展产生深刻的影响。其中最重要的影响表现在各个民族国家法律体系的发展必须审

① 参阅[日]大沼保昭:《人权、国家与文明:从普遍主义的人权观到文明相容的人权观》,王志安译,北京:三联书店2003年版,第3页。

慎处理由革命后现代西方国家主导的国际规则体系所秉持的价值标准，比如法治、人权、民主等。对于一个依然处于发展中国家行列的当代中国来说，一方面必须慎重对待国际规则体系中的西方中心主义的因素，坚持从历史的眼光和开放的思维选择当代中国法律体系的价值追求方向。孟德斯鸠曾深刻地指出，人类社会存在着两种类型的暴政："一种是真正的暴政，是以暴力统治人民；另一种是见解上的暴政，即统治者建立的一些设施和人民的想法相抵触时，让人感觉到的那种暴政。"①无论是以理性伪装的教条主义还是强制性的乌托邦主义，都是把人类生活简单化、一元化，它要创造的是单一决定论的神话，是一种主观主义的盲目自信，是对错综复杂的人类社会生活的误解，其实质上也是一种暴政，因而是与现代社会法律发展的基本价值取向背道而驰的。

但是另一方面我们必须认识到，无论人类的文化存在着多少差异，人类社会还是存在着越来越多的共同的文化价值观，这是现代国家法律体系在价值选择时无法回避或拒绝的。而且这一趋势将随着人类社会的发展进程日益深入而强化，否则它将为全球化进程所抛弃。制度文明本来就是借鉴、积累和升华的发展过程。任何民族国家的法律制度绝不可能在世界法律文明的发展路径之外产生和发展，因此在全球化进程日益推进的过程中，当代中国在发展和完善社会主义法律体系的过程中只能在开放中寻求进步的动力。既然任何一个国家都没有办法重新回到与全球化相遇之前的状态中去，那么任何一个民族国家尤其是发展中国家必须敏锐地把握人类社会一切法律制度在其存在和发展过程中为人类所积累的立法经验和立法资源。当代中国法律体系不可能也不应该自外于人类制度文明发展的总潮流和总趋势，但必须是通过它自己的独特道路而加入到这个普遍的历史潮流之中去的。② 改革开放以来，当代中国在法律体系构建过程中对民主、法治和人权的追求均体现了对国际规则体系背后的价值选择的接受能力，但是必须以一种历史和系统的眼光而不是拘泥于当下或过去的思维来处理这种挑战。简单拒绝或简单接受所谓普适价值来指导当代中国法律体系对法律规范和法律价值追求的选择是危险的。

国际规则体系所引发的法律移植问题等因素对当代中国法律体系处理

① [法] 孟德斯鸠：《论法的精神》，上册，张雁深译，北京：商务印书馆 1961 年版，第 304 页。
② 参阅何兆武：《苇草集》，北京：三联书店 1999 年版，第 462 页。

外来资源与本土资源之间的关系带来了挑战。“任何新的法律制度都不可能是凭空产生出来的,而总是或多或少来自于已有的正式或非正式的制度。这样,本国或他国已有的正式制度或非正式制度就构成了法律发展过程中可以利用的制度资源。”①然而作为一个曾受国际规则体系欺压的后发国家来说,国际规则体系的发展和成熟无疑对身处全球化进程中的当代中国法律体系利用外来资源与本土资源问题上面临着紧张关系,往往会陷入不易察觉的悖论之中。一方面,对于“法律是什么”的追问成为当代中国法律体系构建的核心内容时,对本土资源的关注成为当代中国法律体系无法回避的规范建构的基础。可何谓“本土资源”? 一是中国的历史传统,即活生生的、流动着的、在亿万中国人的生活中实际影响他们的行为的观念以及在行为中体现出来的模式;二是在当代中国人的社会实践中已经形成或正在萌芽发展的各种非正式的制度,如各种本土的习惯、惯例,这是更重要的本土资源。除了因为法律是地方性知识之外,从本土资源中演化出对当代中国法律体系的重要性还在于,与外来的法律制度相比,从本土资源中产生的法律制度更容易获得人们的接受和认可,更易于贯彻实施;因而有利于减少国家强制力,减少社会的交易成本,建立比较稳定的社会预期。② 也正是从这个意义上,我们理解伯尔曼所说的“法律既是从整个社会结构和习惯自下而上发展而来,又是从社会的统治者们的政策和价值中自上而下移动。法律有助于以上两者的整合。”③但是另一方面当代中国法律体系的构建却不得不面对这样一个事实:“中国是一个无市场经济传统的国度,中国的法制史对今日中国建构市场经济法律体系无以提供有力的支持,这决定了当今的中国立法不是对传统与现实习惯法的总结与提炼,而是理性建构的‘制度化’过程。”④走在现代化前列的西方国家不仅创立了一整套现代法律制度,而且主导了现代社会国际规则体系的构建。“世界各国的法制现代化都必定包含的市场经济、民法、民法观念(自由、平等、权利神圣)三大要素,它们是由西方民族率先确立的,是西方人民奉献给整个人类的文明成果。所以,后起的现代化国家和民族都无法拒绝这一文明成果,法制现代化的主要内

① 黄文艺:《全球结构与法律发展》,北京:法律出版社 2006 年版,第 64 页。

② 参阅苏力:《法治及其本土资源》,北京:中国政法大学出版社 1996 年版,第 6—22 页。

③ [美] 伯尔曼:《法律与革命——西方法律传统的形成》,贺卫方等译,北京:中国大百科全书出版社 1993 年版,第 665 页。

④ 王涌:“社会法学与当代中国法的理念与实践”,载《中外法学》1996 年第 1 期。

容为移植西方法律也应势所必然。”[①]从而把本土资源作为当代中国法律体系要摒除或排除的对象。

一个不争的事实是，改革开放以来现代国家的成长以及法律体系的构建始终受到西方国家的影响，特别是西方国家的立法经验。在民商法领域，《民法通则》、《合同法》、《物权法》等法律，兼采普通法系和大陆法系国家的诸多基本制度，吸收国际通行的私法精神与立法原则，确认契约自由、意思自治与主体平等，保障公共财产和公民私人合法财产。在行政法领域，吸收了现代行政法治中通行的比例原则、信赖保护原则等原则。在刑事法领域，刑法和刑事诉讼法借鉴和吸收了国外罪刑法定和公开审判等现代刑事法治的基本原则和精神，关于刑事犯罪种类规定上也吸收了国外刑事立法经验。中国在知识产权保护和环境保护的立法方面，也吸收了不少国外的立法经验。[②] 这些立法经验和对法治秩序的追求在革命后从意识形态的角度被简单拒绝了，改革开放改变了革命的法制逻辑仅从社会制度差异和意识形态不同的立场简单对待西方立法经验和建立现代法治秩序对革命后中国社会意义的认识。当然，我们还必须认识，本土资源对于当代中国法律体系而言绝对不是可有可无的负资产，正如勒内·达维德所言：“为了使法律家喻户晓，常常需要习惯作为补充，因为立法者所用的概念要求借助习惯予以阐明。”[③]包括一个民族长期积淀下来不因革命而消失的本土资源决定着法律体系的历史素养和法律体系的实施水平，同时抑制在国际规则体系的压力下法律移植所易形成的一种“没有国家的立法观”扭曲当代中国法律体系的风险。

由此，“立法必须在原有的民德中寻找立足点。”[④]面对西方国家主导的国际规则体系的压力时，真正危险在于我们对外来资源的肤浅理解，由此形成对本土资源的肤浅把握。不能认真对待不因革命而割断的民族文化、不因社会制度不同而共同的社会生活和不能回避革命后不能的国家制度选择

① 郝铁川：“中国法制现代化与移植西方法律”，载《法学》1993年第9期。

② 参阅中华人民共和国国务院新闻办公室发布的《中国的法治建设》(2008年2月28日，北京)白皮书。李林详细梳理了22部法律在立法过程中吸收借鉴外国法经验的情况。参阅李林：“改革开放30年与中国立法发展(下)”，载《北京联合大学学报(人文社会科学版)》2009年第2期。

③ [法]勒内·达维德：《当代主要法律体系》，漆竹生译，上海：上海译文出版社1984年版，第487页。田成有以《村民委员会组织法》为例分析了本土资源在当代中国法律体系构建中的存在及其意义。参阅田成有：《乡土社会中的民间法》，北京：法律出版社2005年版，第185页。

④ [英]罗杰·科特威尔：《法律社会学导论》，潘大松等译，北京：华夏出版社1989年版，第22页。当然立法在原有的民德中寻找立足点不是一个简单回到过去的诉求，更多地是要求法律体系发展必须从历史——盛会——文化的深层因素中把握其方向。

对当代中国法律体系的约束,简单地借用自由主义的概念和命题,而没有真正把握自由主义包含的个人通过国家进行自我治理的精神实质对当代中国法律体系的过去历史资源体认、当下现状需求把握和未来发展方向回应都是危险的。① 用历史悲情主义和文化相对主义来对待本土资源在当代中国法律体系中的意义同样是危险的。自绝于国际规则体系之外,不但不能推进当代中国法律体系的成长以及为中国社会发展和国家建设提供和完善法律规范,反而会使当代中国法律体系陷入民粹主义或是后现代主义的泥淖之中而无法自拔。

20世纪的发展中国家历史可以说就是一部现代化的历史。然而,发展中国家的现代化过程是作为近代世界性的现代化过程一个组成部分而发生的。② 因此,它不是、至少不完全是这些社会自身的自然演化的结果,它不是、而且不可能是西方国家现代化过程在发展中国家的一个重演。纯粹的模仿不能解决它们的问题,因为制度和信仰必须扎根于本国的土地,否则便会枯萎。当代中国法律体系的发展应该取得各种文化的互补,其价值追求趋向于民族性与世界性的统一,应该允许民主、平等、公正、发展、稳定这些价值在现代国家法律体系在法律规范建构中各有侧重。由于全球性问题的增生与法律正义观已经前所未有地在现代国家法律体系中得到重视,当代中国法律体系的发展战略选择应更多地通过制度间的学习来体现其特殊性,在对人类制度文明的贡献中来延续其特殊性。人类社会各民族共同体从未像当今时代这样需要在一个充满矛盾的国际社会中谋求自身的发展。这不仅是针对发展中国家,同时也是针对发达国家而言的。只不过这一矛盾对于作为发展中国家且又是一个大国的当代中国社会主义法律体系的挑战更为严峻而已。

置于全球化这一背景,当代中国法律体系不仅需要打开心灵接受一切有益于中国人的规则体系,而且需要认真反思国际规则体系在法律体系法律规范选择中的位置。"每个社会的法律在实质上都面临同样的问题,但各种不同的法律制度以极不相同的方法解决这些问题,虽然最终的结果是相

① 参阅[美]小曼斯费尔德:"社会科学与美国宪法",汪庆华译,载《宪法与公民》,《思想与社会》第4辑,北京:上海人民出版社2004年版,第107—121页。

② 毛泽东在20世纪30年代就指出,自1840年鸦片战争以来的中国人民的革命是世界革命的一部分。参阅《毛泽东选集》,第2卷,北京:人民出版社1991年版,第666—672页。这个论断对于后发国家来说具有普遍性意义。

同的”。[①] 这提示我们既不能忽视特定立法制度的价值取向之间所业已存在的差异及其自身的内在联系，也不能无视不同法律体系基于人类共性的相通及其互补性。因此，合理的态度是，我们不应割断制度价值的历史联系，而是应该努力在人类文化的异同中寻求各种可能的联系。[②] 或许这就是摆在中国人面前的，需要解决而又始终没有解决好的历史性课题。然而它维系着党的执政基础和国家的合法性，关系着中华民族在 21 世纪的命运，这正如亨廷顿所说：“身处正在实现现代化之中的当今世界，谁能组织政治，谁就能掌握未来”。[③] 而要成功组织政治，必须有成熟的法律体系，从而最大限度获得社会共识和社会信任。但是我们必须记住，“任何时候，若能找出民众心目中怀有一种确定不移、颇堪褒扬的倾向，则此倾向或可经由立法善于保存与肯认，但却决然不可能经由立法凭空制造出来。凡并不存在此一倾向，却欲如何行事之处，一切或可建立一个详尽无遗的立法制度的企图，必当强化现实的不确定性，增加了处理此一问题的难度”。[④]

二、基于全球结构的当代中国法律体系发展的方向

“若对法律的社会深层原因浑然不顾，那么用立法的方式来进行的法律变革将缺乏敏锐力，并且也是毫无实际效用的。”[⑤]面对全球结构[⑥]的日益深化、社会力量的逐步成熟与社会主义制度的深入发展以及由此为当代中国法律体系的变革所带来的挑战，虽然我们不能扩大法律体系的发展与变革在解决或缓解中国社会发展和国家成长进程中所面临的挑战中的作用或意义，但是从人类文明发展的历程来看，法律体系的发展对于现代国家社会共

① [德] K·茨威格特等：《比较法总论》，潘汉典等译，贵阳：贵州人民出版社 1992 年版，第 56 页。

② 参阅张中秋：《比较视野中的法律文化》，北京：法律出版社 2003 年版，第 11 页。

③ [美] 塞缪尔·亨廷顿：《变化社会中的政治秩序》，王冠华等译，北京：三联书店 1989 年版，第 427 页。

④ [德] 萨维尼：《论立法与法学的当代使命》，许章润译，北京：中国法制出版社 2001 年版，第 36 页。

⑤ [英] 罗杰·科特威尔：《法律社会学导论》，潘大松等译，北京：华夏出版社 1989 年版，第 24 页。

⑥ “全球结构不仅使我们谈论世界法律发展的历史前提，更是我们理解世界法律发展的认知坐标。在近代世界的全球结构形成之前，如果有法律发展的话，也只有各个民族、各个地区的法律发展，而没有整体图景意义上的世界法律发展。但是，随着近代世界的全球结构的形成，各个民族、各个地区的法律发展被强制性或半强制性地纳入了世界法律发展的历史轨道和整体图景之中。”黄文艺：《全球结构与法律发展》，北京：法律出版社 2006 年版，第 1 页。

识的形成、维护和延续以及公共治理有效性与社会生活的稳定预期的维护依然至关重要。伴随中国社会发展进程中利益调整在深度和广度上的拓展,制度共识成为构建社会主义和谐社会进程中最稀缺的资源。没有制度共识,任何一项社会改革注定将充满冲突和动荡,当然制度共识的形成在全球结构深化、社会利益分化和社会正义追求中变得异常艰难,这是不争的事实。因此要在利益关系日益复杂的背景下,当代中国法律体系必须着眼于缓解和谐社会构建中社会成员之间的差异和冲突,通过法律体系的完善进而推进法治秩序的发展从而寻求制度共识成为当代中国立法制度变革的基本使命。因为“和谐社会本来就是承认利益结构的差异和冲突,只不过要运用民主与法治的制度力量调整这些差异、解决这些冲突,它和霸权下的安分守己、苛政中的循规蹈矩是不可同日而语的。”①法治秩序之所以获得现代文明体系的普遍接受和广泛实践也就是由于其对人类自身尊严的尊重和人类文明发展的理解。对于当代中国社会而言,法律体系的发展与变革更是包含着中国社会走出革命模式进而在全球结构中主动接受人类制度文明的价值关怀、深化社会主义制度属性的理解中积极承认个体正义、面对因赋予市场制度合法性之后所激发的社会力量成长为现代国家建设提供制度框架的努力。

“历史是至关重要的。它的重要性不仅仅在于我们可以向过去取经,而且还因为现在和未来是通过一个社会制度的连续性与过去连接起来的。”②从革命后中华人民共和国的建立到改革开放前的30年间,当代中国国家治理完全是非制度化和非程序化的,国家成长得不到法律制度的支持,社会生活和个体利益追求没有稳定的立法保障。在计划经济与社会主义制度本质属性联系起来的革命模式下,法律需要度是非常低下的,在这个时期当代中国法律体系的构建也是置身于全球结构之外并基本处于停滞状态。③ 改革开放以来,随着社会主义市场经济体制的建立和发展,社会自主性成为这种经济体制得以发展的基础条件,以及随之而来的现代产权制度的确立与发展,公共权力的制度化和程序化就成为当代中国立法制度发展的动力、目标

① 陈明明等:《权利、责任与国家》,上海:上海人民出版社2006年版,编前言,第3页。

② [美]道格拉斯·诺斯:《制度、制度变迁与经济绩效》,刘守英译,上海:上海三联书店1994年版,第1页。

③ 因为“在计划体制下,个人不是一个具有独立自主权利的主体,它的内在逻辑是一种工程设计的思想,既扩大了人的理性能力,又将行政性强制作为实现理想社会目标的唯一手段。因此,权利的道德基础是服从。”故而在革命模式中,无论是国家治理,还是社会生活对法律需要度必定是低水平的。参阅唐贤兴:《产权、国家与民主》,上海:复旦大学出版社2002年版,第287页。

与使命。提供社会生活的制度激励机制、政府行为的制度约束机制成为当代中国立法制度发展的基本诉求。在建设社会主义法治国家成为当代中国国家成长的制度选择和价值诉求之后，在中国特色社会主义法律体系形成之后，当代中国法律体系所面临的根本任务不是社会主义法律体系本身的改变，而是法律体系如何面对全球结构的深化而全面调整个体正义与社会正义的关系、完整厘清社会自治与国家治理的关系，从而全面开发法律的功能以为其共识维护能力的提升提供持续的动力，提升法律质量以为其实施效能的提升奠定基础，增强其在全球结构不断深化和社会力量日益成熟所伴生着的社会成员利益不断分化过程中的变革能力。最为基本的就是，如何面对在中国日益成熟的现代社会和社会主义制度本质诉求，在法治为精神的社会主义法律体系框架内，以现代国家成长为取向，完善和发展中国特色社会主义法律体系，进而持续为推进社会主义政治文明、社会建设和国家治理贡献制度框架和价值诉求。因此，有效满足全球交往不断深化图景下社会对法律的需求，提高立法质量和深化法治秩序依然是社会主义法律体系形成之后，当代中国法律体系发展所面临的关键问题。

从人类制度文明的发展历程来看，尽管身处民主社会中的法律体系所面临的挑战可能远比在专制社会中要大、要多，却没有哪一种制度能比在民主社会中立法制度那样更能真诚地面对挑战和危机。从 1978 年改革开放以来，当代中国社会致力于在改革开放和社会主义现代化进程中构建中国特色社会主义法律体系并实现国家治理的转型。中华人民共和国建立以来，特别是改革开放以来，法治成为国家治理和社会生活的基本诉求，社会成员日益分享着对于法律的认同，确信法治才是公共权力规范和个体权利保护的制度依托和价值选择，也是实现利益关系有效平衡和救济的最后屏障。法律体系的建构水平和完善能力成为当代中国社会实现社会成员和平共处的真实要求。这正反映了法律体系以及对现代法治秩序的形塑在中国的社会生活和国家建设中担当了越来越重要的职责。① 然而当代中国法律体系的发展正如中国社会的改革开放和社会主义现代化进程一样，是人类制度文明史上重大的探索。无论是当代中国法律体系内在的革新，还是法律体系形成之后的完善，无论是个体正义和个体权利的有效维护，还是社会正义和公共利益的切实延续，无论是以公共权力为中心的政府权力有效规

① 参阅许章润：《现代中国的国家理性》，北京：法律出版社 2011 年版，第 204 页。

范，还是以个体权利为中心的社会力量的全面尊重，置于全球结构大背景中的当代中国法律体系依然有艰难的路要走。恩格斯曾指出："一切社会变迁和政治变革的终极原因，不应当在人们的头脑中，在人们对于永恒的真理和正义的日益增进的认知中去寻找，而应当在生产方式和交换方式的变更中去寻找。"①当代中国法律体系要在社会发展依然不平衡、社会成员欲望被激发和基于法律信仰的社会共识需强化的社会主义中国寻求革新，应当立足于持续满足现代国家的制度要求，依据当代中国社会发展阶段、改革开放和社会主义现代化进程以及法律体系内在发展规律来具体提升立法质量和扎实推进法律实现：

一是当代中国法律体系的发展要与当代中国社会所处的社会发展阶段相适应。1993年宪法修正案提出当代中国社会正处于社会主义初级阶段，1999年宪法修正案则进一步明确当代中国社会正处于并将长期处于社会主义初级阶段，这就决定了当代中国社会主义法律体系形成之后进一步发展和变革所必须予以坚守的依据，不能与之脱离，否则就成了无源之水、无本之木。更重要的是，这一依据决定着当代中国法律体系变革的方向。1999年宪法修正案提出，长期处于社会主义初级阶段的当代中国社会，国家的根本任务是，沿着建设有中国特色社会主义的道路，集中力量进行社会主义现代化建设。那么这就意味着只要中国社会处于社会主义初级阶段，当代中国法律体系的发展必须始终围绕这一国家任务的实现而展开，要为这一国家任务的实现提供有效的规范保障。具体地说，只要中国社会处于社会主义初级阶段，当代中国法律体系必须及时地为解放和发展当代中国社会的生产力提供合法性，为当代中国社会成员参与国家任务实现的积极性所赖以存续的个体权利和契约自由提供制度保障，这就需要通过民商法法律部门的不断完善来体现当代中国立法制度的变革努力。这就表明当代中国立法制度的变革再也不能回到改革开放之前的状态当中去了。再者，只要中国社会走的是社会主义道路，当代中国法律体系在为个体权利和个体正义提供正当性的同时始终不能放弃或忽视对公共利益和社会正义在法治秩序形塑中的意义。当代中国必须深化社会正义在法律体系中的存在方式和表现能力。这就需要通过社会性立法的加强来体现当代中国法律体系对多元化的利益关系背景下社会共识的形成和利益调整持续推进中社会矛

① 《马克思恩格斯选集》，第3卷，北京：人民出版社1972年版，第307页。

盾的缓解提供规范依据，逐步完善劳动就业、劳动保护、社会保险、社会救助、社会福利、收入分配、教育、医疗、住房以及社会组织等法律制度，体现当代中国法律体系对社会主义制度属性和社会主义发展道路的恪守。当代中国完善法律体系的过程中，既不能把个体权利或个体正义绝对化进而放弃社会正义或公共利益的正当性，背离当代中国社会坚持社会主义发展道路和社会主义制度的法律定位，同时又不能把社会正义或公共利益绝对化进而放弃个体正义或个体权利的合法性，背离当代中国社会实现社会主义初级阶段的国家任务之法律诉求。

二是当代中国法律体系的发展要与全面改革开放和当代中国全面推进依法治国的进程相适应。归根结底，全球结构对当代中国法律体系的意义是与当代中国社会的改革开放进程联系在一起的。全面改革开放必须充分尊重社会成员创造力和积极性，当代中国法律体系的变革不能否定改革开放进程所激发出来的活力，同时必须持续赋予这种活力的有效激励机制以及由这种活力所支持的社会力量成长的制度空间，在提升制定法回应社会发展需要的过程中承认民间法的力量并为这种力量的表现提供空间，从而使国家法与民间法之间展开有效互动。对于一个有着悠久历史传统积淀、发展不平衡的社会结构并处于全面改革开放进程中社会力量自主性不断成长的现代国家来说，当代中国法律体系的变革要吸纳来自民间法的力量以及时弥补制定法的不足、缺陷，并通过制定法与民间法的互动以生动、直接、具体表明社会力量在当代中国立法制度变革中的意义。因而，在立法中，我们需要反思一种倾向，即“我们更热衷于从现代西方国家移植借鉴成熟的经验，而从社会习惯及其他规范中产生或认可的可能性已经微乎其微。”①对于当代中国法律体系的变革而言就是要在推进和完善制定法在社会生活中的意义的同时，要注意吸收民间法的智慧以保持法律体系的历史联系和文化支持。尊重并寻求民间法对于制定法的意义，不仅是体现当代中国法律体系的变革对民族生活和文化精神的尊重，而且也是体现当代中国法律体系的变革吸纳社会力量造法的努力。这一点在地方立法体现地方特色且不与中央立法相抵触中具有特别显见的价值。② 同时当代中国法律体系的变革要与当代中国全面推进依法治国相适应，积极地在全球结构中平衡本土

① 参阅谢晖等：《民间法》，济南：山东人民出版社 2002 年版，第 107 页。
② 参阅田成有：《乡土社会中的民间法》，北京：法律出版社 2005 年版，第 184—185 页。

资源与法律移植之间的关系。无视本土资源的结果就是当代中国法律体系贡献了规则体系,却没有力量催生秩序机制,可能出现法律越来越多而秩序却越来越少的窘境。[①] 显然,这对与现代化进程所激发出来的社会多元利益的有序维护和社会共识的形成机制的内在品质是不符合的。无视法律移植的结果就是当代中国法律体系在脱离人类制度文明发展趋势的同时提高了现代法律体系在当代中国社会形成和维护的成本。开放就意味着当代中国法律体系的变革不能置身于全球结构之外,摆脱悲情主义的最好办法不是拒绝全球结构中的国际规则体系对于当代中国法律体系发展的意义,而是实现法律移植所承诺的国家的独立和富强、民族的复兴与强大。"西方的法律之所以被称作为普适的知识而移植不仅在于它适合作为这种对社会秩序进行合理性解释,适合作为一种'求真意志'所导致的'真理体制',而且在于它对现实生活所作出的美好的承诺。"[②]

三是当代中国法律体系的变革要与法律体系自身发展的内在规律相适应。当代中国法律体系形成和变革的过程,既是当代中国社会经济文化不断发展变化的反映,也是法律体系自身发展规律和立法制度内在体制安排的体现。中国特色社会主义法律体系经历了一个从无到有、从初步形成到基本形成再到形成,然后经过趋于更加成熟的过程,有其自身发展规律。其中最为重要的就是:其一,立法专业化水平提升问题,即通过立法的专业化水平的提升以实现立法的科学化;社会分工的深化和利益关系的复杂必然要求当代中国立法制度关注立法专业化水平的提升问题。在民主社会中,立法专业化应当包括两个方面的含义:首先是指立法作为现代国家最重要的一项活动,应由专门机构的专业人士完成,同时立法者个人的职业地位应有制度上的保证;其次立法者在从事立法活动时应有高度的职业精神或敬业精神,应遵循一定的职业伦理和职业道德,并且使职业精神建立在立法必备的文化水平和法律等方面的专业知识基础上。[③] 代表的职业素质和法律

---

① 因此当代中国法律体系的变革要揭示出在强烈的国家的、现代的和理性的取向下被革命的法制逻辑运用国家权力所抛弃的、被现代法律体系运用理性所忽视的一些东西,并在此基础上重新看待制定法与民间法在法律体系发展中的意义。参阅梁治平:"乡土社会中的法律与秩序",载王铭铭等:《乡土社会的秩序、公正与权威》,北京:中国政法大学出版社 1997 年版,第 467 页。

② 强世功:《法制与治理——国家转型中的法律》,北京:中国政法大学出版社 2003 年版,第 317 页。

③ 参阅周旺生等:"中国立法职业化问题研究",载王晓民等:《议会制度及立法理论与实践纵横》,北京:华夏出版社 2002 年版,第 103 页。

修养就成为当代中国法律体系变革能力的约束性条件。同时建立健全专家咨询论证制度,充分发挥专家学者在立法过程中的作用,并要及时反馈立法意见的采纳情况。加强法律委员会、法制工作委员会以及政府法制机构等立法工作专门机构的建设,积极探索立法成本效益分析、社会风险评估、实施情况后评估工作,不断提高立法的科学性、合理性,增强法律法规的可操作性,提升法律体系形成之后立法质量评估和法律实现水平保障在当代中国法律体系变革中的意义。

其二,立法民主化水平提升问题,即通过立法的民主化水平的提升以彰显立法的社会可接受性。立法民主化水平是现代国家合法性基础的必然要求,也是现代国家法律制度体现民意和维护共识的基础,也是现代国家法律规范得以有效实施的保障。不断提升人大代表的法律素养和立法能力,完善法律审议制度和表决机制。同时,当代中国法律体系要提供和保障社会成员参与立法的权利得以有效实现的规范。无论从现代国家立法权的属性分析,还是从当代中国社会发展的趋势来看,我们必须认识到,"当一个社会中各种成分缺乏有组织的集团,或无法通过现存的有组织的集团充分表达自己的利益时,一个偶然的事件或一个领袖的出现都可能触发人们蓄积着的不满,并会以难以预料和难以控制的方式突然爆发。"①所以在立法过程中建立均衡的利益表达机制对于利益不断分化和民主化进程日益推进的现代国家来说不仅显示着制度对社会成员表达和维护自身权利的尊重,而且表明了制度共识的维护与个体权利保障的关系。也就说,没有法律共识,社会生活是无序的。然而现代国家的法律共识必然要求立法制度把建立和完善以参与表达权为中心的利益表达机制作为内在体制安排来加以完善。民主是社会主义制度的生命,立法民主化水平是当代中国立法制度发展和变革的基本依据和重要表现。当中国特色社会主义法律体系形成之后,法律的制定与法律的实施同样重要的条件下,立法民主化水平会变得越来越重要。这就如美国学者科恩在其名著《论民主》中所言:"法律可能是不好的(我还可以反对),但我所参与的确定法律的过程使我有义务承认它们的合法性并服从它们……那种义务来自这一事实:我是构成社会的成员之一,社会的法律就是我的法律,制定法律时我出过力。如果法律是公正的,我可

① [美]阿尔蒙德等:《比较政治学:体系、过程和政策》,曹沛霖等译,上海:上海译文出版社1987年版,第200页。

以引以为荣;如果法律是不公正的,我继续有义务为其改善而努力。"①实际上,立法的科学化与民主化是紧密不可分的两个方面:一个民主的立法体制是实现立法科学性的前提,而立法的科学性是民主的立法体制最终追求的目标。②

其三,法律体系内在的和谐是当代中国法律体系变革的内在动力。为此,当代中国法律体系在发展过程中必须加强法律法规的清理,法律修改、法律废除与法律制定同样重要。若该修改的法律不修改、该废除的法律不废除,与该制定的法律不及时制定,都会削弱法律在社会成员心中的信仰和遵守诚意,进而提高法律实施的成本。法律修改和法律废除与法律制定一样程序公开,清理结果和废除理由要向社会公布。完善法律解释机制的途径和机制,法律经常修改无疑会在削弱其稳定性的同时不易培植法律权威,故法律解释机制的完善是当代中国立法制度革新的重要内容。"法律解释的任务就在于:清除可能的规范矛盾,回答规范竞合及不同之规范竞合的问题,更一般的,它要决定每项规定的效力范围,如有必要,并须划定其彼此间的界限。"③改变过去重制定、轻解释的做法,规范司法解释和行政解释,完善立法解释。责任明晰、监督有效、程序明确的备案审查机制是当代中国立法制度维护法律体系内在和谐的重要途径。立法部门利益或地方保护主义是立法寻租的基本表现,立法寻租从源头上污染了现代国家法律体系的正当性基础,侵蚀社会成员对法律信仰和法律共识的形成,也是立法制度失去社会认同的根本原因。模糊的法律语言是立法寻租的护身符。在不能否定部门立法和地方立法的正当性的前提下,当代中国法律体系必须建立立法寻租的有效抑制机制。《立法法》关于立法权的规定,只有立法权的分配,却对立法权的制约机制过于弹性化规定,这一情况在当代中国立法制度变革中必须得到改变。善治和发展所需的社会转型要求立法者能够在法律不断完善的过程中,尽可能具体地撰写规范立法行为的规则。④"立法机关的职权属性决定其以成本最小的方式制定优良法律为天职,因而立法机关及其工作人员的权力乃是行使立法职权的权力,其义务就是必须以最小成本或最低耗

① [美]科恩:《论民主》,聂崇信等译,北京:商务印书馆1988年版,第233页。
② 参阅周汉华:"变法模式与中国立法法",载《中国社会科学》2000年第1期。
③ [德]卡尔·拉伦茨:《法学方法论》,陈爱娥译,北京:商务印书馆2003年版,第193页。
④ 参阅[美]罗伯特·赛德曼:《立法学:理论与实践》,刘国福等译,北京:中国经济出版社2008年版,第333页。

费制定优良法律，在行使立法权时如果没有制定良法或制定法律时耗费太多、成本太大则必须承担诸如经济、行政、刑事和违宪等法律责任。”①

我们对当代中国法律体系发展所涉及的约束性条件必须要有清醒的认识。因此，判断一个制度，尤其是现代法律体系之优劣，不是看它在当下是否完美，以及对于短期内解决问题是否有效。真正重要的标准是，现代法律体系是否具有自身能力，是否能够从内部生长出新的规则、制度，及时、恰当而有效地应对随时出现的各种问题。良好的法律体系是一种可扩展的制度，劣质的法律体系则十分僵化。为此，理智的立法者必须具有强烈的时间意见和明确的空间概念，进而从动态的角度来思考法律体系发展的方向以及体现这种方向的规范选择和价值定位。② 超大国家社会成员数量与资源有限性之间的紧张关系，社会成员期待与法律制度滞后性之间的紧张关系，全球结构的发展、制度路径的依赖和立法能力之间的紧张关系始终制约着当代中国法律体系进程，也制约着法律体系形成之后其发展的整个过程。因此制度建设和完善一定要慎重，但绝不能秉持驼鸟心态去对待当代中国法律体系的未来。庞德说：“法律必须确定，但又不能静止不变。因此，所有的法律思想都力图协调稳定性与变化必要性这两种彼此冲突的要求。一般安全中的社会利益促使人们去探寻某种据以规制人之行动的确定性基础，进而使一种坚实而稳定的社会秩序得到保障。但是，社会生活情势的不断变化却要求法律根据其他社会利益的压力和种种危及安全的新形式不断作出新的调整，因此，法律秩序就必须既稳定又灵活。”③明确当代中国法律体系发展的依据，为当代中国法律体系寻求变革提供切实可行的方向，在稳定与变革之间丰富当代中国法律体系发展的规范选择空间、恪守法治秩序的正当性以及制度实现的基本要求，注重法律部门间整体关系的完善，最终为在中国迈向体面社会提供制度基础和价值支持。④

---

① 刘爱龙：《立法的伦理分析》，北京：法律出版社 2008 年版，第 252 页。

② 参阅姚中秋：《现代中国的立国之道》，北京：法律出版社 2010 年版，第 229—230 页。

③ [美] 罗科斯 · 庞德：《法律史解释》，邓正来译，北京：中国法制出版社 2002 年版，第 2 页。

④ “体面社会”作为一个学术概念来自罗尔斯的《万民法》，作为《正义论》的姐妹篇，《万民法》一书对现代自由国家、现代体面国家进而传统法外国家的分析具有启发意义。体面社会应该具有以下特征：一是体面社会必须尊重社会成员的基本权利，不存在法定的社会等级和不平等，且为可能固化的等级关系提供制度改变的预期；二是在体面社会中，公民以及社会组织应该享有形式的民主权利和实质的对政府的监督权利；三是体面社会必须满足体面的物质生活所需要的社会福利权利。总之，体面社会必须让以公民观念为建构起点的现代国家在法律体系的构建和发展中实现最低限度的有效民主和基本福利。参阅汪行福：《现代社会秩序中的道义逻辑》，上海：复旦大学出版社 2013 年版，第 91—93 页。

参考文献

除了马克思主义理论经典文献之外，下列学术文献对本书的研究产生了重要的学术影响(原则上按引用顺序排列)：

一、学术著作

1. [美] 巴林顿·摩尔：《民主与专制的社会起源》，拓夫等译，北京：华夏出版社 1987 年版。
2. [美] 邓恩：《姊妹革命：美国革命与法国革命启示录》，杨小刚译，上海：上海文艺出版社 2003 年版。
3. [美] 阿伦特：《论革命》，陈周旺译，南京：译林出版社 2007 年版。
4. 陈建华：《"革命"的现代性：中国革命话语考论》，上海：上海古籍出版社 2000 年版。
5. 金观涛等：《观念史研究：中国现代重要政治术语的形成》，北京：法律出版社 2009 年版。
6. 林尚立：《中国共产党与国家建设》，天津：天津人民出版社 2009 年版。
7. 金观涛：《探索现代社会的起源》，北京：社会科学文献出版社 2010 年版。
8. 赵汀阳：《坏世界研究：作为第一哲学的政治哲学》，北京：中国人民大学出版社 2009 年版。
9. 林尚立等：《政治建设与国家成长》，北京：中国大百科全书出版社 2008 年版。
10. 苏力：《道路通向城市：转型中国的法治》，北京：法律出版社 2004 年版。
11. 梁治平：《在边缘处思考》，北京：法律出版社 2003 年版。
12. 金观涛等：《兴盛与危机：论中国社会超稳定结构》，北京：法律出版社 2011 年版。

13. [法] 孟德斯鸠:《论法的精神》,上册,张雁深译,北京:商务印书馆1961年版。
14. 夏勇:《中国民权哲学》,北京:三联书店2004年版。
15. 潘伟杰:《当代中国立法制度研究》,上海:上海人民出版社2012年版。
16. 季卫东:《法治构图》,北京:法律出版社2012年版。
17. [德] 黑格尔:《历史哲学》,王照时译,上海:上海书店出版社1999年版。
18. 林尚立等:《制度创新与国家成长:中国的探索》,天津:天津人民出版社2005年版。
19. 熊培云:《理想国》,北京:新星出版社2012年版。
20. [英] 伯克:《法国革命论》,何兆武译,北京:商务印书馆1998年版。
21. [法] 伏尔泰:《哲学通信》,高达观等译,上海:上海人民出版社1961年版。
22. 钱乘旦等:《在传统与变革之间——英国文化模式溯源》,杭州:浙江人民出版社1991年版。
23. [苏] 费多罗夫:《外国国家和法律制度史》,叶长良等译,北京:中国人民大学1985年版。
24. [英] 卡内冈:《英国普通法的诞生》,李红海译,北京:中国政法大学出版社2003年版。
25. [英] 詹宁斯:《法与宪法》,龚祥瑞等译,北京:三联书店1997年版。
26. [以] 艾森斯塔特:《大革命与现代文明》,刘圣中译,上海:上海世纪出版集团2012年版。
27. [英] 维尔:《美国政治》,王合等译,北京:商务印书馆1981年版。
28. [法] 托克维尔:《论美国的民主》,上卷,董果良译,北京:商务印书馆1988年版。
29. [美] 亨廷顿:《变化社会中的政治秩序》,王冠华等译,北京:三联书店1989年版。
30. [美] 路易斯·亨金等:《宪政与权利——美国宪法的域外影响》,郑戈等译,北京:三联书店1996年版。
31. [美] 弗里德里希·沃特金斯:《西方政治传统》,黄辉等译,长春:吉林人民出版社2001年版。
32. [美] 比尔德:《美国政府与政治》,朱曾汶译,北京:商务印书馆1987

年版。
33. [德] 茨威格特等:《比较法总论》,潘汉典等译,北京: 法律出版社 2003 年版。
34. [美] 汉密尔顿等:《联邦党人文集》,程逢如等译,北京: 商务印书馆 1980 年版。
35. 贺卫方等:《宪政主义与现代国家》,北京: 三联书店 2003 年版。
36. 李昌道:《美国宪法纵横论》,上海: 复旦大学出版社 1994 年版。
37. 熊培云:《理想国》,北京: 新星出版社 2012 年版。
38. 马勇:《超越革命与改良》,上海: 上海三联书店 2001 年版。
39. 唐德刚:《晚清七十年》,长沙: 岳麓书社 1999 年版。
40. [美] 戴维 · 瓦尔德纳:《国家建构与后发展》,刘娟凤等译,长春: 吉林出版集团有限责任公司 2011 年版。
41. 高全喜:《从日常政治到非常政治: 论现时代的政法及其他》,北京: 中国法制出版社 2009 年版。
42. [日] 佐藤功:《比较政治制度》,许介麟译,台北: 正中书局 1985 年版。
43. 沈汉:《西方国家形态史》,兰州: 甘肃人民出版社 1993 年版。
44. 赵宝云:《西方五国宪法通论》,北京: 中国人民公安大学出版社 1994 年版。
45. [法] 托克维尔:《旧制度与大革命》,冯棠译,北京: 商务印书馆 1992 年版。
46. 陈乐民等:《欧洲文明的进程》,北京: 三联书店 2003 年版。
47. [法] 托克维尔:《论美国的民主》,上卷,董果良译,北京: 商务印书馆 1988 年版。
48. 张维迎:《信息、信任与法律》,北京: 三联书店 2003 年版。
49. [英] 莱奥尼:《自由与法律》,秋风译,长春: 吉林人民出版社 2004 年版。
50. [美] 波斯纳:《道德和法律理论的疑问》,苏力译,北京: 中国政法大学出版社 2003 年版。
51. [美] 科佩尔 · S · 平森:《德国近现代史》,上册,范德一译,北京: 商务印书馆 1987 年版。
52. [英] 哈耶克:《法律、立法与自由》,第一卷,邓正来等译,北京: 中国大百科全书出版社 2000 年版。

53. [英] 密尔松:《普通法的历史基础》,李显东等译,北京: 中国大百科全书出版社 1999 年版。
54. [美] 伯尔曼:《法律与革命——西方法律传统的形成》,贺卫方等译,北京: 中国大百科全书出版社 1993 年版。
55. [美] 汉密尔顿等:《联邦党人文集》,程逢如等译,北京: 商务印书馆 1989 年版。
56. [美] 艾伦 · 沃森:《民法法系的演变与形成》,李静冰等译,北京: 中国法制出版社 2005 年版。
57. 陈乐民:《欧洲文明的进程》,北京: 三联书店 2003 年版。
58. [奥] 凯尔森:《法与国家的一般理论》,沈宗灵译,北京: 中国大百科全书出版社 1996 年版。
59. [美] 约翰 · 梅利曼:《大陆法系》,顾培东等译,北京: 法律出版社 2004 年版。
60. 哈耶克:《自由秩序原理》,上卷,邓正来译,北京: 三联书店 1997 年版。
61. 李强:《自由主义》,北京: 中国社会科学出版社 1998 年版。
62. 赵汀阳:《坏世界研究: 作为第一哲学的政治哲学》,北京: 中国人民大学出版社 2009 年版。
63. 《张謇全集》,第 1 卷,南京: 江苏古籍出版社 1994 年版。
64. 王奇生:《革命与反革命: 社会文化视野下的民国政治》,北京: 社会科学文献出版社 2010 年版。
65. 黄仁宇:《万历十五年》,北京: 中华书局 1982 年版。
66. [英] 波兰尼:《大转型: 我们时代的政治与经济起源》,冯钢等译,杭州: 浙江人民出版社 2007 年版。
67. 李泽厚:《中国近代思想史》,北京: 人民出版社 1979 年版。
68. 赵旭东:《法律与文化》,北京: 北京大学出版社 2011 年版。
69. 《清末筹备立宪档案史料》,上册,北京: 中华书局 1979 年版。
70. 侯建新:《社会转型时期的西欧与中国》,济南: 济南出版社 2001 年版。
71. 黄宗智:《经验与理论: 中国社会、经济与法律的实践历史研究》,北京: 中国人民大学出版社 2007 年版。
72. [美] 布莱克等:《比较现代化》,杨豫等译,上海: 上海译文出版社 1996 年版。
73. [美] 博登海默:《法理学: 法哲学与法律方法》,邓正来译,北京: 中国政法大学出版社 1999 年版。
74. 李强：《自由主义》，北京：中国社会科学出版社 1998 年版。
75. 曹沛霖等：《比较政府体制》，上海：复旦大学出版社 1993 年版。
76. 陆镜生：《美国人权政治》，北京：当代世界出版社 1997 年版。
77. 林尚立：《当代中国政治形态研究》，天津：天津人民出版社 2000 年版。
78. 张中秋：《比较视野中的法律文化》，北京：法律出版社 2003 年版。
79. 刘世军：《近代中国政治文明转型研究》，上海：复旦大学出版社 2000 年版。
80. 刘述先：《儒家思想与现代化》，北京：中国广播出版社 1992 年版。
81. [美] 金勇义：《中国与西方的法律观念》，陈国平等译，沈阳：辽宁人民出版社 1989 年版。
82. 陈顾远：《中国法制史》，台北：台湾三民书局 1997 年版。
83. 杨鸿烈：《中国法律发达史》，上册，上海：上海商务印书馆 1930 年版。
84.《清末筹备立宪档案史料》，下册，北京：中华书局 1979 年版。
85. 董皞：《论法律冲突》，北京：商务印书馆 2013 年版。
86. 刘星：《语境中的法学与法律——民主的一个叙事立场》，北京：法律出版社 2001 年版。
87. 宋惠昌：《当代意识形态研究》，北京：中共中央党校出版社 1993 年版。
88. 陈独秀：《独秀文存》，合肥：安徽人民出版社 1987 年版。
89. 张中秋：《中西法律文化比较研究》，南京：南京大学出版社 1999 年版。
90. [美] 丹尼尔・贝尔：《资本主义文化矛盾》，赵一凡等译，北京：三联书店 1989 年版。
91. [德] 萨维尼：《论立法与法学的当代使命》，许章润译，北京：中国法制出版社 2001 年版。
92. 韦森：《文化与制序》，上海：上海人民出版社 2003 年版。
93. 何兆武：《苇草集》，北京：三联书店 1999 年版。
94. 陈周旺：《正义之善——论乌托邦的政治意义》，天津：天津人民出版社 2003 年版。
95. 季卫东：《宪政新论》，北京：北京大学出版社 2002 年版。
96. 李步云：《走向法治》，长沙：湖南人民出版社 1998 年。
97. 郭道晖：《法的时代呼唤》，北京：中国法制出版社 1998 年版。
98. [美] 布莱克：《法律的运作行为》，唐越等译，北京：中国政法大学出版社 1994 年版。

99. [古希腊] 亚里士多德:《政治学》,吴寿彭译,北京: 商务印书馆 1965 年版。
100. [德] 卡西勒:《启蒙哲学》,顾伟铭等译,济南: 山东人民出版社 1988 年版。
101. [英] 哈灵顿:《大洋国》,何新译,北京: 商务印书馆 1963 年版。
102. [英] 洛克:《政府论》,下篇,叶启芳等译,北京: 商务印书馆 1964 年版。
103.《潘恩选集》,马清槐等译,北京: 商务印书馆 1981 年版。
104. 任强:《法度与理念》,北京: 法律出版社 2006 年版。
105. [以] 艾森斯塔德:《现代化: 抗拒与变迁》,张旅平等译,北京: 中国人民大学出版社 1988 年版。
106. 梁漱溟:《中国文化要义》,香港: 香港三联书店有限公司 1987 年版。
107. 沈志华:《处在十字路口的选择: 1956—1957 年的中国》,广州: 广东人民出版社 2013 年版。
108.《董必武政治法律文集》,北京: 法律出版社 1986 年版。
109. 高全喜等:《现代中国的法治之路》,北京: 社会科学文献出版社 2012 年版。
110. 许崇德:《中华人民共和国宪法史》,上卷,福州: 福建人民出版社 2003 年版。
111. 刘小枫:《现代性理论绪论》,上海: 上海三联书店 1998 年版。
112. 林尚立:《建构民主——中国的理论、战略与议程》,上海: 复旦大学出版社 2012 年版。
113. 姚中秋:《现代中国的立国之道》,北京: 法律出版社 2010 年版。
114. 朱景文等:《中国法律发展报告(2010)》,上册,北京: 中国人民大学出版社 2011 年版。
115. 杨奎松:《中华人民共和国建国史研究》,第 1 册,南昌: 江西人民出版社 2009 年版。
116. 强世功:《惩罚与法治: 当代法治的兴起(1976—1981)》,北京: 法律出版社 2009 年版。
117. 季卫东:《法律程序的意义》,北京: 中国法制出版社 2004 年版。
118. 熊培云:《重新发现社会》,北京: 新星出版社 2010 年版。
119. 罗豪才等:《现代行政法制的发展趋势》,北京: 法律出版社 2004

年版。
120. 沈宗灵:《现代西方法理学》,北京:北京大学出版社 1992 年版。
121. [德] 拉德布鲁赫:《法学导论》,米健等译,北京:中国大百科全书出版社 1997 年版。
122. 周振想等:《新中国法制建设 40 年要览(1949—1988)》,北京:群众出版社 1990 年版。
123. [美] 德沃金:《认真对待权利》,信春鹰等译,北京:中国大百科全书出版社 1998 年版。
124. 高华:《革命年代》,广州:广东人民出版社 2010 年版。
125. 萧功秦:《中国的大转型》,北京:新星出版社 2008 年版。
126. 全国人大常务委员会办公厅研究室编:《人民代表大会制度建设四十年》,北京:中国民主法制出版社 1991 年版。
127. 金春明:《"文化大革命"史稿》,成都:四川人民出版社 1995 年版。
128. [英] 约翰·密尔:《论自由》,程崇华译,北京:商务印书馆 1959 年版。
129. 强世功:《法制与治理——国家转型中的法律》,北京:中国政法大学出版社 2003 年版。
130. [美] 利普塞特:《政治人——政治的社会基础》,刘刚敏等译,北京:商务印书馆 1993 年版。
131. [日] 大沼保昭:《人权、国家与文明:从普遍主义的人权观到文明相容的人权观》,北京:三联书店 2003 年版。
132. [美] 阿尔蒙德:《比较政治学》,曹沛霖等译,上海:上海人民出版社 1987 年版。
133. 张友渔:《宪法论文集》,上册,北京:群众出版社 1982 年版。
134. 秦晖:《共同的底线》,南京"江苏文艺出版社 2013 年版。
135. 信春鹰:《中国的法律制度及其改革》,北京:法律出版社 1999 年版。
136. [日] 川岛武宜:《现代化与法》,王志安等译,北京:中国政法大学出版社 1994 年版。
137. 公丕祥:《中国法制现代化的进程》,上卷,北京:中国人民公安大学出版社 1991 年版。
138. 谢晖:《价值重建与规范选择——中国法制现代化沉思》,济南:山东人民出版社 1998 年版。
139. 潘伟杰:《法治与现代国家的成长》,北京:法律出版社 2009 年版。

140. 孙哲:《全国人大制度研究》,北京:法律出版社2004年版。
141. [奥]欧根·埃利希:《法社会学原理》,舒国滢译,北京:中国大百科全书出版社2009年版。
142. 吴大英等:《中国社会主义立法问题》,北京:群众出版社1984年版。
143. 萧公权:《宪政与民主》,北京:清华大学出版社2006年版。
144. 李林:《走向宪政的立法》,北京:法律出版社2003年版。
145. 梁慧星:《民法总论》,北京:法律出版社1996年版。
146. 雷颐在:《逃向苍天——极端年代里小人物的命运沉浮》,杭州:浙江人民出版社2013年版。
147. 季卫东:《法治秩序的建构》,北京:中国政法大学出版社1999年版。
148. 董炯:《国家、公民与行政法》,北京:北京大学出版社2001年版。
149. 宋冰等:《程序、正义与现代化》,北京:中国政法大学出版社1998年版。
150. 彭真:《论新时期的社会主义民主与法制建设》,北京:中央文献出版社1989年版。
151. 张建伟:《转型、变法与比较法律经济学——本土化语境中法律经济学理论思维空间的拓展》,北京:北京大学出版社2004年版。
152. 周林彬:《法律经济学论纲》,北京:北京大学出版社1998年版。
153. 封丽霞:《中央与地方立法关系法治化研究》,北京:北京大学出版社2008年版。
154. [印]阿玛蒂亚·森:《以自由看待发展》,于真等译,北京:中国人民大学出版社2002年版。
155. [印]阿玛蒂亚·森:《贫困与饥荒——论权力与剥夺》,王宇等译,北京:商务印书馆2001年版。
156. 张君劢:《政制与法制》,北京:清华大学出版社2008年版。
157. 林毅夫等:《中国的奇迹:发展战略与经济改革》,上海:上海人民出版社、上海三联书店1994年版。
158. [英]罗纳德·科斯:《变革中国:市场经济的中国之路》,徐尧等译,北京:中信出版社2013年版。
159. 江国华:《宪法哲学导论》,北京:商务印书馆2007年版。
160. [美]庞德:《法律史解释》,邓正来译,北京:中国法制出版社2002年版。

161. 金耀基:《中国的现代转向》,香港:牛津大学出版社 2004 年版。
162. 高全喜:《我的轭——在政治与法律之间》,北京:中国法制出版社 2007 年版。
163. 王绍光:《祛魅与超越》,北京:中信出版社 2010 年版。
164. 邹谠:《中国革命再阐释》,香港:牛津大学出版社 2002 年版。
165. [英] 梅因:《古代法》,沈景一译,北京:商务印书馆 1959 年版。
166. [法] 卢梭:《社会契约论》,何兆武译,北京:商务印书馆 1980 年版。
167. 孙立平:《守卫底线——转型社会生活的基础秩序》,北京:社会科学文献出版社 2007 年版。
168. 高全喜:《现代政制五论》,北京:法律出版社 2008 年版。
169. 刘建军等:《创新与修复:政治发展的中国逻辑》,北京:中国大百科全书出版社 2011 年版。
170. 汪丁丁:《串接的叙事:自由、秩序、知识》,北京:三联书店 2009 年版。
171. 强世功:《立法者的法理学》,北京:三联书店 2007 年版。
172. 陈端洪:《宪治与主权》,北京:法律出版社 2007 年版。
173. 王绍光:《美国进步时代的启示》,北京:中国财政经济出版社 2002 年版。
174. 韦森:《大转型》,北京:中信出版社 2012 年版。
175. 丁学良:《辩论"中国模式"》,北京:社会科学文献出版社 2011 年版。
176. [美] 凯斯·孙斯坦:《设计民主:论宪法的作用》,金朝武等译,北京:法律出版社 2006 年版。
177. 陈瑞华:《看得见的正义》,北京:北京大学出版社 2013 年版。
178. 刘守刚:《国家成长的财政基础》,天津:天津人民出版社 2009 年版。
179. 马骏等:《走向"预算国家":治理、民主和改革》,北京:中央编译出版社 2011 年版。
180. 韩大元等:《公法的制度变迁》,北京:北京大学出版社 2009 年版。
181. 苏长和:《全球公共问题与国际合作:一种制度的分析》,上海:上海人民出版社 2000 年版。
182. [美] 诺内特、塞尔兹尼克:《转变中的法律与社会》,张志铭译,北京:中国政法大学出版社 1994 年版。
183. [美] H·J·摩根索:《国际纵横策论》,时殷弘等译,上海:上海译文出版社 1995 年版。

184. 邓正来:《谁之全球化? 何种法哲学? ——开放性全球化观与中国法律哲学建构论纲》,北京: 商务印书馆 2009 年版。
185. 赵鼎新:《民主的限制》,北京: 中信出版社 2012 年版。
186. 马立诚:《当代中国八种思潮》,北京: 社会科学文献出版社 2012 年版。
187. [美] 安东尼 · 奥罗姆:《政治社会学导论》,张华青等译,上海: 上海人民出版社 2006 年版。
188. 于建嵘:《抗争性政治: 中国政治社会学基本问题》,北京: 人民出版社 2010 年版。
189. [美] 罗尔斯:《正义论》,何怀宏等译,北京: 中国社会科学出版社 1988 年版。
190. 侯健:《表达自由的法理》,上海: 上海三联书店 2007 年版。
191. 杨寅:《中国行政程序法治化——法理学与法文化的分析》,北京: 中国政法大学出版社 2001 年版。
192. [古希腊] 亚里士多德:《尼各马科伦理学》,苗力田译,北京: 中国人民大学出版社 2003 年版。
193. 周旺生:《立法论》,北京: 北京大学出版社 1994 年版。
194. 汪全胜:《制度设计与立法公正》,济南: 山东人民出版社 2005 年版。
195. 李林:《立法理论与制度》,北京: 中国法制出版社 2005 年版。
196. 王爱声:《立法过程: 制度选择的进路》,北京: 中国人民大学出版社 2009 年版。
197. [美] 理查德 · 拉克曼:《国家与权力》,郦菁等译,上海: 上海人民出版社 2013 年版。
198. 李林:《立法机关比较研究》,北京: 人民日报出版社 1991 年版。
199. 戚渊:《论立法权》,北京: 中国法制出版社 2002 年版。
200. 王绍光等:《中国国家能力报告》,沈阳: 辽宁人民出版社 1996 年版。
201. 朱景文:《中国法律发展报告——数据库和指标体系》,北京: 中国人民大学出版社 2007 年版。
202. [美] 哈罗德 · 伯曼:《美国法律讲话》,陈若桓译,北京: 三联书店 1988 年版。
203. [德] L · 洛伊宁格尔:《第三只眼睛看中国》,王山译,太原: 山西人民出版社 1994 年版。

204. 顾昂然:《回望:我所经历的立法工作》,北京:法律出版社2009年版。
205. [日]谷口安平:《程序的正义与诉讼》,王亚新等译,北京:中国政法大学出版社1996年版。
206. [德]哈贝马斯:《在事实与规范之间:关于法律和民主法治国的商谈理论》,童世骏译,北京:三联书店2003年版。
207. [印]阿玛蒂亚·森:《以自由看发展》,于真等译,北京:中国人民大学出版社2002年版。
208. 顾长浩等:《中国听证制度研究》,北京:法律出版社2007年版。
209. 张文显等:《法理学》,北京:法律出版社1997年版。
210. [美]迈克尔·D·贝勒斯:《法律的原则——一个规范的分析》,张文显等译,北京:中国大百科全书出版社1996年版。
211. 曾祥华:《立法过程中的利益平衡》,北京:知识产权出版社2011年版。
212. 谌洪果:《法律人的救赎》,北京:中国民主法制出版社2011年版。
213. [英]边沁:《政府片论》,沈书平等译,北京:商务印书馆1996年版。
214. 沈岿:《铁秤弹咏——在修远路上》,北京:北京大学出版社2006年版。
215. 姚中秋:《现代国家的立国之道》,北京:法律出版社2010年版。
216. [英]约瑟夫·拉兹:《法律体系的概念》,吴玉章译,北京:中国法制出版社2003年版。
217. 黄文艺:《中国法律发展的法哲学反思》,北京:法律出版社2010年版。
218. [英]约翰·奥斯丁:《法理学的范围》,刘星译,北京:中国法制出版社2002年版。
219. [英]哈特:《法律的概念》,张文显等译,北京:中国大百科全书出版社1996年版。
220. 方世荣:《论行政相对人》,北京:中国政法大学出版社2000年版。
221. 马骏等:《美国进步时代的政府改革及其对中国的启示》,上海:格致出版社2010年版。
222. 阎云翔:《中国社会的个体化》,陆洋等译,上海:上海译文出版社2012年版。
223. [美]福山:《国家构建:21世纪的国家治理与世界秩序》,黄胜强等译,北京:中国社会科学出版社2007年版。
224. 胡鞍钢等:《第二次转型:国家制度建设》,北京:清华大学出版社2009年版。
225. 顾昂然:《新中国改革开放三十年的立法见证》,北京:法律出版社2008年版,第630页。
226. 毛寿龙等:《有限政府的经济分析》,上海:上海三联书店2000年版。
227. [美]亨金:《权利的时代》,信春鹰等译,北京:知识出版社1997年版。
228. 章武生等:《司法现代化与民事诉讼制度的构建》,北京:法律出版社2000年版。
229. 季涛:《法律之思——法律现代性危机的形成史及其现象学透视》,杭州:浙江大学出版社2008年版。
230. 许章润:《现代中国的国家理性》,北京:法律出版社2011年版。
231. 黄文艺:《全球结构与法律发展》,北京:法律出版社2006年版。
232. 苏力:《法治及其本土资源》,北京:中国政法大学出版社1996年版。
233. [法]勒内·达维德:《当代主要法律体系》,漆竹生译,上海:上海译文出版社1984年版。
234. 田成有:《乡土社会中的民间法》,北京:法律出版社2005年版。
235. [英]罗杰·科特威尔:《法律社会学导论》,潘大松等译,北京:华夏出版社1989年版。
236. 陈明明等:《权利、责任与国家》,上海:上海人民出版社2006年版。
237. [美]道格拉斯·诺斯:《制度、制度变迁与经济绩效》,刘守英译,上海:上海三联书店1994年版。
238. 唐贤兴:《产权、国家与民主》,上海:复旦大学出版社2002年版。
239. 谢晖等:《民间法》,济南:山东人民出版社2002年版。
240. [美]科恩:《论民主》,聂崇信等译,北京:商务印书馆1988年版。
241. [德]卡尔·拉伦茨:《法学方法论》,陈爱娥译,北京:商务印书馆2003年版。
242. [美]罗伯特·赛德曼:《立法学:理论与实践》,刘国福等译,北京:中国经济出版社2008年版。
243. 刘爱龙:《立法的伦理分析》,北京:法律出版社2008年版。
244. 汪行福:《现代社会秩序中的道义逻辑》,上海:复旦大学出版社2013年版。

二、学术论文

1. 姜义华："论近代国家与社会非同步发展的政治整合"，载复旦大学历史系编：《近代中国的国家形象与国家认同》，上海：上海古籍出版社 2003 年版。
2. 刘松山："国家立法权 30 年的回顾与展望"，载《中国法学》2009 年第 1 期。
3. 王人博：《被创造的公共仪式——对"七五宪法"的阅读与解释》，载《比较法研究》2005 年第 3 期。
4. 张恒山："论正义和法律正义"，载《法制与社会发展》2002 年第 1 期。
5. 陈斯喜："新中国立法 60 年回顾与展望"，载《法治论丛》2010 年 3 月。
6. 周旺生："中国现时期地方法的形式"，载《法理探索》，北京：人民出版社 2005 年版。
7. 陈端洪："对峙——从行政诉讼看中国的宪政之路"，载《中外法学》1995 年第 4 期。
8. 王锡锌："行政过程中相对人程序性权利研究"，载《中国法学》2001 年第 4 期。
9. 彦法等："既要统一立法也要分散立法"，载《中国法学》1994 年第 2 期。
10. 钱颖一："市场与法治"，载《经济社会比较》2000 年第 3 期。
11. 方汉明："论中国向社会主义市场经济过渡时期政府、市场与企业的关系"，载《复旦大学学报(哲学社会科学版)》1994 年第 6 期。
12. 苏力："当代中国的中央与地方分权——重读毛泽东《论十大关系》第五节"，载《中国社会科学》2004 年第 2 期。
13. 周汉华："变法模式与中国立法法"，载《中国社会科学》2000 年第 1 期。
14. 刘武俊："立法程序的法理分析"，载《中外法学》2000 年第 5 期。
15. 季卫东："社会变革与法的作用"，载《开放时代》2002 年第 1 期。
16. 汪晖："对中国公众参与立法制度完善的思考"，载《法制与社会》2008 年第 27 期。
17. 谢岳："变化中的政治控制"，复旦大学博士学位论文。
18. 张文显："市场经济与现代法的精神论略"，载《中国法学》1994 年第 4 期。
19. 陈弘毅："西方人文思想与现代法的精神"，载《中国法学》1995 年第

6 期。
20. 王涌:“社会法学与当代中国法的理念与实践”,载《中外法学》1996 年第 1 期。
21. 郝铁川:“中国法制现代化与移植西方法律”,载《法学》1993 年第 9 期。
22. 李林:“改革开放 30 年与中国立法发展(下)”,载《北京联合大学学报(人文社会科学版)》2009 年第 2 期。

索 引

（按数字、英文字母、汉语拼音顺序排列）

1954年宪法，54,56,58,59,62,74,81,82,86—90,93—100,102,105,106,108,110,116,125,130—132,135,136,139,141—145,149,168,174,199,218,220,239
1975年宪法，97—103,105—108,110,116—119,124,126,128,131—133,135,136,139—142,147,150,158,182,183
1978年宪法，56,116,118,119,124,126,128—133,135,136,140,141,144,158
1982年宪法，53,54,59,62,74,126,128,130—145,149—151,155,158,177,183,218,220
1993年宪法修正案，57,74,133,147,154,156,166,167,169,177,185,220,229,248
1999年宪法修正案，57,59,74,126,133,156,166,169,170,179,248
2004年宪法修正案，136,170,179,205,220,227,233
H·克茨，32
K·茨威科特，32
阿尔蒙德，131,251,260
阿伦特，1,49,254
阿玛蒂亚·森，157,210,261,264
艾森斯塔德，74,127,130,259
鞍钢宪法，124,126
按劳分配，42,56,105,106,134
澳门特别行政区基本法，144,221
巴林顿·摩尔，1,27,254
暴力革命，19,37—39,42,43
伯尔曼，30,70,80,109,114,115,208,234,242,257
伯克，16,255
财产权，10,55,76,103,134,136,145,146,162,175,176,179,220,224,225,228,229
残疾人保障法，227
查尔斯·比尔德，21
产权，41,42,81,86,97,105,146,170,174,175,190,204,215,230,243,246,264,265,284
产权正当，21—23,53,66,67,77,157,160,161,193

臣民，17,38,60,88
城市建设税暂行条例，232
城市街道办事处条例，94
城市居民委员会条例，94
城市居民组织法，221
城市治安条例，92
城乡规划法，225,226
城镇集体所有制企业条例，160
城镇乡地方自治章程，38
惩治反革命条例，92
惩治土匪暂行条例，92
程序法，60,63,71,75,101,148,149,186,193,194,212,224,228,232—234,236,263
传统革命，4,36,37,135,170
传统国家，1,3,4,14—18,20,30,34,36,37,44—48,57,66,70,74,75,79,83,85—88,101,107,130,137,143,156,164,170,174,188,192,196,208,217,218,224,228,234
传统力量，16,18,19,21,23,25—29,31,33
传统社会，2,10,17,30,43,47,60,61,79,114,122,157,189
村民委员会组织法，183,221,243
大陆法系，32,38,145,243,257
大宪章，16,17,70
大行政区人民政府委员会通则，91
担保法，229
党国体系，39
党国体制，48,50,58
党和国家领导体制的改革，59
德勒兹，6
等级会议，16—18,70
等级制度，39
邓小平，59,62,112,117,123,127,129,135,150,152,153
地方分权，26,197—199,201,266
地方各级人民代表大会和地方各级人民政府组织法，126,139,145,152,200
地方立法权，93,139,145,150,153,155,163,197—203
地方性秩序，9,78,139
地方自治，18,38
帝国，4,22,24,35,37—41,44,45,49,51,52,54,69,81,85,89,92,98,103,109,110,129,187
缔结条约程序法，222
电力法，232
董必武，84,95,259
独立革命，21,29,83,197
独立宣言，20—22
恩格斯，15,17,18,24,28,35,55—58,61,64,79,83,87,96,102,175,180,236,248
法典法，29,31—34,53,54
法国大革命，15,23,26,55—57,147
法律规则，8,29—32,130
法律文化，46,60,63,65,245,258
法律虚无主义，95,110—112,116,117,140,141

法律渊源，29,30,32,33,53,90,114,198,208
法律秩序，7,16,19,29,31,79,81,82,86—90,92—97,99,100,110,111,113,117,123,130,136,142,146,155,164,188,198,203,207,253
法治国家，6,9,12,13,59,66,67,71,73,78,80,141,156,165,166,169—173,179,196,218,220,237,238,247,284
法治秩序，5,13,21,25,36,46—50,53,60,66,73,77,121,148,155,156,170,171,192,196,197,217,226—228,239,240,243,246—248,253,261,284
反不正当竞争法，230
反分裂国家法，221
反垄断法，231
反洗钱法，232
非常政治，23,24,92,98,107,256
分权与制衡，22,70
封建，15—20,24,46,56,59,81,84,91,92,103,110,121
府厅州县地方自治章程，38
府厅州县议事会议员选举章程，38
妇女权益保障法，227
革命观，1—5,34,36—51,54,58,61,66,67,73,74,89,104,105,110,129,282
革命模式，1,5,12,16,35,52,66,81,82,96,99,101,103,114,115,124—130,132—140,143,149,153,160,162,205,220,222,228,229,233,235,237,246
革命委员会，99,100,105,118,139
个人独资企业法，229
个人所得税法，210,214,232
个人主义，53,63—65
个人自治，21
个体利益，5,10,11,34,76,77,96,97,155,164,171,173,176,180,181,185,186,190,192,216,219,229—231,234—236,238,246
个体权利，14,21,25,26,31—33,39,56,66,67,74—76,79,80,89,96,97,100,106,107,117,126,127,149,151,156,158,160,161,164,165,168—172,174,176,178,181,182,184,185,187,188,218,222,223,226,228,229,231,233,235,238,247—249,251,283
个体正义，5,6,10,11,13,34,53,67,115,127,133—135,141,155,164,173,186,204,218,226,228,234,237,238,246—249,284
个体自由，10,18,23,25,40,48,56,67,75,76,99—101,106,123,151,160,161,173,177,226,231
工具主义，47—49,114—117
工商企业登记管理条例实施细则，146
工商企业登记暂行条例，146
公安六条，103,131,147

公安派出所条例，94
公法，14，69，148，158，161，175，179—181，187，218，262
公共利益，2，5，9—11，22，34，43，53，66，67，75—78，87，89，96，97，106，125—127，141，151，156，158—162，164，165，168—171，173，176—178，180—182，185，186，191，192，204，212，216，219，223—227，229—231，235，238，247—249，283，284
公共权力，10，14，16，29，31，32，53，55，57，59，66，70，75，76，79，80，88，103，107，113，119，131，137，140—142，151，154，156，158，160，161，164，168，169，171，173—176，178，182—187，189，191—193，213，218，220—223，234，236，246，247，283
公共秩序，9，78，164，180，192，198，219，220，222，230
公路法，232
公民权利，50，64，67，100—103，107，115，118，119，124，126，131，132，135—137，140—145，147—150，156，158，163，177—179，183，188，190，212，216，234—236
公民自由，1，5，22，130，131，134，142，171，182
公民宗教，20
公平劳动标准法案，161
公司法，146，153，205，229
公有制，10，42，56，76，96，97，106，134，151，176，182，229
共和政体，22
共和主义，26
共同纲领，81，82，84—86，90—93，96，97，105，107，108，110，125，129，142，174，199
共同体，1，11，14，15，20，23，31，45，87，174，198，244，283
谷物法，56
关于授权常务委员会制定单行法规的决议，93，199
官僚，18，24，43，59，81，83—85，92，103，132
官僚资本主义，39，81，103，110
管制反革命暂行办法，92
光荣革命，16，17，19，38，83，122
规章制定程序条例，204，205，209，213
贵族，16—19，24，25，56，68，91，112
国会，18，19，27，55，182，186
国家成长，1，3—9，11—16，19，23，26，28，31，33—37，45，53，54，59，61，64，66，72，73，75，77，80—82，85—87，90，93，95—101，105—108，110—112，114，116—122，124，126，128，130—133，136，138，140，143—145，149—152，155—158，160，162，164—184，186—191，193—195，198，203，209，216—220，222，224—226，

228,233,234,238,245—247,254,255,262,283,284
国家建设，1,4,10,27,30,32,37,39—42,44—53,64,73—77,81,86,91,93,95,96,99,105,111—116,124—128,130,142,143,151,158,164—166,171,172,174,177,178,182,191,200,203,208,218,220,221,239,244,246,247,254
国家赔偿法，214,225
国家权力，9,18,25—27,31—34,40,43,49,52,57,67,70—73,78,81,83,87,89,99—101,103—106,108,112,113,117—119,121,126,130—135,137,139,142,144—146,149—151,155,157—159,163,169,172,173,175,178,184,189,195,205,218,237,250
国家权威，5,8,31—33,137,170,178,190,199,215,222
国家造法，27,29—32
国家治理，5,9—12,38,43,46,50,56,71,76—78,82,95,96,98,100,104—107,114,117,121—124,126—130,132—135,137—140,142,144—146,148—154,156—159,164—169,172,173,176,179,182—184,189—193,197—199,201,204,205,214,218,220,223,228,235,237,239,246,247,264,284
国家主权，39,41,47,81,82,85,90,96,99,129,130,174,177,189,198,201,202,219—222,240
国家主义，27,177,209
国家转型，7,9,37,44,67,71,77,84,87,120,122,167,170,239,250,260
国王，17—19,23,68—70,112
国王在议会中，18
国务院组织法，142,144,221
哈贝马斯，6,208,264
哈灵顿，70,259
哈特，219,264
哈耶克，29,32,54,164—166,234,256,257
海商法，146
合法化，13,14,28,57,58,69,77,80,99,100,103,113,128,130,141—144,146,150,151,156,160,169,170,180,183,203,221,226—230,235,284
合法性，12,20,25,38,39,49,50,52—54,57,65,66,68,71,74—76,79,81—83,85—89,91,99,100,105,109,124,125,131,134,135,140,144,145,149,150,156,158,161,164,168,169,171,172,174—176,178,180,182,188,189,192,194,198,200—202,204,208,209,211,213,214,217,220—225,228,231,234—236,

239,245,246,248,249,251,283
合伙企业法，229
合理性，10,33,52,62,76,79,89,104,134,144,149,159,164,175,178,188,201,204,222,224,234,250,251
合同法，155,162,229,243
黑格尔，15,24,35,83,255
亨廷顿，20,65,245,255
户籍条例，128
户口登记条例，94,131
化公为私，141,145,151,217,284
化私为公，130,133,134,137,141,145,151,157,160,162,176,217,284
环境保护法，225
环境影响评价法，225
婚姻法，82,138
激进主义，4,7,98,107,121,126,282
集成电路布图设计保护条例，230
集权，12,20,24—26,49,85,119,140,142,144,145,150—153,155,156,160,178,197—199,201—203,215
集体主义，63—66,111,170,171,239
计划经济，10,12,52,76,96,97,105,106,126,127,130,139,141,145,151,153,155—160,162,165,178,182,228,229,246
计算机软件保护条例，230
技术合同法，146,155
价格法，231
价值理性，47—49,106,114,115
建构理性，25,27,31,32,54,114
建构主义，26
渐进主义，19,30,83
教条主义，9,138,241,283
阶级斗争，13,82,95,98—100,102,106,113,118,120,121,123,124,132,142,157,165,169,174,190,235
阶级解放，41,52,87,88
节约能源法，232
结社自由，39,49
经济合同法，146,154,155
经验主义，24,32,54
竞争民主，89
旧民主主义革命，4
就业促进法，227
绝对主义国家，17,18,69,70
军阀，39—41,43,45,50,81
君主，16—19,23,24,26,47,56,60,68,112,114,122,147,156
卡尔·波兰尼，227
凯尔逊，219
科举制，38
可再生能源法，232
矿产资源法，232
拉德布鲁赫，102,212,260
拉兹，219,264
浪漫主义，4,10,27,45—47,76,98,133,148

劳动法，227
劳动合同法，72,212,227
劳动争议调解仲裁法，227
劳工权益，77,96,97,161
老年人权益保障法，227
理性，21,25,29—33,45,49,53,54,63,71,81,102,103,106,114,148—150,172,174—176,184,190,191,194,195,203,205,208,211,212,215,228,230,231,233,235,238,239,241,242,246,247,250,265,283
立法程序，93—95,195,196,200,202,204—217,240,266
立法法，154,156,169,195—197,200—202,204—210,213,222,225,252,266
立法权，30—32,83,87,89—91,93—95,139,142,143,145,146,154—156,193,195—203,205,206,209,213,215,222,251—253,263,266
立法体制，91—93,143,154,200,201,206,252
立法制度，8,11,29,52,65,76,78,83,87,90,93—95,100,102,110,113—115,127,195—198,200—202,205—207,209,211,213,214,219,220,223,233,235,236,238,240,245—252,255,266
立宪，3,17,21,24,25,37—39,41,45,47,48,51,52,60,66,83,86,93,98,101,106,108,110,114,122,143,144,160,164,165,257,258
立宪独裁，4,39,40,43,48,50
利己主义，63
联邦宪法，57
联邦行政程序法，161
联邦制，21
列宁，40,62,88,138
领海及毗连区法，222
六法全书，83,84
路易斯·亨金，21,255
律师暂行条例，155
伦理，3,9,10,17,60,78,79,183,195,228,238,250,253,263,265
罗尔斯，6,192,253,263
罗科斯·庞德，32,253
洛克，70,101,173,193,238,259
马克思，15,17,18,24,28,35,40—42,51,55—58,61,63,64,66,69,79,80,83,87,96,102,132,161,175,180,183,236,248,254,282
马修·黑尔，29
麦考莱，17,18
毛泽东，9,39,58,61,62,78,81,84,87,88,99,103,109—111,117,152,198,199,244,266
梅因，175,262
孟德斯鸠，10,70,78,116,193,241,255
民本主义，59—63,66,170,239
民粹主义，5,9,34,97,135,172,

190，193，194，208，209，244，283，284
民法，31，83，94，95，102，111，145，146，148，175，205，222，228，229，236，242，253，257，261
民法通则，146，155，158，159，229，243
民权，10，40，49，60，62，63，68，71，76，101，137，145，147，148，188，235，236，255
民事诉讼法，38，95，148，233
民用航空法，232
民主共和，4，39，40，42，51，52，58，66，82，90，95，198
民主集中制，89，100，123
民主政治，25，28，40，42，49，70，83，103，106，110，113，118，122—124，129，134，140，171，174，175，178—180，208，212，218，284
民主主义，27，28，86，90，96，97，125，141，196
民族国家，3，4，25，27，28，39，57，72，121，128，180，188，240，241
民族区域自治法，144，221
民族主义，27，28，47，48，114，176
摩根索，189，262
拿破仑民法典，24
农产品质量安全法，232
农村治安条例，92
农民专业合作社法，229
农业法，232
判例法，30
庞德，102，113，167，204，253，261
平等，4，10，43，49，55，56，60，70，74，76，88，105，127，136，141，148，170，186，191，195，216，221，229，233，235，242—244，253，258，259，264
普通法，17—21，29—34，51，53，54，83，109，122，243，255，257
企业破产法，229
企业所得税法，232
启蒙运动，17，20—22，24，57
契约，14，21，55，104，122，146，161，168，175，183，193，236，238，262，284
契约自由，21—23，41，42，53，55，66，67，77，87，89，96，97，122，126—128，134，141，160，161，163，165，174，190，193，204，235，243，248
蔷薇战争，17
钦定宪法大纲，3，37—39
清教徒，20，21
清洁生产促进法，225，232
全国人大常委会议事规则，207
全国人大议事规则，207
全国人民代表大会组织法，138，142，144，221
全民所有制工业企业法，159
全民所有制工业企业转换经营机制条例，160

全民所有制小型企业租赁经营暂行条例，160
全能政府，52,126,141,160,182
全能主义，9,10,76,78,97,104,106,107,112,113,116,117,168
权利法案，19,20,38,122,149,186
权利宣言，16
群众路线，102,121,205
群众运动，12,82,112,123
人民法院暂行组织条例，91
人民法院组织法，142,144,221
人民公社，105,106,118,124,126,130,137,151,157,183
人民检察院组织法，142,144,221
人民警察条例，94
人民民主，4,43,54,57—59,61,62,66,81,84—86,88,89,92,95,96,98—100,105—107,115,124,125,130—135,141,143,144,170,174,194,218,220,226,238,239
人民主权，21,22,33,57,63,87,88,140,148,209,212,221
人权，5,30,39,55—58,69,71,72,87,89,103,125,129,136,148,176,177,179,180,186—188,193,194,220,222,224,225,233—238,240,241,258,260
人权宣言，20,57
人权与公民权利宣言，147
日常政治，23,24,98,256
容克，27,28
肉品检疫法，23,161,182
萨维尼，64,65,72,205,206,245,258
森林法，232
陕甘宁边区宪法原则，51,89
商标法，146,189,230
商业银行法，229
社会保险法，181,214,227
社会保障，22,43,53,56,77,96,97,127,131,134,161,165,166,168,177,179,183,186,204,226,227,284
社会共识，6,9,34,40,65,78,124,141,178,185,193,212,215,216,218,231,245,248,250
社会共同体，30,31,187
社会结构，1,9,11,30,32,33,43,51,54,60,74,76—78,86,97,108,109,113,117,118,121,122,128,143,146,170,173,182,189,195,242,249
社会平等，3,4,23,41—43,55—57,61,62,66,67,74,83,85,89,93,106,108,117,161,162,170,171,177,180,183—185,187,188,192,238,239
社会造法，17,20,21,28—32,53,163
社会正义，5,6,9—11,13,34,52,53,66,67,69,71,77,78,115,127,133,134,141,155,161,164,177,180,185—187,204,218,

223,226 — 228,231,232,234,237,238,246—249,283,284
社会秩序，2,3,10,11,19,22,33,34,43,53,54,56,62,64,66,74—76,90,93,96,99,100,106,113,117 — 119,130,150 — 152,154,161,185,189,190,198,222,235,239,250,253,265
社会自治，19,178,221,247
涉外经济合同法，155
沈家本，38
施密特，27,107
十月革命，40,42
实用主义，48
实质法治，71,72
食品安全法，214
世俗化，17,70,74
市场经济，11,41,42,53,57,66,76,77,89,96,126,127,134,137,139,141,146,147,151,155,156,158—163,165—175,177—180,182,185,193,200,201,204,224,227 — 229,233,235 — 237,242,246,261,266
市民，16,19,23,25,26,57,65,79,122,174
收养法，146
授权立法，144,145,150,152 — 155,200,202
水法，232
税收征收管理法，232
司法程序，102,147,148,192
司法独断，30
司法救济，72,233
司法判例，33
司法审查，72
司法体制，38,169
司法造法，30
司法至上，21
私有产权，11,76
私有制，42,87,96,160
孙中山，60
铁路法，232
突发事件应对法，225
土地法，51,82,89,90,108
土地法大纲，51,108
土地管理法，232
土地贵族，17,18
土地所有制，16,91
托克维尔，1,20,25,26,83,112,181,215,255,256
外资企业法，146,159
王朝，2—4,17,36,37,39,68,109,110,135,182
王权，16,17,24,25,30
王在法下，18,19
未成年人保护法，227
魏玛宪法，27,66
文官，43,71
文化大革命，59,95,98 — 100,111—113,117 — 119,131,151,260
文艺复兴，21,24,57
沃勒斯坦，6

沃森，31,257
无产阶级，4,42,84,87,88,98—100,103—106,117—119,129,132,133,138,141,143,147
五四指示，108
五月花公约，21
戊戌变法，37
物权，138,145,214,229
物权法，72,170,205,214,229,243
西奥多·洛伊，162
县级以上人民委员会任免国家机关工作人员条例，94
现代革命，1,5,21,29,32,33,36—38,40,42,60,61,66,67,81,89,108,109,123,125,130,131,135,156,165,168,170,174,176,192,208,234,238,239,283,284
现代国家的成长，1,4—6,10,12,13,35,36,44—46,48,63,65,81,82,122,137,164,168,170,172—175,177,178,180,181,184,186,188,190,192,194,196,216—218,224,243,260,282—284
现代化，8,9,20,21,27,47,52,59,60,63—65,69,74,77,81,121,122,124,126—130,136—143,146,149,151,152,157,158,162,163,165—167,169—171,177,188,189,191,193,197,201,204,209,212,220,221,223—225,227,229,234,239,240,242,244,245,247,248,250,257—261,265,267
现代力量，16,19,21,23,25—29,31,33
现代性，1—5,8—10,13,16,18,21—24,26—28,36,37,39,40,46,48,50—54,60,69,73—76,82,85,88,90,96—98,104,106,114,116,120—123,128,129,137,143,146—148,150,157,163,165,167,169,170,178—180,193,197,200,201,217,225,226,228,229,234—238,254,259,265,282—284
宪政编查馆，38
宪政制度，38,57,59,61,65,69,221
宪政秩序，135,144,197,222
乡镇企业法，232
香港特别行政区基本法，144,221
辛亥革命，2—4,37—43,45,48—52,54,81,82,110,224
新民律，38
新民主主义革命，4
新刑律，38
信息网络传播权保护条例，230
刑法，95,111,126,135,147,148,154,158,159,175,190,205,220,222,243
刑法修正案，222
刑事诉讼法，95,126,135,147,148,155,158,186,194,195,205,212,233,243
行政处罚法，223

行政法规制定程序条例，204,205,209,213
行政复议法，225
行政机关工作人员奖惩暂行条例，94
行政强制法，181,223,224
行政诉讼法，101,140,148,186,187,195,205,225,233
行政许可法，189,223
行政总统制，21
形式法治，71
形式理性，71
选举法，126,154,181,221
选举制度，39
巡安吏，24
循环经济促进法，232
训政纲领，50
鸦片战争，2,3,37,42,43,49,83,96,109,125,129,142,244,282
亚里士多德，69,116,195,237,238,259,263
言论自由，39,49
演进主义，26
依法治国，6,59,167,169,220,249
义务，17,67,71,134—137,144,145,172,189,211,212,234,236,251,252
议会，18,19,39,40,50,53,71,88,186,250
意识形态，1,11—13,20,30,33,35,41,47,51,62,63,68,76,77,104—106,121,138,145,146,158—161,166,167,174,180,183,239,243,258
银行业监督管理法，232
英美法系，30
营业税条例，232
有限政府，22,96,97,126,127,140,160,161,231,265
预防未成年人犯罪法，227
预算法，23,187,207,224
预算与会计法，161,224
增值税条例，232
整体主义，32,54
正当性，2,4,5,8,10,11,13,14,16,20,21,26,27,30—34,36—39,42,43,45,53,54,59,66,69—71,74,76,77,83—89,92,93,96—98,100,104—107,111,113,115,117,122—124,126,127,130—138,140—142,144,147—151,155,156,158—161,163,167,171,173,176,177,181,182,186,188—190,196,197,202,204,208,209,211,216,218—222,225—232,234—237,239,248,249,252,253,282—284
证券投资基金法，229
政党政治，39,177
政府信息公开条例，214,225
政府责任，22,53,67,77,96,97,127,134,141,142,151,155,156,158,160—162,174,176,181—184,186,187,204,212,216,

224,284
政府治理，19,90,141,179
政治动员，12,103,106,112,160
政治民主，1,12,72
知识产权海关保护条例，230
植物新品种保护条例，230
制定法，7,8,30—33,90,91,93,111,115,139,145,199,202,249—251,253
制度架构，12,81,82,189,240
制度选择，5,13,42,44,61,64,86,111,130,161,196,203,208,239,243,247,263
中国人民政治协商会议组织法，90,91
中国特色社会主义法律体系，6,11,55,76,123,148,167,175,176,184,200—202,214,220,221,223,227,231,232,239,247,250,251
中华法系，38
中华民国，4,39,40,43,49,50,52
中华民国临时约法，4,49,82
中华人民共和国继承法，146
中华人民共和国土地改革法，91
中华人民共和国宪法，52,83,87,93,119,132,259
中外合资经营企业法，146,160
中外合作经营企业法，146
中央立法权，154,197—203
中央人民政府组织法，90,91
种子法，232
仲裁法，233
周易，2
著作权法，146,230
著作权集体管理条例，230
专利法，146,189,230
专制，1—3,17—19,22,24—27,38,40,41,43,46—49,52,59,60,62,68—70,73,75,81,83,85,87,96,105,114,125,147,156,172,185,189,192,247,254,284
专制主义，5,59,70,85,190,208
专属经济区和大陆架法，222
资本主义，4,6—8,12—15,35,40—43,51,64—67,77,82,83,85,88,89,96—98,102—107,110,112,124—127,129,130,133,134,141,142,145,146,150,155,156,160,177,181,183,223,224,226,258,282—284
自由主义，6,7,22,30,32,34,54,64,65,107,183,209,240,244,257,258
宗法，60,62,88,89
宗法一体化，9,78
宗法专制，39,89
宗教，19,20
最高人民检察署暂行组织条例，91
佐藤功，24,256

后　记

撰写后记意味着学术作品所研究的问题没有结束。因此,后记是一个新的开始。虽然是一个新的开始,但为了让研究问题有个持续展开的价值和获得一定的关注,学术作品不得不借助后记以强调已经论述的核心诉求以及这种诉求从理论逻辑走向生活逻辑所要承受的约束性条件。

人是诠释性的动物,当一个新的概念出现之后,人们会用它来作为思考自己处境以及命运的工具(王汎森,2011: 3)。中国古语里,“革命”一词早已存在。改朝换代主导了中国古典文明时期中国人对革命的诠释。然而这种诠释随着与现代西方文明相遇以来所发生的中国古典文明的衰败而开始了且必须的改变。这种改变不仅要受到古典文明所积累下来的革命话语的约束,也要受到西方革命观念的影响。自然这种约束越沉重和影响越复杂,激进主义对革命话语的垄断越严重,而且救亡图存的现实追求削弱了中国人对革命话语的激进主义诠释的反思,由此不仅没有真正完成革命话语的现代诠释,反而通过形形色色的反现代性或民粹化纠缠革命后现代国家的成长。近代以来,中国人关于革命话语诠释中承载着时间上的特殊性和空间内的复杂性。就时间上的特殊性而言,革命话语在近代以来中国人的诠释中面临着古今之争,在这种争论中反传统主义无疑获得了时代意义的正当性,由此,革命必须在对传统文明的彻底涤荡中为自己证明,但吊诡的是这种证明在革命后却无法为现代国家的成长真正告别传统政治提供持久的规范性力量。也就是说,革命话语中的反传统主义不仅没有让革命后现代国家走出传统政治的成长逻辑,反而使古典文明时期革命话语以各种方式在革命后现代国家的成长中得以复活。就空间内的复杂性来说,革命话语在近代以来中国人的诠释中遭遇问题与主义之争,在这种争论中社会主义基于马克思主义对革命后西方国家资本主义制度无情地批判以及中国自鸦片战争以来遭遇业已完成现代法律体系基本框架构建的现代西方国家的残酷侵略而获得中国社会劳苦大众的认同。由此,革命对主义的追求在 20 世纪上半叶的中国社会生活中变得越来越强烈。问题就在于主义在革命话语中的正当性往往成为革命后现代国家成长中的教条主义或民粹主义，由此也就无法真正在革命后安顿革命或者说清醒走出革命中的反制度倾向。现代革命显然不再演绎古典文明时期中国人关于革命话语的诠释逻辑，需要在时间上明确现代革命对现代性追求的意义，这种意义在革命后通过公共权力合法性的革命性变化进而为人的个体性的实现与人的社会性的延续提供了崭新的制度安排；同时在空间里厘清现代革命对社会主义追求的价值，这种价值在革命后通过社会正义的正当性维护进而为政府权力的有效性与政府权力的有限性提供了可行的约束及激励机制。所以说，我们不是也不可能复活古典文明时期的革命话语，当然不能也无必要否定古典文明时期所积累下来的一个文明共同体所有关于美好价值的想象以及落实这种想象的所有社会规范。革命在暴力中演绎着催生现代国家的向往，但是人类生活却保持着无法为革命所隔断的精神联系。另一方面，我们在认识西方现代革命话语时因自身所遭遇的苦难时不能忽视西方世界革命的多样性，或者否定革命后西方资本主义法律体系的开放性。固然现代革命话语在中国必然强烈地表现为对国家独立的诉求，但我们在对资本主义制度及其法律体系保持科学批判的同时必须保有革命后现代国家成长中法律体系自主性建构进程中的开放性。总而言之，不同于古典革命话语关于专断权力的终而复始的正当性维护，现代革命话语中的大众必须转化为革命后现代国家合法性的基础；不同于西方革命话语关于个体权利的超验式的论述逻辑的是，现代革命话语中的人民必须转化为革命后普遍的公共利益在现代国家法律体系中的落实，同时尊重具体的个体权利在法律体系中的正当性。没有对古典的区别和西方差异的认知，就不可能全面认识近代以来中国社会的革命所蕴含的价值，但是我们在革命后又要尊重时间上的联系和空间中的并存对于理性把握革命后现代国家法律体系构建的约束。革命也许更多依赖社会成员的热情，因此要表达的是对差异的坚守；革命后现代国家的成长却更多依赖于社会成员的理性，由此要显示的是对共识的寻求。革命中差异的坚守意味着革命后现代法律体系的建构不可能是形形色色的一致性的实现过程，革命后现代国家对共识的寻求意味着革命后现代法律体系的建构不可能是中心主义的排他性的演绎过程。

无疑，本书核心概念是革命、现代国家与法律体系。这里必须声明的是：我不是在写一部通论现代革命后政治共同体构建现代法律体系的书，而只是在为揭示现代革命后当代中国法律体系构建中比较为人所忽略的层面或模糊的问题或回避的命题作些努力。当然这些努力首先是建立在学术界所有关于革命后现代国家秩序建构的成果基础之上的。不得不说明的是,本书所努力的方向体现于把革命后当代中国构建社会主义法律体系的研究置于现代国家成长的逻辑与现代法律体系的现代性追求之中。革命后当代中国社会主义法律体系的构建不仅要完成主权独立和民主政治的确认,而且要体现对现代国家的制度现代性和现代社会的意义世界的确认。因此,本书主要围绕以下核心观点展开了学术论证:其一,市场制度的合法化和法治国家的承诺,标志着以个体正义的正当性和国家成长的民主化在当代中国法律体系发展中得到了承认,这一承认的过程是当代中国法律体系对社会主义本质属性和现代法制价值选择的体认,是一个社会主义自我革新与中国社会不断开放联系在一起的过程在法律体系构建中的体现,研究成果剖析了革命后反自由方式实现化私为公的制度构建逻辑对法的现代性的破坏,也剖析了改革后反民主的方式实现化公为私的制度构建对社会主义制度属性的伤害。其二,当代中国法律体系对社会正义的合法化能力,不仅是社会主义这一制度属性的要求,而且是现代国家制度竞争力的表现;当代中国法律体系通过对市场、契约和产权的正当性的承认来落实个体正义,但必须捍卫政府责任、公共利益和社会保障在革命后现代法律体系中的正当性建构。其三,当代中国法律体系的发展逻辑体现在中国社会对人类制度文明发展规律的准确判断之中,对社会主义法治秩序与资本主义法治秩序之间关系的深刻理解之中,对现代国家成长正当性机制的深刻体认中。通过解读革命后现代国家成长与法律体系构建之间的关系来解释当代中国法律体系的生成与发展,揭示出这样一个命题:没有现代国家的成长,就没有法律体系构建的稳定方向。没有法律体系的构建,就没有革命后现代国家真正结束革命的可能。革命更多地依赖社会成员对未来美好生活的期待而获得社会成员的热情支持,革命后现代法律体系的建构则表明不仅要通过法律体系的自主性来体现对革命所激发的期待的规范能力,也要通过法律体系的开放性来缓解这种期待所蕴含着的社会成员欲望、资源和禀赋之间的紧张关系以持续获得社会认同和社会活力,从而真正把革命所激发的对革命后个体生活的欲望和社会活力的开发转换成为抑制专制政治与民粹主义在革命后现代国家成长与国家治理中的滋长之制度性的约束性力量。

本书作为国家社会科学基金项目的最终研究成果,我当然要感谢全国哲学社会科学规划办公室的立项资助，特别是要感谢那些匿名立项评审专家和项目结项评审专家。我要说，眼前的作品只代表一种努力，而且显然是一种在不断克服缺陷又不断暴露不足的过程。

这是我在复旦大学出版社出版的第一部个人学术作品。能够在自己接受教育并供职的学校出版社出版学术作品一直是我的努力方向。感谢复旦大学出版社对这种努力的理解和接受，特别是感谢责任编辑张晗女士。

作为一名教师，我一直受到我的学生所给予我的无尽鼓励。学生的鼓励永远是我要珍惜的温暖。正如法律体系的建构需要心态转变和社会组织方面进行细致的工作和长期的努力一样，我会在学生的鼓励以及所带来的温暖中不忘自己的理想以及为这种理想作不懈的奋斗。

最后但不是最末，我要对妻子朱小珍作为我最坦诚的批评者和精神伴侣表达由衷的谢意。我们相识三十年，携手十七年。她在我心中永远是当初那个样子……

图书在版编目(CIP)数据

革命后现代国家法律体系构建研究/潘伟杰著. —上海:复旦大学出版社,2015.10
ISBN 978-7-309-11542-0

Ⅰ. 革… Ⅱ. 潘… Ⅲ. 法律体系-研究-中国 Ⅳ. D909.2

中国版本图书馆 CIP 数据核字(2015)第 135955 号

革命后现代国家法律体系构建研究
潘伟杰 著
责任编辑/张 晗

复旦大学出版社有限公司出版发行
上海市国权路 579 号 邮编:200433
网址:fupnet@fudanpress.com http://www.fudanpress.com
门市零售:86-21-65642857 团体订购:86-21-65118853
外埠邮购:86-21-65109143
浙江新华数码印务有限公司

开本 787×960 1/16 印张 18 字数 280 千
2015 年 10 月第 1 版第 1 次印刷

ISBN 978-7-309-11542-0/D · 746
定价: 45.00 元